청주집
清珠集

동국대학교 불교기록문화유산아카이브사업단(ABC)
본서는 문화체육관광부 지원으로 동국대학교 불교학술원에서 간행하였습니다.

한글본 한국불교전서 조선 61
청주집

2020년 11월 20일 초판 1쇄 인쇄
2020년 11월 30일 초판 1쇄 발행

엮은이 환공 치조
옮긴이 성재헌
펴낸이 윤성이
펴낸곳 동국대학교출판부

주소 04620 서울시 중구 필동로 1길 30
전화 02-2260-3483~4
팩스 02-2268-7851
Homepage http://dgpress.dongguk.edu
E-mail book@dongguk.edu
출판등록 제2-163(1973. 6. 28)
편집디자인 다름
인쇄처 네오프린텍(주)

ⓒ 2020, 동국대학교(불교학술원)

ISBN 978-89-7801-991-0 93220

값 23,000원

이 책의 무단 전재나 복제 행위는 저작권법 제98조에 따라 처벌받게 됩니다.

한글본 한국불교전서　조선 61

청주집
清珠集

환공 치조幻空治兆 엮음
성재헌 옮김

동국대학교출판부

청주집淸珠集 해제

성 재 헌
한국불교전서 번역위원

1. 개요

『청주집淸珠集』은 조선 말의 사문 환공 치조幻空治兆가 천태 지자天台智者의 『정토십의론淨土十疑論』과 당나라 비석飛錫의 『염불삼매보왕론念佛三昧寶王論』 등 37종의 정토 관련 전적에서 염불수행인에게 도움이 될 중요한 구절 120칙則을 가려 뽑아 엮은 책이다. 치조는 고종 7년(1870)에 여산 혜원廬山慧遠의 백련사白蓮社를 모범으로 삼아 정원사淨願社라는 만일염불회萬日念佛會를 결성하고, 이 동참자를 확대하는 한편 결사대중의 규약으로 삼고자 이 책을 편찬 간행하였다. 치조는 이 책을 편집하면서 한 사람이 체계를 갖춰 설한 것처럼 만들기 위해 노력하였다. 각 칙에서 설자와 출전을 밝히지 않고, 앞의 칙과 뒤의 칙이 문맥이 통하도록 배치하고, 구체적으로 분류하지는 않았지만 경책警策 · 계신啓信 · 수행修行 · 발원發願 · 칙종飭終 · 공덕功德 · 지계持戒 · 권효勸孝 · 정변正辨 · 인유引喩의 10문門으로 체계를 잡아 내용을 구성한 것 역시 그 노력의 일환이었다.

2. 저자

환공 치조는 고종 7년(1870)에 파주 보광사普光寺에서 염불결사체念佛結社體인 정원사를 결성해 만일염불을 주도하고, 기존 불전佛典에서 정토왕생에 관한 주요한 가르침들을 요약하여『청주집』을 간행했다는 사실 외에 생몰년을 비롯한 자세한 행적은 알려진 바가 없다.

3. 서지 사항

『청주집』은 동치同治 9년(1870, 고종 7)에 고령산高靈山 보광사 정원사에서 금속활자본으로 간행되었다. 광곽의 크기는 반곽을 기준으로 가로 15cm, 세로 21.6cm이며 행자行字 수는 반엽 기준 10행 20자이다.

책의 첫머리에 소하거사少荷居士 조성하趙成夏의 서문과 허주당虛舟堂 덕진德眞의 서문, 치조의 자서自序가 있다. 이어「범례」와「인용 도서 목록(引用書目)」이 있고, 본문 120칙이 수록되어 있다. 부록으로 보광 보원葆光普元의「결사문結社文」, 부연 성담芙蓮性湛의「발원문發願文」, 제운 원명霽雲圓明의「모연소募緣疏」, 본여 성공本如性空의「계참소戒懺疏」등 정원사 관련 문건이 실려 있다. 그리고 책의 맨 끝에 육연거사六然居士 정신淨信과 불국옹佛國翁 삼사三沙의 발문이 있다.

현재『청주집』은 국립중앙도서관에 소장되어 있으며,『대일본속장경大日本續藏經』제2편 15투套 1책 및『한국불교전서』제11책에도 실려 있다. 본 번역은 국립중앙도서관에 소장된 치조서기본治兆序記本을『대일본속장경』과 대조해 교감한 한국불교전서본을 저본으로 삼았다.

4. 내용과 성격

책의 첫머리에는 조성하의 서문이 수록되어 있다. 조성하는 신정왕후神貞王后 조씨趙氏의 친정 조카로서 평안도 관찰사·이조판서·의정부 좌참찬 등을 역임한 당대의 세도가였다. 그런 그가 직접 서문을 써서 치조의 공덕과 능력을 찬양한 것으로 보아, 치조는 당시 정계의 인물들과 상당한 친분을 가졌던 것으로 짐작된다. 또한 그의 서문에 "석치조釋治兆는 정토왕생을 발원하는 결사의 깃발을 굳건히 세우고 30년 동안 하안거 결제를 하면서 뜻을 함께하는 승려 및 재가자들과 극락왕생할 날만을 힘써 생각해 온 자이다."라는 기술이 있다. 30년 결사의 원류는 동진東晉의 여산 혜원(334~416)이 동림사東林寺에서 도속의 명사 123명을 규합해 정토왕생을 발원하고 30년 동안 세속에 발을 들여놓지 않았던 백련사이다. 따라서 치조가 주도한 정원사 역시 혜원의 백련사를 모범으로 삼은 만일염불회였음을 확인할 수 있다.

허주당 덕진의 서문에서는 염불이 곧 진여법계眞如法界의 보광명지寶光明智를 드러내는 첩경이며 염불문이 최상승最上乘의 돈종頓宗임을 밝히고, 『청주집』을 발간해 대중을 청정한 일심으로 이끈 치조의 공덕을 치하하였다.

치조의 자서에서는 "내가 바야흐로 여러 집안의 정토왕생에 관한 중요한 말씀들을 뽑아 요약하고서 '청주집'이라는 이름을 붙인 것은 대략 '맑은 구슬을 탁한 물에 넣으면 그 물이 맑아지지 않을 수 없듯이 청정한 생각을 산란한 마음에 던지면 그 마음이 하나가 되지 않을 수 없다.'라는 의미를 취한 것이다. 정원사의 벗들이 이를 발간해 뜻을 함께하는 이들을 넓히고 아울러 결사대중의 규약으로 삼고자 하기에 그 구슬을 증득하자는 뜻을 담아 서문을 지었다."라고 밝혔다. 이 기술을 통해 저자가 이 책에 '청주집'이라는 이름을 붙인 까닭과 이 책을 편찬한 의도를 확인할 수 있다. 또한 "자기 옷에 매달린 여의주를 알아차리지 못해 궁상을 떨던 사람이 지혜로운 사람의 깨우침으로 큰 부자가 되었다."라는 『수능엄경首楞嚴經』의 말씀을 인용해 '맑은 구슬(淸珠)'을 설명하고, 또 여러 선사들의 말씀을 인용해 '맑은 구슬'을 설명한 것으로 보아, 치조가 제시한 염불은 정토왕생의 방편만이 아니라 본연의 청정한 마음을 회복하는 일심一心의 방편임을 확인할 수 있다.

「범례」에서는 치조가 이 책을 편찬한 의도와 이 책의 성격을 밝혔다. 치조는 여러 정토 전적의 가장 핵심적인 말씀만 발췌해 편집하고 자신의 의견은 덧붙이지 않았다고 하였고, 각 칙에서 설한 사람과 출전을 밝히지 않은 까닭은 한 사람이 설한 것처럼 문맥이 통하게 하기 위함이라고 하였다. 또한 관상염불觀想念佛과 지명염불持名念佛 중 지명염불에 관한 가르침을 중심으로 이 책을 편집하였음을 밝혔다.

「인용 도서 목록」에서는 지자의 『정토십의론』 등 37종의 정토 관련 전적에서 인용하였다고 밝혔다. 하지만 이 가운데 『왕생론往生論』· 『정토자비집淨土慈悲集』· 『직지정토결의집直指淨土決疑集』· 『보주집寶珠集』· 『적조집寂照集』· 『백련집白蓮集』· 『고향소식故鄕消息』· 『연루청음蓮漏淸音』· 『정토자신록淨土自信錄』· 『연화세계서蓮華世界書』· 『정신당집淨信堂集』 등은 산실되었고, 그 내용의 일부만 관련 서적에 인용되어 있다. 따라서 치조가 소개한 인용 도서의 목록은 자신이 직접 열람한 책들이라기보다는 전거典據에 가깝다고 보아야 한다.

이어서 본문 120칙이 나오는데, 치조는 앞서 「범례」에서 "구체적으로 분류하지는 않았지만 내용상 경책警策·계신啓信·수행修行·발원發願·칙종飭終·공덕功德·지계持戒·권효勸孝·정변正辨·인유引喩의 10문門으로 구성되어 있다."라고 밝힌 바 있다. 정토법문을 편집해 10문으로 분류한 대표적 전적으로는 『정토지귀집淨土指歸集』과 『정토신종淨土晨鍾』이 있는데, 치조가 거론한 10문은 『정토신종』의 것과 더 유사하다. 청나라 주극복周克復이 고래의 주요 정토법문을 모아 편집한 『정토신종』은 일과日課·계신·권수勸修·염불법문·공행법문功行法門·책진策進·칙종·정변·요속了俗·지험持驗의 10문으로 구성되어 있다. 혹 치조가 이 책을 편집하면서 『정토신종』을 바탕으로 체제를 세운 것은 아닐까 의심된다.

또한 「범례」에서 "(제1칙) '자기가 부처님이다(自己佛)'에서 시작해 (제120칙) '부처님 아닌 것이 없다(無不是佛)'로 끝맺은 까닭은 이 책을 열람하는 자들이 자성의 부처를 단박에 깨달아 곧바로 무생법인無生法忍을 증득하도록 하려는 것이다."라고 한 것으로 보아 치조가 제시한 120칙은 정토왕생의 요결일 뿐만 아니라 선종의 종지와도 일맥상통함을 알 수 있다.

부록으로 보광 보원의 「결사문」, 부연 성담의 「발원문」, 제운 원명의 「모연소」, 본여 성공의 「계참소」 등 정원사 관련 문건이 실려 있다. 그리고 책의 맨 끝에 육연거사 정신과 불국옹 삼사의 발문이 있다.

5. 참고 문헌

박소연, 「19세기 후반 서울지역 신앙결사 활동과 그 의미」, 『한국근현대사연구』 제80집, 2017.
서수정, 『19세기 불서간행과 유성종의 「덕신당서목」 연구』, 동국대학교 박사학위논문, 2016.
황인규, 「파주 보광사의 역사와 위상」, 『대각사상』 12, 2009.

차례

청주집淸珠集 해제 / 5
일러두기 / 18
청주집 서淸珠集序 / 19
자서自序 / 24
범례凡例 / 27
인용 도서 목록 引用書目 / 30

주 / 33

자기가 부처님이다 自己佛 41
비밀스러운 법문 秘密法門 43
그 자리에서 당장 받들어 시행하라 直下承當 44
그윽하고 미묘하면서도 간단하고 쉽다 玄妙簡易 45
육도만행六度萬行 46
일승의 정인 一乘正因 47
참된 공 眞空 48
바른 지견 正知見 49
구하기만 하면 곧바로 얻는다 有求卽得 50
귀하고 천함 貴賤 51
한 번 어긋나면 백 번 어긋난다 一蹉百蹉 52
술에 취한 듯 꿈결인 듯 醉夢 53
살 궁리 活計 54
세로와 가로 堅橫 55
안심하고 짐을 풀어 놓을 곳을 찾아라 覓安下處 56
성과 정 性情 57
고통을 알고 고통에서 벗어나라 知苦出苦 58
변화하는 것은 나이다 轉變是我 59
대충 얼버무리며 사는 사람들 糊塗 60
업을 따른다 隨業 61

사내대장부 好漢 63
자기 마음 가운데서 태어난다 生自心中 64
사실은 가고 오는 일이 없다 實無去來 65
계급이 없다 無階級 66
큰 복덕을 갖추어야 大德大福 67
전생의 과보를 받는다 酬宿報 68
법신이란 法身 69
바둑 한 판 一局 71
가을 풀과 겨울 매미 秋草冬蟬 72
붙잡을 것이 없다 無着 74
한바탕 꿈처럼 황홀한 인생 恍如一夢 75
저런 것에 연루되다니 遭他累 77
작은 것을 큰 것과 바꾸어라 以小易大 78
위험한 몸 險身 80
자세히 살펴보라 仔細看 82
노력하라 努力 84
노인들에게 경책하다 警老 85
다 내려놓아라 丟得下 86
환자들에게 경계하다 戒病 87
그건 '나'가 아니다 非是我 88
이득과 손실에 기뻐하고 슬퍼하지만 憂喜得失 89
그 무엇도 가져가지 못한다 帶不去 90
결연한 의지 決志 91
갈고리나 쇠사슬처럼 이어지는 윤회의 고리 鉤鎖連環 93
만사를 다 제쳐 두라 撥置萬事 95
죽음의 신호 無常信 96
하루바삐 수행하라 修行及早 97
천성이 서로 관련되어 있다 天性相關 102
열 가지 믿음 十種信 104
수미산처럼 須彌山 106
세 가지 신통 三通 108

회향하라 回向 109
반드시 그렇게 된다고 믿어라 信定得 110
지금부터라도 只從今時 111
깊이 사유하고 제대로 믿어라 深思諦信 113
날벌레와 구더기까지도 蜎蠕 114
도적도 귀순하면 선량한 백성이 된다 招安爲民 115
눈앞에 보이는 것에만 사로잡힌 사람들 拘於所見 116
효과가 없는 자들 無效 117
자신을 속이고, 대단하게 여기고, 포기하는 자들 自欺慢棄 118
염불의 공덕 功德 120
법 가운데 왕 法中王 122
다만 한 생각일 뿐 只此一念 124
주인이 되라 作得主 125
자기 생명의 뿌리로 삼아라 自己命根 126
염불의 참다운 경지 眞境 127
장씨네 셋째 아들 이씨네 넷째 아들에게 張三李四 129
내려놓아라 放下 130
저절로 한 덩어리가 된다 自成一片 131
대세가 기울게 된다 趣向 132
면밀하게 이어 가라 綿密 133
소리쳐 불러 깨우라 喚醒 134
진짜 염불 眞念 135
초심자에게 初心 137
파도처럼 뒤집히고 조수처럼 밀려드는 망상 瀾翻潮湧 138
입으로만 중얼중얼 喃喃 139
공경하는 마음 恭敬心 140
다섯 가지를 공경하라 五敬 141
바르게 염불하면 육근을 모두 포섭한다 都攝六根 142
기한 안에 성취하라 剋期成就 143
조용한 곳에서 만들어 움직이는 곳에서 단련하라 靜做動鍊 144
한 가지를 집중 수행하라 專修 145

염불을 새벽과 저녁의 과업으로 삼아라 晨夕課 ……… 146
새벽에 열 번 염불하는 방법 十念 ……… 147
마음과 호흡을 일치시켜라 心息相依 ……… 148
염불하자마자 왕생한다 當念往生 ……… 149
참선하며 염불하기 叅念 ……… 150
연구하라 硏究 ……… 152
바로 질러가는 길 直捷 ……… 153
마음 꽃이 찬란하게 피리라 心花燦發 ……… 154
일상삼매一相三昧 ……… 155
정밀하고 분명하게 염불하라 精明 ……… 156
태양을 관상觀想하는 법 日觀 ……… 157
백호를 관상하는 법 白毫 ……… 158
예불할 때 관상하는 법 觀想 ……… 159
온갖 상서로운 모습을 보게 된다 見諸瑞相 ……… 160
어리석은 자는 염불할 수 없다 愚不可能 ……… 161
힘을 써야 한다 着力 ……… 162
수행의 첫걸음 最初一步 ……… 163
진실한 수행 眞實修行 ……… 165
염불을 쉬는 것을 용납하지 말라 不容放過 ……… 167
염불로 세 가지를 얻으면 三得 ……… 168
염불하기 딱 좋다 正好 ……… 169
염불은 직업과 신분에 상관없이 수행할 수 있다 百工四民 ……… 171
바른 수행 正行 ……… 172
속으로 늘 부처님을 기억하라 密憶 ……… 174
보디심이단 菩提心 ……… 175
세 가지 마음 三心 ……… 176
해탈하려면 解脫 ……… 177
비가 퍼부을 때까지 기다리는 자들 雨淋頭 ……… 178
영원히 변치 않는 곧고 굳은 마음을 가져라 常永貞固 ……… 179
하나의 대상에 집중하면 마음이 하나가 된다 一境一心 ……… 180
보고 들을 때마다 염불하라 聞見 ……… 181

분노를 기쁨으로 바꿔라 回嗔作喜 182
강을 건너는 뗏목 渡河筏 183
고요함의 극치 靜之至 184
원력의 왕이시여 願王 186
곧장 무위의 세계로 들어가라 直入無爲 187
회향하는 게송 廻向偈 189
소원을 원만히 성취하게 하소서 滿願 191
정성을 다하라 至誠 193
금강으로 만든 깃대 金剛幢 194
염불하면 아미타불과 의기투합해 서로 만나게 된다 氣類交接 195
반드시 부처님께서 맞이하고 인도해 주시리라 必蒙接引 196
결국 다시 태어나야 할 것이니 竟有生處 197
반드시 성취하리라 定得成 198
영원히 물러남이 없다 永無退轉 200
천년의 계획 千年調 201
좋은 소식 好消息 202
마음을 떠나 존재하는 실체란 없다 離心無體 204
전체가 드러나려면 全現 206
마음에 쏙 드는 일 稱意之事 208
경쇠를 울려라 鳴磬 210
평등한 사랑 平等 211
나침반 指南車 212
고향으로 돌아가듯이 歸故鄕 214
상서로운 감응이 한둘이 아니다 瑞應非一 215
염불은 게으른 자들의 호신부가 아니다 護身符 217
세 가지 의심 三疑 218
네 개의 관문 四關 219
7분의 1을 얻는다 七分得一 221
막상 죽음에 직면하면 염불할 수 없다 不得念 222
미리 수행하라 預修 224
도둑이 간 뒤에 문을 잠근다면 賊去關門 225

우유를 짤 시간만큼만 염불해도 㲉牛乳頃 226
고통과 즐거움을 서로 비교해 보면 苦樂相比 227
선 아닌 것이 없다 無非是善 230
체험하라 取驗 231
마귀를 물리친다 遠魔 232
염불의 일곱 가지 수승한 공덕 七勝 233
큰 소리로 염불하면 高聲念 235
정토수행을 권하면 얻게 되는 복덕 勸修福報 236
부처님께 예배하면 禮佛 237
정토수행을 하지 않으면 열 가지 손실이 있다 不修十失 238
현세에서 얻는 열 가지 공덕 十種功德 239
정토의 열 가지 수승함 淨土十勝 241
극락세계가 왕생하기에 쉬운 열 가지 이유 往生十易 243
모든 계를 청정히 지켜라 衆戒淸淨 244
계는 영락의 구슬 瓔珞珠 245
비니 毘尼 247
정을 깨달아라 悟情 249
원수와 친구 怨親 250
아득하고 어둑한 길 杳冥 252
해서는 안 될 일곱 가지 七不得 253
방생하라 放生 256
살생을 금하라 戒殺 258
식욕과 성욕은 서로 원인이 된다 食色相因 260
본체는 항상 그대로이다 體恒自如 262
실오라기 하나에 묶일 수 있다 一絲可繫 263
반드시 그루터기를 잘라야 한다 要斷根株 264
애착과 생각 愛念 265
출세간의 효도 出世間孝 267
부모님이 서방정토로 가시도록 도와라 助親西行 268
은혜에 보답하라 報恩 269
널리 제도하라 普度 271

온갖 선이 서로 돕는다 衆善相資 ········ 273
언행에 흠이 없으려면 行無瘡疣 ········ 275
열 가지 마음 十心 ········ 276
사료간四料簡 ········ 278
떠날 준비 去備 ········ 279
이 법을 배워야 한다 當學此法 ········ 280
세 가닥으로 꼰 밧줄 三股繩 ········ 282
비교해 보라 較量 ········ 284
출가했다지만 出家 ········ 286
삭발한 머리를 쓰다듬으며 摩頭 ········ 287
선지식을 의왕처럼 醫王 ········ 288
육근六根 ········ 289
경계를 부려라 用境 ········ 290
아상을 제거하라 除我相 ········ 291
마음을 비우고 이치를 고요하게 心空理寂 ········ 292
마음이 사라지면 성품이 나타난다 心滅性現 ········ 293
업의 성품은 공하다 業性空 ········ 294
만 마리의 소로도 만류할 수 없다 萬牛莫挽 ········ 295
굳건히 지켜라 堅持 ········ 296
홀로 감당해야 한다 獨當 ········ 297
깔끔하고 쾌활하게 사는 사람들 瀟灑快活 ········ 299
삶만 신경 쓰고 죽음은 잊고 사는 사람들 養生忘死 ········ 301
다섯 가지 미혹 五惑 ········ 302
도탄에 빠지는 것을 스스로 달게 여기는 자들 自甘塗炭 ········ 305
삿된 견해 邪見 ········ 307
자신을 높이는 자들 貢高 ········ 308
아가타약 阿伽陀 ········ 310
죽음을 방지하려면 防死 ········ 311
허다한 본보기 許多榜撑 ········ 313
웃음과 울음 笑哭 ········ 314
보잘것없는 선행으로는 왕생하기 어렵다 少善難生 ········ 315

밀랍 도장을 진흙에 찍듯이 蠟印印泥 316
백 근의 황금 百斤金 317
어떻게 살았는지 확인된다 驗生 318
출생의 고통과 죽음의 고통 生死二苦 319
사바세계에서 도를 얻기 어려운 열 가지 이유 十難 321
욕정이 많으면 떨어지고 이상이 강하면 날아오른다 情想飛墜 323
좋은 인연을 만나고도 나쁜 결과를 초래하는 이들 善因惡果 325
뜻을 얻고 말은 잊어라 得意忘言 327
몸의 이득과 손실 形骸得失 329
두 명의 하늘나라 사람 二天人 331
작은 원인과 결과 小因果 332
생계를 잘 꾸려 도를 도우라 資生助道 333
극락이라야 괴로움이 없다 無苦 334
고요함과 작용 사이에 장애가 없다 寂用無礙 335
거짓을 벗어나 진실로 나아가라 離妄卽眞 336
미혹과 깨달음 迷悟 337
부처님 아닌 것이 없다 無不是佛 338

[부록]
결사문 結社文 343
발원문 發願文 346
모연소 募緣疏 348
계참소 戒懺疏 350

봉축 奉祝 / 352
간기 刊記 / 353
청주집 발 淸珠集跋 / 354

주 / 359

찾아보기 / 404

일러두기

1 '한글본 한국불교전서'는 문화체육관광부의 지원을 받아 동국대학교 불교학술원에서 수행하고 있는 '불교기록문화유산아카이브(ABC)사업'의 결과물을 출간한 것이다.

2 이 책은 『한국불교전서』(동국대학교출판부 간행) 제11책에 수록된 『청주집淸珠集』을 저본으로 하여 번역하였다.

3 번역문에 이어 원문을 병기하고 간단한 표점 부호를 삽입하였다.

4 원문의 교감 사항은 번역문의 각주와 별도로 원문 아래 부분에 제시하였다.
   ㉰은 『한국불교전서』 편찬자가 교감한 내용이다.
   ㉯은 번역자가 교감한 내용이다.

5 약물은 다음과 같다.
   『　』: 서명
   「　」: 편명, 산문 작품
   T : 대정신수대장경
   X : 만속장경

청주집 서

 길 가는 사람을 붙잡고 "유교와 불교가 다른가?" 하고 물었더니 "다르다."고 하였다.
 유자후柳子厚[1]가 "부도浮圖(불교)의 말씀이 밝은 지혜로 미루어 근원으로 돌아가서 타고난 고요함에 합하였다."[2]라고 말했던 것은 (불교가) 공자를 배척하지 않는다고 여긴 것이다. "대감大鑒의 도는 처음부터 끝까지 성선性善이어서 갈고 김맬 필요가 없었다."[3]라고 말했던 것은 (불교가) 맹자를 배척하지 않는다고 여긴 것이다. 그렇다면 구담씨瞿曇氏[4]의 참된 가르침과 비밀스러운 진리는 애초에 유가儒家와 서로 맞아떨어지지 않은 적이 없고, 그들의 엄숙한 몸가짐과 도에 임하는 돈독한 자세 역시 거의 유문儒門에 머물렀던 율사律師들이었다.[5]
 부처님이 꽃을 들어 보이자 가섭이 미소 지었던 종풍은 아득히 멀어지고, 한차례 몽둥이를 휘두르고 한차례 고함을 질렀던 선지禪旨도 어두워졌도다! 이에 언어를 의지해 문자를 세운 천칠백 공안이 만들어져 처방에 따라 비슷하게나마 사람들에게 설명하게 되었다. 하지만 부지런히 마음을 쓸수록 법은 더욱 멀어졌고, 쏜살같이 세월이 흘러 어느새 정업淨業[6]의 도가 희미해지고 마귀와 외도가 번갈아 들이닥치는 지경에 이르렀으니, 진실로 공문空門(불교)의 양구陽九[7]로다.

• 19

석치조釋治兆는 정토왕생을 발원하는 결사의 깃발을 굳건히 세우고 30년 동안 하안거 결제를 하면서 뜻을 함께하는 승려 및 재가자들과 극락왕생할 날만을 힘써 생각해 온 자이다. 그가 선정의 희열을 즐기던 여가에 내전內典(불전)을 탐독하여 여러 집안의 아름다운 말씀들을 모으고, 한 사람에게만 전하며 비밀스럽게 부촉하신 뜻을 가려 뽑아 이를 엮어 하나의 책으로 만들었다. 그리고 책이 완성되자 맨발로 달려와 나에게 서문을 부탁하였다.

　나는 유자儒者의 무리이다. 불교 집안에서 사용하는 용어에 익숙하지 않은데, 무슨 수로 이 책이 크고 작은 수행자들을 깨우치기에 충분한 점이 있다는 것을 간파할 수 있겠는가? 하지만 일단 읽어 보았더니, 그 말씀이 간결하면서도 의미가 풍성하고 뜻이 정밀하면서도 많은 것을 포괄하고 있어 꼭 특별히 솜씨와 안목을 갖추지 못했더라도 저절로 골수를 훤히 볼 수 있었다. 지름길로 조사의 방으로 나아가 연등이 밝힌 길을 따라서 보배 뗏목을 타고 저 언덕에 올랐으니, 황홀한 것이 사자좌獅子座 아래에서 해조음(潮音)[8]을 듣는 것 같았다. 이것이 큰 환희가 아니겠는가?

　아, 현겁이 침몰하면서 상교象敎(불교)가 쇠퇴하여, 치조처럼 문빗장을 열어젖히고 보배를 세는 자가 있다는 소리를 들어 본 적이 없구나! 치조는 몸가짐을 엄숙히 하고 도를 독실하게 믿어 스스로 문필가를 자처하면서 고덕들이 전하지 않은 비결을 수집해 일체중생을 제도하고자 하였다. 그렇다면 이 사람의 마음도 진실로 또한 괴로운 것이다.

　경오년(1870, 고종 7) 8월에 기수루綺樹樓 주인 소하거사 조성하[9]가 서문을 짓다.

清珠集序

執塗之人而問之曰, 儒與佛異乎. 曰, 異也. 柳子有[1]言, 浮圖之說, 推離還源, 合於生而靜者, 以爲不背孔子. 大鑒之道, 終始性善, 不假耘鋤者, 以爲不背孟子. 然則瞿曇氏之眞詮秘諦, 未始不與儒家相契, 其持身之嚴, 任道之篤, 殆亦儒門律師也. 拈花微笑宗風邈矣, 一棒一喝禪旨晦矣! 於是依言語, 立文字, 而千七百公案作, 隨方媲儗, 對人演說. 意愈勤而法愈離, 駸駸至于淨業道微, 魔外交作, 誠空門之陽九也. 釋治兆, 堅幢於淨願之社, 結夏三十年, 同志緇素, 勉思彙征. 禪悅之暇, 耽賾內典, 會稡諸家, 摘抉單傳密付之義, 彙爲一書. 書成, 走白足, 請敍於余. 余儒者徒也. 不嫺釋氏家言, 將何以覷破是卷之有足警惺於大小修行人哉? 秖見, 其言簡而意賅, 旨精而包廣, 未必別具手眼, 已自洞見骨髓. 由蹊徑而造堂室, 蓮燈指路, 寶筏登岸, 怳然若叅猊座而聆潮音. 不其大歡喜歟? 噫. 賢刼淪而象敎替, 未嘗聞有啓局鐍而數珍寶如治兆者焉! 治兆, 持身嚴而信道篤, 自托於觚墨之間, 集古德不傳之秘, 欲化度一切衆生. 則此心良亦苦矣.

　　庚午仲秋, 綺樹樓主人, 少荷居士趙成夏敍.

---

1) ㉑『柳河東全集』권6「曹溪大鑒禪師碑」와『佛祖歷代通載』권15「唐憲宗 壬辰」 등에 근거하면 '有'는 '厚'의 오자이다.

맑은 구슬(淸珠)이란 파려玻瓈이다. 이 구슬을 탁한 물에 던지면 혼탁함이 모조리 제거되어 바닥까지 맑아지고, 이것을 진흙탕에 두면 진흙 위로 불쑥 솟아올라 탁월함을 홀로 간직한다. 또한 구슬의 본체는 비록 극도로 밝고 맑아 삼라만상을 비춤도 없고 삼라만상에 물듦도 없지만, 두 구슬을 가지고 서로 비추었다 하면 곧 광채가 서로 엇갈리면서 온 하늘에 휘황하고 온 대지에 찬란하다.

무량수여래無量壽如來의 보광명지普光明智 역시 이와 같아서, 이 지혜가 비추는 곳에서는 탐욕과 분노와 번뇌가 그 자리에서 얼음 녹듯 사라지고 삿된 마귀와 외도들이 저절로 항복하게 되며, 스치는 곳과 간직하는 곳에서는 모조리 변화하여 한 몸이 되고 법계에 원만하게 융합하여 부처와 부처가 서로를 드러내게 된다. 보광명지는 아득한 옛날부터 지금까지 항상 고요하면서 항상 비추어 한도 끝도 없고 다하여 사라짐도 없다. 또 수많은 빗방울이 큰 바다에 떨어지면 모두 한맛의 바닷물이 되는 것처럼, 일체중생이 부처님을 생각하는 마음 역시 이와 같아서, 백천만 가지 생각이 모두 진여법계眞如法界의 보광명지인 것이다. 이에 이 염불법문이 최상승最上乘의 돈종頓宗으로서 단박에 초월하여 곧장 부처님의 지혜와 수승한 행으로 들어가는 것임을 알 수 있으니, 어찌 통쾌하지 않겠는가!

현세에서 충성하고 효도하고 공경하고 순종하는 것으로 기본을 삼고, 사랑하고 연민하고 측은하게 여기는 것으로 일상의 행동을 삼으면서 때때로 생각 생각마다 아미타부처님의 보광명지로 비춘다면 진여가 아닌 일이 하나도 없고, 부처님 지혜가 아닌 상相이 하나도 없을 것이다.

이제 청신사淸信士 수십 명이 함께 원을 세우고 마음을 일으켜 염불하는 단체를 결성하고는 환공幻空 상인이 편집한 『청주집』을 발간하고 유포해 온 법계의 함식含識[10]과 함께 일체종지一切種智[11]를 원만히 성취하고자 하였다. 가히 진흙탕의 연꽃이 티끌 속에 있지만 티끌을 벗어난 것이라

하겠으니, 매우 희유한 일이로다.

만약 청정한 생각을 이어 가 한결같은 마음이 산란하지 않고, 사유가 집중되고 망상이 고요해져 주체와 대상 양쪽을 모두 잊게 된다면, 결국에는 이 생각으로 곧장 아미타불의 법성진여法性眞如의 바다로 들어가 비로자나불의 화장세계華藏世界에 노닐면서 미래가 다하도록 한량없고 끝없이 중생을 제도하고 해탈시킬 것이다.

이에 더불어 기뻐하면서 기꺼이 서문을 짓게 되었다.

상장上章 돈장敦牂[12] 단양일端陽日[13]에 법당산인 허주당 덕진이 공경히 예배하고(和南)[14] 삼가 쓰다.

夫淸珠者, 玻瓈也. 此珠投於濁水, 則渾濁盡去, 徹底澄湛, 置之泥淖, 則湧出泥上, 卓然獨存. 且珠體, 雖極瑩澈然, 萬象森羅, 無照無染, 惟將二珠相照, 則光彩交暎, 輝天鑑地. 無量壽如來普光明智, 亦復如是, 此智照處, 貪嗔煩惱, 當下氷消, 邪魔外道, 自然降伏, 所過所存, 盡化同體, 圓融法界, 佛佛互現. 普光明智, 亙古亙今, 常寂常照, 無有邊際, 無有窮盡. 又如許多雨滴, 落於大海, 皆爲一味海水, 一切衆生, 念佛之念, 亦復如是, 百千萬念, 皆是眞如法界普光明智. 乃知此念佛法門, 最上頓宗, 一超直入佛智勝行, 豈不快哉! 現世以忠孝敬順爲基本, 慈憐惻隱爲常[1)]行, 時時念念, 以彌陀普光明智照之, 則無一事非眞如, 無一相非佛智也. 今有信士數十人, 同願發心, 結社念佛, 將幻空上人所輯淸珠集, 刊印流布, 欲與法界含識, 同圓種智. 可謂淤泥蓮華居塵出塵, 甚爲希有. 若能淨念相繼, 一心不亂, 思專想寂, 能所兩忘, 則究竟此念, 直入於彌陀法性眞如海, 同遊於毘盧遮那華藏刹, 盡未來際, 度脫衆生, 無量無邊. 是以隨喜, 樂爲之序.

歲上章敦牂端陽日, 法幢山人虛舟堂德眞, 和南謹書.

---
1) 원 '常'이 속장경본에는 '當'으로 되어 있다.

자서

경에서 "어떤 사람이 자기 옷에 여의주가 매달려 있는데도 스스로 알아차리지를 못해 궁상을 떨면서 다른 지방을 떠돌았는데, 홀연히 어떤 지혜로운 사람이 그 구슬을 가리켜 주어 마음에서 바라던 대로 큰 부자가 되었으며, 신비한 구슬은 밖에서 얻는 것이 아님을 비로소 깨달았다."[15]라고 하셨다. 이로써 모든 사람의 본분에 각각 값을 매길 수 없는 보배 구슬이 한 알씩 있어 영롱하고 투명하며 항상 큰 광명을 내뿜고 있다는 것을 알 수 있다. 따라서 고덕께서 게송으로 말씀하시기를,

    헤아릴 수 없이 오묘한 반야의 신령한 구슬
    법성의 바다 한가운데서 내 직접 얻었다네
    이 구슬 크지도 않고 또 작지도 않으며
    낮이나 밤이나 그 광명이 온 세계를 비춘다네[16]

라고 하셨으니, 이를 두고 하신 말씀이다.

나아가 용녀가 구슬을 바쳤던 것[17]은 기별記莂(수기)을 받은 것이고, 망상罔象이 구슬을 찾았던 것[18]은 무심無心을 얻은 것이며, 물고기 눈깔을 구슬이라 하는 것은 도둑놈을 아들로 여기는 것이고, 상자를 사고 구슬을

돌려주었던 것[19]은 미혹하고 망령되어 진실을 잃어버린 것이다. 또 마니주摩尼珠, 제석천궁帝釋天宮 그물 차양에 매달린 구슬, 상투의 밝은 구슬,[20] 손바닥에 놓인 구슬 등 갖가지 구슬이 있으니, 이것이 모두 마음 구슬(心珠)을 밝힌 것이다. 따라서 영가 대사(永嘉)는 구슬을 알아차렸고,[21] 단하 선사(丹霞)는 구슬을 가지고 놀았으며,[22] 관남 장로(關南)는 구슬을 얻었고,[23] 소산 화상(韶山)은 구슬을 단련하였으니,[24] 선덕들께서 이 구슬에 온통 정신을 쏟으신 것은 진실로 까닭이 있었다.

내가 바야흐로 여러 집안의 정토왕생에 관한 중요한 말씀들을 뽑아 요약하고서 '청주집'이라는 이름을 붙인 것은 대략 "맑은 구슬을 탁한 물에 넣으면 그 물이 맑아지지 않을 수 없듯이 청정한 생각을 산란한 마음에 던지면 그 마음이 하나가 되지 않을 수 없다."라는 의미를 취한 것이다. 정원사淨願社의 벗들이 이를 발간해 뜻을 함께하는 이들을 넓히고 아울러 결사대중의 규약으로 삼고자 하기에 그 구슬을 증득하자는 뜻을 담아 서문을 지었다.

아, 우리가 이미 보배가 있는 곳에 도착하였으니, 반드시 여룡驪龍[25]을 찾고 영사靈蛇[26]를 거머쥐어야 어찌 그냥 빈손으로 돌아가겠는가! 만약 이 옷에 본래부터 있던 구슬을 알아차린다면 진정 남의 보물이나 세는 짓을 할 겨를이 없을 것인데, 더구나 이런 책이 뭐 하러 있겠는가? 그렇기는 하지만 결국 그 구슬은 어디에 있을까?

쯧!

만고의 푸른 못에 비친 허공의 달님을
두세 번 건져 보고서야 달그림자임을 알리라

동치 9년(1870, 고종 7) 경오년 여월余月(4월) 욕불일浴佛日(석가탄신일)에 설악 사문雪嶽沙門 환공 치조가 보광사[27] 낙서관에서 쓰다.

自序

經曰, 人於自衣, 繫如意珠, 不自覺知, 窮露他方, 忽有智者, 指示其珠, 所願從心, 致大饒富, 方悟神珠, 非從外得也. 乃知人人分上, 各有一顆無價寶珠, 玲瓏瑩澈, 常放大光明. 故古頌云, 般若靈珠妙難測, 法性海中親認得. 此珠非大亦非小, 晝夜光明皆悉照. 此之謂也. 至若龍女獻珠, 受記玥也, 罔象索珠, 得無心也, 魚目作珠, 認賊爲子也, 買櫝還珠, 迷妄失眞也. 又有摩尼珠, 帝網珠, 譬明珠, 在掌珠, 種種之珠, 無非發明此心珠也. 故永嘉解珠, 丹霞翫珠, 關南獲珠, 韶山鍊珠, 先德之汲汲於此珠者, 良有以也. 余方節錄諸家淨土要語, 以淸珠名集, 盖取諸淸珠下於濁水, 水不得不淸, 淨念投於散心, 心不得不一之意也. 淨願社友, 欲付剞劂, 庸廣同志, 仍爲社中規約, 證賈以弁卷. 噫, 吾人旣到寶所, 必須探驪龍握靈蛇, 豈可徒手空回乎! 若能認得此衣底本有之珠, 則定不暇爲他人數寶, 更何有於此集? 然畢竟那珠在甚麼處? 咄! 萬古碧潭空界月, 再三撈漉始應知.

同治九年庚午余月浴佛日, 雪嶽沙門幻空治兆, 書于普光寺之樂西觀.

범례

○ 정토에 관한 서적이 한우충동汗牛充棟[28]이지만 이 책에서는 모래를 헤쳐 금을 골라내듯이 여러 가문의 핵심적인 말씀만 뽑고 번쇄한 것들은 모조리 떨어냈으니, 하나의 구절이나 반 토막 게송으로 수행자들이 번쩍 정신 차리게 하려는 것이다. 또한 감히 내 의견을 멋대로 첨가하는 짓은 하지 않았다.

○ 각 칙에 설한 사람과 출전을 밝히지 않은 까닭은, 비유하자면 여우의 겨드랑이 털을 모아 재봉선의 흔적이 없는 귀한 갖옷을 만드는 것처럼[29] 어엿하게 한 분이 하신 말씀으로 만들어 열람하는 자들이 믿음을 열고 돈독하게 수행하도록 도우려는 것일 뿐이다. 또한 인용한 책들의 목록을 빠짐없이 기재하였으니, 박식하고 고상한 사람들은 구차한 설명이 없어도 그 출처를 스스로 알 것이다.

○ 왕생하는 방법에 두 가지가 있으니, 첫째는 관상觀想이고 둘째는 지명持名이다. 이 책에서 명호를 지송하는 방법을 위주로 하고 관상하는 방법을 간략히 한 까닭은 중생들의 마음이 거칠어 관을 성취하기 어렵기 때문이다. 또한 이 국토의 근기에게는 명호를 지송하는 방법이 매우 쉽고, 소원하면 반드시 왕생하게 되기 때문이다.

○ 유명한 분들의 말씀을 가려 뽑다 보니, 여러 의사의 경험과 좋은 처

방을 수집한 것처럼 자못 중복되는 부분이 있고, 짜임새 있는 순서가 없다. 하지만 스스로 깨닫고 남을 깨우치는 일에 힘쓴다면 간곡한 가르침이 두 번 세 번 나온다 해도 무방할 것이다.

○ 오로지 정토淨土에 대해서만 설하고 선종禪宗의 말씀을 간소하게 한 까닭은 대략 "참선만 하고 정업淨業을 닦지 않으면 열에 아홉이 잘못되지만, 정업만 닦고 참선을 하지 않는 경우에는 만 명이 수행하면 만 명이 다 왕생한다."라는 의미를 취한 것이다. 하지만 방법에 여러 가지가 있는 것이지 근본으로 돌아감에 있어서는 차이가 없다. 그렇다면 선과 정업이 어찌 갈래가 나뉜 적이 있겠는가? 오직 참선하고 염불하여 근원에 도달하면 비로소 털끝만큼도 차이가 없다는 것을 알게 될 것이다.

○ 이 책에는 구체적으로 분류하지는 않았지만 경책警策·계신啓信·수행修行·발원發願·칙종飭終·공덕功德·지계持戒·권효勸孝·정변正辨·인유引喩 등의 (열 가지) 문이 있다. 그리고 "자기가 부처님이다(自己佛)"에서 시작해 "부처님 아닌 것이 없다(無不是佛)"로 끝맺은 까닭은 이 책을 열람하는 자들이 자성의 부처를 단박에 깨달아 곧바로 무생법인無生法忍을 증득하도록 하려는 것이다.

○ 스스로 돌아보면 못나고 부족하며 수집한 범위도 폭넓지 못해 편집한 것이라고 해야 몇 칙에 불과하니, 엉성하기 짝이 없다. 혹 보는 족족 보완하여 속편을 제작하게 된다면 훗날 결사를 함께하는 여러 현사들께 보이도록 하겠다.

凡例

一, 淨土之書, 汗牛充棟, 而是集節錄諸家, 盡祛繁冗, 披沙揀金, 將以一句半偈 警惺行人. 且不敢以己意妄叅入也.

一, 各則不錄何人說某書出者, 譬如集腋成裘貴無縫痕, 儼成一家語, 欲使覽者啓信篤修而已. 且備載引用書目, 博雅之人, 自應默會出處矣.

一, 往生方便有二門, 一曰觀想, 二曰持名. 是集專主持名而畧觀想者, 衆生心麤, 觀難成就. 且此土根機, 持名甚易, 有願必生故耳.

一, 抄選各家, 如集衆醫經驗良方, 頗有重複, 而無倫次. 然務在自覺覺他, 則不妨諄諭之至於再三也.

一, 專說淨土, 而簡禪宗, 盖取有禪無淨十人九錯, 有淨無禪萬修萬去之意. 然方便多門, 歸元無二. 則禪淨何嘗分歧?[1] 唯叅念到源, 始知其不差毫釐.

一, 是集無分類中有警策啓信修行發願飭終功德持戒勸孝正辨引喩等門. 而始於自己佛, 以無不是佛終焉, 欲使覽者, 頓悟自性佛, 卽證無生忍.

一, 自顧寡陋, 搜閱未博, 所輯幾則, 未免漏萬. 若隨見續錄, 以俟後之同社諸賢云爾.

---

1) ㉮ '歧'가 속장경본에는 '岐'로 되어 있다.

인용 도서 목록

『정토십의론淨土十疑論』【지자智者】[30]
『염불삼매보왕론念佛三昧寶王論』【비석飛錫】[31]
『왕생론往生論』【도안道安】[32]
『군의론羣疑論』【회감懷感】[33]
『안락집安樂集』【도작道綽】[34]
『정토자비집淨土慈悲集』【자민慈愍】[35]
『만선동귀집萬善同歸集』【영명永明】[36]
『왕생정토참원의往生淨土懺願儀』【자운慈雲】[37]
『직지정토결의집直指淨土決疑集』【왕고王古】[38]
『보주집寶珠集』【왕고王古】[39]
『용서정토문龍舒淨土文』【왕허중王虛中】[40]
『귀원직지집歸元直指集』【종본宗本】[41]
『정토혹문淨土或問』【천여天如】[42]
『삼시계념의범三時繫念儀範』【명본明本】[43]
『정토입교지淨土立教志』【지반志磐】[44]
『적조집寂照集』[45]
『백련집白蓮集』[46]

『연종보감蓮宗寶鑑』【보도普度】[47]
『염불직지집念佛直指集』【묘협妙叶】[48]
『염불경念佛鏡』【도경道鏡】[49]
『운서법휘雲棲法彙』【주굉袾宏】[50]
『정토지귀집淨土指歸集』【대우大佑】[51]
『자은통찬慈恩通讚』【규기窺基】[52]
『서방합론西方合論』【원굉도袁宏道】[53]
『낙방문류樂邦文類』【종효宗曉】[54]
『정토신종淨土晨鍾』【주극복周克復】[55]
『고향소식故鄉消息』【정명등丁明登】[56]
『연루청음蓮漏清音』【연려련侶】[57]
『정토자신록淨土自信錄』【왕전王闐】[58]
『예념미타도량참법禮念彌陀道場懺法』【왕자성王子成】[59]
『연화세계서蓮華世界書』【당의지唐宜之】[60]
『정토법어淨土法語』【무진無盡】[61]
『몽유집夢遊集』【덕청德清】[62]
『정신당집淨信堂集』【지욱智旭】[63]
『정토생무생론淨土生無生論』【전등傳燈】[64]
『불정주佛頂珠』【석성금石成金】[65]
『서방공거西方公據』【경렴慶廉】[66]

引用書目

淨土十疑論【智者】. 念佛三昧寶王論【飛錫】. 往生論【道安】. 羣疑論【懷感】. 安樂集【道綽】. 淨土慈悲集【慈愍】. 萬善同歸集【永明】. 往生淨土懺願儀【慈雲】. 直指淨土決疑集【王古】. 寶珠集【同上】. 龍舒淨土文【王虛中】. 歸元直指集【宗本】. 淨土或問【天如】. 三時繫念儀範【明本】. 淨土立敎志【志磐】. 寂照集. 白蓮

集. 蓮宗寶鑑【普度】. 念佛直指集【妙叶】. 念佛鏡【道鏡】. 雲棲法彙【袾宏】. 淨土指歸集【大佑】. 慈恩通讚【窺基】. 西方合論【袁宏道】. 樂邦文類【宗曉】. 淨土晨鍾【周克復】. 故鄉消息【丁明登】. 蓮漏淸音【蓮侶】. 淨土自信錄【王闐】. 禮[1]念彌陀道場懺法【王子成】. 蓮華世界書【唐宜之】. 淨土法語【無盡】. 夢遊集【德淸】. 淨信堂集【智旭】. 淨土生無生論【傳燈】. 佛頂珠【石成金】. 西方公據【慶廉】.

---

1) ㉤ '禮'가 속장경본에는 '禪'으로 되어 있다.

주

1 **유자후柳子厚** : 당나라의 문인 유종원柳宗元(773~819)을 말한다. 자후子厚는 자이다. 호는 하동河東이며, 유주 자사柳州刺史를 지냈기에 유유주柳柳州라고도 한다. 한유韓愈와 함께 고문古文 부흥 운동을 제창했던 문장가이자 정치가로서 당송팔대가의 한 사람으로 꼽힌다. 저술로 『柳河東集』이 있다.
2 **부도浮圖(불교)의 말씀이~고요함에 합하였다** : 부도浮圖는 ⑤ Buddha의 음역이다. 부처님이 가르친 반본환원返本還源이 공자가 추구하였던 '선천적인 고요함(生而靜)'과 일치한다는 뜻이다. 『柳河東全集』 권6 「曹溪大鑒禪師碑」에 "공자께서 높은 지위에 오르지는 못했지만 돌아가신 후에 그분이 남기신 말씀으로 세상을 지탱하였는데, 거기에 다시 양주楊朱·묵적墨翟·황제黃帝·노자老子가 왕창 뒤섞여 그 법칙이 갈가리 찢기게 되었다. 하지만 우리 부처님의 가르침이 뒤에 나와 밝은 지혜로 미루어 근원으로 돌아가 이른바 '선천적인 고요함(生而靜)'에 합하였던 것이다.(孔子無大位, 沒以餘言持世, 更楊墨黃老益雜, 其術分裂. 而吾浮圖說後出, 推離還源, 合所謂生而靜者.)"라고 하였다. '밝은 지혜로 미루어(推離)'에서 '이離'는 이괘離卦 즉 밝음을 뜻한다. 『周易』 「離卦 象」에 "밝음이 둘인 것이 이離가 되니, 대인이 이로써 밝음을 이어 사방을 비춘다.(明兩作離, 大人以, 繼明, 照于四方.)"라고 하였다. '선천적인 고요함(生而靜)'은 『禮記』 「樂記」에서 인용한 말로, "사람이 태어나면서 고요한 것은 하늘이 부여한 본성이고, 사물을 감지하면 움직이는 것은 본성의 욕구이다.(人生而靜, 天之性也. 感於物而動, 性之欲也.)"라고 하였다.
3 **대감大鑒의 도는~필요가 없었다** : 대감大鑒은 당나라 헌종이 육조 혜능慧能에게 내린 시호이다. 육조 혜능이 가르친 청정본연淸淨本然이 맹자가 가르친 성선설性善說과 일치한다는 뜻이다. 『柳河東全集』 권6 「曹溪大鑒禪師碑」에 "그의 도는 무위無爲를 유有로 삼고, 텅 빈 것(空洞)을 실제로 삼고, 광대하면서도 방탕하지 않은 것을 귀착점으로 삼았다. 그는 사람을 가르침에 있어 '타고난 성품이 선하다(性善)'는 것에서 시작해 '타고난 성품이 선하다'는 것으로 끝맺었으니, 갈고 김맬 필요도 없이 본래 그것은 고요한 것이었다.(其道以無爲爲有, 以空洞爲實, 以廣大不蕩爲歸. 其敎人, 始以性善, 終以性善, 不假耘鋤, 本其靜矣.)"라고 하였다.
4 **구담씨瞿曇氏** : 부처님을 가리킨다. 구담瞿曇은 ⑤ Gotama의 음역으로, 석존釋尊의 성이다.
5 **그들의 엄숙한~머물렀던 율사律師들이었다** : '그들'은 공자와 맹자를 비롯한 유생을 가리킨다. 진실한 유생은 승려와 외형만 다를 뿐 실제 행실에서는 불교의 율사와 차이가 없다는 뜻이다. 이 문장은 전겸익錢謙益이 지은 「陽明近溪語要序」에서 인용한 것이다.
6 **정업淨業** : 보시布施·지계持戒·염불念佛 등 정토왕생의 원인이 되는 행동을 말한다.
7 **양구陽九** : 엄청난 재앙을 뜻한다. 음양가에서 구九는 양陽의 극수極數로, 양만 있고 음이 없으므로 만물이 교섭을 할 수 없어 천하가 어지러워진다고 한다.
8 **해조음(潮音)** : 부처님의 웅장한 음성을 파도 소리에 비유한 것이다.
9 **조성하趙成夏(1845~1881)** : 조선 말의 문신. 자는 순소舜韶, 시호는 문헌文獻. 병조판서 병준秉駿의 아들로 병구秉龜에게 입양되었으며, 신정왕후 조씨의 친정 조카이다. 평

안도 관찰사·이조판서·의정부 좌참찬 등을 역임하였다. 저서로 『金剛山記』가 있다.
10 함식含識 : Ⓢsattva의 의역어. Ⓢsattva는 살타薩埵로 음역하고, 유정有情·중생衆生 등으로도 의역한다. 심식心識을 지닌 생명체를 가리키는 말로, 함령含靈이라 칭하기도 한다.
11 일체종지一切種智 : Ⓢsarvathā-jnāna. 부처님만이 가지는 완전한 지혜이다.
12 상장上章 돈장敦牂 : 고대의 간지干支이다. 상장은 경庚, 돈장은 오午에 해당하므로 즉 경오년(1870)이다.
13 단양일端陽日 : 단양端陽은 음력 5월 5일인 단오절端午節의 별칭이다.
14 공경히 예배하고(和南) : 화남和南은 Ⓢvandana의 음역이다. 아례我禮·귀례歸禮·경례敬禮·공경恭敬·도아度我·계수稽首 등으로도 의역한다. 윗사람에게 공경의 표시로 붙이는 표현이다.
15 『首楞嚴經』 권4(T19, 121b).
16 헤아릴 수~세계를 비춘다네 : 〈丹霞和尙翫珠吟〉에서 발췌하여 인용하였다. 『景德傳燈錄』 권30(T51, 463b).
17 용녀가 구슬을 바쳤던 것 : 사리불이 용녀에게 "여자의 몸으로는 무상도無上道를 빨리 성취할 수 없다."라고 하자, 용녀가 부처님께 보배 구슬 하나를 올렸고 부처님이 그 구슬을 곧바로 받으셨다. 그리고 나서 사리불에게 "당신이 신통력으로 내가 성불하는 것을 본다면, 내가 부처님께 구슬을 올린 것보다 더 빠를 것이다."라고 하였다는 내용이 『妙法蓮華經』 권4 「提婆達多品」에 나온다.
18 망상罔象이 구슬을 찾았던 것 : 『莊子』 외편 「天地」에 "황제黃帝가 적수赤水 북쪽을 유람하며 곤륜崑崙의 언덕에 올라 남쪽을 바라보고 돌아왔는데, 그만 현주玄珠를 잃어버렸다. 지지에게 찾아오라 시켰지만 찾지 못하였고, 이주색離朱索에게 찾아오라 시켰지만 찾지 못하였고, 끽후색喫詬索에게 찾아오라 시켰지만 찾지 못하였다. 이에 망상에게 찾아오라 시키자 망상이 찾았다. 그러자 황제가 '기이하구나! 망상이라야 이것을 찾을 수 있단 말인가.' 하며 감탄하였다."라고 하였다. 이에 대해 곽상郭象이 주석하기를 "진리를 얻는다는 것은 마음을 써서 얻는 것이 아님을 밝혔다.(明得眞者非用心也)"라고 하였다.
19 상자를 사고~돌려주었던 것 : 춘추시대 초나라 사람이 향기를 쐰 목란木蘭 상자에 보배 구슬을 담아 정나라에 팔러 갔는데, 어떤 정나라 사람이 상자만 사고 구슬을 돌려주었다는 고사가 『韓非子』 「外儲」에 나온다.
20 상투의 밝은 구슬 : 최상의 보배를 뜻한다. "왕이 큰 전공을 세운 장수에게 자신의 상투를 장식하던 최상의 보배 구슬을 풀어 주듯이, 많은 공덕을 쌓아 근기가 성숙한 보살들에게 최후로 『法華經』을 설한다."라고 한 말이 『妙法蓮華經』 권5 「安樂行品」에 나온다.
21 영가 대사(永嘉)는 구슬을 알아차렸고 : 당나라 영가 현각永嘉玄覺(665~713)이 지은 〈證道歌〉에 "마니주를 사람들이 몰라보네, 여래장 속에서 나는 직접 얻었다네.(摩尼珠人不識, 如來藏裏親收得.)"라는 구절이 있다.
22 단하 선사(丹霞)는~가지고 놀았으며 : 당나라 단하 천연丹霞天然(739~824)이 지은 〈丹霞和尙翫珠吟〉이 『景德傳燈錄』 권30에 수록되어 있다.
23 관남 장로(關南)는 구슬을 얻었고 : 당나라 관남 도오關南道吾가 지은 〈關南長老獲珠

吟〉이『景德傳燈錄』권30에 수록되어 있다.
24 소산 화상(韶山)은 구슬을 단련하였으니 :『景德傳燈錄』권30에 수록된 〈韶山和尙心珠歌〉에 "산승이 스스로 공문에 도달한 지 오래, 마음 구슬을 단련하여 공을 이미 이루었네.(山僧自達空門久, 淬鍊心珠功已搆.)"라는 구절이 있다.
25 여룡驪龍 : 검은 용을 말한다. 그 용의 턱 밑에 달린 귀한 구슬을 여룡주驪龍珠라고 한다.
26 영사靈蛇 : 수후隋侯에게 은혜를 갚았던 뱀을 가리킨다.『淮南子』「覽冥訓」에 "수후가 창자 끊긴 뱀을 보고 약을 발라 주었더니, 뒷날 이 뱀이 강 속에서 큰 옥구슬을 물고 나와 은혜를 갚았다."라고 하였다. 그 구슬을 명월주明月珠, 영사주靈蛇珠 또는 수주隋珠라고 한다.
27 보광사普光寺 : 현 행정구역으로 파주시 광탄면 영장리 13번지에 소재한다.
28 한우충동汗牛充棟 : 책이 매우 많음을 비유한 말이다. 수레에 실으면 소가 땀을 흘릴 정도로 무겁고, 쌓으면 용마루에 닿을 정도로 높이 쌓인다는 뜻이다. 유종원의 『陸文通先生墓表』에서 유래한 말이다.
29 여우의 겨드랑이~만드는 것처럼 : 전국시대 제나라의 맹상군孟嘗君이 가지고 있었다고 전하는 호백구狐白裘는 천 마리의 여우 겨드랑이 털을 모아 만든 진귀한 갖옷이다. 진秦나라 소왕昭王이 그를 죽이려 하자 소왕이 총애하는 비에게 호백구를 뇌물로 바치고 풀려났다는 고사가 있다.『史記』권75「孟嘗君列傳」.
30 『淨土十疑論』은 1권이며『大正新修大藏經』제47책 No.1961에 수록되어 있다. 정토에 대한 열 가지 의혹을 제시하고 이에 대한 천태 대사天台大師의 답변을 엮은 책이다. 지자智者(538~597)는 수나라 때 승려로 법명은 지의智顗이다. 양제煬帝가 지자대사智者大師라는 호를 하사하였으며, 천태산天台山에 주석하였기에 천태 대사로도 불린다.
31 『念佛三昧寶王論』은 상중하 3권이며『大正新修大藏經』제47책 No.1967에 수록되어 있다. 비석飛錫은 당나라 때 천복사千福寺·초당사草堂寺 등에 주석했던 승려이다. 간략한 전기가『宋高僧傳』권3「譯經篇」'唐大聖千福寺飛錫傳'(T50, 721c)에 수록되어 있다.
32 『往生論』은 총 6권이다. 도안 법사道安法師(312~385)의 저술로 알려져 있다. 지금은 전하지 않고 그 일부가 정토종 관련 서적에 인용되어 있다. 청나라 왕경심王耕心이 편찬한『摩訶阿彌陀經衷論』(X22, 174a)에서 "진晉나라 부류扶柳의 도안 법사께서 일찍이『往生論』6권을 저술하셨으니, 이것이 정토종의 가르침을 천양한 저서의 시초이다. 그리고 도안 공이 그의 학문을 여산廬山 혜원 법사慧遠法師에게 전함으로써 정토종이 성립하게 되었다. 전수된 가르침의 원류를 추궁해 보면 도안 공이 진실로 정토종의 비조鼻祖이지만 그가 저술한『往生論』이 지금은 산실되어 존재하지 않는다. 그래서 논의하는 자들이 여산을 정토종의 초조初祖로 추대하는 것뿐이다."라고 하였다.
33 『群疑論』의 온전한 이름은『釋淨土群疑論』이다. 총 7권이며『大正新修大藏經』제47책 No.1960에 수록되어 있다. 회감懷感은 당나라 때 승려로『宋高僧傳』권6,『淨土聖賢錄』권2에 전기가 수록되어 있다.
34 『安樂集』은 상하 2권이며『大正新修大藏經』제47책 No.1958에 수록되어 있다. 도작道綽(562~645)은 당나라 때 승려로『淨土往生傳』중권,『佛祖統紀』권28,『續高僧傳』권20 등에 전기가 수록되어 있다.

35 『淨土慈悲集』은 총 3권이다. 산실되어 전하지 않고 그 일부가 정토종 관련 서적에 인용되어 있다. 저자인 자민 삼장慈愍三藏은 당나라 때 승려로 법명은 혜일慧日(680~748)이다. 『淨土聖賢錄』 권2 등에 전기가 수록되어 있다.
36 『萬善同歸集』은 상중하 3권이며 『大正新修大藏經』 제48책 No.2017에 수록되어 있다. 영명永明(904~975)은 당나라 말에서 송나라 초의 승려로 법명은 연수延壽, 자는 중현仲玄, 호는 포일자抱一子이다. 건륭建隆 2년(961)에 오월吳越 왕 전숙錢俶의 청으로 영명사永明寺에 주석하였기에 세상 사람들이 영명 대사永明大師라 칭하였다.
37 『往生淨土懺願儀』는 1권이며 『大正新修大藏經』 제47책 No.1984에 수록되어 있다. 자운慈雲(964~1032)은 송나라 때 승려로 법명은 준식遵式, 자는 지백知白이다. 자운은 송나라 진종이 건흥乾興 원년(1022)에 하사한 호이다. 『釋門正統』 권5, 『佛祖統紀』 권10, 『佛祖歷代通載』 권27 등에 전기가 수록되어 있다.
38 『直指淨土決疑集』은 총 3권이다. 산실되어 전하지 않고 그 일부가 정토종 관련 서적에 인용되어 있다. 저자인 왕고王古는 송나라 때 상서尙書와 예부시랑禮部侍郞을 역임한 인물로 자는 민중敏仲이다. 『廬山蓮宗寶鑑』 권4 등에 전기가 수록되어 있다.
39 『寶珠集』의 온전한 이름은 『淨土寶珠集』이다. 산실되어 전하지 않고 그 일부가 정토종 관련 서적에 인용되어 있다.
40 『龍舒淨土文』의 온전한 이름은 『龍舒增廣淨土文』이다. 총 12권이며 『大正新修大藏經』 제47책 No.1970에 수록되어 있다. 왕허중王虛中(?~1173)은 남송 때 국학진사國學進士를 지낸 인물로 이름은 일휴日休이며, 허중은 자이다. 용서龍舒 출신이기에 자호를 용서龍舒라 하였다. 『佛祖統紀』 권28, 『淨土聖賢錄』 권6 등에 전기가 수록되어 있다.
41 『歸元直指集』은 상하 2권이며 『卍字續藏經』 제61책 No.1156에 수록되어 있다. 종본宗本은 명나라 승려로, 가정嘉靖 32년(1553)에 선정일치禪淨一致에 관한 고래古來의 설 97편을 모아 이 책을 간행하였다.
42 『淨土或問』은 1권이며 『大正新修大藏經』 제47책 No.1972에 수록되어 있다. 천여天如는 원나라 때 승려로 법명은 유칙惟則이다. 중봉 명본中峰明本(1263~1323)의 제자이다.
43 『三時繫念儀範』은 1권이며 『卍字續藏經』 제74책 No.1465에 수록되어 있다. 명본明本(1263~1323)은 남송 말에서 원나라 초의 승려로, 호는 중봉中峰 또는 환주幻住이며 시호는 보응국사普應國師이다. 『佛祖歷代通載』 권22, 『增續傳燈錄』 권6 등에 전기가 수록되어 있다.
44 『淨土立敎志』는 총 3권이며 『大正新修大藏經』 제49책 No.2035 『佛祖統紀』 제26~28권에 수록되어 있다. 지반志磐은 송나라 때 승려로 호는 대석大石이다.
45 『寂照集』은 누구의 저술인지 알 수 없다. 『樂邦文類』 권4 『雜文』(T47, 201a)에서 "『寂照集』에서 뽑은 서방왕생의 요의(寂照集揀西方要義)"를 소개하고, 그 각주에서 "이 문장은 어느 스님이 지은 문장인지 알 수 없다. 『直指決疑集』에 나온다.(此文不知何師作文. 見直指決疑集.)"라고 하였다.
46 『白蓮集』의 저자 역시 확실하지 않다. 『宋高僧傳』 권30 『雜科聲德篇』 '梁江陵府龍興寺齊己傳'에 "죽은 후에 『白蓮集』이 있어 세상에 유행하였다.(卒有白蓮集行于世)"라고 하고, 『宗統編年』 권18에 "사문 형악 제기衡嶽齊己가 입적하였다.(沙門衡嶽齊己寂)"라

는 기사에 대한 기술에서 "『白蓮集』이 있어 세상에 유행하였다.(有白蓮集行世)"라고 하였다. 이에 따르면 저자는 당나라 말에서 오대五代에 활동했던 제기齊己로 추정된다.

47 『蓮宗寶鑑』의 온전한 이름은 『廬山蓮宗寶鑑』이다. 총 10권이며 『大正新修大藏經』 제47책 No.1973에 수록되어 있다. 보도普度(?~1330)는 원나라 때 승려이다. 황경皇慶 원년(1312)에 인종이 보도를 연종교주蓮宗教主로 삼고 호계존자虎溪尊者라는 호를 하사하였다. 세상에서는 그를 우담종주優曇宗主라 불렀다. 『淨土聖賢錄』 권4 등에 전기가 수록되어 있다.

48 『念佛直指集』의 온전한 이름은 『寶王三昧念佛直指』이다. 상하 2권이며 『大正新修大藏經』 제47책 No.1974에 수록되어 있다. 묘협妙叶은 명나라 때 승려이다.

49 『念佛鏡』의 온전한 이름은 『求生西方淨土念佛鏡』이다. 본말 2권이며 『大正新修大藏經』 제47책 No.1966에 수록되어 있다. 도경道鏡은 당나라 말에 정토의 가르침을 선양하여 희종僖宗으로부터 '상정진보살常精進菩薩'이라는 호를 하사받은 대행大行의 제자라는 것 외에 자세한 전기는 알 수 없다.

50 『雲棲法彙』는 추광명鄒匡明과 왕우춘王宇春 등이 운서 주굉雲棲祩宏(1532~1612)의 저작을 모두 모아 34권으로 편집하여 천계天啓 4년(1624)에 간행한 책이다. 가흥장嘉興藏 제33책 No.B277에 수록되어 있는데 결락된 부분이 많다. 주굉은 명나라 때 승려로 자는 불혜佛慧, 호는 연지蓮池이며, 운서雲棲는 주석하던 산의 이름이다. 『淨土聖賢錄』 권5, 『補續高僧傳』 권5 등에 전기가 수록되어 있다.

51 『淨土指歸集』은 상하 2권이며 『卍字續藏經』 제61책 No.1154에 수록되어 있다. 대우大佑(1334~1407)는 명나라 때 천태종 승려로 자는 계종啓宗, 호는 거암蘧庵이다. 『續佛祖統紀』 권2, 『釋氏稽古略續集』 권2에 전기가 수록되어 있다.

52 『慈恩通讚』의 온전한 이름은 『阿彌陀經通贊疏』이다. 상중하 3권이며 『大正新修大藏經』 제37책 No.1758에 수록되어 있다. 규기窺基(632~682)는 당나라 때 승려로 자는 홍도洪道이다. 흔히 자은 대사慈恩大師, 자은 법사慈恩法師라 칭하였다. 『大慈恩寺三藏法師傳』 권10, 『宋高僧傳』 권4에 전기가 수록되어 있다.

53 『西方合論』은 총 10권이며 『大正新修大藏經』 제47책 No.1976에 수록되어 있다. 원굉도袁宏道는 명나라 때 예부주사禮部主事를 지낸 인물로 자는 중랑中郎, 호는 석두거사石頭居士이다. 『淨土聖賢錄』 권7, 『居士傳』 권46에 전기가 수록되어 있다.

54 『樂邦文類』는 총 5권이며 『大正新修大藏經』 제47책 No.1969A에 수록되어 있다. 종효宗曉는 남송 때 승려로 자는 달선達先, 호는 석지石芝이다. 『佛祖統紀』 권18에 전기가 수록되어 있다.

55 『淨土晨鍾』은 총 10권이며 『卍字續藏經』 제62책 No.1172에 수록되어 있다. 주극복周克復은 청나라 때 인물이다.

56 『故鄉消息』은 정명등丁明登의 저술로 알려져 있다. 지금은 전하지 않고 그 일부가 정토종 관련 서적에 인용되어 있다. 『淨土晨鍾』 권10 「持驗」 '宰官往生'(X62, 93c)에서 "그의 저술에 『故鄉消息』· 『蓮漏淸音』· 『芥火』· 『葯商』· 『淡話』 등 10여 종이 있는데 모두 정토의 가르침을 담은 중요한 책들이다."라고 하였다. 정명등은 명나라 때 인물로 자호가 검홍劒虹이다. 운서 주굉에게 귀의해 정토법문을 독실하게 신앙하게 되면서 이름을 연려蓮侶로 바꾸었다. 그의 전기는 『淨土晨鍾』 권10 「持驗」 '宰官往生'(X62, 93c)에 소개되어 있다.

57 『蓮漏淸音』 역시 정명등의 저술로 알려져 있다. 지금은 전하지 않고 그 일부가 정토종 관련 서적에 인용되어 있다. 연려는 정명등이 운서 주굉을 만나고 개명한 이름이다.
58 『淨土自信錄』은 왕전王闐의 저술로 알려져 있다. 지금은 전하지 않고 그 일부가 정토종 관련 서적에 인용되어 있다. 왕전(?~1146)은 남송 때 진사進士에 천거되었던 인물로 『居士傳』 권24, 『淨土聖賢錄』 권8에 전기가 수록되어 있다.
59 『禮念彌陀道場懺法』은 총 10권이며 『卍字續藏經』 제74책 No.1467에 수록되어 있다. 왕자성王子成은 금나라 때 인물이라는 것 외에 자세한 사항은 알 수 없다.
60 『蓮華世界書』는 당의지唐宜之의 저술로 알려져 있다. 지금은 전하지 않고 그 일부가 정토종 관련 서적에 인용되어 있다. 당의지는 명나라 때 인물로 이름은 시時이며, 의지宜之는 자이다. 『居士傳』 권44, 『淨土聖賢錄』 권7에 전기가 수록되어 있다.
61 『淨土法語』는 『卍字續藏經』 제61책 No.1164-13b 『淨土十要』 권9 『幽溪無盡法師淨土法語』(X61, 745b)에 수록되어 있다. 유계 무진幽溪無盡은 유계 전등幽溪傳燈과 동일인물이 아닌지 의심된다.
62 『夢遊集』의 온전한 이름은 『憨山老人夢遊集』이다. 총 55권이며 『卍字續藏經』 제73책 No.1456에 수록되어 있다. 덕청德淸(1546~1623)은 명나라 때 승려로 자는 징인澄印, 호는 감산憨山이다. 『淨土聖賢錄』 권5, 『續稽古略』 권3 등에 전기가 수록되어 있다.
63 『淨信堂集』은 지욱智旭의 저술로 알려져 있다. 지금은 전하지 않고 그 일부가 정토종 관련 서적에 인용되어 있다. 지욱(1599~1655)은 청나라 때 승려로 자는 우익蕅益, 호는 소화素華 또는 팔불도인八不道人이다. 『淨土聖賢錄』 권6에 전기가 수록되어 있다.
64 『淨土生無生論』은 1권이며 『大正新修大藏經』 제47책 No.1975에 수록되어 있다. 전등傳燈은 명나라 때 승려로 호는 유계幽溪이다. 『淨土聖賢錄』 권5에 전기가 수록되어 있다.
65 『佛頂珠』는 확인할 수 없다. 석성금石成金(1659~1736)은 청나라 때 문인으로 자는 천기天基, 호는 성재惺齋이다. 저서로 『傳家寶』가 있는데 혹 그 책에 나오는 문장이 아닌지 의심된다.
66 치조가 참고한 판본이 무엇인지 확인할 수 없고, 저자로 밝힌 경렴慶廉 역시 확인할 수 없다. 『卍字續藏經』 제62책 No.1180에 수록된 『重訂西方公據』 2권은 청나라 때 팽제청彭際淸이 항간에 유행하던 기존의 『西方公據』를 재차 교정하여 발간한 것이다.

청주집
| 淸珠集[*] |

고령산 보광사 정원사주 환공당 석치조 편찬
古靈山普光寺淨願社主 釋幻空堂治兆輯

---

[*] 원 동치同治 9년(1870, 고종 7)에 간행한 치조서기본治兆序記本(국립중앙도서관 소장)을 저본으로 하고, 『大日本續藏經』 제2편 15투 1책과 대조하였다. 이하 속장경본을 甲본이라 칭한다.

자기가 부처님이다

삼세의 모든 부처님이 모조리 자기 몸 가운데 있지만 습기氣習에 가려지고 경계의 사물들에게 굴림을 당함으로 인해 문득 스스로 헤매게 된다. 만약 자신의 마음에 무심無心하다면 바로 이것이 과거의 부처님(過去佛)이요, 고요하여 동요하지 않는다면 바로 이것이 미래의 부처님(未來佛)이요, 기연機緣을 따라 만물에 호응한다면 바로 이것이 현재의 부처님(現在佛)이요, 맑고 깨끗해 물듦이 없다면 바로 이것이 번뇌의 때를 벗어난 부처님(離垢佛)이요, 들고 나감에 걸림이 없다면 바로 이것이 신통한 부처님(神通佛)이요, 어느 곳에서건 편안히 노닌다면 바로 이것이 자유자재한 부처님(自在佛)이요, 한결같은 마음이 어둡지 않다면 바로 이것이 빛이 찬란한 부처님(光明佛)이요, 도를 되새기는 마음이 견고하다면 바로 이것이 파괴되지 않는 부처님(不壞佛)이요, 자비로움이 넓고 크다면 바로 이것이 아미타부처님(彌陀佛)이다.[1]

또한 요즘 사람들은 시방의 여러 부처님을 뵈면 곧바로 '특별하다'는 생각을 하고, 자기에 대해서는 곧바로 '하열하다'는 생각을 하면서 "모든 부처님은 다만 본분本分을 지키는 범부일 뿐이고, 범부는 다만 본분을 지키지 않는 여러 부처님일 뿐이다."라는 것을 모른다. 분수 안의 보배는 아무리 흔들어 보여도 돌아보지 않고 본분 밖의 힘겨운 고통은 기꺼이 스스로 받들어 감당하니, 가련하고 불쌍하구나.[2]

自己佛
三世諸佛, 盡在自己身中, 因氣習所昧, 境物所轉, 便自迷了. 若於心無心, 便是過去佛, 寂然不動, 便是未來佛, 隨機應物, 便是現在佛, 清淨無染, 便是離垢佛, 出入無碍, 便是神通佛, 到處優游, 便是自在佛, 一心不昧, 便是光明佛, 道念堅固, 便是不壞佛, 廣大慈悲, 便是彌陀佛. 且今人見十方諸佛, 便作奇特想, 於自己, 便作下劣想, 不知諸佛只是本分的凡夫, 凡夫只是不本分的諸佛. 分內珍寶, 掉頭不顧, 分外艱苦, 甘自承當, 可憐可憫.

비밀스러운 법문

옛사람이 "현명한 스승을 가까이하고 선지식을 구하라."라고 가르치셨지만[3] 선지식은 사실 입으로 전하는 것이 없다. 마음으로 비밀스러운 법문을 전하여 그저 사람들을 대신해 들러붙은 때를 벗겨 내고 결박을 제거할 뿐이니, 바로 이것이 비밀이다. 이제 다만 "부처님 명호를 단단히 붙잡고 한결같은 마음을 어지럽히지 말라.(執持名號一心不亂)" 이 여덟 글자가 곧 들러붙은 때를 벗겨 내고 결박을 제거하는 비밀스러운 법문이니, 다시는 다른 것에서 찾지 말라.[4]

秘密法門

古人教, 親近明師, 求善知識, 而善知識, 實無口傳. 心授秘密法門, 只替人解黏去縛, 便是秘密. 今但執持名號一心不亂. 此八箇字, 卽是解黏去縛, 秘密法門, 莫更他求.

그 자리에서 당장 받들어 시행하라

팔만사천법문을 모두 합해도 '부처님'이라는 한 마디만 못하고, 1,700가지 공안 역시 '부처님'이라는 한 마디만 못하다. 왜냐하면 이 하나의 문에 돈교頓敎도 있고 점교漸敎도 있고 이치도 있고 자취도 있어 상근기上根機의 지혜로운 사람은 그 자리에서 당장 받들어 시행하여 성품을 보고 부처를 이루며, 중근기中根機나 하근기下根機의 부류로서 단박에 초월할 수 없는 자들도 저 부처님의 힘에 의지하여 모두 왕생할 수 있기 때문이다. 이로써 이 문이 그 무엇보다 뛰어난 방법임을 알 수 있다.⁵

直下承當

八萬四千法門, 總不如一句佛, 一千七百公案, 亦不如一句佛. 何則, 惟此一門, 有頓有漸, 有理有迹, 上根智人, 直下承當, 見性成佛, 中下之流, 未能頓超者, 仗彼佛力, 皆得往生. 是知此門勝過一切.

그윽하고 미묘하면서도 간단하고 쉽다

이 길은 지극히 그윽하고 지극히 미묘하면서도 또한 지극히 간단하고 지극히 쉽다. 이렇게 간단하고 쉽기 때문에 고명한 자들이 소홀히 한다. 무릇 삶과 죽음은 한 생각을 벗어나지 않으며, 나아가 세간과 출세간의 온갖 법들까지도 모두 한 생각을 벗어나지 않는다. 이제 곧 이런 생각으로 부처님을 생각한다면 그 무엇이 이보다 가깝고 실다운 방법일 수 있겠는가? 만약 이 생각이 일어나는 곳을 엿보아 타파한다면 곧 이것이 자성自性의 아미타부처님이고, 곧 이것이 조사께서 서쪽에서 찾아온 뜻이다. 이 생각의 힘에 올라타면 정토에 왕생하고, 또한 생사를 끊어 윤회하지 않을 것이며 곧 무생법인無生法忍을 증득할 것이다.[6]

玄妙簡易

此道至玄至妙, 亦復至簡至易. 以簡易故, 高明者忽焉. 夫生死不離一念, 乃至世出世間萬法, 皆不離一念. 今卽以此念念佛, 何等切近精實? 若覰破此念起處, 卽是自性彌陀, 卽是祖師西來意. 乘此念力, 往生淨土, 且橫截生死, 不受輪回, 卽證無生法忍.

육도만행

'부처님'이라는 한 마디가 팔교八敎[7]를 모두 망라하고 오종五宗[8]을 원만히 포섭하니, 삼장三藏 십이부경十二部經[9]의 궁극적 법칙과 교리, 1,700 공안의 향상시키는 수단, 불제자가 지켜야 할 3천 가지 위의와 8만 가지 세밀한 행동 규범 및 삼취정계三聚淨戒[10]가 모두 이 안에 있다. 진정으로 염불하여 몸과 마음과 세계를 내려놓을 수 있다면 곧 위대한 보시布施요, 탐욕과 번뇌와 어리석음을 다시는 일으키지 않는다면 곧 위대한 지계持戒요, 나와 남의 옳고 그름을 따지지 않는다면 곧 위대한 인욕忍辱이요, 사이가 끊어지거나 잡념이 끼어드는 일이 조금도 없다면 곧 위대한 정진精進이요, 다른 갈림길에 속지 않는다면 곧 위대한 지혜智慧요, 다시는 허망한 생각으로 내달리며 쫓지 않는다면 곧 위대한 선정禪定이다.[11]

六度萬行

一句佛, 該羅八敎, 圓攝五宗, 三藏十二部, 極則敎理, 千七百公案, 向上機關, 三千威儀, 八萬細行, 三聚淨戒, 都在裏許. 眞能念佛, 放下身心世界, 卽大布施, 不復起貪嗔癡, 卽大持戒, 不計人我是非, 卽大忍辱, 不稍間斷夾雜, 卽大精進, 不爲他歧[1]所惑, 卽大智慧, 不復妄想馳逐, 卽大禪定.

---
1) ㉮ '歧'가 甲본에는 '岐'로 되어 있다.

일승의 정인

염불하는 사람은 오로지 일승一乘의 불과佛果를 구하겠다고 다짐하며 다른 승乘에는 헛되이 희망을 품지 않는다. 이와 같은 마음을 일으키고 정토를 닦는 것을 정인正因[12]이라 한다. 진실로 이렇게 하지 않는다면 비록 열심히 염불한다고 해도 인지因地가 참되지 않기 때문에 왜곡된 과보를 초래하리라.[13]

一乘正因

念佛者, 惟求一乘佛果爲期, 不於餘乘妄有希冀. 發如是心, 乃修淨土, 是謂正因. 苟爲不然, 雖勤念佛, 因地不眞, 果招迂曲.

참된 공

앞에 있었던 일들은 지나가 버려 공하고, 지금의 일들은 눈앞에서 공하고, 아직 다가오지 않은 일들은 확실히 공하다. 온갖 세상 인연은 아름답기가 몽글몽글 곱디고운 오색구름 같고, 추악하기가 허공마저 가리는 혼탁한 안개와 같다. 요즘 사람들은 자기 뜻에 맞으면 미련을 일으키고, 자기 뜻에 거슬리면 미움을 일으키면서 그저 나쁜 업業만 더할 뿐이니, 실상實相이 어찌 있겠는가! 오로지 때때로 공으로 그것들을 관조해야지, 그것들을 집착해 자신의 마음을 스스로 장애하는 일이 있게 해서는 안 된다. 경에서 "아상我相도 인상人相도 중생상衆生相도 수자상壽者相도 없다."[14]라고 하였다. 이를 반야般若의 참된 공이라 하니, 세간을 벗어나려면 가장 먼저 긴요하게 음미해야 할 것이다.[15]

眞空

前事過去空, 今事眼前空, 未來決定空. 一切世緣, 佳者如彩雲簇艶, 惡者如濁霧迷空. 今人於順意則生留戀, 拂意則起憎嫌, 徒增黑業, 實相安在! 惟時時以空觀照之, 不可執而爲有自障吾心. 經云, 無我相人相衆生相壽者相. 此之謂般若眞空, 出世喫繁第一着也.

바른 지견

정업淨業16을 닦는 사람에게 정토왕생이 예정되는 것이 비록 행실을 연마함으로 인해 실현되는 일이기는 하지만, 만약 법을 설하여 깨우쳐 주고 인도해 주는 바른 지견을 가진 사람을 만나지 못하면 그 요지를 얻지 못해 간혹 삿되고 전도된 잘못된 길의 수행에 떨어지기도 하니, 조심하지 않으면 안 된다. 비유하자면 농사를 지을 때 농부가 애를 써서 무성하게 하고 부족한 부분을 보충하더라도 때맞춰 비가 한차례 내려 주어야 꽃과 열매가 활짝 피어나는 것과 같고, 바퀴와 날개가 쌍으로 움직이는 것과 같고, 눈과 발이 서로 도와야 장님이나 절름발이의 실수가 없는 것과 같다. 대저 염불하는 도속道俗이 대부분 이치에 밝지 못해 간혹 공空에 집착한 사람이 함부로 내뱉는 꾸지람과 비방을 당하기라도 하면 마음에 의혹을 일으켜 결국 물러나 그만두게 되는데, 이는 법을 듣지 못했기 때문에 생기는 일이다.17

正知見

修淨業人, 期生淨土, 雖由煉行而得, 若不遇正知見人說法開導, 則不得其要旨, 而或墮於邪倒, 錯路修行, 不可不謹. 譬如畎稼, 農夫加功, 扶疎益寡, 時澤一降, 華果敷榮, 輪翼雙運, 目足更資, 則無盲跛之失. 大抵道俗念佛, 多不明理, 或被執空之人, 橫生譏謗, 則心生疑惑, 遂致退失, 由不聞法故也.

구하기만 하면 곧바로 얻는다

밖으로 드러난 몸은 비록 보이기는 하지만 원래 없는 것이니, 비유하자면 물 위의 거품이 일어나자마자 다시 사라지는 것과 같다. 안에 있는 몸은 보이지는 않지만 원래 있는 것이니, 비유하자면 나무 속의 불은 구하기만 하면 곧바로 얻을 수 있는 것과 같다. 이것들이 명확한데 학인들이 오히려 나무 속에 불이 있음을 모른 채 찾고 있으니, 어떻게 한결같은 마음으로 바르게 염불할 수 있겠는가?

有求卽得

外身雖見而原無, 譬如水上之泡, 乍起還滅. 內身不見而原有, 譬如木中之火, 有求卽得. 此等明確, 學人尙然不知木中之火求之, 如何一心正念?

귀하고 천함

"이것은 금이나 옥이고 이것은 모래나 돌이다."라고 말해 주면 삼척동자라도 역시나 반드시 돌을 버리고 금을 구할 것이니, 대개 그 귀하고 천함을 알아차리기 때문이다. 수행자 역시 마찬가지이다. "이 국토는 고통스럽고 저 국토는 즐거우며, 이곳은 삶과 죽음의 강물에 깊이 빠지는 것이고 저곳은 자유자재로 해탈하는 것이다."라는 것을 이미 분명히 알아차렸다면 역시나 반드시 더러운 곳을 버리고 청정한 곳을 구할 것이며, 저절로 생각 생각마다 머물지 않고 마음 마음마다 쉬지 않을 것이며, 머리에 붙은 불을 끄듯이 가르침을 듣자마자 실천에 옮길 것이다.[18]

貴賤

如云此是金玉, 此是砂石, 雖三尺孺子, 亦必棄石而求金, 不勸而自取, 盖因識其貴賤. 行者亦爾. 旣明識此土是苦, 彼土是樂, 此是生死沉溺, 彼是自在解脫, 亦必捨穢求淨, 自然念念不住, 心心不息, 如救頭然, 聞敎便行.

한 번 어긋나면 백 번 어긋난다

옛사람이 말씀하시기를 "금생에 수행하지 않으면 한 번 삐끗한 것이 백 번 삐끗하게 된다."[19]라고 하였다. 한 번이 백 번에 이르는 것이 어찌 삐끗함이 많아서겠는가? 곧바로 그렇게 되는 것이다. 경에서 말씀하시기를 "악도를 벗어났더라도 사람 몸 받기 어렵고, 사람 몸을 받았더라도 불법을 만나기는 어렵다."[20]라고 하였다. 게다가 염불법문을 만나 믿고 받아들이기는 더욱 어렵다. 경에서 말씀하신 것처럼 개미는 일곱 부처님 이래로 개미의 몸을 벗지 못하였으니,[21] 어느 날에나 사람 몸을 받고, 또 어느 날에나 불법을 만나고, 어느 날에나 염불법문을 만나 믿고 받아들이게 될지 어찌 알리오? 어찌 백 번 삐끗하는 것으로 그치랴. 아마 천 번을 삐끗하고 만 번을 삐끗하며 끝이 없을 것이니, 가슴이 아프구나![22]

一蹉百蹉
古人云, 今生若不修, 一蹉是百蹉. 一之至百, 何蹉之多? 直至於是. 經言, 離惡道, 得人身難, 得人身, 逢佛法難. 然而逢念佛法門, 信受爲尤難. 如經所說, 蟻子自七佛以來未脫蟻身, 安知何日得人身, 又何日逢佛法, 何日逢念佛法門而信受也? 何止百蹉. 盖千蹉萬蹉而無窮也, 傷哉!

술에 취한 듯 꿈결인 듯

세상 사람은 대략 부귀와 빈천 두 종류이다. 가난하고 천한 사람은 오로지 아침부터 저녁까지 정신없이 부산 떨어 이로써 옷과 음식을 마련하고, 부유하고 귀한 사람 역시 아침부터 저녁까지 정신없이 부산 떨어 이로써 욕락欲樂을 향유하니, 누리는 것은 다르지만 그 정신없이 부산 떨면서 사는 것은 똑같다. 정신없이 부산 떨던 짓은 죽음에 이른 뒤에는 그치지만 정신없이 부산 떨던 마음은 그치지를 않는다. 그래서 이런 마음을 가지고 저승으로 가서 다시 태어나고, 다시 정신없이 부산 떨다가 또 죽는다. 이렇게 죽었다 태어나고 태어났다 죽으면서 어두침침 흐리멍덩 술에 취한 듯 꿈결인 듯 백천 겁을 거치며 끝날 기약이 없다. 오직 정토에 태어나야만 환하게 밝아져 홀로 깨어나리라.[23]

醉夢

世人大約富貴貧賤二種. 貧賤者, 固朝忙夕忙, 以營衣食, 富貴者, 亦朝忙夕忙, 以享欲樂, 受用不同, 其忙一也. 忙至死而後已, 而心未已也. 齎此心以往而復生, 而復忙而復死. 死生生死, 昏昏蒙蒙, 如醉如夢, 經百千劫, 曾無了期. 惟生淨土, 朗然獨醒.

살 궁리

이 육신은 꿈틀거리는 하나의 죽은 물건이고 그 안에서 요동치는 것이 살아 있는 물건이니, 죽은 물건에서 살 궁리를 하지 말고 마땅히 살아 있는 물건에서 살 궁리를 해야 한다. 무릇 바깥의 물건들을 탐해 갖가지로 그 육신을 받드는 자들은 다들 죽은 물건에서 살 궁리를 하고 있는 것이다.

세상 사람들이 비록 이를 면할 수는 없다고 해도 삶을 경영해 몸을 봉양하는 가운데 잠깐의 여가라도 이용하여 빛을 돌이켜 스스로 비춰 봄으로써 그 마음을 정토에 둔다면 이것이 살아 있는 물건에서 살 궁리를 하는 것이다.[24]

活計

此身蠢然一死物, 其內潑潑地者, 爲活物, 莫於死物上作活計, 宜於活物上作活計. 凡貪外物, 種種以奉其身者, 皆是死物上作活計也. 世人雖未能免此, 當於營生奉身之中, 挪頃刻之暇, 廻光自照, 以留心於淨土, 乃活物上作活計也.

세로와 가로

다른 방법으로 도를 배우는 것을 세로로 삼계를 벗어나는 것이라 하고, 염불하여 왕생하는 것을 가로로 삼계를 벗어나는 것이라 한다. 대나무 속에 든 벌레가 세로로 뚫으려고 하면 마디를 지나야 하기 때문에 통과하기가 어렵지만 가로로 뚫으면 한순간에 훌쩍 벗어나는 것처럼, (가로로 벗어나는 것이) 가장 빠른 지름길이고 가장 기이하고 수승한 방법이다. 따라서 생사의 바다에서 염불이 제일이니, 인생 백 년을 살아도 이런 말씀을 듣지 못했다면 이런 말씀을 들은 어린아이만 못하고, 만 권의 책을 읽었다 해도 이런 말씀을 듣지 못했다면 이런 말씀을 들은 어리석은 사람만 못하다. 이미 들었더라도 또 믿거나 믿지 않음이 있고, 이미 믿었다 해도 혹은 닦기도 하고 혹은 닦지 않기도 하며, 이미 닦는다 해도 혹은 매진하기도 하고 혹은 매진하지 않기도 하니, 이는 모두 전생의 업장業障 때문이다. 그러니 큰마음을 가진 중생이라야 홀로 분연히 떨치고 일어나 생사를 끝낼 수 있다.[25]

竪橫

餘門學道, 名竪出三界, 念佛往生, 名橫出三界. 如蟲在竹, 竪則歷節難通, 橫則一時透脫, 最爲直捷, 最爲奇勝. 故云生死海中, 念佛第一, 人生百歲, 不聞此言, 不如孩童而得聞, 讀書萬卷, 不聞此言, 不如愚人而得聞. 已聞矣, 又有信與不信, 旣信矣, 或修或不修, 卽修矣, 或專或不專, 斯皆前世之業障故. 大心衆生, 獨能奮然, 以了生死.

안심하고 짐을 풀어 놓을 곳을 찾아라

비유하자면 사람이 큰 성에 들어가면 반드시 먼저 안심하고 짐을 풀 곳부터 찾고 나서 다시 나가 일을 처리해야 어두컴컴한 저녁이 닥쳤을 때 투숙할 곳이 있게 되는 것과 같다. '먼저 안심하고 짐을 풀 곳부터 찾는다'는 것은 정토에 태어날 행을 닦는 것을 말한다. '어두컴컴한 저녁이 닥친다'는 것은 죽음이 찾아오는 것을 말한다. '투숙할 곳이 있다'는 것은 정토의 연꽃 속에서 태어나고 나쁜 세계에 떨어지지 않는 것을 말한다.[26]

覓安下處

譬如人入大城中, 必先覓安下處, 却出幹事, 抵暮昏黑, 則有投宿之地. 先覓安下處者, 修淨土之謂也. 抵暮昏黑者, 大限到來之謂也. 有投宿之地者, 生蓮華中, 不落惡趣之謂也.

성과 정

지각知覺과 인식은 정情이고, 허허로운 영혼은 성性이다. 허허로운 영혼은 지각과 인식을 일으킬 수 있고, 지각과 인식은 허허로운 영혼을 혼미하게 할 수 있다. 범부는 다들 지각과 인식을 붙잡고, 허허로운 영혼은 미혹해 버린다. 그래서 지각과 인식을 따라 태어났다가 다시 죽는다. 만약 한결같은 마음으로 부처님을 생각할 수 있다면 지각과 인식이 완전히 깨끗해지고 허허로운 영혼이 드러나 태허와 더불어 한 몸이 되어 저절로 삶과 죽음을 벗어나게 될 것이니, 이것이 곧 무생이고, 이것이 곧 정토이고, 이것이 곧 극락이다.

性情

知識是情, 虛靈是性. 虛靈能生知識, 知識能迷虛靈. 凡夫都把知識, 迷了虛靈. 所以隨知識, 生而復死. 若能一心念佛, 知識淨盡, 虛靈透露, 與太虛同體, 自離生死, 是卽無生, 是卽淨土, 是卽極樂.

고통을 알고 고통에서 벗어나라

이 법문에 들어오고 싶다면 먼저 고통을 알아야만 하고, 고통을 알고 나서는 고통에서 벗어나기를 구해야만 한다. 일체중생이 고통을 즐거움으로 여기면서 이 몸이 한량없는 겁 이전부터 하늘과 인간세계에서 잠깐 지내다가 번쩍이는 번갯불에 깜짝 놀라듯 영혼이 갑자기 구리 기둥과 무쇠 평상이 즐비한 지옥에서 노닐고, 갑자기 날개 달린 새나 털 달린 짐승이 되어 그 피로 칼과 도마를 물들였던 것을 생각지 않는 것은 모두 업식業識에 끌려다님에서 비롯된 것이다. 연자방아를 돌리는 소처럼 끝없이 윤회하며 돌고 돌다가 지금 잠시 이런 사람 몸을 얻었다지만 늙고 쇠하여 병들고 죽음이 호흡보다도 빠르고, 추악한 분비물에 더러운 오물이 그득한 것이 악취 풍기는 시체나 다름없다. 만약 확고한 마음을 내어 정진하는 행동을 일으키지 않는다면 무슨 방법으로 벗어나겠는가?[27]

知苦出苦

欲入此門, 先須知苦, 旣知苦已, 須求出苦. 一切衆生, 以苦爲樂, 不思此身自無量劫來, 暫在人天, 驚同閃電, 俄而銅柱鐵床, 魂遊地獄, 俄而毛羣羽族, 血染刀砧, 皆由業識所牽. 如牛拽磨, 輨[1]轉無窮, 卽今暫得此身, 老衰病死, 疾于呼吸, 惡露不淨, 無異臭屍. 若不發決定心, 起精進行, 何由出離.

---
1) ㉮ '輨'는 『重訂西方公據』 상권 「第1 起敎大綱」(X62, 261c)에 근거하면 '輪'의 오자이다.

변화하는 것은 나이다

부처님 몸은 담담하고 항상 고요해 오고 감이 없지만 중생의 식심識心이 부처님의 본원과 공덕이라는 수승한 힘에 의탁하면 자기 마음이 변화해 (부처님이) 오는 일도 있고 가는 일도 있게 된다. 이로써 정업淨業이 완전히 성숙하면 스스로 부처님 몸을 보고, 나쁜 과보가 완성되려고 하면 마음에서 지옥이 나타난다는 것을 알 수 있다. 복덕이 수승한 자는 자갈을 집어도 황금이 되지만 빈천한 업을 지은 사람은 황금을 자갈로 변화시키는 것과 같으니, 변화하는 것은 나이지 금이나 자갈이 무슨 상관이겠는가?[28]

轉變是我

佛身湛然常寂, 無有去來, 衆生識心, 託佛本願功德勝力, 自心變化, 有來有去. 是知淨業純熟, 自覩佛身, 惡果將成, 心現地獄. 如福德勝者, 執礫成金, 業貧之人, 變金成礫, 轉變是我, 金礫何關.

대충 얼버무리며 사는 사람들

 세상 사람들의 염불은 간절하지를 않으니, 그저 삶과 죽음이라는 두 글자를 붙잡고 염불을 우습게 보면서 한 번의 생애를 허둥지둥 쓸데없는 일로 바쁠 뿐이다. 그렇게 성명性命을 허공에 내던져 버린 채 자신과 전혀 상관없는 일로 여기다가 혹 죽음의 순간이 닥치기라도 하면 짧았던 세월을 한탄하며 뼈마디가 오싹하고 머리카락이 곤두서게 되니, 지나고 나면 옛일들은 술에 취해 잠들었다 꾼 한바탕 꿈만 같다. 도적수屠赤水[29]가 "어지러운 세간의 지혜로 명예와 이익의 마당에서나 영리하고, 어수선한 정신으로 삶과 죽음의 길에서 대충 얼버무리며 살아간다."[30]라고 하였으니, 슬프구나! 누가 사대四大는 견고한 것이 아니고 무상無常은 매우 빠르다는 것을 깨달아 삼도三途와 팔난八難[31]이라는 가장 신랄한 극도의 고통에서 선뜻 벗어날까? 절박하고 간절하게 염불하는 사람이 백에 한둘도 드물구나.[32]

糊塗

 世人念佛不眞切, 只是把生死二字, 看得輕忽, 一生忙忙碌碌. 將性命撇在虛空, 與己全無干涉, 卽或當場, 嗟嘆片時, 毛骨悚然, 過後仍前醉夢. 屠赤水云, 世智紛紛, 名利場中伶俐, 識神擾擾, 死生路上糊塗, 哀哉! 誰曉四大非堅無常甚速, 三途八難最辛極苦[1]肯去? 要緊眞切念佛, 百中希有一二也.

---

1) ㉠ '最辛極苦'가 『淨土晨鍾』 권6 「第6 策進」 '策勇猛精進'(X62, 64b)에는 '最苦'로 되어 있다.

업을 따른다

세상에 낮이 있으면 반드시 밤이 있고 겨울이 있으면 반드시 여름이 있다는 사실은 사람들이 다들 알면서 삶이 있으면 반드시 죽음이 있다는 사실만큼은 사람들이 이를 꺼려해 선뜻 말하려 들지를 않으니, 참으로 얼마나 어리석은가! 대개 정신이 이 몸을 찾아와 의탁하는 것을 삶이라 하고, 정신이 이 몸을 떠나가는 것을 죽음이라 한다. 이 정신이란 나이고, 몸이란 내가 깃들이는 집이니, 내가 가고 오기 때문에 집이 만들어지고 파괴되는 것이다.

또 정신이 어찌 스스로 찾아오겠는가? 업業이라는 인연을 따라 찾아오는 것이다. 정신이 어찌 스스로 떠나가겠는가? 업이라는 인연을 따라 떠나가는 것이다. 시작을 알 수 없는 아득한 때부터 태胎에 던져지고 껍데기를 바꾸면서 한 곳에 오래 머물 수 없었던 것은 대개 우리가 지은 업이 오래도록 사라지지 않는 것이 아니기 때문이다. 따라서 정신이 업을 집으로 삼다가 업이 다하면 몸이 파괴되고, 몸이 파괴되면 정신이 깃들일 곳이 없어 또 우리가 금세에 지은 업을 따라 가는 것이다. 그렇다면 우리가 갈 곳을 예측하지 못해서야 되겠는가?[33]

사람이 집을 지으면 반드시 그 집에 거주하게 되고 음식을 차리면 그 음식을 맛보게 되는 것과 같다. 따라서 이러이러한 업을 지으면 반드시 이러이러한 과보를 받으니, 현세에 닦은 업이 청정하면 반드시 왕생한다는 것을 또 어찌 의심하겠는가!

隨業

世間晝必有夜, 寒必有暑, 人所共知, 若生必有死, 人乃諱之, 不肯說出, 何太癡也! 盖以神之來託於此形, 謂之生, 以神之去離於此形, 謂之死. 是神者我也, 形者我所舍也, 我有去來故, 舍有成壞. 且神何自來哉? 隨業緣而來. 神何自去哉? 隨業緣而去. 自無始以來, 投胎易殼, 不得久留於一所, 盖以吾所造之業, 非久而不盡者. 故神之舍於業也, 業盡則形壞, 形壞則神無所舍, 又隨吾今世所造之業而往矣. 然則吾所往處, 可不預計哉? 如人造宅必居, 設饌乃享. 故作如是業, 必受如是之報, 現修業淨, 決定往生, 更何疑哉!

사내대장부

　세상 사람들을 두루 살펴보면, 그 이름이 당대에 알려진 자들 역시 수백 수천의 무리 가운데 사내대장부들이었지만 도리어 다들 이 세계를 내가 영원히 머물며 떠나지 않을 세계로 여겼다. 밝은 눈으로 이를 살펴보면 모든 만물이 스쳐 가는 그림자이고 손가락 한 번 튕기는 사이에 곧 사라져 버리는 것들이 허다하다. 꼭 목각 인형이 무대에 올라 잠시 웃고 떠드는 것과 같으니, 피조물이란 저 줄들이 벽과 기둥 꼭대기에다 걸어 놓은 것들이다. 아! 이 아름드리나무 위에 펼쳐진 사방 한 자 다섯 치의 무대가 어찌 그대가 머무를 땅이겠는가?[34]
　만약 능히 발원하여 청태국淸泰國[35]에 왕생하고 불퇴전위不退轉位에 머물면서 무생법인을 증득한다면 비로소 사내대장부라고 부르리라.

好漢
遍觀世間人, 其知名當世者, 亦是千百輩中好漢, 然却都將此世界, 認做是我常住不去的世界. 由明眼視之, 色色過影, 一彈指間便去了許多. 正如木偶登場, 暫時呼笑, 被造物者, 將那線索, 提掛壁柱頭上. 嗟乎! 此圍木中間尺五地方, 豈是汝住頭之地乎? 若能發願, 往生淸泰國中, 住不退轉, 證無生忍, 乃名好漢.

자기 마음 가운데서 태어난다

시방 허공이 한량없고 가없지만 마음의 헤아림이 그 모두를 포섭할 수 있고, 항하 모래알 같은 세계가 한량없고 헤아릴 수 없지만 나의 마음이 그 낱낱에 두루 미친다. 이와 같이 본다면 십만억 국토가 나의 마음 가운데 있으니, 그 서방정토는 사실 매우 가깝다. 어찌 멀다고 하겠는가? 수명이 다해 새로 태어날 때에도 태어남이 자기 마음 가운데 있으니, 정토에 왕생하는 것은 사실 매우 쉽다. 어찌 어려움이 있겠는가? 그저 중생이 정토에 태어날 업을 완성하기만 한다면 죽음을 맞이해 선정에 드는 마음이 곧 정토에서 태어나는 마음이고, 한 생각을 움직이면 손가락 한 번 튕기는 사이에 곧 왕생하게 된다.[36]

生自心中

夫十方虛空, 無量無邊, 心量都能包攝, 恒沙世界, 無量無數, 我心一一周徧. 如此看來, 十萬億國在我心中, 其實甚近. 何遠之有? 命終生時, 生在自己心中, 其實甚易. 何難之有? 但使衆生淨土業成, 臨終在定之心, 卽是淨土受生之心, 動念, 則一彈指頃卽得往生.

사실은 가고 오는 일이 없다

큰 서원을 세운 성인[37]께서 정토에서 오신다지만 와도 사실은 온 일이 없고, 깊은 믿음(深心)을 갖춘 범부가 정토로 간다지만 가도 사실은 가는 일이 없다. 그곳에서 이곳으로 오지 않으시고 이곳에서 그곳으로 가지도 않는데 그 성인과 범부가 만나 양쪽이 교제하게 되는 것은 왜일까? 아미타부처님의 광명은 깨끗한 보름달처럼 온 시방을 두루 비춘다. 물이 맑고 고요하면 달그림자가 온전히 모습을 드러내지만 달이 물을 취해 갑자기 찾아온 것이 아니고, 물이 탁하거나 요동치면 달그림자에 뚜렷한 빛이 나타나지 않지만 달이 물을 버리고 갑자기 가 버린 것이 아니다. 물에는 맑고 탁함, 움직임과 고요함이 있지만 달에는 취하고 버림, 가고 오는 일이 없다.[38]

實無去來

大願聖人, 從淨土來, 來實無來, 深心凡夫, 往淨土去, 去實無去. 彼不來此, 此不往彼, 而其聖凡會遇, 兩得交際者何耶? 彌陀光明, 如淨滿月, 徧照十方. 水淸而靜, 則月現全體, 月非取水而遽來, 水濁而動, 則月無定光, 月非捨水遽去. 在水則有淸濁動靜, 在月則無取捨去來.

계급이 없다

한 생각 정진하면 업業이 변화해 정토에 왕생할 인연이 되고, 한 생각 물러서면 정토에 왕생할 인연이 변화해 업이 된다. 지옥의 불구덩이와 정토의 연화대가 순식간에 확 바뀌는 것은 염불하는 순간이다. 따라서 아미타부처님은 항상 육도의 중생과 함께하고, 지위의 차별은 있지만 계급의 차별은 없다.

無階級

一念精進, 業化爲因, 一念退歉, 緣化爲業. 火坑蓮臺倏忽一轉, 念時. 故彌陀恒與六道衆生, 有地位而無階級.

큰 복덕을 갖추어야

요즘 사람들은 서방정토를 가볍게 보고 선뜻 염불하려 들지를 않는다. 이는 서방정토에 태어나는 것이 바로 큰 덕과 큰 복과 큰 지혜를 갖춘 큰 성현들의 임무이고, 사바세계를 정토로 바꾸는 것은 소인이 할 수 있는 인연과는 같지 않다는 것을 모르는 것이다.

그대는 이 성에서 하루에도 수없이 죽어 나가는 사람들만이라도 보라. 서방정토에 태어나는 사람은 말할 필요도 없고, 하늘나라에 태어나는 사람조차 천 명이나 백 명 가운데 한 사람도 없다. 수행력을 자부하던 그런 사람도 그저 사람 몸이나 잃지 않는 정도일 뿐이다.[39]

大德大福

今人輕視西方, 不肯念佛. 是不知生西方, 乃是大德大福大智慧大聖賢的句當, 轉娑婆成淨土, 不同小可因緣. 汝但看此城中, 一日一夜死却多少人. 不要說生西方, 卽生天, 千百人中尙無一箇. 其有自負修行者, 祇是不失人身而已.

전생의 과보를 받는다

불난 집과 같은 삼계에서 업에 얽혀 몸을 받고 수명에 길고 짧음이 있는 것은 모두 전생의 과보이니, 전생에 10년 치를 지었으면 금생에 10년을 살고, 전생에 20년 치를 지었으면 금생에 20년을 사는 것이다.

사람이 백 년을 산다지만 70인 자도 드물고, 수명이 끝나는 날이 닥치면 그들도 똑같이 죽는다. 공명과 부귀를 누리는 자들만 해도 재물과 보물이 산더미처럼 쌓여 있고 아내와 첩들이 방마다 그득해 밤낮으로 기쁘고 즐거운데, 그들인들 어찌 이 세상에서 오래오래 살고 싶지 않겠는가? 하나 어쩌랴, 살날이 끝이 있어 암암리에 재촉하네. 명부命符가 도착하면 받들어 시행해야 하니, 염라대왕 늙은이도 인정사정 보아주지 않는데 무상귀왕無常鬼王[40]에게 무슨 면목이 있겠는가?

또한 여러 사람을 따져 보아도, 눈으로 직접 그 모습을 보고 귀로 직접 그 소리를 들으면서 앞쪽 거리 뒤쪽 골목에 살던 가족과 친척, 친구와 형제, 튼튼했던 후배들 가운데도 죽은 자들이 수두룩하다. 그래서 옛사람이 말씀하시기를 "늙으면 도를 배워 보겠다며 기다리지 말라. 외로운 무덤들이 모조리 젊어서 죽은 사람들이니."라고 하셨다.[41]

酬宿報

三界火宅, 業繫受身, 壽命短長, 皆酬宿報, 前世有十年分, 今世受用十年, 前世有二十年分, 今世受用二十年. 人生百歲, 七十者稀, 大限到來, 還他一死. 只如功名富貴之家, 財寶如山, 妻妾滿室, 日夜歡樂, 他豈不要長生在世? 爭奈前程有限, 暗裏相催. 符到奉行,[1] 閻羅老子, 不順人情, 無常鬼王, 有何面目? 且據諸人, 眼裏親見, 耳裏親聞, 前街後巷, 親情眷屬, 朋友兄弟, 强壯後生, 死却多少了也. 古人云, 莫待老來方學道, 孤墳盡是少年人.

1) ㉮『徑中徑又徑』권1「起信法」'醒迷門'(X62, 370b)에 '行' 뒤에 '不容住滯'가 있다.

법신이란

 세상 사람들은 본성인 법신法身은 알지 못하고 이 사대四大로 이루어진 가짜 몸을 진짜로 여기니, 백 리 천 리 맑고 깨끗한 큰 바다의 물은 알지 못하고 바다에 떠다니는 물거품 하나를 바다로 여기는 것과 같다. 그래서 이 가짜 몸을 바탕으로 갖가지 죄업을 지으니, 높고 넓은 궁궐과 방에다 이 몸 누이기를 바라고, 명주 비단 화려한 옷으로 이 몸 꾸미기를 바라고, 귀하고 맛있는 음식으로 이 몸 배불리기를 바라고, 가벼운 수레와 살찐 말로 이 몸 편히 노닐기를 바라고, 곱고 예쁜 빛깔과 소리로 이 몸 즐겁게 놀기를 바란다. 여기에서 나와 남이 나뉘고, 탐욕·인색·성냄·기쁨·옳음·그름·영광·치욕이 생겨나니, 한평생 짓는 한량없는 죄업이 모두 여기에서 일어난다. 하루아침에 죽음이 찾아와 변하고 파괴되면 저 사대야 모두 제자리로 돌아가고 무엇이 남겠느냐만 죄업은 이에 식신識神[42]이 받들어 감당해야만 한다. 이와 같이 미혹을 집착해 깨닫지 못한 채 억울하게 윤회하고 있으니, 참으로 가엾도다!

 만약 사대로 이루어진 몸이 가짜이고, 잠시 깃들이는 곳이며, 대략 백 년밖에 살 수 없는 것임을 깨닫는다면 자기 뜻에 맞기를 바라지 않고, 사대로 이루어진 몸을 위해 죄를 짓지도 않을 것이다. 가짜를 깨닫고 나면 곧 진짜가 눈앞에 나타나게 되어 온 산하대지가 법신을 온전히 드러낼 것이며, 떠다니는 물거품을 집착하지 않으면 곧 큰 바다를 보게 되리라. 이것을 알아야 하고, 정토에 태어날 행실을 마땅히 닦아야 한다는 것도 새삼 알아야 한다.[43]

法身

 世人不知本性法身, 而認此四大假身爲眞, 如百千澄淸大海水不認, 而認海中一浮漚泡沫以爲海也. 於是因此假身, 造種種罪業, 宮室求高廣以居此身, 衣服求羅綺以華此身, 飮食求珍美以飽此身, 車馬求輕肥以逸此身, 聲色求美麗以娛此身. 於是人我分焉, 貪悋嗔喜是非榮辱生焉, 一生無限罪業, 悉從此起. 一朝變壞, 彼四大悉歸烏有, 而罪業乃識神承當. 如此執迷不悟, 枉受輪廻, 誠爲可憫! 若能悟其爲假, 暫時寄寓, 粗活百年, 不求稱意, 不爲彼而造罪. 假者旣悟, 則眞者現前, 山河大地, 全露法身, 不執浮漚, 便見大海. 知此而益知淨土之當修矣.

바둑 한 판

어려서부터 장성하고 늙어 죽음의 문턱에 이를 때까지도 죽음을 대비할 줄을 모르니, 혼침해서 잊어버린 것이 아니라면 알면서도 두려워 이를 피하는 것이다. 또 사람들의 죽음에 대한 두려움 역시 진짜로 두려워하는 것은 아니다. 곧장 달려들어 태어날 때에도, 꿈틀거리며 성장할 때에도, 쇠퇴하며 늙어 갈 때에도 죽음에 대해 여유만만하고 의기양양하면서 애욕의 강과 욕망의 바다에 빠지는 짓을 사람들은 그만둔 적이 없고, 명예의 고삐와 이익의 사슬에 끌려다니는 짓을 사람들은 그만둔 적이 없다.

그러다 하루아침에 식은 재가 되어 불이 새로운 장작으로 옮겨 갈 때가 되면, 한 판의 바둑을 끝내야 함을 그 누가 면할 수 있을까? 그때부터는 태어났다 죽고 또 태어났다 죽으면서 삼계와 육도六道를 도르래처럼 돌고 돈다. 그가 한 짓들을 추적해 보면 매일같이 생사에 윤회하게 하는 업 속에서 삶과 죽음만 찾고 해탈은 구하지 않았으니, 이는 "가엾게도 죽음을 두려할 줄 몰랐다."고 해야 옳으리라.

만약 진짜로 죽음을 두려워한다면 반드시 삶과 죽음을 반복하는 윤회에서 해탈할 길을 찾을 것이다. 그렇다면 염불을 버리고 어떤 길을 따를 것이며, 정토를 버리고 내 뉘와 함께 돌아갈까?**44**

一局

自幼至壯老而濱死, 不知爲謀, 非昏而忘之, 則畏而諱之耳. 且人之畏死, 又非眞能畏也. 當其驀焉而生, 蠢焉而長, 頹焉而老, 以死栩栩焉, 遷遷焉, 而愛河慾海之溺, 人無已時, 名韁利鎖之牽, 人無已時. 一朝灰寒, 火傳薪換, 臨了一局, 誰人能免? 自玆以往, 滅滅生生, 三界六途, 如轉轆轤. 跡其所爲, 日相尋于生死於生死之業, 而不求解脫, 謂之愍不畏死可也. 若眞能畏死, 必求解脫. 則舍念佛, 何道之從? 舍淨土, 吾誰與歸?

가을 풀과 겨울 매미

그저 눈앞에서 벌어지는 일들을 살펴보기만 하라. 추위와 더위가 교차하는 세월이 사람을 재촉하는 것이 흐르는 강물이나 번쩍이는 번개랑 뭐가 다른가? 고개 돌리면 사오십 년 전 사람들은 순식간에 흔적도 없이 사라져 버린다. 그 당시야 괴로움과 즐거움을 그 누군들 집착하고 미혹하지 않았으랴? 하나 가을철 풀처럼 겨울철 매미처럼[45] 형체도 울음소리도 모두 변하고 마니, 한번 이별하고 나면 그 모습을 다시는 찾을 수 없음을 알 수 있다. 훗날에 지금을 돌아보면 옛날을 서글퍼하는 지금과 같을 것이건만 어리석은 자들은 소홀히 하고, 아는 자들도 뒤로 미루기만 하는구나. 그렇게 정신없이 여기저기 분주히 뛰어다니지만 도대체 뭐가 실제로 남아 있는가? 다급한 일이 있다면 성명性命을 온전히 보존하는 한 길뿐이니, 극락으로 올라갈 수 있어 헛되지 않으리라.

이 몸은 바람 앞의 촛불일 뿐이다. 옛 가르침에 "오늘이 이미 지나갔으니 목숨도 따라 줄었네."[46]라고 하였고, 또 "오늘을 또 이렇게 헛되이 보냈으니 내일은 어떨지 모르겠네."[47]라고 하였다. 뼈에 사무치도록 간절한 이런 말씀을 듣고도 심장이 떨리거나 털이 곤두서지 않을 수 있고, 아무런 이익도 없는 헛된 일들에 연연하며 유한한 시간을 헛되이 보낼 수 있을까? 옛일을 생각해 보고 훗날을 미루어 보니, 탄식할 만하고 불쌍히 여길 만하구나.[48]

秋草冬蟬

只看眼前. 寒暑催人, 何異流波閃電? 回首, 四五十年前人物, 倏忽澌盡. 當時苦樂, 誰不執迷? 而秋草冬蟬, 形響俱化, 別成一番, 景象不及知矣. 後之視今, 猶今悲昔, 迷者孟浪, 悟者耽延. 擾擾奔忙, 那件實在? 惟有亟亟, 性命一道, 可登極樂, 爲不虛. 此風中燭焰耳. 古訓曰, 是日已過, 命亦隨滅. 又曰, 今日又恁麼空過, 未知來日何如. 聞此痛切語, 能不心戰毛堅, 貪戀無益之虛事, 消磨有限之光陰? 想前追後,[1] 可歎可憫.

---

1) ㉑ '想前追後'가 『淨土晨鍾』권9 「第9 了俗」 '了浮生之妄'(X62, 80b)에는 '想後追前'으로 되어 있다.

붙잡을 것이 없다

논밭과 동산도 집과 저택도 금과 은도 돈과 비단도 남편과 아내도 아들과 딸도 모두 붙잡아야 할 사람이나 물건이 아니다. 붙잡으려는 그 사람은 바로 악취 풍기는 고깃덩어리에 바싹 마른 뼈다귀의 무더기일 뿐이다. 이런 뼈와 살의 무더기가 뼈와 살의 무더기를 인식하는 망념妄念을 야기하면 까닭도 없이 문득 집착을 일으켜 곧바로 악취 풍기는 고깃덩어리를 '나'라고 하고, 바싹 마른 뼈다귀를 '나'라고 하고, 아내와 자식을 '나'라고 하고, 논밭과 저택과 금과 비단을 '나'라고 하게 된다. 아! 하나같이 어쩌면 이리도 어리석을까? 만약 밝게 통달한 사람이라면 이 세상에 절박하게 필요한 것은 아무것도 없다는 것을 알아차려 어떤 경우에도 붙잡는 일이 없을 것이다.

저 서쪽에 부처님이 계시니, 그 나라 이름이 극락이라. 생각 생각마다 잊지 않겠다고 지금부터 서로 약속하면 뼈와 살이 흩어질 때 충분히 붙잡을 수 있으리라.[49]

無着

田園屋宅, 金銀財帛, 夫妻子女, 俱非着人物也. 其着人者, 乃臭肉枯骨之堆垛耳. 有此堆垛, 引起認堆垛之妄念, 無端便生執着, 便道臭肉是我, 枯骨是我, 妻孥是我, 田宅金帛是我. 嗟乎! 一何癡愚也? 若是明達的人, 識得世間總沒要緊, 處處無着. 西方有佛, 國名極樂. 念念不忘, 從今相約, 骨肉散時, 恰用得着.

한바탕 꿈처럼 황홀한 인생

사람들은 살아 있을 때 아버지와 어머니, 아내와 자식, 집과 저택, 논밭과 동산, 소와 양, 수레와 말을 비롯해 누대와 걸상, 그릇과 접시, 옷과 허리띠 등의 물건에 이르기까지 크건 작건 따질 것도 없이 할아버지나 아버지가 자기에게 물려주거나 자기가 경영하고 만들어 획득하거나 자손이나 다른 사람이 자기를 위해 모으고 엮은 덕분에 획득하거나 하면 그 모든 물질을 자기 물건으로 여기지 않음이 없다. 또 창호지가 별것 아니라지만 누가 찢기라도 하면 오히려 노여운 마음을 품고, 바늘 하나가 별것 아니라지만 누가 집어 가기라도 하면 오히려 아까운 마음을 품으며, 곳간과 창고가 이미 꽉 찼는데도 마음에는 오히려 충분하지를 않고, 금과 비단이 이미 많은데도 늘려 가기를 오히려 그치지 않으니, 닿는 눈길마다 옮기는 걸음마다 애착愛著 아닌 것이 없다. 하룻밤만 밖에서 자도 벌써 자기 집 생각이 간절하고 일꾼 하나만 돌아오지 않아도 벌써 그가 도망쳤나 걱정이니, 갖가지 사무마다 근심 아닌 것이 없다. 그러다 하루아침에 죽음이 찾아오면 그 모든 것을 다 던져 버려야 하니, 이 몸마저도 오히려 버려야 할 물건인데 하물며 몸 밖의 것이겠는가? 고요한 마음으로 생각해 보니, 인생이란 한바탕 꿈처럼 황홀한 것이구나. 그래서 옛 게송에 말씀하시기를 "어느 날 갑자기 덧없는 죽음이 닥치면 그때서야 꿈속의 사람이었음을 알게 되니, 그 무엇도 가져가지 못하고 오직 업業만이 남아 그 몸을 따르리라."라고 하였다.[50]

恍如一夢

人生時, 父母妻子屋宅田園牛羊車馬, 以至臺䂮[1]器皿衣服帶索等物, 不問大小, 或祖父以傳於己, 或自己營造而得, 或子孫或他人爲己緝累而得, 色色無非己物. 且如窓紙雖微, 被人扯破, 猶有怒心, 一針雖微, 被人將去, 猶有吝心, 倉庫旣盈, 心猶未足, 金帛已多, 營猶未止, 擧眼動步, 無非愛著. 一宿在外, 已念其家, 一僕未歸, 已憂其失, 種種事務, 無非掛懷. 一朝大限到來, 盡皆抛去, 雖我此身, 猶是棄物, 況身外者乎? 靜言²⁾思之, 恍如一夢. 古偈云, 一日無常到, 方知夢裏人, 萬般將不去, 唯有業隨身.

---

1) ㉑ '㽞'은 『韓國佛敎全書』의 오자로 저본에는 '凳'으로 되어 있다. 『龍舒增廣淨土文』 권3 「普勸修持 2」(T47, 259b)와 『歸元直指集』 하권 「第90 勸修西方淨土」(X61, 483b)에도 '凳'으로 되어 있다. 이에 근거해 '凳'으로 번역하였다.   2) ㉑ '言'이 『龍舒增廣淨土文』 권3 「普勸修持 2」(T47, 259b)와 『歸元直指集』 하권 「第90 勸修西方淨土」(X61, 483b), 『淨土晨鐘』 권3 「第3 勸修」 '勸活物活計不可不修'(X62, 49a)에는 '心'으로 되어 있다. 이에 근거해 '心'으로 번역하였다.

저런 것에 연루되다니

가령 이 몸을 누가 한번 할퀸다거나 이 얼굴에 누가 침을 한번 뱉는다 해도 그건 원래 대단한 일이 아니다. 하나 자기도 모르는 사이에 다양한 방식으로 폭발하는 분노를 드러낼 경우에는 반드시 앙갚음을 한 뒤에야 그 분노가 멈추게 된다. 또 이 몸에 종기 하나 부스럼 하나가 생기거나 옴 하나 반점 하나가 불거지는 것은 본래 해로운 일이 아니다. 하나 마음속으로 불쾌하게 여기면 반드시 그 상처가 완전히 치유된 뒤에야 그 불쾌함이 멈추게 된다.

또 혹 모기나 이가 한번 물거나, 침이나 가시가 한번 찌르거나, 진흙이나 때나 재나 먼지가 한 점 묻기라도 하면 마음속으로 불쾌해하지만 덧없는 죽음이 닥쳐 눈을 한번 감고 나면 이 몸뚱이는 남의 손에 맡겨지고 불로 태우건 땅에 묻건 개가 물어뜯건 개미가 먹어 치우건 전혀 상관할 수 없게 된다. 몸이란 이처럼 허망하고 거짓된 것인데, 어쩌자고 고작 저런 것에 연루되어 신심信心에서 물러나고 선뜻 염불하려 들지 않는단 말인가?

遭他累

就是身上被人掐了一把, 臉上彼[1]人唾了一口, 原非大事. 不知不覺, 就發出許多暴怒來, 必至報復而後已. 又於身上或生一瘡一癩, 或發一癬一斑, 本不害事. 心裏也不快活, 必至平愈而後已. 又或蚊虱蛟了一口, 針芒刺了一下, 泥垢灰塵污了一些, 心裏也不歡喜, 及至無常到來, 眼光一閉, 任人把這身子, 火燒土埋, 狗蛟[2]蟻吃, 都不能管. 這樣虛假, 如何徒遭他累, 退却信心, 不肯念佛?

---

1) ㉄ '彼'는 '被'의 오자인 듯하다. 2) ㉄ '蛟'는 『韓國佛教全書』의 오자로 저본에는 '咬'로 되어 있다.

작은 것을 큰 것과 바꾸어라

예전부터 삼계에 태어났다 죽으면서 윤회하는 것을 감옥에 비유하였다. 그렇다면 일단 삶과 죽음을 벗어나지 못한 자들은 모두 삼계의 감옥에 갇힌 수감자이다. 그 수감자에 세 종류가 있다. 그 첫 번째는 살아날 이치가 결코 없다고 스스로 생각하고는 그런대로 감옥 속에서 구차하게나마 편안함을 도모하다가 하루아침에 망나니의 손에 끌려 두려움에 벌벌 떨면서 사형장으로 나아가는 자들이다. 그 두 번째는 천금千金을 가진 부잣집 자식임을 자부해 돈을 아끼지 않고, 일일이 점검하며 삶을 꾸려 가는 자들이다. 하지만 그들은 마음이 확고하지를 못하고, 한편으로는 또 가마솥 안에서 노는 물고기의 즐거움[51]을 탐하며, 혹시라도 다시 살아날 수 있는 길이 끊어지고 또 더 이상 쓸 방법조차 없게 되면 그저 달갑게 받아들일 따름이다. 이 두 종류의 수감자와는 달리 타고난 성품을 자부하며 고집불통인 사나이들이 있다. 그들은 속박을 참지 못하기에 감시자가 잠시 소홀한 빈틈을 노렸다가 목에 씌운 칼을 풀고 발목에 채운 쇠사슬을 끊고서 거침없이 앞으로 나아간다. 이처럼 단호한데 그들이 어찌 죽기 전에 남은 생을 즐기겠다며 탐하는 짓을 기꺼워하겠는가? 감옥을 탈출하건 탈출하지 못하건 그들이 드러내는 마음은 어느 쪽에서나 옳을 것이다.

아! 삼계라는 감옥에 갇힌 우리는 어느 해에나 죽을 수 있고, 어느 달에나 죽을 수 있고, 어느 날 어느 시각에나 죽을 수 있다. 천한 사람도 죽고 귀한 사람도 죽으며, 늙은이도 죽고 젊은이도 죽으며, 나쁜 사람도 죽고 좋은 사람도 죽으니, 벼슬 순서대로 죽는 것도 아니고, 덕의 순서대로 죽는 것도 아니며, 나이 순서대로 죽는 것도 아니다. 한번 내쉰 숨이 돌아오지 않으면 곧바로 옛날 사람과 지금 사람으로 나뉘는 것이다.

그리고 감옥에 들어간 죄인이 시시각각 탈출을 모색하는 것은 가시 담장 너머에 너무나 안락한 세계가 있다는 것을 알기 때문이다. 하나 지금

중생들은 번뇌를 집으로 삼고 삶과 죽음을 정원으로 삼은 채 삼계라는 법의 마당 너머에 각자의 본래 고향 집과 행복의 땅이 있다는 것을 알지 못한다. 모든 부처님께서 이를 가엾게 여겨 정토와 예토穢土를 구분해 주고, 삼계를 벗어나 고향으로 돌아가는 노정을 가르쳐 주셨으며, 감옥의 문까지 오가면서 도로를 닦고, 감옥 밖까지 늘 살펴 묵어 갈 여관을 꼼꼼히 정비해 주셨으니, 이와 같은 은혜는 몇 번이나 몸을 바쳐야 보답할 수 있을까? 그런데도 중생들은 어리석고 미혹하여 도리어 이 털끝만 한 일들에 연연하면서 작은 것을 큰 것과 바꾸는 방법을 죽을 때까지도 깨닫지를 못하니, 슬프구나!⁵²

以小易大

從來三界生死輪廻, 比于牢獄. 然則但未出生死, 皆三界獄中囚也. 囚有三種. 其一, 自謂決無生理, 聊于此中苟圖安逸, 一朝劊子手到, 觳觫就斃. 其一, 自負千金之子, 不惜金錢, 打點營生. 而情非決定, 一面且偸遊釜之娛, 倘再生路絶亦道盡, 甘心而已. 別有負性崛强之夫. 不耐束縛, 伺守者少間, 挣斷枷鎖, 一往無前. 似此決烈, 彼安肯于未死前偸享餘生? 或出不出, 情懸兩可哉. 噫! 我輩在三界獄中, 歲歲可死, 月月可死, 日日刻刻可死. 賤死, 貴亦死, 老死, 少亦死, 惡人死, 好人亦死, 不序爵, 不序德, 不序齒. 一息不來, 便分今古. 然罪人入獄, 時刻求出, 以知棘墻之外更有許大安樂世界故也. 今衆生以煩惱爲家宅, 以生死爲園囿, 不知三界法場之外各各自有家鄕樂地. 諸佛憫此, 爲分別淨穢, 指以脫歸路程, 往來獄門, 爲治道途, 長伺獄外, 修飭旅舘, 如是之恩, 何身可報? 衆生癡迷, 反戀此毛頭許事, 以小易大, 死而不悟, 哀哉!

위험한 몸

아들이 하나면 사람들은 위험한 아들이라 여겨 많은 첩과 몸종을 두고 자손을 많이 보려고 한다. 그러면서 '이 몸도 하나뿐이니 위험한 몸이 아닐까?'라는 생각은 왜 하지 못할까? 세상 사람들은 다들 자식의 위험은 알면서 정작 자신의 위험은 망각하고 있다. 칠편七篇[53]의 문장, 몇 등급의 관직, 몇 상자의 황금과 비단, 한 구역의 저택, 몇 마지기 논밭과 동산, 몇몇 아리따운 아내와 어여쁜 첩, 올바른 도리도 모른 채 긴요하지도 않은 일을 두고 이러쿵저러쿵하는 한바탕 쓸데없는 시비是非, 사람마다 한평생 그런 것들에나 골몰하고, 어느 누구도 이와 같은 소굴을 벗어나지 못한다. 그렇게 공연히 허둥지둥 한바탕 정신없이 바쁘다가 일찌감치 세상을 하직하니, 아! 가여울 뿐이로다.

옛사람이 말하였다.

내 나이 10년만 되돌릴 수 있어도
작은 일은 이룰 수도 있을 텐데
하나 어쩌랴 하늘과 땅 사이에
그날이 다시 돌아올 리 없으니[54]

또 말하였다.

허황된 계책과 셈법으로 만사를 이루지 못하고
서리 내린 귀밑머리만 약속대로 찾아왔네

또 말하였다.

지금 당장 쉬어 버리면 곧바로 쉬게 되지만
일을 끝내고 쉬겠다면 끝날 날이 없으리라[55]

이 모두가 지극한 말씀인데, 왜 깊이 성찰하고 한결같은 마음으로 바르게 염불하지 않는 것일까?[56]

險身

獨子, 人謂險子, 多置姬媵廣嗣. 何不念身一而已非險身乎? 世多知子之險, 而忘身之險. 七篇時文, 幾級官位, 數箱金帛, 一區宅子, 數畝田園, 幾個嬌妻美妾, 一場沒正經沒要緊閒是閒非, 人人被他汩沒一生, 個個打不出這般窠臼. 虛碌碌忙迫一場, 蚤已謝世. 吁! 可悲也已. 古人[1]云.

使吾却十年, 亦可少集事.

奈何天地間, 日無再中理.

又云.[2]

狂謀迂算百不就, 惟有霜鬢來如期.[3]

如今休去便休去, 若覓了時無了時.

皆至言也, 胡不猛省一心正念乎?

1) ㉯ '古人'이 『淨土晨鍾』 권9 「第9 了俗」 '了浮生之妄'(X62, 80b)에는 '邵堯夫'로 되어 있다. 2) ㉯ '又云'이 『淨土晨鍾』 권9 「第9 了俗」 '了浮生之妄'(X62, 80b)에는 '古語云'으로 되어 있다. 3) ㉯ 『淨土晨鍾』 권9 「第9 了俗」 '了浮生之妄'(X62, 80b)에는 '期' 다음에 '又云'이 있다. 문맥의 이해를 돕기 위해 『淨土晨鍾』에 따라 '又云'을 보충하여 번역하였다.

자세히 살펴보라

옛사람이 말하였다.

    내 저 사람의 주검을 보니
    내 마음이 불처럼 뜨겁네
    저 사람만 태우는 것 아니라
    가만히 보니 나에게도 닥치리

또 말하였다.

    참새가 쪼고 까마귀 뜯어 살과 거죽 사라지고
    바람이 말리고 햇볕이 구워 파삭한 해골
    눈앞에서 시험 삼아 구경꾼에게 물어보고
    직접 자신의 몸을 자세히 살펴보라[57]

이처럼 헛되고 부질없는 타인의 몸이 바로 그대의 표본임을 알 수 있다. 그대의 몸이 분명 무쇠로 만들어지지 않았을 것이고, 또 장생하는 신선의 약을 마셔 본 적도 없을 것이니, 어찌 덧없는 죽음을 피할 수 있겠는가? 이런 말을 하면 곧바로 두려워하면서, 왜 한결같은 마음으로 염불하고 정토에 태어나기를 구하지 않는가?

仔細看
古人云.
我見他人死, 我心熱如火.
不是熱他人, 看看又到我.

又云.

雀啄鴉餐皮肉盡, 風吹日灸[1]髑髏乾.

目前試問傍觀者, 自把形骸仔細看.

他人身子如此虛假, 就是爾的榜撵可見. 爾的身子, 須不是生鐵鑄成, 又不曾吃過長生仙藥, 怎能逃得無常? 說起便怕, 何不一心念佛求生淨土?

1) ㉠ '灸'가 甲本에는 '炙'로 되어 있다.

노력하라

세상 사람들이여, 정업淨業을 수행하라. "내가 지금은 바빠 경황이 없으니 한가할 때까지 기다려라, 내가 지금은 가난해 궁핍하니 부자가 되어 풍족할 때까지 기다려라, 내가 지금은 젊고 튼튼하니 늙을 때까지 기다려라."라고 말해서는 안 된다. 만약 이미 항상 바쁠 분수가 정해지고, 가난하고 궁핍할 분수가 정해지고, 요절할 분수가 정해졌다면 정업에는 인연이 없는 것이다. 그러다 홀연히 죽음이 찾아오면 후회한들 무슨 소용이겠는가? 그러니 지금 당장 편안하고 건강할 때 노력하고 수행해야 한다.[58]

努力

世人修行淨業. 勿得言, 我今忙迫且待閒暇, 我今貧乏且待富足, 我今少壯且待暮年. 若已分定常忙, 分定貧乏, 分定夭折, 卽於淨業無緣耶. 忽爾喪亡, 雖悔何及? 是故卽今安[1)]健, 努力修之.

1) ⓐ '安'이 甲本에는 '宗'으로 되어 있다.

노인들에게 경책하다

부처님께서 말씀하시기를 "사람의 목숨은 덧없어 들이쉬고 내쉬는 숨결 사이에 닥친다."라고 하였으니, 젊은이 역시 그런데 하물며 노인이겠는가? 눈이 어두워지고 귀가 멀며, 머리카락이 하얗게 세고 얼굴이 쭈글쭈글하며, 등이 굽고 허리가 꼬부라지며, 뼈가 아프고 근육에 쥐가 나며, 걸음걸이가 대나무처럼 떨리고[59] 정신이 캄캄하니, 비유하자면 서쪽으로 기운 석양이라 그 풍광도 잠깐이요, 가을을 맞은 시든 풀잎이라 쓸쓸히 떨어지는 것이 한순간이리라. 그런데 왜 그 덧없음을 깊이 각성해 전전긍긍 시급히 노력하지를 않고, 정토를 곰곰이 사유해 반드시 왕생하겠다고 굳게 마음먹지를 않는가?[60]

警老

佛言, 人命無常, 促於呼吸. 少年亦爾, 何況老乎? 目暗耳聾, 髮白面皺, 背傴腰曲, 骨痛筋攣, 步履龍鍾, 精神昏塞, 譬如夕陽西照, 光景須臾, 衰草迎秋, 凋零頃刻. 何不猛省無常, 戰兢惕勵, 諦思淨土, 決志往生?

다 내려놓아라

 덧없는 죽음은 재빨리 닥치고 늙은이 젊은이를 가리지 않나니, 나이가 젊다면야 죽을 날이 아직 정해지지 않았다 할 수도 있겠지만 나이가 많은 사람이라면 틀림없이 살날이 많지 않을 것이다. 그러니 모름지기 자신을 다잡고 세상사를 말끔히 처분해야, 저 죽음이 아침이나 저녁에 닥쳤을 때 손을 놓고 곧바로 길을 나서면서 그 무엇에도 얽매이지 않으리라. 이것이 만년에 매우 긴요하게 마음 써야 할 바이니, 정토에 왕생할 업을 닦는 사람들은 더더욱 소홀히 해서는 안 된다.
 매번 사람들이 임종하는 순간을 보면, 다들 알아들을 수도 없는 말을 겨우 몇 마디 내뱉을 뿐이다. 매일 잠자리에 들 때마다 다들 '다 내려놓아야지.' 하는 생각을 가질 수 있다면 딱 좋으련만, 그저 자기가 해야 할 일을 끝내지 못했다며 "다 내려놓기가 어렵다."라는 말만 하는구나.[61]

丟得下

 無常迅速, 老少無別, 少年猶處未定之天, 若老年人, 定然光景無多矣. 須把身, 世事處分了當, 任他大限朝暮到, 撒手便行, 無所繫累. 此晚景大要繁處, 修淨土人, 尤不可忽. 每見人到屬纊時, 都有幾件做不完的句. 當能於每日到上床時, 都有丟[1)]得下的意思, 方好, 但己事不辦, 說丟得下也難.

---

1) ㉬ '丟'가 『淨土晨鍾』 권6 「第6 策進」 '策老者病者一心正念'(X62, 67b)에는 '去'로 되어 있다.

환자들에게 경계하다

이 몸의 사대가 조화롭지 못해 모든 뼈마디가 흩어지려고 하면 먹는 양이 점점 줄어들고 의사와 약도 아무런 소용이 없게 되며 대소변이 평상에 질펀한 채 자리에 누워 신음하게 된다는 것을 마땅히 관찰해야 한다. 비유하자면 가마솥 안에서 노니는 물고기이니 순식간에 끓는 죽이 될 것이요, 바람 앞에 등불이니 찰나에 꺼져 버릴 것이다. 이 몸은 오래가지 못할 것이니, (죽음이 찾아오면) 앞길이 아득해 어디로 가야 할지 모르리라. 그런데 왜 깊이 각성해 온갖 인연을 다 내려놓고 한결같은 마음으로 염불하지를 않는가?[62]

戒病

當觀此身四大不調, 百骸欲散, 飮食漸減, 醫藥無靈, 便利床敷, 呻吟枕席. 譬諸魚遊釜中, 倏忽焦糜, 燈在風前, 刹那熄滅. 此身不久, 前路茫茫, 未知所往. 何不猛省, 放下萬緣, 一心念佛?

그건 '나'가 아니다

한여름 오뉴월에 살집이 풍성하고 건장하던 사내가 갑자기 저녁 무렵에 어떤 급작스러운 병에 걸려 죽었다고 하자. 한밤중이 되면 고약한 냄새와 더러운 진물이 사람들을 괴롭혀 가까이 다가갈 수도 없음을 깨닫고 서둘러 널빤지로 관을 짜서 시체를 봉하게 된다. 그러고는 날이 밝기도 전에 들어 메고 나가 묻어 버리니, 잠시 머무는 것조차 용납하지 않는다. 이로써 살펴보면, 어제 저녁 무렵의 건장하던 한 사내가 오늘 아침 일어나 보니 한 구의 냄새나는 시체요 한 무더기 무덤 흙이 되었으니, 모르겠구나. 저 하나의 식신識神은 또 어디로 갔을까?[63]

정토게에서 말하였다.

피부가 두른 피와 살, 뼈를 얽은 근육들을
전도된 범부들은 자신의 몸이라 여기네
죽음에 이르러서야 내가 아니었음을 알고
여태 지녔던 금과 옥을 남들에게 주네[64]

非是我
盛夏暑月, 肥胖壯漢, 忽於黃昏之際, 得個急病死却. 到半夜時候, 就覺臭穢逼人, 近傍不得, 急急用棺材盛了. 等不得到天明, 擡去出埋, 不容停留. 以此看來, 昨日晚間, 猶是一個健漢, 今日早起, 就是一副臭屍, 一堆墳土, 未知他一個識神, 又向何處? 淨土偈云.
皮包血肉骨纏筋, 顚倒凡夫認作身.
到死始知非是我, 從前金玉付他人.

이득과 손실에 기뻐하고 슬퍼하지만

지금 무역을 하는 사람이 한 푼을 두 푼으로 늘리거나 길을 가는 사람이 하루에 이틀 치 거리를 가게 되었다면 마음이 저절로 기쁠 것이며, 이와 반대이면 분명 근심할 것이다. 이는 바깥의 사물에 약간만 이득과 손실이 있어도 기뻐하거나 근심하는 것이다.

우리에게 주어진 시간은 한계가 있는데도 쓸데없는 일에 골몰하면서 시간을 보낸다면 이는 손실이 큰 것이다. 그런데도 우리는 이를 근심하지 않는다. 정토에 왕생할 인연은 만나기 어려운데도 다행히 이를 알았다면 이는 이득이 큰 것이다. 그런데도 우리는 이를 기뻐하지 않는다. 왜 이다지도 생각이 없는 것일까?[65]

憂喜得失

今有貿易者, 一錢而得兩錢之息, 行路者, 一日而及兩日之程, 則心自喜, 反是則必憂. 是以外物小有得失, 而憂喜也. 以吾之光陰有限, 汩沒過時, 其失大矣. 而不以爲憂. 以淨土之緣難遇, 幸而知之, 其得大矣. 而不以爲喜. 何不思之甚也?

그 무엇도 가져가지 못한다

가산과 재물을 눈이 밝고 다리도 튼튼할 때에야 경영하고 계산하고 아끼고 보호하면서 장차 백천만 년 저것을 누리며 쓸 수 있으리라 생각하지만, 누가 알까? 모조리 헛되고 거짓임을.

특별히 중대한 사건을 거론할 것도 없다. 돈 한 푼만 잃어도, 젓가락 하나만 부러뜨려도, 접시 하나만 깨뜨려도, 심지어 의자나 탁자를 놓은 것이 조금만 삐딱해도, 그런 지극히 사소한 사건에도 가슴속으로 불쾌해한다. 또 가난한 사람이 돈 한 푼이나 쌀 한 톨을 구걸하기라도 하면 마음속으로 불쾌해한다. 하지만 한번 내뱉은 숨이 돌아오지 않아 두 다리가 뻣뻣하게 굳어 버리는 시절이 오면 만 관貫의 재산이 있어도 남이 쓰도록 물려주어야 하고 조금도 가져가지 못하는데, 죽을 때까지 인색하게 굴면서 욕심낼 필요가 뭐가 있을까?

帶不去

家產財物, 在眼明脚健之時, 經營計較, 慳吝守護, 將謂百千萬年得他受用, 誰知都是虛假? 不要說別的大事. 就是失去一文錢, 折了一隻筯, 打破一個碗碟, 甚至於椅卓安置稍斜, 是極小的事, 胷中也不快活. 又如窮人乞化一錢一粒, 心裏也不歡喜. 及至一口氣呼吸不來, 兩足直硬時候, 雖有萬貫家財, 遺與別人享用, 一些兒帶不去, 何用抵死慳貪?

결연한 의지

만약 전일한 수행(專修)을 배우고 싶다면 그 뜻을 모름지기 확고하게 정해야 한다. 그대가 한평생 참선했다지만 이미 선禪을 깨닫지 못했고, 교학까지 살펴보았다지만 교敎도 또한 밝히지 못했기에 지금처럼 생각이 쉬지를 않게 된 것이다. 게다가 또 선에 대해서 몇 마디를 하고 싶고, 또 교에 대해서 몇 마디를 하고 싶고, 또 글자라도 몇 개 쓰고 싶고, 또 시라도 몇 수 짓고 싶어서 망정妄情을 양극단에 걸어 두고 망념妄念을 사방에 분산시키고 있다. 조사께서 말씀하시기를 "털끝만큼만 망념에 얽매여도 삼악도三惡道에 떨어질 업의 원인이 되고, 한순간만 망정이 생겨도 만겁萬劫에 벗어나지 못할 고삐와 사슬이 된다."[66]라고 하셨는데, 그대는 도리어 뜻을 확고히 정하지 못해 망정과 망념이 복잡하고, 그런 복잡한 망정과 망념으로 인해 바른 생각(正念)을 중간에 그만두고 있다. 그렇다면 한결같은 생각(一念)이 중간에 끊어진 그 마음이 바로 삼악도요 고삐와 사슬을 초래하는 업이 될 것이다.

또 수행의 근본인 계戒를 수호하겠다는 뜻을 확고하게 정하지 못해 몸이나 입으로 생각 생각마다 욕망을 추구하면서 내달리고 있다. 교에서 말씀하시기를 "차라리 넘실대는 구리 용액을 입에 들이부을지언정 파계한 입으로 사람들이 주는 음식을 받아서는 안 되고, 차라리 시뻘겋게 달군 쇠로 온몸을 꽁꽁 묶을지언정 파계한 몸으로 사람들이 주는 옷을 받아서는 안 된다."[67]라고 하였는데, 하물며 모든 계를 엄히 지키지 못함으로 인해 삿된 마음이 함부로 날뛰고 전일한 수행을 중간에 그만두는 것이겠는가? 그렇다면 한결같은 생각이 중간에 끊어진 그 마음이 바로 넘실대는 구리 용액과 시뻘겋게 달군 쇠를 초래하는 업이 될 것이다.

또 미움과 사랑을 끊어 버리겠다는 뜻을 확고하게 정하지 못해 매번 헛된 명예와 부질없는 이익에 대해 스스로 살펴 깨뜨리지를 못한다. 그래서 명예와 이익이 나에게 돌아오면 곧바로 탐욕과 애착을 일으키고, 명예와 이익이 남에게 돌아가면 곧바로 질투와 증오를 일으킨다. 옛사람이 말하기를 "명예를 탐하고 이익을 탐하다가 함께 귀신 나부랭이가 되고, 사랑을 좇고 미움을 좇다가 함께 불구덩이로 들어간다."라고 하였는데, 그대는 도리어 이런 사랑과 미움으로 인해 정토에 왕생하는 수행을 중간에 그만두고 있다. 그렇다면 한결같은 생각이 중간에 끊어진 그 마음이 바로 아귀세계와 지옥의 불구덩이를 초래하는 업이 될 것이다.[68]

決志

若學專修, 志須決定. 爾一生叅禪, 禪旣不悟, 及乎看敎, 敎又不明, 弄到如今, 念頭未死. 又要說幾句禪, 又要說幾句敎, 又要寫幾箇字, 又要做幾首詩, 情掛兩頭, 念分四路. 祖師道. 毫釐繫念, 三塗業因, 瞥爾情生, 萬刼羈鎖. 爾却志無決定, 情念多端, 因此多端, 間斷正念. 然則一念間斷之心, 便是三塗羈鎖業也. 又守護戒根, 志不決定, 或因身口, 念念馳求. 敎中道. 寧以洋銅灌口, 不可以破戒之口受人飮食, 寧以熱鐵纏身, 不可以破戒之身受人衣服. 況因諸戒不嚴, 邪心妄動,[1] 間斷專修? 然則一念間斷之心, 便是洋銅熱鐵業也. 又斷除憎愛, 志不決定, 每於虛名浮利, 自照不破. 名利屬我, 便生貪愛, 名利屬他, 便生妬憎. 古人云. 貪名貪利, 同趣鬼類, 逐愛逐憎, 同入火坑. 爾却因此愛憎, 間斷淨土. 然則一念間斷之心, 便是餓鬼火坑業也.

---
1) ㉠『淨土或問』(T47, 302a)에는 '動' 다음에 '因此妄動'이 있다.

갈고리나 쇠사슬처럼 이어지는 윤회의 고리

세상일이 천 갈래요 태어날 인연이 만 가지이니, 갈고리처럼 쇠사슬처럼 이어진 고리가 끊어지지를 않는다. 마음은 생각 생각마다 멈춘 적이 없고, 몸은 곳곳에서 쉴 새가 없었으니, 오르락내리락 나를 부려 먹고 나의 본래 성품을 장애하면서 아득한 세월을 거쳐 지금까지 쉬어 본 적이 없었다.

덧없이 변화하여 오래 머물 수가 없고, 설령 백 년을 산다 해도 손가락 한 번 튕기는 시간 그 이상은 못 된다. 오늘일까 내일일까? 이 목숨은 보존하기 어려우니, 홀연히 눈빛이 땅에 떨어지면 어느새 한 찰나에 삶이 바뀌고, 자신이 지은 업의 인연을 따라 다른 종류의 몸을 받게 되리라. 털가죽을 뒤집어쓰고 머리에 뿔을 달고서 땅을 기어 다니고 하늘을 날게 되면 지금의 견해見解를 몽땅 잊어버리고 흐리멍덩해지리라. 그렇게 삼악도와 육도六道에서 아득한 세월 동안 정처 없이 나부끼면서 돌아갈 곳을 모를 것이니, 큰 괴로움이라 할 수 있겠다.

만약 지금 당장 먼저 깨달으신 분들을 본받아 큰마음을 맹렬하게 일으키고 확고한 뜻을 세워 빽빽한 번뇌의 숲을 훌쩍 뛰어넘지 않는다면, 어떻게 행업行業이 환히 드러나 그 빛이 인간과 하늘세계를 뒤흔들 수 있겠는가? 모든 생명이 그 은혜를 입고, 모든 부처님께서 보살피신다면 사바세계에서 받아야 할 과보가 끝나기를 기다리지 않고 곧바로 왕생하게 되리라.[69]

鉤鎖連環

世事千端, 生緣萬擾, 如鉤如鎖, 連環不斷. 心則念念不住, 身則在在無休, 役我升沉, 障我本性, 歷刼至今, 曾未休息. 無常遷變, 不可久留, 縱壽百年, 不逾彈指. 今日明日, 難保其存, 忽於眼光落地, 不覺刹那異生, 隨其業因, 受形別類. 披毛戴角, 着地飛空, 今日見解, 都忘恍惚. 三途六趣, 飄零多刼, 不知所歸, 可謂大苦. 若非卽於目下當念, 効彼先覺, 猛發大心, 立決定志, 跳出稠林, 安能行業昭著, 光動人天? 羣有蒙恩, 諸佛護念, 卽不待娑婆報滿, 便得往生.

만사를 다 제쳐 두라

세상만사가 다 꿈이나 허깨비나 그림자나 메아리와 같으니, 어찌 한 가지라도 실제 효과가 있겠으며, 어찌 한 가지라도 삶과 죽음을 대신할 수 있겠는가? 비록 그대가 가람伽藍을 크게 조성하고 상주물을 많이 늘린다 해도, 그대야 좋은 일을 많이 했다고 여기겠지만 도리어 여래께서 제정하신 '도의 근본을 체득하지 못했으면서 가람만 크게 조성하는 죄' 등의 계율을 범하는 짓이다.

어찌 알았으랴? 유위有爲의 공덕은 허물이 갖가지라서 천당이 완성되기도 전에 지옥이 먼저 완성된다는 것을. 삶과 죽음을 밝히지 못했다면 모두 고통의 근본이 될 뿐이니, 눈빛이 땅에 떨어지면 그 고통을 받을 시간이리라.

이제야 알겠구나. 평생 한 일들이 모조리 목에 씌운 칼 위에 다시 칼을 채우고, 발목에 채운 쇠사슬 위에 다시 쇠사슬을 두르는 짓이었음을. 사람 몸을 잃고 나면 만 겁이 지나도 다시 얻기 어려우니, 강철 같은 사나이도 이 말을 들으면 반드시 눈물을 떨구리라.[70]

그러니 우선 만사를 다 제쳐 두고 한결같은 마음으로 바르게 염불하라.

撥置萬事

世間萬事, 盡如夢幻影響, 那一件有實效, 那一件替得生死? 縱爾廣造伽藍, 多增常住, 將謂多做好事, 却犯如來不體道本廣造伽藍等戒. 詎知有爲之功, 多諸過咎, 天堂未就, 地獄先成. 生死未明, 皆爲苦本, 眼光落地, 受苦之時. 方知平生所作, 盡是枷上添枷, 鎖上添鎖. 失却人身, 萬劫難復 鐵漢聞之, 也須淚落. 且撥置萬事, 一心正念.

죽음의 신호

한 노인이 죽어 염라대왕을 만났는데, 염라대왕이 미리 신호를 주지 않았다며 탓하였다. 그러자 염라대왕이 말하였다.

"나는 여러 차례 신호를 보냈다. 너의 눈이 점점 침침해진 것이 첫 번째 신호였고, 너의 귀가 점점 어두워진 것이 두 번째 신호였고, 너의 이가 점점 빠진 것이 세 번째 신호였다. 너는 온몸이 나날이 쇠약해지면서도 정말로 그 기미를 몰랐단 말인가?"

한 소년이 역시 염라대왕을 탓하며 말하였다.

"저는 눈도 밝고 귀도 밝으며, 이도 날카롭고 온몸이 튼튼합니다. 대왕께서는 왜 저에게는 신호를 보내지 않으셨습니까?"

그러자 염라대왕이 말하였다.

"자네에게도 신호를 보낸 적이 있는데, 자네 스스로 살피지 않았을 뿐이다. 동쪽 이웃 중에 나이 사오십에 죽은 자가 있었고, 서쪽 이웃 중에 나이 이삼십에 죽은 자가 있었고, 게다가 열 살도 못 되어 죽고 젖먹이 갓난아이 때 죽은 자도 있었는데, 그것은 신호가 아니었는가? 좋은 말은 채찍의 그림자만 보아도 달린다. 꼭 송곳이 피부를 찌를 때까지 기다리는 자는 느려 터진 말이다. 이제 와서 탄식한들 무슨 소용이랴!"[71]

無常信

一老人死見閻王, 咎王不早與通信. 王言. 吾信數矣. 汝目漸昏, 一信也. 汝耳漸聾, 二信也. 汝齒漸損, 三信也. 汝百體日益衰, 信不知其幾也? 一少年亦咎王云. 吾目明, 耳聰, 齒利, 百體强健. 王胡不以信及我? 王言. 亦有信及君, 君自不察耳. 東隣有四五十而亡者, 西隣有二三十而亡者, 更有不及十歲與孩提乳哺而亡者, 非信乎? 良馬見鞭影而行. 必俟錐入於膚者, 駑駘也. 何嗟及矣!

하루바삐 수행하라

두 다리 뻣뻣한 송장이 되면 일품 계급 조정 관리가 될 수도 없고
두 다리 뻣뻣한 송장이 되면 만 관의 개인 재산을 돌아볼 수도 없네
두 다리 뻣뻣한 송장이 되면 효순한 아들 손자가 대신할 수도 없고
두 다리 뻣뻣한 송장이 되면 어여쁜 아내 고운 첩을 사모할 수도 없네
두 다리 뻣뻣한 송장이 되면 세상을 뒤덮는 멋진 책략을 쓸 수도 없고
두 다리 뻣뻣한 송장이 되면 배 속에 그득한 아름다운 문장을 자랑할 수도 없네
두 다리 뻣뻣한 송장이 되면 맛있는 진수성찬을 먹을 수도 없고
두 다리 뻣뻣한 송장이 되면 높다란 당실 큰 대궐에서 살 수도 없네
두 다리 뻣뻣한 송장이 되면 상자 가득한 비단과 명주를 입을 수도 없고
두 다리 뻣뻣한 송장이 되면 상자 가득한 보물과 골동품을 지닐 수도 없네
두 다리 뻣뻣한 송장이 되면 멋진 춤과 청아한 노래를 즐길 수도 없고
두 다리 뻣뻣한 송장이 되면 초록빛 강 푸르른 산을 유람할 수도 없네
두 다리 뻣뻣한 송장이 되면 저질러 버린 죄업을 닦을 수도 없고
두 다리 뻣뻣한 송장이 되면 원수 맺은 사람과 화해할 수도 없네
두 다리 뻣뻣한 송장이 되면 염라대왕과 아방阿旁[72]을 피할 수도 없고
두 다리 뻣뻣한 송장이 되면 교묘하고 화려한 말솜씨를 내세울 수도 없네
두 다리 뻣뻣한 송장이 되면 인정에 호소하는 뇌물을 쓸 수도 없고
두 다리 뻣뻣한 송장이 되면 권세 가진 친척에게 기댈 수도 없네
두 다리 뻣뻣한 송장이 되면 칼날의 바퀴와 불구덩이 지옥을 면할 수도 없고
두 다리 뻣뻣한 송장이 되면 말의 배 속과 나귀의 태를 피할 수도 없네

뻣뻣해지네, 뻣뻣해지네, 뻣뻣해지네
시간이 정해진 것도 아니고, 날짜가 정해진 것도 아니니
첫새벽에 멀쩡했던 사람 한낮을 장담할 수 없고
한낮에 멀쩡했던 사람 저물녘을 장담할 수 없네
그대가 이룬 업적이 희공姬公[73]에 비긴다 해도
그대의 영웅다움이 항적項籍[74]에 비긴다 해도
그대의 돈과 재산이 석숭石崇[75]보다 많다 해도
그대의 문장이 이백李白[76]보다 낫다고 해도
그대가 소진蘇秦[77]처럼 말솜씨가 유창하다 해도
그대가 진평陳平[78]처럼 기이한 계책을 여섯 번이나 내놓는다 해도
그대가 이루離婁[79]나 공수반公輸般[80]처럼 솜씨가 뛰어나다 해도
그대가 관로管輅[81]나 군평君平[82]처럼 술법이 뛰어나다 해도
그대가 임금이고 권세가 하늘까지 닿는다 해도
그대가 왕비이고 한 나라를 망칠 만큼 아름답다 해도
목구멍에는 겨우 세 치의 숨결 붙어 있고
그나마 어깻죽지 들썩이며 온 힘을 쏟네
거리를 가로지르던 어제는 화사한 얼굴로 유쾌하더니
관 속에 묶인 오늘 저녁은 메마른 뼈다귀로 누웠구나
북망산 듬성듬성 높고 낮은 무덤이여
부엉이 우는 밤에 푸른 단풍 눈물짓나니
천년세월 흥망성쇠가 벌 떼 개미 떼의 마당이요
백년인생 성공과 실패가 여우의 소굴이었구나
선한 생각을 무시한 채 생각해 보지 않았으니
사람 몸을 잃고 나면 다시 찾기 어려우리라
금생에 누린 부귀영화는 원래 전생에서 왔던 것
잔치가 끝나면 닥칠 계산서를 또 대비해야만 하리라

마니로 엮은 백팔염주를 손에다 들고
아미타불 한 마디를 마음에 새기게나
이 생에 건너지 않으면 언제 건너려나
하루바삐 수행하게나, 죽음이 닥쳐오니
아들과 딸은 모조리 원수에게 진 빚이요
이익과 명예는 모조리 칼에 발린 꿀
살생은 친척들의 살을 뜯어 먹는 짓이요
사음邪淫은 넘실대는 구리 용액을 마시는 짓
침상에 올라 짚신과 버선을 벗어 던지고 나면
내일 아침을 맞을 수 있을지 예측할 수 없나니
한번 소리치고 가 버리면 그저 찾으며 뒤쫓을 뿐
신께 빌고 부처께 절해도 아무런 이득이 없다네
친족인 아버지와 아들, 남편과 아내까지도
몸을 바꿔 다시 오면 전혀 알아보지를 못하네
배는 구당瞿塘[83]에 닿았는데 새는 틈새를 언제나 보수할까
그 많던 좋은 시절을 마냥 허투루 보냈구려
윤회는 하나하나 그 이치가 분명하고
인과가 줄줄이 이어져 어긋남이 없건만
수많은 생애를 미혹한 채 현생만을 말하고
무수한 미련한 이들 똑같이 억울하다는 소리만 하네
자주 불러 애써 권해도 마음을 돌이키지 않는다면
두 다리가 뻣뻣하게 굳는 날까지 기다릴 수밖에

修行及早
兩脚直, 一品朝官做不得, 兩脚直, 萬貫家私顧不得.
兩脚直, 孝子順孫替不得, 兩脚直, 嬌妻艶妾戀不得.

兩脚直, 蓋世機謀使不得, 兩脚直, 滿腹珠[1]璣誇不得.
兩脚直, 美味珎饈喫不得, 兩脚直, 高堂大廈住不得.
兩脚直, 錦綺盈箱著不得, 兩脚直, 寶玩滿笥携不得.
兩脚直, 妙舞淸歌享不得, 兩脚直, 綠水靑山遊不得.
兩脚直, 造下罪業撇不得, 兩脚直, 結下寃家解不得.
兩脚直, 閻羅阿旁避不得, 兩脚直, 巧言花語推不得.
兩脚直, 人情關節用不得, 兩脚直, 親戚勢要靠不得.
兩脚直, 刀輪火獄免不得, 兩脚直, 馬腹驢胎躱不得.
直直直, 不限時來不限日.
淸晨不保午時辰, 日中不保申時刻.
任汝功業比姬公, 任汝英雄比項籍.
任汝錢財過石崇, 任汝文章過李白.
任汝蘇秦舌萬端, 任汝陳平計六出.
任汝離婁公輸巧, 任汝管輅君平術.
任汝君王勢滔天, 任汝后妃色傾國.
喉嚨但有三寸氣, 肩頭苦費千般力.
跨街昨日逞華顏, 纏棺今夕眠枯骨.
北邙多少高低墳, 鴟鴉夜嘯靑楓泣.
千載興亡蜂蟻塲, 百年成敗狐狸窟.
丟開善念不尋思, 失去人身難再覓.
富貴固是夙生來, 享盡亦須防算逼.
摩尼百八手中提, 彌陀一句心頭憶.
此生不度何時度, 修行及早無常迫.
兒女盡是寃家債, 利名盡是刀頭蜜.
殺生是啖姻親肉, 淫邪是飮洋銅汁.
上牀別却鞋和襪, 明朝來否事不測.

一聲去也只索隨, 求神禮佛毫無益.
至親父子及夫妻, 改換重來憯不識.
船到瞿塘補漏遲, 蹉過許多好時日.
輪廻件件理分明, 因果椿椿無爽忒.
迷却多生說現生, 癡人無數齊稱屈.
頻呼苦勸不回心, 除非等待兩脚直.

1) ㉮ '珠'가 甲본에는 '株'로 되어 있다.

천성이 서로 관련되어 있다

　모든 부처님과 중생이 똑같은 깨달음을 근원으로 하고, 미혹과 깨달음이 비록 다르지만 이치로는 항상 평등하다. 따라서 모든 부처님은 중생의 마음속 모든 부처님이고, 중생은 모든 부처님의 마음속 중생이다. 이를 의거해 말해 본다면, 모든 부처님과 중생의 마음은 오묘하고 순수해 온통 뒤섞이지 않는 때가 없다. 다만 모든 부처님이 중생을 제도하려 하지 않는 때가 없음에도 불구하고 중생이 생각 생각마다 이를 미혹하고 등지는 것일 뿐이다.

　경에서 말씀하시기를 "한 사람은 오로지 그 사람 생각뿐인데 다른 한 사람이 완전히 그를 잊었다면, 만나도 만나지 못한 것이요, 혹 보게 되더라도 본 것이 아닙니다. 어머니가 아들을 잊지 못하듯 아들이 그의 어머니를 늘 기억한다면 그 어머니와 아들은 수많은 생애를 거치면서도 서로 멀리 헤어지지 않을 것입니다. 만약 중생이 마음으로 부처님을 기억하고 부처님을 생각한다면 현재나 미래에 반드시 부처님을 뵙게 되고, 부처님과의 거리가 멀지 않게 될 것입니다."[84]라고 하였다.

　바로 하나의 이치가 평등하고 천성이 서로 관련되어 있기 때문에 운수에 맡겨 고통을 없애 주고 즐거움을 줄 수 있는 것이다. 하물며 무량수불께서는 인행因行을 닦던 시절에 일으킨 사십팔원에서 "맹세코 극락세계를 얻어 유정有情들을 모두 거두겠다."라고 하셨다. 중생들이 당장 굳게 믿고(深信), 기억해 생각하고(憶念), 자주자주 발원하여(發願) 서방정토에 태어나기를 원하기만 한다면, 자석과 바늘이 조건이 맞아 서로를 끌어당기듯 하리라.

　하지만 자석이 쇠를 끌어당길 수는 있지만 구리를 끌어당길 수는 없으니, 이는 부처님이 인연 있는 중생은 제도할 수 있지만 인연 없는 중생은 제도할 수 없음을 비유한다. 또 중생이 아미타부처님에게는 쉽게 감동하지만 다른 부처님에게는 쉽게 감동하지 않으니, 어찌 중생과 부처님의 서원이 서로 관련되어 있는 것이 아니겠는가?

그러므로 정토에 왕생하기를 바라는 자는 믿음(信)과 실천(行)과 발원(願), 이 세 가지 중 어느 하나도 빠뜨려서는 안 된다.[85]

天性相關

諸佛衆生, 同一覺源, 迷悟雖殊, 理常平等. 故[1]諸佛是衆生心內諸佛, 衆生是諸佛心內衆生. 迹此而言, 則諸佛衆生心精, 無時而不通洽. 但諸佛無時不欲度生, 而衆生念念與之迷背. 經云. 一人專憶, 一人專忘, 若逢不逢, 或見非見. 子若憶母如母憶時, 母子歷生不相違遠. 若衆生心, 憶佛念佛, 現前當來, 必定見佛, 去佛不遠. 正由一理平等, 天性相關, 故得任運拔苦與樂. 況無量壽佛因中所發四十八願, 誓取極樂攝受有情. 衆生但當, 深信憶念, 數數發願, 願生西方, 如磁石與針, 任運吸取. 然磁能吸鐵, 而不能吸銅, 譬猶佛能度有緣, 而不能度無緣. 衆生易感彌陀, 而不易感諸佛, 豈非生佛誓願相關乎? 是以求生淨土者, 信行願三, 缺一不可.

---

1) ㉩『淨土生無生論』「第8 感應任運門」(T47, 383b)에는 '故' 다음에 '曰'이 있다.

열 가지 믿음

생사윤회를 끝내고자 정업淨業을 수행한다면 열 가지 신심을 일으켜 생각 생각마다 잊지 말아야 한다. 그러면 반드시 정토에 왕생하여 다시는 퇴전하지 않는 지위(不退轉位)를 얻게 될 것이다.

첫째, 부처님께서 설하신 법은 금구金口[86]에서 나온 정성스러운 말씀으로서 진실하여 헛되지 않다는 것을 믿어야 한다. 둘째, 범부가 미혹하면 식신識神이 없어지지 않아 육도세계를 쉬지 않고 돌고 돌게 된다는 것을 믿어야 한다. 셋째, 이 세계에서 수행했어도 도과道果를 얻지 못하였다면 윤회를 면치 못한다는 것을 믿어야 한다. 넷째, 윤회를 벗어나지 못하였다면 비록 천상에 태어난다 해도 다시 나쁜 세계로 떨어짐을 면치 못한다는 것을 믿어야 한다. 다섯째, 극락세계에 태어난 중생들은 영원히 퇴전함이 없다는 것을 믿어야 한다. 여섯째, 정토에 왕생하기를 발원한 중생은 반드시 왕생한다는 것을 믿어야 한다. 일곱째, 부처님 이름을 한 번만 불러도 80억 겁 동안 윤회하며 지은 중죄를 소멸할 수 있다는 것을 믿어야 한다. 여덟째, 염불하는 사람은 아미타부처님께서 신통과 광명으로 중생을 버리지 않고 거두어들이는 것을 믿어야 한다. 아홉째, 염불하는 사람은 시방세계에 계신 항하 모래알처럼 수많은 부처님께서 다 함께 신비한 힘으로 항상 보살피신다는 것을 믿어야 한다. 열째, 정토에 태어나고 나면 수명이 한량이 없고 그 한 번의 생애에 위없는 깨달음을 얻게 된다는 것을 믿어야 한다.

이 열 가지를 굳게 믿지 못하고 의혹을 일으키는 자는 염불한다 해도 왕생하지 못한다.[87]

十種信

欲了生死, 修行淨業, 當發十種信心, 念念不忘. 決生淨土, 得不退轉. 一,信佛所說法金口誠言眞實不虛. 二, 信凡夫在迷識神不滅六趣循環不息. 三, 信此土修行未得道果不免輪廻. 四, 信未出輪廻雖生天上不免墮落. 五, 信極樂世界眾生生者永無退轉. 六, 信眾生發願願生淨土決定往生. 七, 信一稱佛名能滅八十億刼生死重罪. 八, 信念佛之人阿彌陀佛神通光明攝取不捨. 九, 信念佛之人十方世界恒沙諸佛同以神力時常護念. 十, 信既生淨土壽命無量一生當得無上菩提. 於此十種, 不能深信, 生疑惑者, 雖念佛而不得往生矣.

수미산처럼

무릇 정토에 태어날 행을 닦는 사람은 분명하게 저 생사에 맞서야지, 말만 하고 곧바로 그만두어서는 안 된다. (정토왕생은) 덧없는 죽음이 쏜살같이 다가오고 시간은 사람을 기다려 주지 않는다는 것을 명심해 반드시 한 가지 일에 집중해야만 비로소 가능하다. 만약 반쯤 나아갔다가 반쯤 물러서고, 믿는 듯했다가 의심하는 듯한다면 무슨 일이 성취될 것이며, 어떻게 윤회를 벗어나겠는가? 비유하자면 120근의 짐이 주어졌을 때 자신이 직접 짊어질 수 있어야 비로소 그 일을 끝마칠 수 있는 것과 같으니, 결코 말씀을 깨닫고 도를 깨달았다면서 널리 사람들을 교화한다고 되는 것도 아니고, 전한 자도 있고 전한 것도 있다면서 억지로 꾸민다고 되는 것도 아니며, 결코 성대한 도량을 조성하고서 수많은 향과 촛불을 켠다고 되는 것도 아니다.

만약 이런 말에 믿음이 간다면 당장 오늘부터 아주 용맹한 마음을 일으켜 매우 열심히 정진해야 한다. 깨달았건 깨닫지 못했건, 성품을 보았건 성품을 보지 못했건 따지지 말고 그저 '부처님' 한 마디만 붙잡고서 한 자리에 딱 붙어 있는 수미산처럼 아무리 흔들어도 흔들리지 말 것이며, 온 마음을 쏟아 한결같은 뜻으로 그 순수하고 오묘한 광채(精彩)에 맹렬하게 집중하면서 "이 생애를 마치고 다 함께 정토세계로 올라가겠습니다." 하고 맹세해야 한다.[88]

須彌山

凡修淨土人, 灼然是要敵他生死, 不是說了便休. 當念無常迅速時不待人, 須是把做一件事, 始得. 若半進半退, 似信似疑, 濟得甚事, 如何出離輪廻? 譬如百二十斤擔子到臨時, 自家擔荷得去, 方得了事, 決不在會說會道廣化人緣上, 決不在有傳有授扭捏做作上, 決不在盛設道場多點香燭上. 若是信得及, 便從今日去, 發大勇猛, 發大精進. 莫問會與不會, 見性不見性, 但持一句佛, 如靠着一座須彌山相似, 搖撼不動, 專心一意, 猛着精彩, 誓畢此生同登淨域.

세 가지 신통

마음으로 오로지 부처님을 믿으면 부처님께서 곧 이를 아시니, 타심통他心通을 갖추셨기 때문이다. 입으로 오로지 부처님을 부르면 부처님께서 곧 이를 들으시니, 천이통天耳通을 갖추셨기 때문이다. 몸으로 오로지 부처님께 예배하면 부처님께서 곧 이를 보시니, 천안통天眼通을 갖추셨기 때문이다.

믿음(信心)이란 과일나무를 깊이 심는 것과 같으니, 뿌리가 깊기 때문에 바람이 불어도 흔들리지를 않고, 훗날에 열매를 맺어 사람들의 굶주림과 목마름을 구제하게 된다. 염불하는 사람도 이와 마찬가지이다.[89]

三通
心唯信佛, 佛則知之, 他心通故. 口唯稱佛, 佛則聞之, 天耳通故. 身唯禮佛, 佛則見之, 天眼通故. 信心者, 猶如深栽果樹, 根深故, 風吹不動, 後着果實, 濟人飢渴. 念佛之人, 亦復如是.

회향하라

염불 공부는 진실하게 믿는 마음을 귀하게 여길 뿐이다. 제일 먼저 "나는 미완성의 부처님이고 아미타불은 이미 완성된 부처님으로서 그 본체는 차이가 없다."라는 것을 반드시 믿어야 한다. 그다음 "사바娑婆는 고통이니 안양安養[90]으로 돌아가야 한다."라고 믿고, 치열하게 정토를 좋아하고 예토穢土를 싫어해야 한다. 그다음 "현재의 동작 하나하나를 모두 서방 정토로 회향할 수 있다."라고 믿어야 한다. 만약 회향하지 않는다면 비록 상품上品의 선행을 쌓았더라도 역시 왕생하지 못한다. 만약 회향할 줄 안다면 비록 실수로 악행을 저질렀더라도 상속하는 마음을 재빨리 끊고 크게 참회하게 되며, 그 참회의 힘으로 역시 정토에 왕생할 수 있다. 하물며 계율을 지키고 복을 닦는 등의 갖가지 수승한 업이 어찌 정토를 장엄하기 부족하겠는가? 다만 믿음의 힘이 깊지 못하기 때문에 수승한 업이 유루有漏에 빠지게 되는 것이다.

또한 이를 제외하고 따로 헤아려 보려고 한다면 잘못 중에서도 큰 잘못이다. 그저 진실한 믿음을 더하기만 한다면 일체 행위를 다시는 고칠 필요가 없을 것이다.[91]

回向

念佛工夫, 祇貴眞實信心. 第一要信我是未成之佛, 彌陀是已成之佛, 其體無二. 次信娑婆的是苦, 安養的可歸, 熾然欣厭. 次信現前一擧一動, 皆可回向西方. 若不回向, 雖上品善, 亦不往生. 若知回向, 雖誤作惡行, 速斷相續心, 起殷重懺悔, 懺悔之力, 亦能往生. 況持戒修福, 種種勝業, 豈不足莊嚴淨土? 只爲信力不深, 勝業淪于有漏. 又欲捨此別商, 誤之誤矣. 但加眞信, 一切行履, 更不須改也.

반드시 그렇게 된다고 믿어라

무릇 염불하고자 하는 사람은 꼭 믿음(信心)을 일으켜야 한다. 만약 믿음이 없다면 아무것도 얻지 못해 허사가 된다.

(어떤 법문을 믿어야 하는가?) 염불하면 반드시 정토에 왕생한다는 것을 믿고, 염불하면 반드시 모든 죄업을 소멸시킨다는 것을 믿고, 염불하면 반드시 부처님의 보살핌을 받는다는 것을 믿고, 염불하면 반드시 부처님의 증명을 받게 된다는 것을 믿고, 염불하면 임종할 때 반드시 부처님께서 찾아와 영접하신다는 것을 믿고, 염불하면 함께 믿은 사람들이 모두 왕생하게 된다는 것을 믿고, 염불하여 왕생하면 반드시 불퇴전지不退轉地를 얻는다는 것을 믿고, 염불하여 정토에 태어나면 반드시 삼악도에 떨어지지 않는다는 것을 믿어야 한다. 이 법을 수지하면 반드시 정토에 왕생할 것이다.[92]

信定得

凡欲念佛, 要起信心. 若無信心, 空無所獲. 信念佛定生淨土,[1] 信念佛定滅諸罪, 信念佛定得佛護, 信念佛定得佛證, 信念佛臨終定得佛來迎接, 信念佛同信之人皆得往生, 信念佛往生定得不退地, 信念佛生淨土定不墮三惡道. 受持此法, 往生淨土必矣.

---

1) ㉭ 저본에는 '空無所獲'과 '信念佛定生淨土' 사이에 내용이 없으나 문맥의 이해를 돕기 위해 『廬山蓮宗寶鑑』권5 「念佛正信」'勸發信心'(T47, 328b)에 근거하여 보충해 번역하였다.

지금부터라도

세상 사람들은 도를 닦고자 하는 마음을 일으켰다가도 몸과 입(身口), 권속眷屬, 가계家計, 이 세 가지에 묶여 결국은 한평생 우왕좌왕 부산을 떨고, 한평생 시끌벅적 소란을 떨고, 한평생 고뇌하고, 한평생 건성건성 멋대로 살고, 또 한평생 헛되이 보내느라 염불을 못 한다. 또 이런 허물로 인해 한량없는 탐욕과 분노와 어리석음을 일으키고, 한량없는 크고 작은 악업을 짓는다.

뜻이 있는 사람이라면 오늘 이 시각부터라도 이 몸이 가짜이고 권속과 가계도 모두 부질없음을 알아서 이 세 가지 허물에 눈길도 주지 말고, 미련도 두지 말고, 욕심도 내지 말라. 반드시 자기 가슴속으로부터 하나의 믿음을 일으킨 다음 산이 문드러져도 바꾸지 말고, 바다가 말라 버려도 변치 말라. 걷건 서건 앉건 눕건 따지지 말고 편의에 따라 한결같은 마음으로 바르게 염불하면서 용맹해지도록 힘써 다시는 예전의 습관을 따르지 말고, 정진하도록 힘써 다시는 게으르지 말며, 견고해지도록 힘써 다시는 소홀히 하지 말라.

그저 빛을 돌이켜서 어리석음을 비추어 깨뜨리고, 통렬한 자기반성을 일으켜 오늘도 염불하고 내일도 염불하기만 하라. 시절인연이 도래하면 그대도 부처님을 친견하고, 그대도 왕생하리라.

只從今時

世人雖發道心, 被身口眷屬家計三種所累, 竟忙了一生, 鬧了一生, 苦惱了一生, 乾弄了一生, 又空過了一生, 不得念佛. 又因此累, 起無量貪嗔痴, 造無量大小惡業. 有志之人, 只從今日今時, 起知到這個身是假, 這眷屬家計都是虛假, 於此三種累上, 莫認着, 莫戀着, 莫貪着. 要從自己胷中, 發出一個信心來, 山爛不改, 海枯不移. 無論行住坐臥, 隨便一心正念, 務要勇猛,再不因循, 務要精進, 再不懈怠, 務要堅固, 再不忽畧. 只是回光照破, 痛自省發, 今日也念, 明日也念. 時節到來, 包爾見佛, 包爾往生.

깊이 사유하고 제대로 믿어라

도에 들어가는 요문要門으로 믿음이 제일이다.

비유하자면 다음과 같다. 세간의 도적이 어쩌다 발각되면 관청에서 극형으로 그를 처벌하지 않는 것이 아니다. 그런데도 그는 나중에 석방되고 나면 예전과 똑같은 짓을 하면서 뉘우치지를 않는다. 왜 그럴까? 그가 "문이나 길목에서 휘파람만 불고 있으면 본전 한 푼 없어도 무수한 이득을 얻을 수 있다."라고 믿기 때문이다. 그래서 온갖 고통을 빠짐없이 겪고도 결코 물러서거나 뉘우치지 않는 것이다.

요즘 사람들이 염불하면서 진실하고 간절하게 더욱 노력하려 들지 않는 것은 다만 "이 법문은 많은 힘을 들이지 않아도 반드시 왕생하고 반드시 부처님을 친견한다."라는 것을 깊이 사유하고 제대로 믿은 적이 없기 때문이다.[93]

深思諦信

入道要門, 信爲第一. 譬如世間盜賊, 時乎敗露, 官府非不以極刑繩之. 迨後釋免, 依舊不悔. 所以者何? 他却信者, 條門路, 不齎一文本錢, 獲利無算. 所以備受苦痛, 決不退悔. 今人念佛, 不肯眞切加功, 只是不曾深思諦信, 此法門, 不費多力, 決定往生, 決定見佛.

날벌레와 구더기까지도

아미타부처님께서는 현재 서방에서 헤아릴 수 없는 하늘나라 백성과 생물들을 교화하고 계시니, 앵앵거리며 날아다니거나 꿈틀거리며 기어 다니는 부류까지도 생사의 바다를 건너지 못하는 자가 없고, 육도의 윤회를 해탈하지 못하는 자가 없다. 앵앵거리며 날아다니는 것이란 아주 작은 날벌레를 말하고, 꿈틀거리며 기어 다니는 것이란 아주 작은 구더기를 말한다. 이런 것들도 부처님께서 교화하고 제도하시는데 하물며 사람이겠는가? 이것이 그분께서 끝없이 중생을 널리 제도하시는 이유이니, 사람이 한 번만 그분을 생각하고 귀의해도 결국 그 나라에 태어난다는 것은 의심할 여지가 없다.[94]

蜎蠕

阿彌陀佛, 現在西方, 敎化無央數天人民物, 以至蜎飛蠕動之類, 莫不得過度解脫者. 蜎飛謂微細飛蟲也. 蠕動謂微細蛆蟲也. 若此者, 佛尙化度, 況於人乎? 是其所以廣度衆生無有窮極, 若人一念歸依, 遂生其國, 無足疑也.

도적도 귀순하면 선량한 백성이 된다

비유하자면 쇳덩어리가 비록 무겁기는 하지만 배의 힘을 의지하면 강을 건널 수 있고, 바늘 하나가 비록 가볍기는 하지만 배에 싣지 않으면 강을 건널 수 없는 것처럼, 중죄를 지은 사람이라도 부처님의 힘에 의지하는 자는 정토에 태어날 수 있고, 저지른 죄악이 비록 가볍다 해도 부처님의 힘에 의지하지 않는 자는 역시나 태어날 수 없다.

또한 평생 도적질을 했더라도 어느 날 귀순하면 결국 선량한 백성이 되는 것처럼, 부처님의 힘에 의지해 죄악을 소멸하는 자도 역시 이와 마찬가지이다.

또한 이가 만 번 죽었다 만 번 태어나도 1리를 갈 수 없지만 사람 몸에 붙으면 천 리를 갈 수 있는 것처럼, 부처님의 힘에 의지해 정토에 태어나는 자도 역시 이와 마찬가지이다.[95]

더 이상 무엇을 의심하겠는가?

招安爲民

譬如鐵石雖重, 賴舟船力, 可以渡江, 一針雖輕, 不賴舟船, 江不可渡. 蓋人有重罪, 仗佛力者, 可生淨土, 罪惡雖輕, 不仗佛力, 亦不得生. 又如平生爲賊, 一日招安, 遂爲良民, 仗佛力而消罪惡者, 亦復如是. 又如蟣蝨萬死萬生不能一里, 若附人身, 千里可至, 仗佛力而生淨土者, 亦復如是. 更何可疑乎?

눈앞에 보이는 것에만 사로잡힌 사람들

사람들이 정토가 어떤 곳인지 설핏 듣고는 대부분 이를 믿지 않는데, 이는 괴이하게 여길 것도 없다. 대개 눈앞에 보이는 것에 사로잡혀 있을 뿐이니, 저 지저분한 골목의 거름더미에서 사는 자가 널찍한 집의 깨끗함이 있다는 것을 어찌 알겠으며, 작은 그릇에다 명아주 콩잎이나 먹는 자가 사방 열 자 식탁에 차린 진수성찬이 있다는 것을 어찌 알겠으며, 낡아빠진 상자에 딸랑 몇 푼 저축한 자가 하늘나라 곳간에 차고 넘치는 보물이 있다는 것을 어찌 알겠는가? 그래서 이 혼탁한 세상에 살면서 깨끗한 부처님 세상이 있다는 것을 믿지 않는 것이다. 그래서 자궁에서 태어나 자라면서 저 세계에서는 연꽃에서 화생化生한다는 것을 알지 못하고, 수명이 백 년을 넘지 못하면서 저 세계에서는 수명이 항하 모래알처럼 많다는 것을 알지 못하고, 옷과 음식을 반드시 제 손으로 만들고 지으면서 저 세계에서는 저절로 만들어진 옷을 입고 음식을 먹는다는 것을 알지 못하고, 쾌락에 항상 근심과 고뇌가 뒤섞이면서 저 세계에서는 순일한 쾌락을 누린다는 것을 알지 못한다. 그렇다면 부처님께서 말씀하신 바를 눈앞에서 확인할 수 없는 것이라는 이유로 믿지 않아서는 안 된다.[96]

拘於所見

人驟聞淨土之景象, 多不信之, 無足怪也. 盖拘於目前所見而已, 且如陋巷糞土之居者, 安知有廣廈之淸淨? 小器藜藿之食者, 安知有食前之方丈? 弊篋錙銖之蓄者, 安知有天府之充溢? 故處此濁世, 不信有淸淨佛土. 所以生長於胞胎, 不知彼有蓮華之化生, 壽不過百年, 不知彼有河沙之壽數, 衣食必由於營作, 不知彼有自然之衣食, 快樂常雜於憂惱, 不知彼有純一之快樂. 然則佛之所言, 不可以目前所不見而不信也.

효과가 없는 자들

요즘 사람들 중에 수행하고도 효과가 없는 자들이 더러 있다. 대개 그런 자들은 믿음의 뿌리가 얕고 인지因地가 진실하지 못하며, 서원을 세워 실천한 적도 없으면서 성급히 사람들이 알아주기를 바라고, 안으로 자만하고 밖으로 자랑하려 들면서 사람들에게 자신을 공경하고 공양하도록 하고 무엇인가를 얻게 되기를 기대한다.

심지어 "청정한 세계를 보았다."고 거짓말을 하고, 혹 조금 신비한 현상을 보거나 좋은 꿈이라도 꾸면 옳은지 그른지 식별해 보기도 전에 성급히 이런 하열한 일들을 분명히 말하려고 든다. 반드시 마귀에게 현혹되어 서원에서 물러나고 수행을 잃게 될 것이며, 생사에 윤회하는 괴로운 세계로 도로 떨어질 것이니, 삼가지 않아서야 되겠는가?[97]

無效

今世之人, 或有修而無效者. 盖彼信根淺薄, 因地不眞, 未曾立行, 先欲人知, 內則自矜, 外欲顯耀, 使人恭敬供養, 冀有所得. 甚至妄言, 得見淨境, 或見些少異樣, 及夢中善相, 未識是非, 先欲明說此等卑下. 必爲魔惑, 願行退失, 還隨生死苦趣, 可不愼哉?

자신을 속이고, 대단하게 여기고, 포기하는 자들

세상에는 정토의 가르침을 믿지 않는 세 가지 마음을 일으키고서 왕생하기를 바라지 않는 자들이 있으니, 너무나 안타까운 일이다. 첫째 "나는 부처와 조사마저 훌쩍 뛰어넘을 것이니, 정토는 태어날 곳이 못 된다."라고 하는 것이다. 둘째 "곳곳이 다 정토이니, 굳이 서방세계에 태어날 필요가 없다."라고 하는 것이다. 셋째 "극락세계는 성인들의 땅이니, 우리 같은 범부는 태어날 수 없다."라고 하는 것이다.

보살행을 바다처럼 끝없이 실천했던 보현보살[98]도 아미타부처님 뵙기를 소원하시고, 부처님나라마저 공하다고 했던 유마거사[99]도 항상 정토행을 닦았으며, 시방세계의 여래들께서도 광장설廣長舌[100]로 찬탄하시고, 시방세계의 보살들께서도 함께 왕생하겠다는 마음을 가지셨다. 스스로 한번 잘 생각해 보라. 누가 저런 성현들과 어깨를 나란히 할 수 있는가? "정토는 태어날 곳이 못 된다."라고 하는 자들은 왜 그렇게 자신을 속이는 것일까?

나아가 저 용맹보살龍猛菩薩은 선문禪門의 조사祖師이신데도 『능가경楞伽經』에 왕생을 예언한 문장이 있고,[101] 천친보살天親菩薩은 교문敎門의 종사宗師이신데도 『무량론無量論』에 왕생을 바라는 게송이 있으며,[102] 자은대사慈恩大師는 『통찬소通贊疏』에서 가장 먼저 정토의 열 가지 수승함을 칭찬하셨고,[103] 지자 대사智者大師는 이치를 분석해 정토에 대한 열 가지 의심을 명백하게 판별하셨다.[104] 그분들은 모두 뛰어난 철인哲人이셨지만 정토에 왕생하기 위해 정진하셨는데, "서방세계에 태어날 필요가 없다."라고 하는 자들은 왜 그렇게 자신을 대단하게 여기는 것일까?

활활 타오르는 수레(火車)도 없앨 수 있고,[105] 배에 실은 돌은 가라앉지 않는 법이니[106] 화보華報가 나타났던 자로 장규張逵보다 더 심했던 사례가 없지만 그런 그도 겨우 열 번 염불하고는 수승한 세계로 초월하였고,[107]

지옥에 들어갔던 자로 웅준雄俊보다 더 빨랐던 사례가 없지만 그런 그도 다시 살아나 정토에 왕생하는 오묘한 인행因行을 증득하였다.[108] 세상 사람들이 허물이 많다 한들 이 정도까지는 아닐 텐데, "우리는 정토에 태어날 수 없다."라고 하는 자들은 왜 그렇게 자신을 포기하는 것일까?

자신을 속이고, 자신을 대단하게 여기고, 자신의 신령함을 스스로 포기하면서 윤회의 세계로 흘러드니, 이것이 누구의 잘못인가?[109]

自欺慢棄

世有發三種不信心[1]求生者, 尤可嗟惜. 一曰, 吾當超佛越祖, 淨土不足生. 二曰, 處處皆淨土, 西方不必生. 三曰, 極樂聖域, 我輩凡夫不能生. 夫行海無盡普賢, 願見彌陀, 佛國雖空維摩, 常修淨土, 十方如來, 有廣舌之讚, 十方菩薩, 有同往之心. 試自忖量. 孰與諸聖? 謂不足生者, 何其自欺哉? 至如龍猛祖師也, 楞伽經有預記之文, 天親敎宗也, 無量論有求生之偈, 慈恩通讚, 首稱十勝, 智者析理, 明辨十疑. 彼皆上哲, 精進往生. 謂不必生者, 何其自慢哉? 火車可滅, 舟石不沉, 現華報者, 莫甚於張鍾, 十念而超勝處, 入地獄者, 莫速於雄俊, 再甦而證妙因. 世人愆尤, 未必若此, 謂不能生者, 何其自棄哉? 自欺自慢, 自棄己靈, 流入輪廻, 是誰之咎?

---
1) ㉠ '心' 다음에 '不'이 결락되었다. 甲本을 비롯해 『樂邦文類』 권2 「序跋」(T47, 171c), 『廬山蓮宗寶鑑』 권5 「念佛正信」 '無爲楊提刑直指淨土決疑序'(T47, 329c), 『淨土指歸集』 하권 「第8 斥謬門」 '疑深障重'(X61, 401b), 『歸元直指集』 상권 「第16 諸祖指歸淨土文」(X61, 437a) 등에는 모두 '心' 다음에 '不'이 있다. 이에 근거하여 '不'을 보충해 번역하였다.

염불의 공덕

아미타부처님께서는 과거에 "시방중생이 나의 나라에 태어나고 싶어 지극한 마음으로 믿고 즐거워하면서 최소 열 번 이상 생각했는데도 소원을 이루지 못한다면, 나는 맹세코 부처가 되지 않겠습니다."[110]라고 발원하셨다. 열 번만 생각하면서 믿고 즐거워해도 오히려 왕생할 수 있는데, 하물며 또 하루 동안 믿고 즐거워한 자이겠는가? 하물며 또 한 달, 일 년, 일생 동안 믿고 즐거워한 자이겠는가?

그 부처님을 한 번만 생각해도 80억 겁 동안 생사에 윤회하며 저질렀던 중죄를 없애 버리는데,[111] 하물며 또 열 번을 생각한 것이겠는가? 하물며 또 하루, 한 달, 일 년, 일생 동안 부처님을 생각해 없애 버리는 죄이겠는가? 중죄도 오히려 없애 버리는데, 하물며 가벼운 죄이겠는가?

또한 염불의 공덕을 다른 선근善根과 비교해 무엇이 우월하고 열등한지 헤아려 보라. 경에서 말씀하시기를 "어떤 사람이 매우 좋은 사사四事의 물건을 대천세계에 가득한 아라한과 벽지불들에게 공양해서 얻는 복덕은, 어떤 사람이 합장하고서 부처님 이름을 한 번 부르고 얻는 복덕만 못하니, 백천만분의 일 내지 숫자의 비유로는 미칠 수도 없는 정도이다."[112]라고 하셨다. 부처님의 이름을 한 번 부른 공덕도 오히려 이 정도인데, 하물며 열 번을 생각하고, 하루, 한 달, 일 년, 일생 동안 부처님을 생각한 공덕이겠는가? 현세에서도 안온하고, 수많은 성현들이 보호하고, 모든 재앙을 벗어날 것이니, 그 공덕은 한량이 없다.[113]

功德

彌陀本願, 十方衆生, 欲生我國, 至心信樂, 乃至十念, 不果遂者, 誓不成佛. 十念信樂, 尙得往生, 況復一日信樂者? 況復一月一年一生信樂者耶? 一念滅八十億劫生死重罪, 況復十念耶? 況復一日一月一年一生念佛所滅罪耶?重罪尚滅,況輕罪耶?又復校量念佛功德,比餘善根,優劣之相者. 經云. 若人以四事極好之物, 供養大千世界滿中阿羅漢辟支佛, 所得福德, 不如有人合掌一稱佛名, 百千萬分, 算數譬喻所不能及. 一稱佛名功德尚爾, 況復十念一日一月一年一生念佛功德耶? 現世安隱, 眾聖守護, 離諸災厄, 功德無量.

법 가운데 왕

부처님은 크고 원만한 깨달음으로
온 시방세계를 가득 채우시는데
나는 거꾸로 뒤집어진 생각으로
생사고해에서 나타났다 사라졌다
어떻게 한 생각으로
정토에 왕생할 수 있을까
내가 지은 아득한 세월의 업이
본래 한 생각 따라 생겨났던 것
이미 한 생각 따라 생겨났다면
다시 한 생각 따라 사라지리니
생기고 사라짐 완전히 없어진 자리
바로 나와 부처님이 똑같은 자리[114]

다급한 일이 닥치면 사람의 생각은 강물이 바다로 달려가듯, 불꽃이 위로 올라가듯, 날카로운 칼날이 반드시 다치게 하듯, 독약이 반드시 적중시키듯이 하지 그냥 지나치는 법이 없다. 염불할 때의 생각도 이와 마찬가지이다. 마땅히 염불의 힘이 모든 법 가운데 왕임을 알아야 한다.[115]

法中王
佛以大圓覺, 充滿十方界.
我以顚倒想, 出沒生死中.
云何以一念, 得往生淨土.
我造無始業, 本從一念生.
旣從一念生, 還從一念滅.

生滅滅盡處, 則我與佛同.

人之念頭, 所係最切, 如水之赴海, 火之炎上, 利刃之必傷, 毒藥之必中,[1]
無空過者. 念佛之念, 亦復如是. 當知念力是一切法中之王.

---

1) ㉠ '中'이 『淨土決』「西方五請」(X61, 503a)과 『淨土晨鍾』 권8 「淨土正辨」 '辨念力重大'(X62, 74a)에는 '殺', 『西方合論』 권8 「第8 見網門」(T47, 410a)에는 '死'로 되어 있다.

다만 한 생각일 뿐

온 마음을 집중한 한 생각으로 '부처님'이라는 한 단어를 수지한다면, 다만 이 한 생각이 바로 나의 근본이 되는 스승이요, 화현한 부처님이요, 지옥을 깨부수는 용맹한 장수요, 사악한 무리를 베어 버리는 보검이요, 캄캄한 어둠을 밝히는 밝은 등불이요, 고통의 바다를 건너는 큰 배요, 삶과 죽음을 벗어나는 훌륭한 처방이요, 삼계를 벗어나는 지름길이요, 근본 성품인 아미타부처님이요, 오직 마음이 정토임을 통달하는 것이다.

다만 '부처님'이라는 한 단어를 반드시 기억하고 늘 마음에 두어 잊어 버리지 않기만 한다면, 생각 생각마다 부처님이 항상 앞에 나타나고, 생각 생각마다 부처님이 마음을 떠나지 않을 것이다. 이와 같은 한 생각이 분명하고 어둡지 않다면, 또 굳이 남에게 돌아갈 길을 물을 필요 있을까?[116]

只此一念

專意一念, 持一句佛, 只此一念, 是我本師, 卽是化佛, 是破地獄之猛將, 是斬羣邪之寶劍, 是開黑暗之明燈, 是度苦海之大船, 是脫生死之良方, 是出三界之徑路, 是本性彌陀, 是達唯心淨土. 但要記得者一句佛, 在念莫敎失落, 念念常現前, 念念不離心. 如是一念, 分明不昧, 又何必問人覓歸程乎?

주인이 되라

생각 생각마다의 번뇌가 생사에 윤회하는 고통의 뿌리이다. 이제 한 생각 부처님을 생각함으로써 번뇌를 소멸할 수 있으니, 바로 이것이 부처님께서 생사윤회의 고통을 건네게 해 주신 방법이다. 만약 부처님을 생각해 번뇌를 소멸하게 되면 곧바로 생사윤회를 끝낼 수 있으니, 이 밖에 달리 특별한 법이란 없다.

만약 부처님을 생각하는 그 생각이 번뇌가 들끓을 때에도 주인이 되고, 잠자리 꿈속에서도 주인이 되고, 병으로 고통 받는 순간에도 주인이 될 정도까지 이른다면 목숨이 끊어지는 순간이 닥쳤을 때에 어디로 가야 할지 바로 알게 되리라.

이 일은 실천하기가 어려운 것이 아니다. 그저 생사윤회를 절박하게 느끼는 심정으로 오로지 "부처님" 하고 부르는 한 소리에 단단히 의지하고 다시는 다른 쪽으로 찾거나 더듬지 않기만 하면 된다. 그렇게 오래오래 염불하여 완전히 익어지면 저절로 큰 안락을 얻어 마음껏 누리게 되리라.[117]

作得主

念念煩惱, 是生死苦根. 今以一念佛, 能消滅煩惱, 便是佛度生死苦處. 若念佛, 消得煩惱, 便可了得生死, 更無別法. 若念佛念, 到煩惱上作得主, 於睡夢中作得主, 于病苦中作得主, 以至臨命終時, 便知去處矣. 此事不難行. 只是要生死心切, 單單靠定一聲佛, 更不別向尋思. 久久純熟, 自然得大安樂, 得大受用.

자기 생명의 뿌리로 삼아라

그저 '부처님'이라는 한 단어를 가슴속에 걸어 두고서 자기 생명의 뿌리로 삼고, 어금니로 꽉 깨물고서 절대로 놓지 말라. 나아가 음식을 먹거나 일상생활을 하거나 가고 서고 앉고 누울 때에도 "부처님" 하고 부르는 한 소리가 때때로 눈앞에 나타나게 하라.

마음에 들거나 혹은 거슬려 기뻐하거나 혹은 노여워하게 되는 경계를 만나 마음이 편치 않을 때에는 "부처님" 하고 부르는 그 한 소리를 집어 들고서 한번 호되게 다스려 보라. 그러면 곧 눈앞의 경계가 그 자리에서 소멸하는 것을 보게 되리라.[118]

自己命根

只將一句佛, 橫在胷中, 作自己命根, 咬定牙關, 決不放捨. 乃至飮食起居行住坐臥, 此一聲佛, 時時現前. 若遇逆順喜怒境界, 心不安時, 就將者一聲佛, 提起一拶. 卽見現前境界當下消滅.

염불의 참다운 경지

진실하고 간절하게 부처님을 생각하려면 반드시 그 생각에 여섯 가지가 갖추어져야 한다.

첫째는 그 생각에 용맹함이 깃들어야 하니, 너무 문약文弱해서는 안 된다. 효자가 부모님의 깊은 원수를 갚기 위해 아무리 높은 절벽이나 깊은 계곡, 도깨비불이 번쩍이는 길이나 호랑이굴이라 해도 겁먹지 않고 반드시 찾아가는 것처럼, 그렇게 염불해야 하기 때문이다.

둘째는 그 생각에 쓰라린 슬픔이 깃들어야 하니, 너무 쇄락灑落해서는 안 된다. 아들이 어려서 잃어버린 어머니를 떠올리는 것처럼, 어머니가 너무나도 똑똑했던 죽은 아들을 떠올리는 것처럼, 부처님을 한 번 생각할 때마다 온몸의 털이 곤두서고 오장육부가 찢어져야 하기 때문이다.

셋째는 그 생각에 분하고 원통함이 깃들어야 하니, 너무 화평和平해서는 안 된다. 과거에 떨어져 외롭고 가난한 처지가 되거나 재주를 펴지 못해 적막한 처지가 되면 한 생각 들 때마다 살고 싶지 않은 생각뿐인 것처럼, 그렇게 염불해야 하기 때문이다.

넷째는 그 생각에 사랑하는 그리움이 깃들어야 하니, 너무 담박淡泊해서는 안 된다. 자기가 매우 사랑하는 물건은 꿈속에서도 애지중지하며 혹시라도 잃어버릴까 걱정하는 것처럼, 그렇게 염불해야 하기 때문이다.

다섯째는 즐거운 일이 눈앞에 벌어진 것에 대한 뛸 듯이 기쁜 마음이 그 생각에 깃들어야 한다. 추위에 떨다가 옷을 얻고 굶주리다가 밥을 얻은 것처럼, 그렇게 염불해야 하기 때문이다.

여섯째는 나쁜 인연을 만났던 것에 대한 격렬한 회한이 그 생각에 깃들어야 한다. 죽을 처지에서 도망쳐 살아난 것처럼, 그렇게 염불해야 하기 때문이다.

총괄해서 말하자면, 마음의 생각과 입으로 내는 소리가 하나로 일치하

고, 글자 하나하나가 간과 골수에서 흘러나와야 비로소 염불의 참다운 경지인 것이다.[119]

眞境

眞切念佛, 須具六種念. 一勇猛念, 太文弱來不得. 如孝子報父母深讎, 縱高崖深澗燐途虎窟, 必往不怯故. 一悲傷念, 太灑落來不得. 每一想佛, 身毛皆堅, 五內若裂, 如憶少背之慈母, 及多慧之亡兒故. 一感憤念, 太和平來不得. 如落第孤寒, 負才寂寞, 每一念及, 殆不欲生故. 一戀慕念, 太淡泊來不得. 如己所深愛物, 魂夢繾綣, 惟恐或失故. 一樂事現前踴躍歡喜念. 如寒得衣飢得食故. 一惡緣照面悔恨激切念. 如死裏逃生故. 總之, 心口相一, 字字從肝髓中流出, 方是念佛眞境.

장씨네 셋째 아들 이씨네 넷째 아들[120]에게

　현재 생각의 주체가 되는 마음은 본래 스스로 허물을 벗어나고 잘못을 끊은 것이니, 다시 벗어나고 끊어야겠다고 마음먹을 필요가 없다. 현재 생각의 대상이 되는 부처님은 본래 스스로 망정妄情을 초월하고 계탁計度을 벗어난 분이시니, 무엇 하러 수고롭게 그분의 현묘함을 이야기하겠는가?

　그저 믿음이 미치고 은밀하게 수지하는 것을 귀하게 여길 뿐이니, 당장 이 자리에서 염불을 시작해 하루 밤낮 동안 부처님을 10만 번 생각하거나 5만 번이나 3만 번을 생각하고, 절대로 빠뜨리지 않는 것으로 기준을 삼아 이번 생애가 끝나는 날까지 변치 않겠다고 맹세하라.

　만약 오늘의 장씨네 셋째 아들과 내일의 이씨네 넷째 아들이 교문敎門의 사람을 만나 또 문장을 뒤지고 구절을 찾을 생각을 하거나, 종문宗門의 사람을 만나 또 참구하고 문답할 생각을 하거나, 계율을 수지하는 사람을 만나 또 가사를 두르고 발우를 사용할 생각을 한다면 그 무엇도 깨닫지 못하고, 그 어떤 번뇌의 장막도 말끔히 걷지 못하리라.[121]

張三李四

現前能念之心, 本自離過絶非, 不消作意離絶. 現前所念之佛, 本自超情離計, 何勞說妙談玄? 秖貴信得及, 守得穩, 直下念去, 或晝夜十萬, 或五萬三萬, 以決定不缺爲準, 畢此一生, 誓無變改. 若今日張三, 明日李四, 遇敎下人, 又思尋章摘句, 遇宗門人, 又思叅究問答, 遇持律人, 又思搭衣用鉢, 此則頭頭不了, 帳帳不淸.

내려놓아라

먼저 자기 가슴속의 복잡하고 어지러운 생각들을 한꺼번에 내려놓아라. 내려놓고 또 내려놓아 더 이상 내려놓을 것이 없는 상태에 도달해 오로지 '부처님'이라는 한 단어만 붙들고서 실이 구슬을 관통하듯 역력하고 분명하게 마음속에서 끊어지지 않게 하고, 또 화살의 오늬가 서로를 지탱하듯 중간에 터럭 하나만큼의 빈틈도 없게 하라. 이와 같이 애를 쓰고 단단히 의지하여 어떤 경우에도 경계의 인연에 이끌려 잃어버리는 일이 없게 되면 일상생활에서 움직이건 조용하건 번잡하지도 않고 어지럽지도 않을 것이며, 잠이 들건 잠에서 깨건 한결같을 것이다.[122]

放下
先將自己胷中雜亂念頭, 一齊放下. 放到無可放處, 單單提起一句佛, 歷歷分明, 心中不斷, 如線貫珠, 又如箭筈相拄, 中間無一毫空隙. 如此著力靠定, 于一切處, 不被境緣牽引打失, 日用動靜, 不雜不亂, 夢寐如一.

저절로 한 덩어리가 된다

만약 정말로 생사윤회를 절박하게 느끼는 심정이라면 생각 생각마다 머리에 붙은 불을 끄듯이 하리라. 그저 사람 몸을 한 번 잃으면 백 겁에 회복하기 어렵다는 것을 알아 두려워하면서 "부처님" 하는 이 한 소리를 꽉 깨물면 반드시 망상을 대적해 무사히 지나갈 수 있을 것이니, 모든 곳에서 생각 생각마다 눈앞에 나타난다 해도 망상의 장애를 받지 않을 것이다. 이처럼 매우 절박하게 공부하고 오래오래 하여 완전히 익어지면 자연스럽게 상응해 한 덩어리로 만들려 하지 않아도 저절로 한 덩어리가 될 것이다.[123]

自成一片

若果爲生死心切, 念念若救頭然. 只恐一失人身, 百劫難復, 將此一聲佛咬定, 定要敵過妄想, 一切處[1]念念現前, 不被妄想遮障. 如此下苦切工夫, 久久純熟, 自然相應, 不求成片, 而自成一片矣.

---

1) 㳂 '處'가 『憨山老人夢遊集』 권9 「法語」 '示淨心居士'(X73, 523b)에는 '苦'로 되어 있다.

대세가 기울게 된다

망념은 병이고 염불은 약이다. 오래된 병은 약을 조금 쓴다고 치료할 수 있는 것이 아니고, 적체된 망념은 잠깐 염불한다고 없앨 수 있는 것이 아니니, 그 이치는 똑같다. 저 망념이 어지럽게 날리는 것을 상관하지 말고, 그저 염불이 정밀하고 간절한 것만을 귀하게 여겨라. 한 자 한 자를 분명히 하고 단어 단어가 이어지도록 하면서 온 힘을 다해 단단히 붙잡으면 비로소 대세가 기울게 되리라.[124]

趣向

妄念是病, 念佛是藥. 久病非片劑所能療, 積妄非暫念所能除, 其理一也. 莫管他妄念紛飛, 只貴在念佛精切. 字字分明, 句句接續, 極力執持, 方有趣向分.

면밀하게 이어 가라

이것[125]을 생각하고 이것을 살펴 마음으로 생각하면서 헛되이 지내지 말라. 매일 어떤 시각에도 내려놓지 말고, 닭이 알을 품으면서 항상 따뜻한 기운이 이어지게 하듯이 면밀하고 또 면밀하게 이어 가라. 이와 같이 청정한 생각을 이어 가고 거기에 더해 지혜로 비춘다면 정토가 곧 자기 마음이라는 것을 알게 되리라. 이것이 바로 뛰어난 지혜를 가진 사람이 성큼성큼 닦아 가는 공부이다.[126]

綿密

念玆在玆, 心念不空過. 日日時時, 不要放捨, 綿綿密密, 如鷄抱卵常敎暖氣相續. 卽是淨念相繼, 更加智照, 則知淨土卽是自心. 此乃上智人進修工夫.

소리쳐 불러 깨우라

큰 소리로 염불하면 너무 힘들다고 느끼게 되고, 묵묵히 생각만 하면 또 쉽게 흐리멍덩해진다. 오직 면밀하게 이어지게 하면서 그 소리가 입술과 이 사이에 머물게 해야 하니, 이를 금강지金剛持[127]라 한다. 하지만 또 그 방법만 고집해서도 안 된다.[128]

손으로 목탁(魚子)만 치고 입으로 고함만 쳐서는 아무런 이익을 얻지 못한다. 반드시 한 구절 한 구절이 입에서 나와 귀로 들어가야 하고, 한 소리 한 소리가 자기의 마음을 소리쳐 불러 깨워야 하니, 비유하자면 어떤 사람이 깊은 잠이 들었을 때에 다른 한 사람이 "아무개야!" 하고 소리쳐 부르면 그 사람이 곧 잠에서 깨는 것과 같다. 그래서 염불이 마음을 하나로 집중하는 가장 좋은 방법이다.[129]

喚醒

高聲覺太費力, 默念又易昏沉. 只是綿綿密密, 聲在脣齒之間, 乃爲[1]金剛持. 然又不可執定. 若手打魚子, 隨口叫喊, 所以不得利益. 必須句句出口入耳, 聲聲喚醒自心, 譬如一人濃睡, 一人喚云某人, 則彼卽醒矣. 所以念佛最能攝心.

1) ㉠ '爲'가 『雲棲淨土彙語』「開示」'警衆'(X62, 5a), 『重訂西方公據』 하권 「第6 蓮宗開示」'警衆'(X62, 300c), 『雲棲法彙』 권21 「警策」'警衆'(J33, 152a)에는 모두 '謂'로 되어 있다.

진짜 염불

큰 소리로 염불하건 작은 소리로 염불하건, 여섯 글자[130]를 부르며 염불하건 네 글자[131]를 부르며 염불하건, 빠른 속도로 염불하건 느린 속도로 염불하건, 낭랑한 목소리로 염불하건 속으로 생각하며 염불하건, 두 손을 모으고 염불하건 무릎을 꿇고 염불하건, 부처님을 마주 보며 염불하건 서쪽을 향해 염불하건, 딱따기를 치며 염불하건 목탁을 두드리며 염불하건 염주를 돌리며 염불하건, 길을 걸으며 염불하건 절을 하면서 염불하건, 혼자서 염불하건 대중과 함께 염불하건, 집에서 염불하건 밖에서 염불하건, 한가할 때도 염불하고, 정신없이 바쁠 때도 염불하고, 걸으면서도 염불하고, 서서도 염불하고, 앉아서도 염불하고, 누워서도 염불하고, 꿈속에서도 이어지도록 염불해야 비로소 진짜 염불이다.

그 염불에 마음이 쓰라려 눈물이 뚝뚝 떨어지고, 그 염불에 번뇌의 불길이 꺼져 싸늘한 재가 되고, 그 염불에 신들이 환호하고 귀신이 통곡하며, 그 염불에 하늘나라 신들이 환희하게 되면 "부처님" 하고 부르는 한 소리가 마왕魔王의 궁전을 뒤흔들 것이며, "부처님" 하고 부르는 한 소리가 검수지옥劍樹地獄과 도산지옥刀山地獄을 박살 낼 것이며, "부처님" 하고 부르는 한 소리가 백겁百劫 천생千生 동안 지은 업장을 소멸할 것이며, "부처님" 하고 부르는 한 소리가 사은四恩과 삼유三有[132]를 좋은 인연으로 인도할 것이다.[133]

眞念

高聲念, 低聲念, 六字念, 四字念, 緊念, 緩念, 朗念, 默念, 合手念, 跪膝念, 面佛念, 朝西念, 打板念, 敲魚念, 招珠念, 行道念, 禮拜念, 獨自念, 同衆念, 在家念, 在外念, 閒也念, 忙也念, 行也念, 住也念, 坐也念, 臥也念, 連夢中也念, 纔是眞念. 念得心酸淚下, 念得火滅灰寒, 念得神號鬼哭, 念得天喜神歡, 一聲佛, 振動了魔王宮殿, 一聲佛, 粉碎了劍樹刀山, 一聲佛, 爲百劫千生消業障, 一聲佛, 爲四恩三有啓因緣.

초심자에게

염불을 처음 시작한 사람은 반드시 염주를 사용해 염불한 횟수를 분명히 기억하고, 수행 계획을 확실히 세워 절대로 빼먹지 말라. 그렇게 오래오래 하여 완전히 익어지면 애써 생각하지 않아도 저절로 생각나게 될 것이다. 그런 다음부터는 염불한 횟수를 기억해도 괜찮고, 염불한 횟수를 기억하지 않아도 괜찮다.

만약 초심자가 곧바로 좋은 화두를 말하기 바라거나 형상에 집착하지 않기를 바라거나 원융하고 자재한 것을 배우기 바란다면 결국 믿음이 깊어지지 않고 수행이 힘을 발휘하지 못하게 될 것이다. 설령 그대가 십이부경을 강설하고 천칠백 전어轉語[134]를 쓸 수 있다고 해도 그것은 모두 삶과 죽음의 언덕에서 하였던 짓일 뿐, 목숨이 끊어지는 순간이 닥치면 전혀 쓸모가 없으리라.[135]

初心

最初下手, 須用念珠, 記得分明, 刻定課程, 決定無缺. 久久純熟, 不念自念. 然後記數亦得, 不記數亦得. 若初心便要說好看話, 要不著相, 要學圓融自在, 總是信不深, 行不力. 饒爾講得十二部經, 下得千七百轉語, 皆是生死岸邊事, 臨命終時, 決用不著.

파도처럼 뒤집히고 조수처럼 밀려드는 망상

새로 배우는 젊은이들이 '부처님'이라는 한 단어를 겨우 붙잡아 마음에 두었다가도 한가한 사유와 허망한 생각이 전보다 더 들끓는 것을 깨닫고는 곧바로 "염불 공부로는 마음을 하나로 집중할 수 없다."라고 말한다.

너희가 한량없는 세월 동안 생사에 윤회한 근본 이유를 알지 못하는데, 어떻게 단박에 끊을 수 있겠는가?

또 온갖 생각이 어지럽게 날릴 때가 바로 공부에 힘써야 할 때이다. 갑자기 집중되었다가 갑자기 산만하고, 갑자기 산만하였다가 갑자기 집중되지만 먼 훗날 완전히 익어지면 저절로 허망한 생각들이 일어나지 않게 되리라.

또 너희가 '허망한 생각'을 깨달을 수 있었던 것도 "부처님" 하고 부른 그 단어 덕분이다. 만약 염불하지 않았다면 뒤집히는 파도처럼, 밀려드는 조수처럼 허망한 생각들이 한 찰나도 멈추지 않는다는 것을 어찌 깨달을 수 있었겠는가?[136]

瀾翻潮湧

新學少年, 纔把一句佛, 頓在心頭, 閑思妄想, 越覺騰沸, 便謂念佛工夫, 不能攝心. 不知汝無量劫來生死根由, 何能卽斷? 且萬念紛飛之際, 正是做工夫時節. 旋收旋散, 旋散旋收, 久後純熟, 自然妄念不起. 且汝之能覺妄念者, 虧這句佛. 如不念佛時, 瀾翻潮湧, 刹那不停者, 豈能覺乎?

입으로만 중얼중얼

　여래께서 사람들에게 가르치신 염불은 바로 백천만 가지 잡된 생각들을 한 생각으로 집중시키는 것이니, 한 생각이 되도록 맹렬하게 힘쓰면 저절로 부처를 증득하게 된다. 그러나 요즘 사람들이 염불할 때에 한 꾸러미 염주를 돌리는 중에도 마음이 일어났다 사라졌다 하여 몇 바퀴를 돌렸는지도 모르는 것을 생각해 보면, 저들의 염불은 역시 그저 입으로만 중얼중얼하는 것이고, 마음 역시도 부처님이 계시는 줄을 모르는 것이다. 저들은 손과 입, 입과 마음조차 하나로 합한 적이 없는데, 보통 사람과 부처님이 합하여 하나가 되기를 어찌 기대하겠는가?[137]

喃喃

如來教人念佛, 正攝百千萬雜念於一念, 一念猛勵, 自然證佛. 還思今人念佛時, 一串素珠中, 意起意滅, 不知多少更端, 則其念佛亦只口中喃喃, 心上並不知有佛. 彼手之於口, 口之於心, 尙未合一, 安望凡人與佛能合而爲一耶?

공경하는 마음

『대지도론』의 게송에서 말하였다.[138]

만약 누군가 부처님이 되고 싶다면
참된 마음으로 아미타불을 생각하라
곧바로 그 찬란한 몸 나타내시니
그래서 나는 귀명하고 예배한다네
다시는 뒤로 물러서지 않는 경지를
만약 누군가 빨리 얻기 바란다면
마땅히 공경하는 마음으로
그분의 이름을 꾸준히 불러 보라
만약 누군가 선의 씨앗 심었더라도
부처님을 의심하면 꽃은 피지 않네
부처님을 믿는 마음이 청정한 사람
꽃이 피어나 곧 부처님을 뵈리라[139]

恭敬心
大智度論偈云.
若人願作佛, 心念阿彌陀.
卽時爲現身, 故我皈命禮.
若人欲疾得, 不退轉地者.
應以恭敬心, 執持稱名號.
若人種善根, 疑則花不開.
信心淸淨者, 花開卽見佛.

다섯 가지를 공경하라

공경하는 수행법에 다섯 가지가 있다.[140] 첫째는 인연이 있는 존귀한 부처님을 공경하는 것이니, 걷거나 서거나 앉거나 눕거나 나아가 대소변을 볼 때 등에도 항상 서쪽을 살펴 가면서 행동하는 것이다.[141] 둘째는 인연이 있는 불상과 경전을 공경하는 것이니, 아미타부처님의 상을 모시고 나아가 그 가르침을 지송하는 것이다. 셋째는 인연이 있는 스승과 벗을 공경하는 것이니, 공경하고 가까이하기 때문이다. 넷째는 함께 공부하는 사람들을 공경하는 것이니, 곧 함께 정업淨業을 닦는 자들이 서로 권하고 이롭게 하기 때문이다. 다섯째 항상 삼보三寶를 공경하는 것이니, 이것이 저 정토에 태어나게 하는 수승한 인연이기 때문이다. 이와 같이 공경하며 수행하면 반드시 왕생한다.[142]

五敬

恭敬修法有五. 一敬有緣尊佛, 行住坐臥及便穢等, 皆護西方. 二敬有緣像敎, 設彌陀像, 及持其敎. 三敬有緣師友, 恭敬親近故. 四敬同學人, 卽同修淨業者, 互相勸益故. 五常敬三寶, 是彼生勝緣故. 如此敬修, 決定往生.

바르게 염불하면 육근을 모두 포섭한다

한결같은 마음으로 바르게 염불하면 육근六根을 모두 포섭하여 육처六處[143]가 모두 염불하게 된다. (한결같은 마음으로 바르게 염불하면) 눈이 빛깔을 취하지 않게 되니 이것이 눈이 염불하는 것이요, 귀가 소리를 듣지 않게 되니 이것이 귀가 염불하는 것이요, 코가 냄새를 맡지 않게 되니 이것이 코가 염불하는 것이요, 뜻이 법을 생각하지 않게 되니 이것이 뜻이 염불하는 것이다. 이렇게 (바른 염불이) 육근을 모두 포섭한 덕분에 청정한 생각이 서로 이어지게 되면 방편을 쓸 겨를도 없이 저절로 마음이 열려 바로 눈앞에서 부처님을 친견하리라.[144]

都攝六根

一心正念, 則六根都攝, 六處皆念. 如眼不取色, 是眼念佛, 耳不聞聲, 是耳念佛, 鼻不嗅香, 是鼻念佛, 意不念法, 是意念佛. 惟其都攝六根, 乃得淨念相繼, 不暇方便, 自得心開, 現前見佛.

기한 안에 성취하라

수행자가 기한 안에 증득하고자 한다면 생계를 위한 모든 잡다한 업무들을 즉시 치워 버리고, 머지않아 반드시 정토에 왕생하겠다는 생각만 하라. 애욕을 꾸짖어서 없애고, 분노와 어리석음을 멈추도록 노력하며, 아득한 세월 동안 익혀 온 나쁜 습관에서 벗어날 방법을 빨리 찾아 장애가 되지 않도록 하라. 스스로 어떤 습관에 치우쳐 있는지를 관찰해 호되게 꾸짖고 멀리 던져 버리고 잘 조정하여 건강을 회복하도록 하라.

『대집경大集經』에서는 49일 동안 하라고 밝혔고,[145] 『고음왕경鼓音王經』에서는 10일 동안 밤낮으로 하라고 밝혔고,[146] 『관무량수경觀無量壽經』에서는 7일 동안 하라고 밝혔으니,[147] 이 세 가지 중 하나를 택해 기한을 정하고 밤이건 낮이건 24시간 동안 부처님께 예배하면서 참회하라. 손가락 한 번 튕길 만큼의 짧은 순간도 세간의 오욕五欲을 생각해서는 안 되고, 나아가 바깥 사람을 만나 웃고 떠들며 쓸데없는 이야기를 나누어도 안 되며, 또한 일을 핑계로 미루거나 게으름 떨거나 잠들어도 안 된다. 온 마음을 쏟아 뜻을 다하고 몸과 목숨마저 아끼지 않으며 제대로 정업을 실천한다면 즉시 성취하리라.[148]

剋期成就

行人欲剋期取證, 凡治生雜務, 卽時屛除, 但念不久定生淨土. 訶去愛欲, 勤息恚癡, 無始惡習, 速求捨離, 不爲障礙. 自當觀察, 何習偏重, 訶棄調停, 取令平復. 大集經明七七日, 鼓音王經明十日十夜, 觀經明七日, 取此三等爲期, 晝夜六時, 禮佛懺悔. 不得一彈指頃念世五欲, 及接外人, 語笑戲論, 亦不得託事延緩, 放逸睡眠. 專心致志, 不惜身命, 定取淨業, 卽時成就.

조용한 곳에서 만들어 움직이는 곳에서 단련하라

걷고 서고 앉고 눕는 네 가지 위의 가운데서 모두 염불에 마음을 쏟을 수 있지만 앉아 있을 때 하는 염불이 더 낫다. 하지만 처음 배우는 사람은 우선 걸으면서 염불을 많이 하고 앉아서는 잠깐씩 해야 한다. 만약 앉아서 염불하려고 너무 욕심내면 혼침昏沈을 물리칠 수 없다.

일이 있건 일이 없건 모두 염불에 마음을 쏟을 수 있지만 일이 없을 때 하는 염불이 더 낫다. 우선 조용한 곳에서 염불삼매를 만들고, 그 뒤에 움직이는 곳에서 단련하라.[149]

靜做動鍊

行住坐臥, 四威儀中, 皆可用心, 而坐時爲勝. 然始學者, 先須行多坐少. 若貪坐, 則昏不能退. 無事有事, 皆可用心, 而無事爲勝. 先於靜處做, 後於動處鍊.

한 가지를 집중 수행하라

몸으로는 반드시 아미타불에게만 오로지 예배하고 잡다한 다른 분들께는 예배하지 말며, 입으로는 반드시 아미타불만 오로지 부르고 다른 분들의 이름은 부르지 말며, 마음으로는 반드시 아미타불만 오로지 생각하고 다른 관법은 닦지 말아야 한다. 한 가지만 오로지 수행한 사람은 열이면 열이 왕생하고 백이면 백이 왕생하지만, 여러 가지 선을 잡다하게 수행하고 회향해서 왕생하려는 사람은 백 명이나 천 명 가운데 한둘도 되지 않는다. 요즘도 아미타부처님께 하루에 삼천배를 하고, 매일 '아미타불'을 10만 번씩 염송하고, 밤이건 낮이건 앉아서 오로지 아미타부처님만 생각하는 사람들이 있는데, 그들 모두가 신비한 체험을 한다.[150]

專修

身須專禮阿彌陀佛, 不雜餘禮, 口須專稱阿彌陀佛, 不稱餘號, 意須專想阿彌陀佛, 不修餘觀. 若專修者, 十卽十生, 百卽百生, 若雜修做[1]善, 回向往生者, 千百人中, 不得一二. 今有人日禮彌陀三千拜, 日課彌陀十萬聲, 晝夜習坐專想彌陀者, 並有靈驗.

---
1) ㉠ '做'는 『韓國佛敎全書』의 오자로서 저본에는 '散'으로 되어 있다.

염불을 새벽과 저녁의 과업으로 삼아라

부처님을 받들어 계율을 지키는 재가 보살이 나날이 집안일을 처리하느라 한결같은 마음으로 수행에 매진할 수 없거든 새벽에 일찍 일어나 향을 사르고 삼보를 받들어 자신이 마음먹은 시간만큼 염불하도록 하라. 매일 저녁에도 역시 이처럼 예배하고 염불하는 것으로 항상 일정한 과업을 삼아라. 혹시 중요한 일 때문에 수행하지 못할 때에는 다음 날 직접 부처님께 참회하고 사정을 말씀드려야 한다. 이 법문은 일단 재가자들의 본업을 방해하지 않으려고 제시한 방법이다. 만약 아침저녁 찾아뵙고 예배하는 것 외에 24시간 중에서 공부할 시간을 더 낼 수 있다면 부처님을 생각하며 그 이름을 백 번이고 천 번이고 소리쳐 부르고 온 정성을 다해 공덕을 쌓으면서 정토에 태어나기를 기약하라.[151]

晨夕課

在家菩薩奉佛持戒, 逐日營辦家緣, 未能一心修行, 須是早起焚香, 叅承三寶, 隨意念佛. 每日黃昏, 亦如是禮念以爲常課. 如或有幹失時, 次日當自對佛懺說. 此之法門, 要且不妨本業. 晨叅夕禮之外, 更能二六時中偸那工夫, 持念百千聲, 志誠爲功, 期生淨土.

새벽에 열 번 염불하는 방법

세속에서 사는 사람이 번잡한 업무로 정신없이 바빠 염불할 겨를이 없다면 매일 새벽에 옷을 갖춰 입은 다음 서쪽을 향해 합장하고 부처님을 생각하라. 한 번의 호흡이 끝날 때까지를 한 번의 염불로 계산해 이와 같이 열 번을 염불하면서 다만 호흡의 길고 짧음에 따르고,[152] 호흡이 완전히 끝날 때까지 할 것이며, 염불하는 소리도 너무 크거나 작지 않도록 알맞게 잘 조정하라. 이와 같이 중간에 끊지 않고 연속해서 열 번을 염불하도록 하는 것은 마음을 산만하지 않게 하고 온 마음을 쏟아 공덕을 쌓게 하려는 의도이고, [이를 '열 번의 염불(十念)'이라고 이름을 붙인 것은][153] 이것이 호흡을 바탕으로 마음을 다잡는 방법임을 나타낸 것이다.[154]

十念

在俗之人, 塵務忙冗, 每日淸晨服飾已, 面西合掌念佛. 盡一口氣爲一念, 如是十念, 但隨氣短長, 氣極爲度, 念聲不高不低, 調停得中. 如此十念, 連續不斷, 意在令心不散專精爲功, 顯是藉氣束心.[1]

---
1) ㉠ 저본에는 '意在令心不散專精爲功'과 '顯是藉氣束心' 사이에 내용이 없으나 문맥의 이해를 돕기 위해 『往生淨土決疑行願二門』에 근거하여 보충해 번역하였다.

마음과 호흡을 일치시켜라

 마음을 집중하고 염불하여 삼매三昧를 성취하고 싶다면 호흡하는 횟수를 세면서 염불하는 방법이 가장 중요하다. 앉아 있을 때에 먼저 자신의 몸이 둥그런 광명 속에 있다고 상상하고, 묵묵히 코끝을 관찰하며 호흡이 들고 나는 것을 생각하면서 한 번 호흡할 때마다 속으로 부처님을 생각하고 그 명호를 한 번 불러 보라. 편의에 따라 호흡을 조절해 너무 느리거나 급하지 않게 하고, 마음과 호흡을 일치시켜 함께 들어오고 나가게 하라. 걷건 서건 앉건 눕건 언제나 이렇게 실천하며 중간에 끊어지지 않게 하고 항상 스스로 비밀스럽게 간직하라. 나아가 선정에 깊이 들어가 호흡과 생각 두 가지를 모두 잊는 상태에 이르면 곧 이 몸과 마음이 허공과 평등해지고, 그렇게 오래오래 하여 완전히 익어지면 마음의 눈이 활짝 열리면서 삼매가 홀연히 눈앞에 나타나리니, 곧 이것이 유심정토唯心淨土이다.[155]

心息相依

攝心念佛, 欲成三昧, 數息最要. 凡坐時, 先想己身在圓光中, 默觀鼻端, 想出入息, 每一息, 默念佛一聲. 方便調息, 不緩不急, 心息相依, 隨其出入. 行住坐臥, 皆可行之, 勿令間斷, 常自密持. 乃至深入禪定, 息念兩忘, 卽此身心, 與虛空等, 久久純熟, 心眼開通, 三昧忽爾現前, 卽是唯心淨土.

염불하자마자 왕생한다

한결같은 마음이 산란하지 않을 수만 있다면 부처님의 명호를 단단히 붙잡는 자들은 기약한 날짜를 넘기지 않고 역시 저 정토에 왕생하게 된다. 어찌 색신色身의 과보가 끝나기를 기다렸다가 그 후에 왕생하겠는가?

마땅히 알아야 한다. 아미타부처님은 중생을 인도해 고통의 바다를 벗어나게 하시니, 그 자애로움이 어머니보다 더한 분이시다. 아득한 세월 이전에 이미 큰 서원을 세워 참아 내지 않은 고통이 없고, 도달하지 못한 수행이 없으며, 세우지 않은 소원이 없고, 설하지 않은 법이 없으시며, 우리를 제도하기 위해 백천 가지 방편을 베풀며 지금 이 순간에도 눈동자마저 깜빡이지 않으시고, 두 팔을 드리운 채 우리를 기다리며 이미 10겁의 세월을 보내고도 생각 생각마다 잊지 못해 심장을 가르는 것보다 더 아파하시며, 나아가 절박한 그 마음을 이기지 못해 직접 생사의 세계로 뛰어들어 삼악도를 두루 다니면서 지옥의 사나운 불길에도 피곤함을 사양치 않는 분이시다.

우리가 만약 마음을 돌이켜 부처님을 향하고 어머니를 그리워하던 자식처럼 그 마음에 위안을 얻는다면 염불하자마자 곧바로 왕생하리니, 왜 꼭 다시 열 번 염불하는 시간을 경과한 후에야 왕생하겠는가?[156]

當念往生

但能一心不亂, 執持名號者, 不出所期, 亦得生彼. 何待色身報滿, 然後得生? 當知阿彌陀佛, 接引衆生, 令離苦海, 過彼慈親. 於先刼中, 已立大誓, 無苦不忍, 無行不臻, 無願不立, 無法不說, 爲度我故, 方便百千, 今正是時, 目睛不瞬, 垂臂待我, 已歷十刼, 念念不捨, 甚於剖心, 乃至其心激切, 入生死中, 遍歷三途, 地獄猛火, 不辭勞倦. 我若廻心向佛, 如子戀母, 正慰所懷, 則不逾當念, 便得往生, 何必更經十念之頃, 然後得生?

참선하며 염불하기

조용한 방에 바르게 앉아 갖가지 얽힌 인연들을 말끔히 쓸어버리고 망령된 마음(情)과 먼지 같은 경계(塵)들을 잘라 버리고서 두 눈을 똑바로 떠라. 밖으로 경계에 집착하지 않고 안으로 선정에 안주하지도 않는 상태에서 빛을 돌이켜 한번 비춰 보면 안팎이 함께 고요하리라.

그런 다음에 아주 정밀하게 생각을 일으켜 "나무아미타불" 하고 세 번이나 다섯 번쯤 소리 내어 부르고, 빛을 돌이켜서 '성품을 보면 부처가 된다고 했는데, 결국 무엇이 나의 본래 성품인 아미타일까?' 하며 스스로 살펴보라. 그런 다음 또 주의를 기울여 '지금 일으킨 이 한 생각은 어디에서 일어났을까?' 하고 살펴 그 한 생각의 정체를 파악해 타파하고, 다시 또 이렇게 정체를 밝힌 자가 누구인지 그 정체를 밝혀 타파하라. 그러고 한참을 참선하다가 또 생각을 일으켜 염불하고, 또 이와 같이 주시하고, 이와 같이 참선하라. 다급하고 간절하게 공부해야 하며, 닭이 알을 품듯이 중간에 끊어지게 해서는 안 되고 항상 또렷또렷해야지 흐리멍덩해서도 안 된다. 걷건 서건 앉건 눕건 네 가지 위의에 구애되지 말고 역시 이와 같이 생각을 일으켜 염불하고(舉), 이와 같이 살피고(看), 이와 같이 참선하다(參) 보면 홀연히 걷거나 서거나 앉거나 눕던 자리에서 소리를 듣거나 빛깔을 보다가 가슴이 탁 트이면서 분명하게 깨달아 본래 성품인 아미타를 직접 보게 되리라. 그러면 안팎의 몸과 마음을 한순간에 훌쩍 벗어나 온 대지가 바로 서방정토요 삼라만상이 자기 아닌 것이 없을 것이며, 고요할 때에도 관조觀照를 버리는 일이 없고 움직일 때에도 적정寂靜을 벗어나지 않으리라.[157]

叅念
靜室端坐, 掃除緣累, 截斷情塵, 瞠開兩睛, 外不着境, 內不住定, 回光一照, 內外俱寂. 然後密密擧念, 南無阿彌陀佛三五聲, 回光自看云, 見性則成佛, 畢竟那箇是我本性阿彌陀? 却又照覷看, 只今擧底這一念, 從何處起, 覷破這一念, 復又覷破這覷底是誰. 叅良久, 又擧念佛, 又如是覷, 如是叅. 急切做工夫, 勿令間斷, 惺惺不昧, 如鷄抱卵. 不拘四威儀, 亦如是擧,[1] 如是叅, 忽於行住坐臥處, 聞聲見色時, 豁然明悟, 親見本性彌陀. 內外身心, 一時透脫, 盡大地是箇西方, 萬象森羅, 無非自己, 靜無遺照, 動不離寂.

---

1) ㉠『廬山蓮宗寶鑑』권2 「念佛正敎」 '參禪念佛三昧究竟法門'(T47, 311c)에는 '擧' 다음에 '如是看'이 있다. 이에 근거하여 '如是看'을 보충해 번역하였다.

151

연구하라

윤회는 애욕이 근본인데, 이 애욕은 백 가지 계책을 써서 제지해도 말끔히 없앨 수가 없다. 비록 부정관不淨觀이 바로 이것을 상대해 다스리는 방법이기는 하지만 드넓은 대지의 범부들은 업장業障이 두껍고 심하게 오염되어 그 대상을 깨끗하다고만 보고 그 대상을 깨끗하지 않다고 보지는 않으니, 관법이 아무리 정교하고 미묘해도 제대로 성취하는 자가 드물다.

그렇다면 어떻게 해야 할까? 경에서 말씀하시기를 "애욕은 너의 마음에서 생겼고, 마음은 그리워하는 생각에서 생겼다."[158]라고 하였으니, 이제 그 생각이 또 어디서 생겨났는지를 관찰해 보라. 연구하고 또 연구해 그만두지 않는다면 쇠뿔을 파고든 늙은 쥐처럼 반드시 전도된 견해가 끊어지는 자리에 도달하게 되리라.[159]

研究

輪廻以愛欲爲根本, 而此愛欲, 百計制之, 莫可除滅. 雖不淨觀, 正彼對治, 而博地凡夫, 障重染深, 祗見其淨, 不見其不淨, 觀法精微, 鮮克成就. 然則如之何? 經云. 欲生於汝意, 意以思想生. 今觀此想, 復從何生. 研之究之, 又研究之不已, 老鼠入牛角, 當必有倒斷處.

바로 질러가는 길

하루 24시간 동안 '부처님'이라는 한 단어를 간직하고서 사유를 집중하고 생각을 고요히 하라. 다시 빛을 돌이킬 수 있다면 '무엇이 나의 본래 성품일까? 사대四大가 뿔뿔이 흩어지면 어디로 가는 것일까?' 하고 스스로 살펴보라. 항상 이 의심을 품다가 별안간 알아차리면 곧바로 안신입명 安身立命[160]할 자리를 알게 되리니, 이것이 곧 바로 질러가는 수행의 바른 길이다.[161]

直捷

十二時中, 持一句佛, 思專想寂. 更能回光, 自看如何是我本性? 四大分離, 向甚處去? 常有此疑, 驀然識得, 便知安身立命處, 卽此是直捷底修行正道.

마음 꽃이 찬란하게 피리라

파초 껍질을 벗기는 것과 비슷하니, 한 겹 또 한 겹 벗기다가 곧장 더 이상 벗길 것이 없는 상태에 도달하면 비로소 온 천지를 두들겨 한 덩어리로 만들게 된다. 그러고 나면 옷을 입건 밥을 먹건 똥을 누건 오줌을 싸건 한 번의 움직임, 한 순간의 고요, 한 마디 말, 한 순간의 침묵마저도 하나의 아미타불이 아닌 것이 없을 것이다. 이로부터 마음 꽃이 찬란하게 피어나 하늘에 높이 뜬 태양처럼, 경대에 걸린 밝은 거울처럼 시방세계를 훤히 비추면 한 생각을 벗어나지 않고 단박에 정각正覺을 이루리라.[162]

心花燦發

如剝芭蕉相似, 剝一層又一層, 直要剝到無下手處, 纔得打成一片. 然後着衣吃飯, 屙屎放尿, 一動一靜, 一語一默, 無不是一箇阿彌陀佛. 自此心花燦發, 洞照十方, 如杲日麗天, 明鏡當臺, 不越一念, 頓成正覺.

일상삼매[163]

마땅히 한결같은 마음으로 오로지 생각해 꿈에서도 깨어서도 잊지 말고, 다른 일 때문에 중간에 그만두지 말고, 탐욕과 분노 등으로 인해 틈이 생기게 하지도 말라. 잘못을 범하는 족족 참회하면서 드문드문 생각하지 말고, 생각을 버리지도 말고, 하루도 빠뜨리지 말고, 한시도 빠뜨리지 말라. 생각 생각마다 항상 부처님을 떠나지 않으면 생각 생각마다 맑고 깨끗하고 원만하고 밝아져 곧 일상삼매를 얻으리라.[164]

一相三昧

當一心專念, 夢覺不忘, 不以餘業間斷, 不以貪嗔等間隔. 隨犯隨懺, 不隔念, 不離念, 不隔日, 不隔時. 念念常不離佛, 念念淸淨圓明, 卽得一相三昧.

정밀하고 분명하게 염불하라

고요하고 또 고요하게 하는 것(寂寂)이 산란散亂을 다스리지만 산란이 사라지면 곧 혼침昏沈이 생기고, 또렷또렷 깨어 있는 것(惺惺)이 혼침을 다스리지만 혼침이 사라지면 곧 산란이 생기니, 지止와 관觀을 동시에 간직해야 혼침과 산란을 모두 물리칠 수 있다. 이제 다만 정밀하고 분명하게 부처님을 생각하기만 하면 되니, 그 생각에 다른 생각이 끼어들지 않는 것을 '정밀하다(精)'고 하고, 생각하면서 생각하는 자를 되비추는 것을 '분명하다(明)'고 한다. 정밀함은 곧 지요 분명함은 곧 관이니, 하나의 염불에 지와 관이 모두 갖추어져 있는 것이다.[165]

精明

寂寂治散亂, 散去則生昏沉, 惺惺治昏沉, 昏去則生散亂, 止觀雙持, 昏散皆退. 今只須精明念佛, 念無二念曰精, 念而返照曰明. 精卽止, 明卽觀, 一念佛止觀備矣.

태양을 관상觀想하는 법

반드시 조용한 곳에서 외부와의 인연을 완전히 끊고 서쪽을 향해 바르게 앉아 태양을 자세히 관찰하라. 마음을 확고히 머물게 하고 생각을 집중해 흐트러뜨리지 않으면서 태양이 질 무렵 커다란 북이 매달린 것과 같은 모습을 보라. 이런 태양의 모습을 보고 나서는 눈을 감건 눈을 뜨건 현재 눈앞에서 언제나 또렷이 나타나게 하라.

이렇게 하나의 대상에 온 마음을 쏟으면 그 마음이 가만히 엉기면서 고요해지고, 밝은 거울을 마주한 것처럼 자신의 모습을 직접 보게 되리라. 마음이 흐트러지면 이를 제지하고 돌아오게 하여 마음과 호흡이 안정되면 곧 삼매를 얻으리라.[166]

日觀

須於靜處, 屛絶外緣, 正坐西向, 諦觀於日. 令心堅住, 專想不移, 日欲沒時, 狀如懸鼓.[1] 旣見日已, 開目閉目, 皆令明了, 現在目前. 注心一境, 凝然寂靜, 如對明鏡, 自觀面像. 心若馳散, 制之令還, 心息住定, 卽得三昧.

---

1) ㉠ '日欲沒時, 狀如懸鼓'가 『觀無量壽佛經』(T12, 341c)에는 '見日欲沒, 狀如懸鼓'로 되어 있다. 문맥을 부드럽게 하기 위해 『觀無量壽佛經』에 근거하여 '見'을 보충해 번역하였다.

백호를 관상하는 법

청결하게 재계齋戒한 다음 깨끗한 마음으로 고요히 사유하면서 서쪽을 마주하고 묵묵히 앉아 눈을 감고 '순수한 황금빛 피부를 가지신 아미타부처님이 서방정토 칠보 연못에 핀 커다란 연꽃 위에 앉아 계시는데 그 키가 1장 6척이요, 양 눈썹의 중간 위쪽에 새하얀 털이 한 가닥 있는데 팔각형으로 모가 나고 속이 텅 비었으며 오른쪽 방향으로 다섯 바퀴 감긴 채 맑고 깨끗한 빛을 내뿜어 황금빛 얼굴을 환히 비추고 있다.'고 상상하며 관찰하라.

그런 다음 마음을 멈추고 새하얀 털에 생각을 집중해 다른 생각일랑 털끝만큼도 하지 말고, 눈을 감건 눈을 뜨건 항상 그 모습이 보이게 하라. 이와 같이 오래오래 관하다 보면 생각하는 마음이 성숙해 저절로 감응하고 부처님의 전신을 친견하게 되리니, 이 방법이 가장 뛰어난 것이다.[167]

白毫

齋戒潔己, 淸心靜慮, 面西默坐, 閉目觀想, 阿彌陀佛眞金色身, 在西方七寶池中大蓮華上坐, 其身長丈六, 兩眉中間向上, 有白毫一條, 八稜中空, 右旋轉五遭, 光明瑩澈, 照暎金顏. 次停心注想白毫, 不得妄有分毫他念, 令閉眼開眼悉皆見之. 如此久久, 念心成熟, 自然感應, 見佛全身, 此法爲最上.

예불할 때 관상하는 법

부처님께 예배할 때에는 '자신이 연꽃 위에서 공손하고 경건하게 예를 올리고, 부처님도 연꽃에 앉아 나의 예경을 받으신다.'고 상상하며 관찰하라. 부처님을 생각할 때에는 '자신이 결가부좌하고 연꽃에 앉아 있고, 부처님도 연꽃에 앉아 나를 맞이해 인도하신다.'고 상상하며 관찰하라. 그런 다음 한결같은 마음으로 그 명호를 지송하라. 이와 같이 오로지 정토에 뜻을 두면 반드시 높은 품계[168]에 왕생하리라.[169]

觀想

當禮佛時, 觀想己身在蓮華中恭虔作禮, 佛在蓮華中受我禮敬. 當念佛時, 觀想己身在蓮華中結跏趺坐, 佛坐蓮華中接引於我. 然後一心持名. 專志如是, 往生品第必高.

온갖 상서로운 모습을 보게 된다

정토에 왕생하기 위해 수행하는 자는 관觀에 들어가거나 잠자리에 들 때마다 반드시 먼저 일어나 합장하고 한결같은 마음으로 서쪽을 향해 아미타부처님과 관세음보살과 대세지보살 및 깨끗한 바다와 같은 대중을 열 번 부르고 나서 곧 다음과 같이 발원해야 한다.

"제자는 현재 범부로서 죄업이 깊고 무거워 육도에 윤회하면서 벗어나지를 못하고 있습니다. 이제 선지식을 만나 아미타부처님의 공덕과 명호를 듣게 되었고, 한결같은 마음으로 부처님을 부르고 생각하면서 정토에 태어나기를 소원하오니, 원하옵건대 부처님이시여, 부디 가엾이 여기사 손을 내밀어 저를 이끌어 주소서. 제자가 아미타부처님의 빛나는 모습을 모르오니, 원하옵건대 부처님과 보살님이시여, 부디 그 찬란한 모습과 아름다운 국토를 보여 주소서."

이렇게 말하고 나서 한결같은 마음으로 부처님을 바르게 생각하면서 곧바로 관에 들거나 잠이 들면 발원하는 바로 그 순간에 온갖 상서로운 모습을 보게 되기도 하고, 혹은 관에 들어간 상태에서 보게 되기도 하고, 혹은 잠을 자다가 꿈속에서 보게 되기도 하니, 이 방법은 매우 영험하다.[170]

見諸瑞相

修淨土者, 凡入觀與睡時, 應先起立合掌, 一心向西, 十稱阿彌陀佛觀音勢至淸淨海衆畢, 卽發願言. 弟子現是凡夫, 罪業深重, 輪廻六道, 不能出離. 今遇善知識, 得聞彌陀功德名號, 一心稱念, 願生淨土, 願佛哀愍, 垂手接引. 弟子不識彌陀世尊身相光明, 願佛菩薩, 示現身相及國土莊嚴. 說是語已, 一心正念, 卽便入觀及睡, 或於正發願時, 見諸瑞相, 或於觀中得見, 或於睡夢得見, 此法大有靈驗.

어리석은 자는 염불할 수 없다

세상 사람들은 좀 영리하다 싶으면 곧바로 염불을 경시하면서 "이런 것은 어리석은 남자와 어리석은 아낙네들이나 하는 말이다."라고들 한다. 그들은 어리석은 남자와 어리석은 아낙네들이 입으로만 부처님 이름을 부르고 마음은 천리만리 노니는 것만 보지, 이런 것을 독불讀佛이라 하고 염불念佛이라 하지 않는다는 것은 모른다.

염念이란 마음 마음마다 그리워하고 기억하면서 잊지 않는 것이다. 그래서 염이라는 이름을 붙이는 것이다. 시험 삼아 유학자로 비유하자면, 유학자가 생각 생각마다 공자를 그리워하고 기억한다면 그런 사람은 또한 공자와 거의 가깝지 않겠는가?

이제 생각 생각마다 오욕五欲을 그리워하고 기억하면서도 그것을 잘못이라 여기지 않고 도리어 염불을 잘못이라 하니, 아! 이렇게 한평생을 헛되이 보내면서 어쩌자고 어리석은 남자 어리석은 아낙네 노릇만 하는가? 애석하구나! 지혜로운 자라야 염불할 수 있지, 어리석은 자는 염불할 수 없노라.[171]

愚不可能

世人稍利根, 便輕視念佛, 謂是愚夫愚婦句當. 彼徒見愚夫愚婦, 口誦佛名, 心遊千里, 而不知此等是名讀佛, 非念佛也. 念從心心思憶而不忘. 故名曰念. 試以儒喩, 儒者念念思憶孔子, 其去孔子, 不亦庶幾乎? 今念念思憶五欲, 不以爲非, 而反以念佛爲非, 噫! 似此一生空過, 何如作愚夫愚婦耶? 而惜乎! 智可能也, 愚不可能也.

힘을 써야 한다

공력을 다하지 않으면 일이 이루어지지 않고, 정성을 다하지 않으면 만물이 감응하지 않는다. 하물며 위없는 큰 깨달음의 길이겠는가? 혹 이 몸뚱이를 잊지 못했다면 목숨이 다하는 그날까지 먹고 자고 춥고 더운 것마저 모두 상관치 말라. 어찌 남이 입으로 뱉은 말을 귀로 주워들으면서 배운 자가 한바탕 크게 쉬는 경지에서 생사의 망정妄情을 가볍게 털어 버릴 수 있겠는가?

그저 걸으면서도 부처님을 생각하고 앉아서도 부처님을 생각하고, 오늘도 생각하고 내일도 생각하다 보면 그 생각이 더 이상 생각할 것이 없는 상태에 도달할 것이니, 그때가 바로 불끈 힘을 쓰고 더욱 채찍질한 순간이다.

진실로 이와 같이 부처님을 생각할 수 있다면 생사의 망정이 사라지지 않는다고, 자기 성품의 아미타부처님이 나타나지 않는다고 걱정할 필요가 없다.[172]

着力

功不盡則事不臻, 誠不極則物不感. 況無上大菩提道? 或不忘形, 畢命與寢食寒暑俱廢. 豈口出耳入之學, 而能脫畧生死情妄於大休歇田地哉? 但只行也念, 坐也念, 今日也念, 明日也念, 念到無可念處, 正是着力加鞭之時. 誠能如此念, 不患生死情妄之不消殞, 自性彌陀之不現前.

수행의 첫걸음

모름지기 이 사바세계의 빛깔과 소리 등 모든 경계[173]를 지옥이라 생각하고, 고통의 바다라 생각하고, 불난 집과 같다고 생각해야 한다. 온갖 보물을 고문하는 도구라 생각하고, 음식은 피고름과 같고 의복은 쇠가죽과 같다고 생각하고, 모든 권속을 사람을 잡아먹는 귀신인 야차나 나찰이라 생각해야 한다. 하물며 다시 생사윤회를 멈추지 않고 아득한 세월 동안 정신없이 달리는 삶이겠는가? (예토는) 진실로 싫어하며 벗어나야 할 곳이다.

선지식善知識이나 경전에서 저 아미타부처님의 원력과 그 국토의 장엄함에 대해 들었다면 생각 생각마다 그 이취理趣를 칭찬하면서 안온하다고 생각하고, 보배로운 곳이라 생각하고, 우리 집안의 사업이라 생각하고, 모든 번뇌를 벗어난 곳이라고 생각해야 한다. 아미타여래와 보살과 대중 스님들을 자비로운 아버지와 같다고 생각하고, 자비로운 어머니와 같다고 생각하고, 나를 맞아 이끌어 주신다고 생각하고, 나루터라고 생각해야 한다. 무섭고 두려울 때나 위급한 재난을 당했을 때는 '이름을 부르면 곧바로 응하시리라. 나의 노력은 헛되지 않으리니 찰나에 곧바로 찾아와 신속히 구호해 주시리라.'라고 생각하고, 마땅히 생사윤회를 훌쩍 벗어나겠다고 생각해야 한다. 이와 같이 공덕이 한량이 없으니, (정토는) 진실로 기뻐하고 좋아할 만한 곳이다.

(예토를) 싫어해 벗어나려는 생각이 깊지 못하면 사바세계의 업의 속박을 벗어나지 못하고, (정토를) 기뻐하고 좋아하는 생각이 간절하지 못하면 극락세계의 수승한 경계에 오르기 어렵다. 그러므로 수행자가 정토에 왕생하고 싶고, 염불삼매를 성취하고 싶다면 이 절문折門과 섭문攝門[174] 두 가지를 길을 나서는 첫걸음으로 삼아야 한다.[175]

最初一步

須於此土聲色諸境, 作地獄想, 作苦海想, 作火宅想. 於諸寶物, 作苦具想, 飮食衣服, 如膿血鐵皮想. 於諸眷屬, 作夜叉羅刹噉人鬼想. 況復生死不住長刼奔波? 實可厭離. 於知識若經卷中, 聞彼佛願力國土莊嚴, 於念念中, 稱彼理趣, 生安隱想, 生寶所想, 生家業想, 解脫處想. 彌陀如來, 菩薩僧衆, 如慈父想, 如慈母想, 生接引想, 生津梁想. 於怖畏急難之中, 稱名卽應, 功不唐捐, 刹那便至, 速來救護想, 應念出離想. 如是功德無量, 實可忻樂. 若厭離不深, 娑婆業繫不脫, 忻樂不切, 極樂勝境難躋. 行[1]人欲生淨土, 成就念佛三昧, 此折攝二門, 爲發行最初一步也.

---

1) ㉑『寶王三昧念佛直指』상권「第8 示諸佛二土折攝法門」(T47, 365a)에는 '行' 앞에 '是以'가 있다. 문맥을 원활하게 하기 위해 이에 근거하여 '是以'를 보충해 번역하였다.

진실한 수행

부처님의 가르침을 배우는 자는 겉모습을 장엄하게 꾸미려 들지 말고, 오직 진실한 수행만을 귀하게 여겨야 한다. 재가의 거사라면 꼭 승려들의 옷을 입고 도사들의 두건을 쓸 필요는 없으니, 머리카락이 있는 사람은 스스로 평상복을 입고 염불하면 된다. 꼭 목탁을 두드리고 북을 칠 필요는 없으니, 조용한 것을 좋아하는 사람은 스스로 고요히 침묵하며 속으로 염불하면 된다. 꼭 무리를 이루어 법회를 할 필요는 없으니, 일이 번잡한 것을 싫어하는 사람은 스스로 문을 닫고 염불하면 된다. 꼭 절에 들어가 경을 들을 필요는 없으니, 글자를 아는 사람은 스스로 가르침에 의지해 염불하면 된다.

천 리에 가득 퍼지도록 향을 피우는 것은 집 안에 편안히 앉아 염불하는 것만 못하고, 삿된 스승을 봉양하는 것은 부모님께 효순하며 염불하는 것만 못하고, 마귀 같은 친구와 널리 사귀는 것은 홀로 깨끗하게 염불하는 것만 못하고, 다음 생을 위해 명부冥府의 창고에 돈을 맡기는 것은 현생에서 복을 지으며 염불하는 것만 못하고, 소원을 빌고 재앙을 물리치려고 제사 지내는 것은 과오를 뉘우쳐 자신을 새롭게 하면서 염불하는 것만 못하고, 외도의 문서를 배우고 익히는 것은 한 글자도 모른 채 염불하는 것만 못하고, 아무것도 모르면서 선禪의 이치를 함부로 말하는 것은 솔직한 태도로 계율이라도 지키면서 염불하는 것만 못하고, 요사스러운 귀신과 신비하게 소통하기를 바라는 것은 인과를 바르게 믿으며 염불하는 것만 못하다.

요약해 말하자면 마음을 바르게 하여 악을 없애는 이런 염불을 하면 선인善人이라 하고, 마음을 집중해 산란을 제거하는 이런 염불을 하면 현인賢人이라 하고, 마음을 깨달아 미혹을 끊는 이런 염불을 하면 성인聖人이라 한다.[176]

眞實修行

夫學佛者, 無取莊嚴形迹, 止貴眞實修行. 在家居士, 不必定要緇衣道巾, 帶髮之人, 自可常服念佛. 不必定要敲魚擊皷, 好靜之人, 自可寂嘿念佛. 不必定要成羣作會, 怕事之人, 自可閉門念佛. 不必定要入寺聽經, 識字之人, 自可依敎念佛. 千里燒香, 不如安坐家堂念佛, 供奉邪師, 不如孝順父母念佛, 廣交魔友, 不如獨身淸淨念佛, 寄庫來生, 不如見在作福念佛, 許愿保禳, 不如悔過自新念佛, 習學外道文書, 不如一字不識念佛, 無知妄談禪理, 不如老實持戒念佛, 希求妖鬼靈通, 不如正信因果念佛. 以要言之, 端心滅惡, 如是念佛, 號曰善人, 攝心除散, 如是念佛, 號曰賢人, 悟心斷惑, 如是念佛, 號曰聖人.

염불을 쉬는 것을 용납하지 말라

세상 인연의 그물에 갇힌 사람이 만약 무상함을 뼈저리게 느껴 진지하고 간절하게 마음을 쓰는 자라면 조용하건 시끄럽건 한가하건 바쁘건 따지지 않을 것이며, 사적이고 공적인 중요한 일 처리를 일임할 것이다. 손님을 맞이해 접대를 하고, 온갖 인연이 교대로 어지럽혀 사방팔방으로 응수한다고 해도 저 염불과는 서로 방해가 되지 않는다.

들어 보지 못했는가? 옛사람이 말씀하시기를 "아침에도 나무아미타불, 저녁에도 나무아미타불, 화살처럼 정신없이 바쁘다 해도 아미타부처님을 떠나지 않네."[177]라고 하셨다. 세상 인연은 무거운데 역량이 달리는 자가 있다고 해도, 그 역시 바쁜 와중에 한가한 짬을 내고 시끄러움 속에서 조용한 곳을 찾아 매일 백 번이나 천 번 소리 내어 염불하는 것으로 일과를 정하고서 단 하루도 빼먹는 것을 용납해서는 안 된다.[178]

不容放過

世網中人, 若是痛念無常用心眞切者, 不問靜鬧閒忙, 一任公私幹辦. 迎賓待客, 萬緣交擾, 八面應酬, 與他念佛, 兩不相妨. 不見古人道. 朝也阿彌陀, 暮也阿彌陀, 假饒忙似箭, 不離阿彌陀. 其有世緣重力量輕者, 亦須忙裏偸閒, 鬧中取靜, 每日或念百聲千聲, 定爲日課, 不容一日放過.

염불로 세 가지를 얻으면

만약 염불에 집중해 선정(定)을 얻고, 염불에 힘써 주인(主)이 되고, 염불에 의지해 안온함(穩)을 얻는다면 설령 괴롭거나 즐거운 일이 닥친다 해도, 내 마음에 들거나 거슬리는 경계가 눈앞에 나타난다고 해도 그저 부처님을 생각하면서 단 한 생각도 변하는 마음이 없고, 단 한 생각도 나태하게 물러서는 마음이 없고, 단 한 생각도 복잡하고 어지러운 마음이 없을 것이다.

삶이 다하는 그날까지 영원히 다른 생각 없이 이와 같이 노력할 수 있다면 수없는 겁 동안의 무명無明과 생사에 윤회하며 지은 업장이 저절로 소멸해 없어질 것이며, 마음을 고단하게 하는 육경六境의 티끌과 습관이 된 유루有漏의 번뇌가 저절로 남김없이 깨끗이 사라질 것이다.[179]

三得
若把得定, 做得主, 靠得穩, 縱遇苦樂, 逆順境界現前, 只是念佛, 無一念變異心, 無一念退惰心, 無一念雜亂心. 直至盡生, 永無別念, 能如是用功, 則歷劫無明, 生死業障, 自然消殞, 塵勞習漏, 自然淨盡無餘.

염불하기 딱 좋다

이 염불법문은 남자건 여자건 스님이건 속인이건 따지지 않고, 귀하건 천하건 현명하건 어리석건 따지지 않으니, 한결같은 마음으로 산란하지 않기만 하면 그가 지은 공덕의 크고 작음에 따라 극락세계의 구품연화대에 왕생한다. 따라서 이 세상에는 염불해서는 안 될 사람이 하나도 없다는 것을 알 수 있다.

부유하고 고귀한 사람은 현세에 이룬 것을 마음껏 누리고 사니 염불하기 딱 좋고, 찢어지게 가난한 사람은 살림살이에 얽힌 일 적으니 염불하기 딱 좋고, 자식이 있는 사람은 집안 제사 맡길 자 있으니 염불하기 딱 좋고, 자식이 없는 사람은 홀몸이라 자유로우니 염불하기 딱 좋고, 자식이 효자인 사람은 편안히 공양 받고 사니 염불하기 딱 좋고, 자식이 불효자인 사람은 사랑과 은혜를 일으킬 일 없으니 염불하기 딱 좋고, 병이 없는 사람은 신체가 건강하니 염불하기 딱 좋고, 병이 있는 사람은 덧없는 죽음이 코앞에 닥쳤으니 염불하기 딱 좋고, 나이가 많은 사람은 살날이 많지 않으니 염불하기 딱 좋고, 나이가 적은 사람은 정신이 맑고 예리하니 염불하기 딱 좋고, 한가한 처지에 놓인 사람은 속 시끄럽게 하는 일이 없으니 염불하기 딱 좋고, 바쁜 처지에 놓인 사람은 바쁜 틈에 한가한 짬을 가질 수 있으니 염불하기 딱 좋고, 출가자는 만물 밖에서 소요하니 염불하기 딱 좋고, 재가자는 삼계가 불난 집이란 것을 아니 염불하기 딱 좋고, 총명한 사람은 정토에 대해 훤히 깨달으니 염불하기 딱 좋고, 어리석고 미련한 사람은 달리 잘할 수 있는 것이 없으니 염불하기 딱 좋고, 계율을 수지하는 사람은 계율이 바로 부처님께서 제정하신 것이니 염불하기 딱 좋고, 경전을 보는 사람은 경전이 바로 부처님께서 설하신 것이니 염불하기 딱 좋고, 참선하는 사람은 선禪이 바로 부처님의 마음이니 염불하기 딱 좋고, 깨달은 사람은 그 깨달음에 반드시 부처님의 증명이 필요하니 염불하기 딱 좋다.

모든 사람에게 널리 권하니, 불이라도 난 것처럼 다급히 염불하여 구품 연화대에 왕생하라. 연꽃이 피어나면 부처님을 뵙게 되고, 부처님을 뵙고 법을 들어 구경에 성불하면 비로소 자기 마음이 본래 부처였다는 것을 알게 되리라.[180]

正好

盖此法門,[1] 不論男女僧俗, 不論貴賤賢愚, 但一心不亂, 隨其功行大小, 九品往生. 故知世間無有一人不應[2]念佛. 若人富貴, 受用見成, 正好念佛, 若人貧窮, 家計累小, 正好念佛, 若人有子, 宗祀得託, 正好念佛, 若人無子, 孤身自由, 正好念佛, 若人子孝, 安受供養, 正好念佛, 若人子逆, 免生恩愛, 正好念佛, 若人無病, 趂身康健, 正好念佛, 若人有病, 切近無常, 正好念佛, 若人年老, 光景無多, 正好念佛, 若人年少, 精神淸利, 正好念佛, 若人處閒, 心無事擾, 正好念佛, 若人處忙, 忙裏偸閒, 正好念佛, 若人出家, 逍遙物外, 正好念佛, 若人在家, 知是火宅, 正好念佛, 若人聰明, 通曉淨土, 正好念佛, 若人愚魯, 別無所能, 正好念佛, 若人持律, 律是佛制, 正好念佛, 若人看經, 經是佛說, 正好念佛, 若人叅禪, 禪是佛心, 正好念佛, 若人悟道, 悟須佛證, 正好念佛. 普勸諸人, 火急念佛, 九品往生. 花開見佛, 見佛聞法, 究竟成佛, 始知自心本來是佛.

---

1) ㉠ '盖此法門'이 『雲棲淨土彙語』 「開示」 '普勸念佛往生淨土'(X62, 2c) 등에는 '盖此念佛法門'으로 되어 있다. 문맥을 원활하게 하기 위해 이에 근거하여 '念佛'을 보충해 번역하였다. 2) ㉠ '應'이 『雲棲淨土彙語』 「開示」 '普勸念佛往生淨土'(X62, 2c)와 『淨土全書』 상권 「修持要約」(X62, 159b)에는 '堪'으로 되어 있다.

염불은 직업과 신분에 상관없이 수행할 수 있다

세속의 사무로 분주히 뛰어다니며 사방팔방을 떠도는 자들, 가게와 시장에서 물건을 판매하며 힘겹게 살아가는 자들, 무거운 짐을 지고 먼 길을 가는 상인들, 기술과 예능으로 살아가는 다양한 장인들, 남자와 여자, 노인과 어린아이, 노비와 내시, 남에게 부림을 당하며 자유롭게 살지 못하는 자들, 이런 모든 사람들이 걷고 서고 앉고 눕고 옷을 입고 밥을 먹고 말하고 침묵하고 움직이고 가만히 있는 모든 순간에 언제든 수행할 수 있다. 나아가 감옥에 갇힌 자들까지도 기뻐하고 노여워하고 슬퍼하고 즐거워하는 틈에 언제든 수행할 수 있다.

하물며 출가한 사부대중[181]과 재가의 사민四民[182]은 머물 수 있는 집도 있고, 수행할 수 있는 겨를도 있고, 필요한 것을 모두 갖춰 자유롭게 살아가는 자들인데, 어찌 수행에 매진하지 않는단 말인가?[183]

百工四民

夫一切奔馳世務流蕩四方, 勞生販賣邸店市廛, 商賈負道, 百工伎藝, 男女老幼, 奴婢黃門, 受人驅役不自在者, 於彼一切行住坐臥著衣喫飯語默動靜. 及被牢獄者, 於喜怒哀樂之間, 未有不可修時. 況出家四衆, 在家四民, 有居可處, 有暇可修, 所欲皆具, 得自在者, 寧不進修?

바른 수행

생각이 일어났을 때에는 혹시라도 인색하게 굴고 욕심내는 마음, 화를 내고 원망하는 마음, 맹목적으로 사랑하는 마음, 명예와 이익을 탐하는 마음, 질투하는 마음, 속이는 마음, 나와 너를 나누는 마음, 오만한 마음, 아첨하는 마음, 삿된 견해를 가진 마음, 허망한 생각을 가진 마음, 주체와 대상을 나누는 마음 및 여러 가지 역순逆順의 경계에 오염됨으로 인해 생기는 일체 세속적인 마음이 있는지 반드시 스스로 점검해야 한다.

혹시라도 그런 생각이 일어났을 때에는 얼른 큰 소리로 염불해 그 생각을 거두어들이고 바른 생각으로 돌아가야 하며, 나쁜 마음이 계속 이어지지 않도록 그 자리에서 때려 부수어 말끔히 없애야 한다.

깊이 믿는 마음, 정성이 지극한 마음, 공덕을 회향하고 왕생을 발원하는 마음, 자비로운 마음, 겸손히 낮추는 마음, 그 무엇도 차별하지 않는 마음, 널리 방편을 베푸는 마음 및 일체의 선한 마음을 가졌다면 항상 잘 수호해야 한다.

마땅히 알라. 극락세계에 계신 가장 훌륭하신 분들도 모두 악을 끊고 선을 실천한 덕분에 정토에 왕생하여 보리菩提에서 물러나지 않게 된 것이다. 이것을 의지해 수행하고 지킬 수 있다면, 이것이 정토에 왕생하는 바른 수행이 된다.[184]

正行

念[1]起時, 須自檢點, 或有慳貪心, 嗔恨心, 癡愛心, 名利心, 嫉妬心, 欺誑心, 爾我心, 傲慢心, 諂曲心, 邪見心, 妄想心, 能所心, 及諸逆順境界隨染所生一切世間心. 設或起時, 急須高聲念佛, 歛念歸正, 勿令惡心相續, 直下打併淨盡. 所有深信心, 至誠心, 發願回向心, 慈悲心, 謙下心, 平等心, 方便心, 及一切善心, 常當守護. 當知極樂諸上善人, 良由斷惡行善, 故得往生, 不退菩提. 能依此修持, 是爲淨土正行.

---

1) ㉎『廬山蓮宗寶鑑』권6「念佛正行」'去惡取善'(T47, 332a)과『淨土全書』상권「修持要約」(X62, 157c)에는 '念' 앞에 '惡'이 있다.

속으로 늘 부처님을 기억하라

관련된 업무들을 두루 수행하면서도 마음속으로 늘 부처님을 잊지 말고, 나아가 정토를 항상 기억해야 한다. 비유하자면 세상 사람이 어떤 절박한 일에 마음이 사로잡혔을 경우에는 비록 이야기를 나누고, 왔다 갔다 하고, 앉고 눕고, 온갖 사무를 본다고 해도 속으로 늘 지난 일을 또렷하게 기억하는 데 아무런 방해가 되지 않는 것과 같다.

부처님을 생각하는 마음 또한 이와 같아야 하니, 혹시라도 생각을 놓쳤다면 얼른 잡념을 거두고 바른 생각으로 돌아오라. 이렇게 오래오래 염불해 성품이 되면 그냥 내버려 두어도 항상 부처님을 기억하게 될 것이다.[185]

密憶

凡歷涉緣務, 而內心不忘於佛, 及憶淨土. 譬如世人切事繫心, 雖經歷言語去來坐臥種種作務, 而不妨密憶前事宛然. 念佛之心, 亦應如是, 或者失念, 數數攝還. 久久成性, 任運常憶.

보리심이란

정토에 왕생하기 위해 수행하는 자는 반드시 보리심菩提心을 일으켜야 한다.

만약 자기를 위해 오탁五濁[186]의 악한 세계를 혐오하고 구품九品의 연화대를 흠모한다면 보리심과 어긋나는 것이니, 이는 성문聲聞들이나 하는 수행이다. 만약 가없는 중생을 위해 큰 자비심을 일으켜 저 국토에 왕생하기를 바라고, 도력과 신통을 빨리 성취해 시방을 두루 돌아다니면서 일체중생을 구제하고 다 함께 부처가 되기를 희구한다면 보리심에 순응하는 것이니, 이것이 보살들이 하는 수행이다.[187]

菩提心

凡修淨土, 須發菩提心. 若爲自己, 厭五濁, 忻九品, 則違菩提心, 是聲聞行也. 若爲衆生起大悲心, 求往彼國, 希速成就道力神通, 徧歷十方, 救度一切, 令共成佛, 則順菩提心, 是菩薩行也.

세 가지 마음

몸으로 저 부처님께 예배하고, 입으로 저 부처님을 부르고, 마음으로 저 부처님을 관觀하면서 이 세 가지 업이 진실한 것을 '정성이 지극한 마음(至誠心)'이라 한다. 자신이 번뇌를 빠짐없이 갖춘 채 삼계를 떠돌고 있다는 것을 확실히 알고, 아미타부처님의 본원本願에 따라 최소 열 번만 그분을 생각해도 왕생하게 된다는 것을 확실히 알아 단 한 생각도 의심하지 않는 것을 '깊이 믿는 마음(深心)'이라 한다. 자신이 지은 일체의 선근을 모조리 회향하고 왕생을 바라는 것을 '공덕을 회향하고 왕생을 발원하는 마음(回向發願心)'이라 한다.

이 세 가지 마음을 갖추면 반드시 왕생할 것이다.[188]

三心

身禮彼佛, 口稱彼佛, 意觀彼佛, 三業眞實, 名至誠心. 信知自身具足煩惱流轉三界, 信知彌陀本願下至十念得生, 無有一念疑心, 名深心. 凡所作爲一切善根, 悉皆回向往生, 名回向發願心. 具此三心, 必得往生.

해탈하려면

정말로 진실하게 마음을 집중해 염불한다면 마음이 저절로 깨끗해질 것이며, 마음이 깨끗하다면 국토도 따라서 깨끗해질 것이다. 대혜大慧 선사께서 말씀하시기를 "누군가 하루 동안 그 마음이 무언가를 추구해 내달리지 않고, 허망한 생각을 하지 않고, 그 어떤 경계도 반연하지 않는다면 곧바로 삼세의 모든 부처님을 비롯한 여러 큰 보살들과 서로 투합할 것이며, 곧 이 불타는 집과 같던 삼계와 마음을 고단하게 하던 번뇌가 바로 해탈이요, 삼계를 벗어난 곳이 되리라."[189]라고 하셨다. 정토에 왕생하기 위해 수행하는 자들도 역시 이와 같이 수행해야 마땅하다.[190]

解脫

果能眞實攝心而念佛, 則心自淨, 心淨, 則土隨淨. 大慧云. 人于一日中, 心不馳求, 不妄想, 不緣諸境, 便與三世諸佛諸大菩薩相契, 卽此火宅塵勞, 便是解脫, 出三界之處. 修淨土者, 亦宜如是.

비가 퍼부을 때까지 기다리는 자들

만약 처소가 편안하고, 의식이 풍족하고, 불전에 올릴 향과 꽃이 충분하고, 만사가 마음에 들고, 앞뒤를 다 생각하고, 딱 좋을 때를 고르고, 은혜와 원수를 다 갚고, 좋은 일들을 원만히 성취할 때까지 기다렸다가 그 다음에 발심하고 수행하겠다면 허공계마저 없어질 때까지도 그날은 오지 않으리라. 이것이 이른바 "화창한 날에 떠나려 하지 않고 꼭 비가 퍼부을 때까지 기다린다."라는 것이다.[191]

雨淋頭
若待處所穩便, 衣食豊饒, 充足香華, 事事稱意, 思前算後, 卜彼良時, 報盡恩寃, 圓成善事, 然後發心修行, 假使虛空界窮, 亦無此日矣. 所謂晴乾不肯去, 直待雨淋頭.

영원히 변치 않는 곧고 굳은 마음을 가져라

세간의 한 가지 기술이나 한 가지 예능도 처음 배우는 사람이 그 어려움을 이겨 내지 못해 내버려 두고 배우지 않는다면 결국 성취하지 못한다. 따라서 (배우는 사람이 가장 먼저) 귀하게 여겨야 할 것은 확고하게 의심하지 않는 마음을 가지는 것이다. 비록 또 그 마음이 확고하다 해도 느긋하게 놀러나 다니고 느슨하게 게으름을 편다면 역시 성취하지 못한다. 따라서 (배우는 사람이) 그다음에 귀하게 여겨야 할 것은 용맹하게 정진하는 마음을 가지는 것이다. 비록 또 용맹하게 정진한다 해도 혹 조금 얻은 것으로 만족하거나 오랜 시간에 지친다거나 마음에 드는 경계를 만나 정신을 못 차린다거나 마음에 거슬리는 경계를 만나 타락한다면 역시 성취하지 못한다. 따라서 (배우는 사람이) 그 마지막에 귀하게 여겨야 할 것은 결코 물러서지 않겠노라 맹세하며 영원히 변치 않는 곧고 굳은 마음을 가지는 것이다. 옛말에도 "삼매를 성취하지 못하면 힘줄이 끊어지고 뼈가 말라 버린다 해도 끝내 쉬지 않으리라."라고 하였다.[192]

常永貞固

世間一技一藝, 始學不勝其難, 因置不學, 則終無成. 故[1]貴有決定不疑之心. 雖復決定, 而優游遲緩, 則亦不成. 故其繼貴有精進勇猛之心. 雖復精進, 或得少而足, 或時久而疲, 或遇順境而迷, 或逢逆境而墮, 則亦不成. 故其終貴有常永貞固誓不退轉之心. 古云. 三昧不成, 假令筋斷骨枯, 終不休歇.

---

1) ㉠『雲棲法彙』권13「竹窗二筆」'事怕有心人'(J33, 43b)에는 '故' 다음에 '最初'가 있다.

하나의 대상에 집중하면 마음이 하나가 된다

대개 생각이 한결같지 못한 까닭은 마음이 산만하고 반연하는 경계가 바뀌기 때문이고, (마음이 산만하고 반연하는 경계가 바뀌는 것은) 마음이 경계를 좇아 어지럽게 내달리기 때문에 그렇게 되는 것이다. 사바세계에 하나의 경계만 있다면 중생도 하나의 마음만 있을 것이고, 중생에게 하나의 마음만 있다면 사바세계도 하나의 경계만 있을 것이다. 그래서 "마음이 생기기 때문에 갖가지 법이 생기고, 법이 생기기 때문에 갖가지 마음이 생긴다."[193]라고 하였던 것이다. 모여든 인연들이 안에서 요동치고, 또 밖을 향해 쏜살같이 달려 나가니, 마음과 경계가 교대로 치달리는 바람에 먼지나 모래처럼 날리는 번뇌가 다할 날이 없는 것이다.

만약 그 생각을 한결같게 하고 싶다면 그 애욕을 가볍게 하는 것보다 좋은 게 없고, 만약 그 애욕을 가볍게 하고 싶다면 그 마음을 한결같게 하는 것보다 좋은 게 없다. 무릇 애욕과 바른 생각은 그 세력이 양립할 수 없으니, 밝음과 어둠이 서로를 배격하는 것과 같다.[194]

一境一心

盖念之所不能一, 由散心異緣, 逐[1]境紛馳之使然故. 娑婆有一境, 則衆生有一心, 衆生有一心, 則娑婆有一境. 故曰. 心生故種種法生, 法生故種種心生. 聚緣內搖, 趣外奔逸, 心境交馳, 塵沙莫盡. 若欲一其念者, 莫若經[2]其愛, 若欲輕其愛者, 莫若一其心. 夫愛之與念勢不兩立, 若明暗之相背也.

1) ㉓ 『淨土十要』・『徑中徑又徑』・『蓮宗必讀』・『淨土聖賢錄』에는 '逐' 앞에 '散心異緣'이 있다. 문맥을 원활하게 하기 위해 이에 근거하여 '散心異緣'을 보충해 번역하였다. 2) ㉓ '經'은 '輕'의 오자이다. 『淨土十要』 제9 「幽溪無盡法師淨土法語」(X61, 745b), 『徑中徑又徑』 권4 「勸行法」 「斷愛門」(X62, 398a), 『蓮宗必讀』 「幽溪法師淨土法語」(X62, 598b), 『淨土聖賢錄』 권5 「往生比邱」 '傳燈'(X78, 271b) 등에 모두 '輕'으로 되어 있다.

보고 들을 때마다 염불하라

나쁜 소리가 귀에 들리거든 "나무아미타불" 하고 염불하여 그 재앙을 없애고, 모든 사람이 나쁜 짓을 저지르지 않게 되기를 소원하라. 좋은 일이 눈에 보이거든 "나무아미타불" 하고 염불하여 그를 칭찬하고 도우면서 모든 사람이 다들 좋은 일을 하게 되기를 소원하라. 아무 일도 없거든 속으로 아미타부처님이 항상 내 앞에 계신다 생각하고, 그 생각이 이어져 늘 잊지 않도록 하라. 이렇게 하는 사람은 반드시 정토에 왕생할 것이다.[195]

聞見

凡聞惡聲, 則念阿彌陀佛, 以消禳之, 願一切人不爲惡行. 凡見善事, 則念阿彌陀佛, 以贊助之, 願一切人皆爲善行. 無事, 則默念阿彌陀佛常在目前, 使念念不忘. 其於淨土決定往生.

분노를 기쁨으로 바꿔라

"내 이제 염불한 공덕으로 훗날 분명 서방세계에 태어날 것이니, 이런 행운이 어디 있는가?" 하며 크게 기뻐하고 번뇌를 일으키지 말라. 혹 뜻대로 되지 않는 일이 닥치거든 곧바로 마음을 돌려 저 부처님을 한 번 부르고 얼른 생각을 다잡은 다음, 빛을 돌이켜 되비추면서 "나는 아미타부처님세계에 사는 사람이다. 어찌 세상 사람들과 똑같이 보고 생각하겠는가?"라고 하라. 이렇게 분노를 기쁨으로 바꾸면서 한결같은 마음으로 부처님을 생각한다면, 이런 사람이 지혜로운 사람이다.[196]

回嗔作喜
我今念佛, 日後當生西方, 何幸如之? 發大歡喜, 莫生煩惱. 倘遇不如意事, 卽便撥轉心頭, 這一聲佛, 急急提念却, 回光返照. 我是阿彌陀佛世界中人. 奈何與世人一般見識? 回嗔作喜, 一心念佛, 此是智慧中人.

강을 건너는 뗏목

이미 서방정토를 그리워한다면 마땅히 그 이치를 완전히 깨닫도록 노력해야 한다. 어둠 속에 보물이 있어도 등불이 비추지 않으면 끝내 스스로 알 수 없으니, 먼지 구덩이에 묻힌 옛 거울을 갈고 닦지 않는다면 어찌 환하게 빛날 수 있겠는가? 삼업三業을 조화롭게 다루면서 한결같은 마음을 자세히 고찰하고, 참된 글들을 공손히 받들면서 성인의 뜻을 연구하고 맛보라. 그렇게 법의 원천인 샘 바닥까지 깊이 들어가고, 모든 부처님의 솜씨를 두루 탐색해야 이치의 길이 툭 터지고, 마음의 꽃이 활짝 피어나는 것이다.

그래서 지자 대사智者大師도 『법화경』을 독송하시고,[197] 규봉 선사圭峰禪師도 『원각경』을 독송하셨으며,[198] 보암 선사普庵禪師도 『화엄경』에 계합하시고,[199] 육조 대사六祖大師도 『반야경』을 깨달으셨던 것이다.[200]

훌륭하신 옛 분들의 행적을 보고 따라 할 만한데, 왜 요즘 사람들은 배우지 않는 것일까? 그러니 강을 건너려면 반드시 뗏목을 이용해야 한다. 언덕에 도착했다면야 배가 필요 없겠지만.[201]

渡河筏

旣慕西方, 當求了義. 暗中有寶, 無燈照, 終不自知, 古鏡埋塵, 不揩磨, 豈能光顯? 調和三業, 體究一心, 恭奉眞文, 硏味聖意. 深入法源之底, 洞探諸佛之機, 理路谿通, 心花發現. 故智者誦法華, 圭峰讀圓覺, 普庵契華嚴, 六祖悟般若. 觀先德而可邊, 豈今人而不學? 然渡河須用筏. 到岸不需船.

고요함의 극치

한 생각도 일어나지 않는 것을 고요함(靜)이라 하니, 부처님의 마음은 지극히 고요해 만겁에 변함이 없으시다. 중생이 한 찰나 동안 고요할 수 있다면 곧 찰나의 부처님이다. 다만 중생은 마음과 생각이 이랬다저랬다 칡이 덩굴을 뻗듯 누에가 실을 토하듯 한시도 멈추지 못하다가 곧바로 지치게 되고, 잠이 들어서야 비로소 쉬게 된다.

사유와 생각이 천 갈래 만 갈래인 것을 산란散亂이라 하고, 깊은 잠에 빠진 것이나 마찬가지인 것을 혼침昏沈이라 한다. 저 몸과 수명이 다하는 날까지 산란과 혼침만 반복하니, 생사윤회가 여기서 시작되는 것이다.

한 생각 일어남이 곧 태어남이요, 한 생각 사라짐이 곧 죽음이다. 사람의 삶이 몽땅 수없는 태어남과 수없는 죽음 속에 있으니, 이렇게 백 년을 보낸들 어찌 태어났다 죽고 또 태어났다가 죽는 윤회를 벗어날 수 있겠는가?

아득한 겁에 떠도는 삶이 다 마음에 놓아 버릴 수 없는 점 하나가 찍혀 있어 그것을 반연하기 때문이다. 생각치고 쓸 만한 것이라고는 오직 부처님을 생각하는 법문(念佛法門)이 있을 뿐이다. 대개 생각이란 본래 허망한 것이지만 이 방법으로 부처님께 매달릴 수 있으니, 이를 허망함으로 허망함을 없애는 것이라 한다. 부처님을 생각하면서 참구하면 이것이 마음으로 마음을 궁구하는 것이고, 부처님을 생각하다가 깨달으면 이것이 마음으로 마음을 얻는 것이다.

비록 "부처님에 대한 생각을 일으켜라."라고 말은 하지만 생각은 사실 일어남이 없다. 부처님을 오래오래 생각하다 보면 그 생각으로 인해 마음을 얻게 되고, 마음을 얻으면 생각을 잊게 된다. 이렇게 부처님을 생각하다가(念) 생각마저 잊은 상태(忘念)에 도달해 생각이 없는 것(無念)과 같아지면 한결같이 맑고 깨끗한 것이 오직 하나의 진여가 있을 뿐이다. 이것이 "대세지보살께서는 부처님을 생각하는 법문(念佛法門)으로 무생법인無生法忍에 들어가셨다."²⁰²라는 것이다.

무생법인을 획득하면 무념無念이고, 무념이란 고요함의 극치이다. 『종경록宗鏡錄』에서 말하기를 "과거와 미래가 끊어진 자리, 한 생각도 일어나지 않는 때, 고요한 짧은 그 시간 동안 헤아림이 사라지고 마음이 바로 멈춘다."²⁰³라고 하였다. 마음이 멈추는 이 순간이 바로 본체이니, 만약 부처님 마음이라면 깊고 고요해 항상 멈춰 있을 것이다. 잠깐씩 멈추는 마음이 점점 늘어나도록 노력하는 것, 이것이 바로 공부이다.²⁰⁴

靜之至

一念不生謂之靜, 佛心至靜, 萬劫恒然. 衆生刹那能靜, 卽是刹那佛. 但衆生心念憧憧, 如葛生蔓, 如繭抽絲, 並沒住頭, 直到疲倦, 睡去方休. 思想千端, 謂之散亂, 黑甜一覺, 謂之昏沉. 二者循環, 盡彼形壽, 生死輪廻肇此矣. 一念起卽是生, 一念滅卽是死. 人生總在積生積滅中, 度此百年, 安得不在生生死死中? 遷流永刧, 皆緣心頭一點, 有不能放下者在故也. 若念所當用者, 唯有念佛法門. 蓋念本是妄, 以繫于佛, 謂之以妄遣妄. 從念佛而叅究, 是爲以心究心, 從念佛而悟, 是爲以心得心. 雖云起念, 念實無起. 念之久久, 因念得心, 得心忘¹⁾念. 念至忘念, 與無念同, 淸淨湛一, 惟有一眞而已. 此大勢至菩薩, 以念佛法門, 人²⁾無生忍也. 夫獲無生忍, 則無念矣, 無念者, 靜之至也. 宗鏡錄云. 前後際斷處, 一念不生時, 寂爾少時間, 無思心正住. 此心住之時, 便是本體, 若佛心則湛然常住矣. 以暫住之心, 習令漸上, 便是工夫.

---

1) ㉺ '忘'이 甲本에는 '妄'으로 되어 있다. 2) ㉺ '人'은 '入'의 오자이다. 甲本과 『淨土晨鍾』 권9 「第9 了俗」 '了心念之妄'(X62, 82c)에는 '入'으로 되어 있다.

원력의 왕이시여

정토에 왕생하기를 발원한 자가 석가모니께서 유독 찬탄하신 말씀[205]을 따르고, 중생을 제도하겠다는 법장비구法藏比丘의 소원에 응한다면 임종할 때 수많은 성인들이 찾아와 환영하는 상서를 경험하고, 왕생할 때 아미타부처님께서 직접 영접해 주시는 은혜를 입을 것입니다.

칠보 연못 속에 몸을 의탁하고 구품의 연화대에 화생하여 그 수명이 다함이 없고 신체의 광명이 두루 비출 것이며, 일곱 가지 변재(七辯)[206]의 지혜를 획득하고 여섯 가지 신통(六通)의 위엄을 구족해 보살과 이웃이 되고 성문과 친구가 될 것입니다. 우리가 그럴 것이며, 중생 역시 마찬가지 입니다.

당장 쇳덩어리 돌덩어리처럼 굳은 마음을 일으켜 다 함께 황금빛 찬란한 세계로 돌아갈 것이니, 원력의 왕[207]께서는 부디 저만 빼놓지 마시고 연꽃 가득 핀 못으로 한 찰나에 데려가소서.[208]

願王

夫發願往生者, 順釋迦偏讚之言, 應法藏度生之願, 臨終之際, 感聖衆以來迎, 往生之時, 蒙彌陀而接引. 託質七珎池內, 化生九品蓮中, 壽量難窮, 身光徧照, 獲七辯之智, 具六通之威, 菩薩爲隣, 聲聞作伴. 我等如是, 衆生亦然. 徑挺鐵石心, 同歸金色界, 唯此願王獨不捨, 刹那引導入蓮池.

곧장 무위의 세계로 들어가라

실천(行)만 있고 서원(願)이 없다면 그 실천은 반드시 외로울 것이며, 서원만 있고 실천이 없다면 그 서원은 반드시 공허할 것이며, 실천도 없고 서원도 없다면 괜히 염부제에 머무는 것이다. 실천도 있고 서원도 있어야 곧장 무위無爲의 세계로 들어가니, 이것이 부처님과 조사들께서 정업을 닦으셨던 근본 이유이다.

이치(理)는 지혜(智)로 인해 소통되고 실천은 서원에서 일어나니 실천과 서원이 조화를 이루어야 이치와 지혜가 고루 갖추어진다는 것을 반드시 알아야 한다. 무릇 서원이란 좋아하는 것(樂)이고, 바라는 것(欲)이니 서방정토에 태어나기를 바라고, 아미타부처님 뵙기를 좋아하라. 반드시 서원을 일으켜야 비로소 왕생할 수 있으니, 서원하는 마음이 없다면 선근이 침몰하리라.

『화엄경』에서 "큰 서원을 일으키지 않으면 마귀에게 사로잡힌다."[209]라고 하고, "모든 부처님 사업이 큰 서원에서 시작된다."[210]라고 하였으니, 위없이 높은 부처님 도를 성취하고자 한다면 반드시 원바라밀願波羅蜜을 얻어야만 한다. 그래서 보현보살께서 드넓은 바다처럼 가없는 서원을 세우고, 아미타부처님께서 사십팔원의 문을 활짝 여셨던 것이니, 이로써 시방세계 모든 부처님과 아득한 옛날의 모든 현인들이 모두 원력願力으로 인해 보리를 성취하셨음을 알 수 있다.[211]

直入無爲

有行無願, 其行必孤, 有願無行, 其願必虛, 無行無願, 空住閻浮. 有行有願, 直入無爲, 此乃佛祖修淨業之根本也. 要知理由智導, 行由願興, 行願得均, 理智兼備. 夫願者樂也, 欲也, 欲生西方淨土, 樂見阿彌陀佛. 必須發願, 方得往生, 若無願心, 善根沉沒. 經云. 不發大願, 魔所攝持, 一切佛事,從大願起. 欲成無上佛道, 須得願波羅蜜. 所以普賢廣無邊願海, 彌陀有六八願門, 是知十方諸佛, 上古前賢, 皆因願力, 成就菩提.

회향하는 게송

대자보살께서 부처님을 찬탄하고, 죄를 참회하고, 회향하고, 발원하신 게송이다.

> 시방과 삼세의 부처님 중에
> 아미타부처님이 제일이시네
> 구품연화대로 중생들 건네주고
> 위엄과 공덕이 끝이 없으시네
> 제가 이제 크게 귀의하옵고
> 삼업으로 지은 죄 참회하오며
> 쌓았던 모든 복덕과 선근을
> 지극한 마음으로 남김없이 회향합니다
> 원하오니, 함께 염불한 사람들에게
> 감응하사 그 모습 수시로 보이시고
> 삶이 끝나는 날 서방세계의 모습이
> 두 눈 앞에 분명히 나타나게 하소서
> 보고 들은 자들도 다들 정진해
> 다 함께 저 극락세계에 태어나
> 부처님을 뵙고 생사윤회 끝낸 뒤
> 부처님처럼 일체중생 구제하게 하소서

이 게송은 위력을 가지고 있어 일체의 죄를 능히 소멸하고, 일체의 복을 늘어나게 한다.[212]

廻向偈

大慈菩薩, 讚佛懺罪, 廻向發願, 偈云.

十方三世佛, 阿彌陀第一.

九品度衆生, 威德無窮極.

我今大歸依, 懺悔三業罪.

凡有諸福善, 至心用廻向.

願同念佛人, 感應隨時現.

臨終西方境, 分明在目前.

見聞皆精進, 共生極樂國.

見佛了生死, 如佛度一切.

此偈有威力, 能滅一切罪, 長一切福.

소원을 원만히 성취하게 하소서

한결같은 마음으로 극락세계 아미타부처님께 목숨 바쳐 귀의하오니, 부디 청정한 빛으로 저를 비추시고 자비로운 서원으로 저를 거두어 주소서.

제가 이제 바른 생각으로 여래의 명호를 부르며 보리의 도를 성취하고자 정토에 태어나기를 바랍니다. 부처님께서는 지난날 서원을 세우시며 "만약 중생이 제 나라에 태어나고 싶어 지극한 마음으로 믿고 즐거워하면서 최소 열 번 이상 생각했는데도 태어나지 못한다면, 저는 정각을 얻지 않겠습니다."[213]라고 하셨습니다.

이렇게 염불한 인연으로 여래의 크신 서원의 바다에 들어가 부처님의 자비로운 힘을 받들어서 온갖 죄가 소멸하고 청정한 인연이 늘어나게 하소서.

이 삶이 끝나는 날 스스로 때가 되었음을 알게 하시고, 병도 고통도 없는 몸으로 욕심도 미련도 없고 또한 전도되지도 않은 마음으로 선정에 들듯이 숨을 거두게 하소서.

부처님과 수많은 성현들께서 손에 황금 누대를 들고 저를 맞이하러 오게 하시고, 한순간에 극락세계에 태어나 피어나는 연꽃 위에서 부처님을 뵙게 하소서.

곧바로 부처님의 가르침을 듣고 단박에 부처님의 지혜가 열리게 하시고, 널리 중생을 제도하여 보리를 구하는 저의 소원을 원만히 성취하게 하소서.[214]

滿願

一心歸命極樂世界阿彌陀佛, 願以淨光照我, 慈誓攝我. 我今正念, 稱如來名, 爲菩提道, 求生淨土. 佛昔本誓, 若有衆生, 欲生我國, 志心信樂, 稱我名號, 乃至十念, 若不生者, 不取正覺. 以此念佛因緣, 得入如來大誓海中,承佛慈力, 衆罪消滅, 淨因增長. 若臨命終, 自知時至, 身無病苦, 心不貪戀, 亦不顚倒, 如入禪定. 佛及聖衆, 手執金臺, 來迎接我, 於一念頃, 生極樂國, 華開見佛. 卽聞佛乘, 頓開佛慧, 廣度衆生, 滿菩提願.

정성을 다하라

즉시 한결같은 마음으로 목숨 바쳐 귀의하고 과보로 받은 이 몸이 다하는 그날까지 진실하게 수행해야 한다. 부처님을 생각하며 발원할 때에는 간절하게 온 정성을 다하면서 다른 어떤 생각도 해서는 안 된다. 사형장으로 끌려가는 사람처럼, 감옥에 갇힌 사람처럼, 원수에게 쫓기는 사람처럼, 사나운 불길이나 물살에 휩쓸린 사람처럼 한결같은 마음으로 도움을 청하고, 고통스러운 윤회를 벗어나 속히 무생법인을 증득해 심식心識을 가진 중생들을 널리 제도하고, 삼보三寶를 계승해 더욱 발전시키고, 맹세코 사은四恩에 보답하겠노라고 발원해야 한다.

이와 같이 정성을 다해야 비로소 헛되이 버리지 않게 된다. 혹시라도 말과 행동이 일치하지 않거나 믿음과 원력이 너무 가볍거나 생각 생각마다 이어지지 않거나 자주자주 끊어진다면, 이렇게 게으름 떨어 놓고 임종에 왕생을 기대한다면, 아마 업장에 가로막혀 훌륭한 벗들을 만나기 어려울 것이며, 사나운 바람과 불길에 쫓겨 바른 생각을 성취하지 못할 것이다.

왜 그런가? 지금이 원인이고 임종은 결과이니, 반드시 원인이 진실해야만 결과가 헛되지 않기 때문이다.[215]

至誠

直須一心皈命, 盡報眞修. 念佛發願之時, 懇苦翹誠, 無諸異念. 如就刑戮, 在狴牢, 怨賊所迫, 水火所迫, 一心求救, 願脫苦輪. 速證無生, 廣度含識, 紹隆三寶, 誓報四恩. 如斯至誠, 方不虛棄. 如或言行不稱, 信願輕微, 無念念相續, 有數數間斷, 以此懈怠, 臨終望生, 但恐業障所遮, 不值善友, 風火逼迫, 正念不成. 何以故? 如今是因, 臨終是果, 應須因實, 果則不虛故也.

금강으로 만든 깃대

부처님께서 "일체중생이 모두 발원하고 나의 나라에 태어나기를 원한다면 여인이건 불구자건 십악十惡과 오역죄五逆罪²¹⁶를 저질러 아비지옥에 떨어질 무리까지도 오히려 차별하지 않겠다."라고 하셨는데, 하물며 나를 차별하시겠는가? 나는 지금 도행道行이 비록 경미하기는 하지만 오역죄를 저지르지 않았고 염불한 횟수도 열 번을 넘으니, 반드시 왕생하게 되리라. 부처님이 어찌 스스로를 속이고 과거에 세운 서원을 어기시겠는가? 더구나 시방의 모든 부처님께서도 광장설상廣長舌相을 보이며 이 사실을 증명하셨다. 따라서 나는 이제 기필코 왕생하기를 바라며 감히 물러서지 않으리라.

이와 같은 사람을 금강으로 만든 깃대처럼 용감하고 씩씩한 힘을 가진 수행자라 한다.²¹⁷

金剛幢

佛言. 一切衆生, 皆當發願, 願生彼國, 尙不間於女人根闕十惡五逆阿鼻之輩. 何況於我? 我今道行雖微, 不造五逆, 數過十念, 必當得生. 佛豈自証, 背¹⁾違本願? 況十方諸佛, 示廣長舌相, 證明斯事. 是故我今必定求生, 不敢退轉也. 如是名爲行人金剛幢勇健之力.

---
1) ㉠ '背'가 『寶王三昧念佛直指』 하권 「第12 勉起精進力」(T47, 368b)에는 '肯'으로 되어 있다.

염불하면 아미타불과 의기투합해 서로 만나게 된다

한평생 순박하고 깨끗한 마음으로 견고하고 진실하게 믿으면서 온 정성을 다해 예배하고, 칭송하고, 과오를 뉘우치고, 발원한다면, 이런 사람은 몸도 마음도 저 아미타부처님과 의기투합해 서로 접촉하게 되고, 바람에 휘는 나무처럼 점점 서쪽으로 기울다가 쓰러질 때가 되면 반드시 서쪽으로 넘어진다는 것을 나는 안다. 선업을 닦으면 왕생하게 되는 것도 역시 이와 마찬가지이다.[218]

氣類交接

一生之中, 以淳淨心, 堅固諦信, 至誠禮誦, 悔過發願, 吾知此人, 若身若心, 則與彌陀, 氣類交接, 如風吹樹, 斜勢西傾, 及其倒時, 必當西倒. 習善得生, 亦復如是.

반드시 부처님께서 맞이하고 인도해 주시리라

세상 사람들이 염불하는 것을 보면 대부분 그저 복전福田을 위해, 권속을 위해, 병을 치료하기 위해, 오래 살기 위해, 부귀와 안락을 보존하기 위해, 자손의 영광을 위해서 한다. 왕왕 향과 촛불을 도량에 진설하고 축원하는 말들도 다 범부의 망연妄緣을 좇아 내달리는 것들이니, 직접 맞이해 인도하시겠다던 아미타부처님의 본원과는 매우 위배되는 짓이다. 설령 평생을 닦고 익힌다 한들 잘못된 공부를 하는 것이니 무슨 이익이 있겠는가?

오로지 참되고 바른 마음을 일으켜 부처님을 뵙고, 가르침을 듣고, 직접 수기授記를 받고, 사바세계로 돌아와 널리 중생을 제도하겠노라고 발원해야지, 인간과 천상의 복된 과보는 털끝만큼도 스스로 도모해서는 안 된다. 이와 같이 발원하고 시시각각 마음을 쏟아 기뻐하고 좋아하고 잊지 않으면, 비로소 아미타부처님의 본원과 상응하여 목숨이 끊어질 때 부처님께서 맞이하고 인도해 주시는 은혜를 반드시 입으리라.[219]

必蒙接引

世人念佛者, 多只爲福田故, 眷屬故, 病苦求痊, 及永年故, 保富貴安樂, 子孫光顯故. 往往香燭道場所陳, 祝願之詞, 皆是趁逐凡緣, 與阿彌接引本願甚背. 縱使一生修習, 錯用工夫何益? 惟發眞正, 願見佛聞法, 親承授記, 回入娑婆, 廣度衆生, 毫不自求人天福報. 如是發願, 時刻注向, 欣樂不忘, 方與佛願相應, 臨命終時, 必蒙接引.

결국 다시 태어나야 할 것이니

정토를 진실로 믿으며 왕생하겠다고 확고히 뜻을 세운 자는 이미 깨달았는지 아직 깨닫지 못하였는지를 논하지 않는다. 마음을 곧바로 가리키는 종지만 전하는 선종禪宗에 종사하지만 아직 깨닫지 못한 자라면 비록 매일 참선으로 업무를 삼는다 해도 왕생을 발원하는 것이 방해가 되지 않는다. 다음 생의 몸을 받지 않을 수 없다면[220] 결국 태어날 곳이 있기 때문이니, 이는 도둑놈 심보도 아니고 갈림길에서 망설이는 마음도 아니다.

이미 깨달은 자라고 해도 옛사람이 말씀하시기를 "너는 한 번만 깨달으면 곧바로 모든 부처님과 나란한 경지에 오를 수 있다고 생각하느냐?"[221]라고 하셨다. 그래서 보현보살께서는 화엄세계의 맏아들이 되어[222] 티끌마다 꽃으로 장엄한 세계이고 머무는 곳마다 연꽃 가득한 나라였지만, 「행원품行願品」에서 반드시 온 정성을 다해 "안락국安樂國에 왕생하라."라고 말씀하셨던 것이다. 이미 깨달으신 분도 오히려 이렇게 하셨는데, 하물며 아직 깨닫지 못한 사람이겠는가?[223]

竟有生處

眞信淨土, 決志往生者, 不論已悟未悟. 其從事單傳直指而未悟者, 雖日以叅禪爲務, 不妨發願往生. 以未能不受後有, 畢竟有生處故, 不是偸心, 歧路心也. 其已悟者, 古人云. 汝將謂一悟便可卜齊諸佛乎? 故普賢爲華嚴長子, 雖塵塵華藏, 在在蓮邦, 而行願品, 必拳拳乎, 以往生安樂爲言也. 已悟尙然, 況未悟乎?

반드시 성취하리라

세상에 염불하는 사람은 많지만 부처가 되는 사람은 적다. 그 이유는 세 가지이다.

첫째, 입으로는 염불하지만 마음속이 선하지를 않으니, 이런 이유 때문에 왕생하지 못하는 것이다. 당장 부처님 말씀에 의지해 공덕을 쌓고 복을 닦아야 하며, 부모님께 효순하고, 군왕을 충심으로 섬기고, 형제간에 서로 사랑하고, 부부간에 서로 공경해야 하며, 정성을 다하고, 믿음직스럽고 착실하며, 공평하고 정직하며, 부드럽고 온화하며, 참고 인내하며, 공평하고 정직해야 하며, 남몰래 방편을 베풀어 보살피고, 일체중생을 사랑하고 불쌍히 여겨야 하며, 생명을 죽이거나 해쳐서는 안 되고, 아랫사람을 능멸하거나 욕보여서는 안 되고, 힘없는 백성을 속이거나 억압해서는 안 된다. 이런 좋지 않은 마음이 일어났다 싶으면 더욱 힘을 써 염불하여 그런 좋지 않은 마음을 반드시 물리치겠다고 생각해야 한다.

둘째, 입으로는 염불하지만 마음속이 허튼 생각으로 어수선하니, 이런 이유 때문에 왕생하지 못하는 것이다. 반드시 원숭이 같은 마음과 야생말 같은 의식을 붙잡아 안정시키고 한 글자 한 글자를 분명히 새기면서 마음마다 잘 살펴 단속해야 하며, 직접 서방세계에서 아미타부처님을 마주하고 있는 것처럼 감히 산란해서는 안 된다. 이래야 겨우 염불하는 사람답다.

셋째, 입으로는 염불하지만 마음속으로는 그저 다음 생에 사람 몸 잃지 않기만을 소원하고 부귀하게 태어나기만 바라니, 이런 이유 때문에 왕생하지 못하는 것이다. 천궁天宮에 태어나 부귀영화를 누린다 해도 복이 다하면 반드시 떨어져야 하는데, 하물며 인간세계의 부귀가 얼마나 갈 수 있겠는가? 당장 크고 넓은 마음을 일으키고 견고한 뜻을 세워 "정토에 왕생하여 부처님을 뵙고 그 가르침을 들어 위없는 보리의 과보를 얻고 가없는 중생을 제도하겠노라."라고 서원하라. 이래야 겨우 염불하는 사람다운 것이니, 이런 사람은 반드시 부처가 되리라.[224]

定得成

世人念佛者多, 成佛者少. 其故有三. 一者, 口雖念佛, 心中不善, 以此不得往生. 便要依佛所說, 積德修福, 孝順父母, 忠事君王, 兄弟相愛, 夫婦相敬, 至誠信實, 柔和忍耐, 公平正直, 陰隲方便, 慈愍一切, 不殺害生命, 不凌辱下人, 不欺壓小民. 但有不好心起, 著力念, 定要念退這不好心. 二者, 口雖念佛, 心中胡思亂想, 以此不得往生. 必須按定心猿意馬, 字字分明, 心心照管, 如親在西方, 面對彌陀, 不敢散亂. 如此纔是. 三者, 口雖念佛, 心中只願來世不失人身, 求生富貴, 以此不得往生. 且如天宮富貴, 福盡也要墮落, 何況人間, 能有幾時? 便可發廣大心, 立堅固志, 誓願往生, 見佛聞法, 得無上果, 廣度衆生. 如此纔是念佛的人, 定得成佛.

영원히 물러남이 없다

정토에 태어나기를 원하지 않는다면야 그만이지만 태어나기를 원했다 하면 태어나지 않을 수가 없다. 정토에 태어나지 않는다면야 그만이지만 태어났다 하면 영원히 물러남이 없다.

번뇌에 꽁꽁 묶인 범부가 처음으로 믿음과 원력에 힘입어 저 국토에 태어나게 되었다 해도 삼독三毒과 삿된 견해를 단박에 잊을 수는 없는데, 어떻게 그가 물러서지 않으리란 것을 아는가?

대개 아미타부처님의 원력이 항상 그를 거두고, 큰 광명이 항상 비추고, 매우 훌륭하신 분들이 모여 계시고, 수명이 영겁에 이르고, 개울과 새와 숲의 나무와 바람 소리 악기 소리마저 오묘한 가르침을 유창하게 연설하기에 그 소리를 듣는 자들은 부처님을 생각하고, 법을 생각하고, 스님들을 생각하는 마음이 끊어진 적이 없기 때문이다.

중생이 병을 앓는 사람과 같다면 부처님은 의왕醫王이시고, 법은 좋은 약이고, 스님들은 간병인이니, 이 세 가지가 눈앞에 있어 병이 싹틀 수 없는 것이다. 이를 근거로 말한다면, 정토에 한번 태어났다 하면 무슨 수로 물러나겠는가?[225]

永無退轉

不願生淨土則已, 願生則無不得生. 不生淨土則已, 生則永無退轉. 具縛凡夫, 初憑信願, 得生彼土, 三毒邪見, 未能頓忘, 何以知其不退轉耶? 盖以彌陀願力, 常所攝持, 大光常照, 上善人聚, 壽命永劫, 水鳥樹林, 風聲樂響, 演暢妙乘, 聞其聲者, 念佛念法念僧之心, 未嘗間斷故也. 衆生如受病之人, 佛爲醫王, 法爲良藥, 僧爲視病人, 三者現前, 病不得而萌矣. 以是言之, 則一生淨土, 何從而有退轉哉?

천년의 계획

젊어서부터 아내를 구하고 자식을 키우며 집안 살림 경영하느라 천신만고를 다 겪지만 홀연히 세 치 호흡이 끊어지면 하루아침에 몽땅 허사가 되는 것을 면치 못한다. 자손이 효순하면 그나마 부모를 기억이라도 하지만, 못난 자식들은 부모가 죽으면 뼈가 식기도 전에 재산을 털어 제멋대로 즐기기 바쁘다. 이로써 무엇이 더 중요한지를 비교해 보고 천년의 계획을 세워야 한다. 자식에게는 스스로 자식들의 복이 있으니, 자식을 위해 소나 말이 되지는 말라.

사람이 이 세상에서 얼마나 살 수 있을까? 병들고 늙기 전에 얼른 몸과 마음을 떨어 버리고 세간의 온갖 일도 치워 버리고 하루 시간이 있으면 하루 동안 아미타부처님을 생각하고, 한 시간 공부할 수 있으면 한 시간 동안 정업을 닦아라. 그 덕분으로 목숨이 끊어질 때에는 죽음을 좋아하건 죽음을 싫어하건 내 노잣돈이 이미 준비되고, 내 앞길이 평온하고 당당할 것이다. 만약 이렇지 못하다면 후회해도 소용없다.[226]

千年調

自從早年, 索妻養兒, 經營家計, 受盡萬千辛苦, 忽然三寸氣斷, 未免一朝皆休. 若是孝順兒孫, 猶能記憶爹娘, 若是不肖子, 父母方死, 骨頭未冷, 作撻財産, 恣意爲樂. 以此較之, 着甚麽要緊, 作千年調. 兒孫自有兒孫福, 莫與兒孫作馬牛. 人生在世, 能有幾時? 趂未病未老之前, 抖擻身心, 撥開世事, 得一日光陰, 念一日彌陀, 得一時工夫, 修一時淨業. 由他臨命終時, 好死惡死, 我之盤纏, 預辦了也. 我之前程, 穩穩當當了也. 若不如此, 後悔難追.

좋은 소식

한 부처님께 전적으로 의지하고 마음 마음마다 빈틈이 없게 하라. 이렇게 오래 수행하다 보면 문득 사대四大가 합해 만들어진 몸을 한 주먹에 박살 내고, 오탁五濁이 합해 만들어진 세계를 한 발로 걷어차 엎어 버리게 될 것이다.

그러고 나면 보이고 들리는 대로 새소리와 매미 소리, 목동의 노래와 나무꾼 노래가 곧 무상無常·고苦·공空을 연설하는 서방정토의 법음이요 하늘나라 음악일 것이며, 대나무 울타리와 초가집이 곧 서방정토의 황금 누대요 보배 전각일 것이며, 날리는 폭포와 졸졸거리는 여울이 곧 서방정토의 보배 연못이요 팔공덕수八功德水일 것이며, 들에 핀 꽃과 아름다운 나무가 곧 서방정토의 교대로 펼친 보배 그물이요 천인들이 뿌리는 오묘한 꽃일 것이며, 함께하는 밝은 스승과 선량한 벗들이, 이웃하는 나무와 돌과 사슴과 멧돼지가 곧 서방정토의 매우 훌륭하신 성현들일 것이니, 무엇이 괴롭고 무엇이 즐거울 것이며, 무엇이 마음에 들고 무엇이 마음에 거슬릴 것이며, 무엇이 삿된 마귀이고 무엇이 삼독 등의 번뇌이겠는가?

눈앞이 온전한 정토라면 세상을 떠날 날이 닥쳐도 두려움이 없고 산란함도 없을 것이니, 지탱할 수도 없고 내 뜻대로 되지도 않는 몸이지만 편안한 마음으로 두 손을 모으며 고향으로 돌아가리라. 결국 평생 힘을 얻었던 것을 이때에 이르러 과감하게 사용할 수 있으니 반드시 좋은 소식이 있으리라.[227]

好消息

靠住一佛, 心心無間. 行之旣久, 便可將四大所合之身, 一拳粉碎, 五濁所合之世界, 一脚踢翻. 然後隨所聞見, 鳥語蟬吟, 牧歌樵唱, 卽西方之無常苦空法音天樂也, 竹籬茅舍, 卽西方之金臺寶殿也, 飛泉鳴瀨, 卽西方之寶池德水也, 野芳嘉木, 卽西方之寶網交羅妙華天雨也, 明師良友之儔, 木石鹿豕之侶, 卽西方之諸上善人也, 何苦, 何樂, 何順, 何逆, 何邪魔, 何三毒等煩惱? 目前純是淨土, 到得厭世時, 無怖無亂, 不支不吾, 怡然拱手, 歸來故鄉. 總是生平得力處, 到此決用得着, 決有好消息也.

마음을 떠나 존재하는 실체란 없다

만약 임종할 때 열 번의 염불로 왕생하고 싶다면 그저 나루터와 다리를 미리 갖추고서 공덕을 쌓아 회향을 하고, 죽음의 순간이 닥쳤을 때 생각 생각마다 흐트러지지 않기만 하면 된다. 그러면 걱정할 것이 없다.

무릇 선과 악의 두 바퀴와 고苦와 낙樂의 두 과보가 모두 삼업三業으로 만들어진 것이고, 인연으로 생겨난 것이며, 육인六因[228]으로 조성된 것이고, 오과五果[229]에 포섭되는 것이다. 만약 한 생각 마음이 분노에 휩싸이거나 삿된 음행을 추구한다면 곧 지옥의 업이고, 인색하거나 욕심내거나 진실하지 못하다면 곧 아귀의 업이고, 어리석거나 무지하다면 곧 축생의 업이고, 아만에 휩싸여 으스댄다면 곧 아수라의 업이고, 오계를 굳게 지킨다면 곧 인간의 업이고, 십선十善을 정밀히 닦는다면 곧 천신의 업이고, 사람이 공하다는 것을 깨닫는다면 곧 성문의 업이고, 연기를 알아 자성自性을 여읜다면 곧 연각의 업이고, 육바라밀을 고루 닦는다면 곧 보살의 업이고, 진실한 자비로 평등하다면 곧 부처님의 업이다.

마음이 깨끗하면 곧 연꽃 향기 가득한 누대에다 칠보로 만들어진 나무가 즐비한 청정한 세계에서 화현해 태어나고, 마음이 더러우면 울퉁불퉁한 언덕에다 구덩이와 함정이 즐비한 더러운 세계에서 새 몸을 받을 것이니, 이 모두가 원인과 같은 부류의 결과(等倫之果)[230]가 나타나는 것이고, 스스로 세력이 강한 인연(增上之緣)[231]을 감응한 결과이다. 따라서 근원인 자신의 마음을 떠나서는 다시 다른 실체라 할 것이 없다.

경에서 말씀하시기를 "마음이 더러우면 중생이 더럽고, 마음이 깨끗하면 중생이 깨끗하다."[232]라고 하였고, 또 "너의 세계를 깨끗하게 하고 싶다면 다만 너의 마음을 깨끗하게 하라."[233]라고 하였다. 따라서 일체가 마음으로 돌아가고 만법이 나에서 비롯되었음을 알 수 있으니, 청정한 과보를 얻고 싶다면 다만 청정한 인연을 실천하라. 물의 성품이 아래로 흐르듯, 불의 성품이 위로 치솟듯, 세력과 운수가 이와 같은데 어찌 의심할 수 있겠는가?[234]

離心無體

如要臨終十念成就, 但預辦津梁, 合集功德廻向, 此時念念不虧. 却無慮矣. 夫善惡二輪, 苦樂二報, 皆三業所造, 四緣所生, 六因所成, 五果所攝. 若一念心, 瞋恚邪淫, 卽地獄業, 慳貪不實, 卽餓鬼業, 愚癡暗蔽, 卽畜生業, 我慢貢高, 卽修羅業, 堅持五戒, 卽人業, 精修十善, 卽天業, 證悟人空, 卽聲聞業, 知緣性離, 卽緣覺業, 六度齊修, 卽菩薩業, 眞慈平等, 卽佛業. 若心淨, 卽香臺寶樹, 淨刹化生, 心垢則丘陵坑坎, 穢土稟質, 皆是等倫之果, 能感增上之緣. 是以離自心源, 更無別體. 經云. 心垢卽衆生垢, 心淨故衆生淨. 又云. 欲淨汝界, 但淨汝心. 故知一切歸心, 萬法由我, 欲得淨果, 但行淨因. 如水性趣下, 火性騰上, 勢數如是, 何足疑焉?

전체가 드러나려면

길을 떠나야 할 때가 오면 버리지 못하는 것에 무엇이 있는지를 반드시 생각해 보아야 한다. 만약 "이 세상을 버리지 못하겠다."라고 말한다면 세상을 훌쩍 벗어나지 못해 다시 오는 것을 면치 못할까 두렵다. 그런데도 세상을 그리워하려 듦이 심하다.

만약 "이 몸을 버리지 못하겠다."라고 말한다면 몸을 훌러덩 벗어 버리지 못해 다시 받는 것을 면치 못할까 두렵다. 그런데도 몸을 아파하려 듦이 심하다.

만약 "이 마음을 버리지 못하겠다."라고 말한다면 마음을 완전히 끊어 버리지 못해 종자種子를 남길까 두렵다. 그런데도 마음을 아까워하려 듦이 심하다.

만약 "부처님 법을 버리지 못하겠다."라고 말한다면 불법을 말끔히 쓸어버리지 못해 그 집착이 법法의 결박이 될까 두렵다. 그런데도 불법을 사랑하려 듦이 심하다.

만약 "혜근慧根을 만에 하나 잃어버리면 어쩌나." 하고 걱정한다면 그대가 인지하는 혜근이란 바로 명근命根이요, 바로 제8식이며, 잃을까 두려워하는 그 한 생각이 바로 '나'라고 집착하는 제7식이요, 분별하고 사량하는 제6식이니 바로 깨끗이 털어 버려야 할 것들이다. 그런데도 보호하려 듦이 심하다.

맑고 깨끗한 본연의 성품과 근본에서 빛나는 오묘한 깨달음에 이르러 분별과 간택揀擇을 용납하지 않고 지키고 보호할 것이 그 무엇도 없어야 하며, 곧장 일체를 보지 않고 한 법도 존재하지 않는 상태에 도달해야 비로소 전체가 드러난다.

그대가 지난날 미혹하여 이와 같은 갖가지 것들을 지녀 왔는데, 오늘 깨닫고서 어느 하나라도 끝내야겠다고 생각은 하는가? 실오라기 하나도

마음에 걸어 두지 않은 뒤에야 비로소 상품上品을 증득하리라.[235]

全現

須念臨行時, 有甚麼放他不下處. 若說世間放不下, 正恐跳他不出, 未免再來. 還要戀他則甚. 若說此身放不下, 正恐掙他不脫, 未免再受. 還要痛他則甚. 若說此心放不下, 正恐斷他不盡, 留爲種子. 還要惜他則甚. 若說佛法放不下, 正恐灑他不開, 執成法縛. 還要愛他則甚. 若慮慧根萬一迷失, 則爾所認慧根, 正是命根, 正是八識, 其怕迷失一念, 正是執我七識, 分別六識, 正須擺落淨盡. 還要護念則甚. 至於淸淨本然, 元明妙覺, 不容揀擇, 無可任持, 直至一切不見, 一法不存, 方得全現. 爾向日迷來, 帶了如許種種的來, 今日悟去, 還擬將了那一件去乎? 一絲不掛, 然後方證上品矣.

마음에 쏙 드는 일

누구든 목숨을 마치고 정토에 태어나고 싶다면 반드시 먼저 준비해야지 죽음을 두려워해서는 안 된다. 항상 '이 몸은 고통이 많고, 악업이 이리저리 얽힌 것이다. 만약 이 더러운 몸을 버리고 초월해 정토에 태어난다면 부처님을 뵙고 그 가르침을 들으면서 한량없는 쾌락을 누리고 큰 해탈을 얻을 것이다. 이것은 내 마음에 쏙 드는 일이니, 너덜너덜한 옷을 벗고 보배로운 옷으로 갈아입는 것과 같다.'라고 생각하면서 마땅히 몸과 마음을 내려놓아야지, 그리움과 집착을 일으켜서는 안 된다.

한결같은 마음으로 죽음을 기다리면서, 가족들과 병문안하러 오가는 사람들에게 "내 앞에 와서는 나를 위해 염불해야지, 눈앞에서 한가하게 잡담이나 늘어놓아서는 안 된다."라고 단단히 부탁해 두라. 집안의 대소사에도 또한 굳이 부드러운 말로 위로하거나 안락을 축원할 필요가 없으니, 이런 게 다 겉치레이고 무익한 짓이다.

만약 병이 심해져 목숨이 끊어지려 할 때면, 가족들은 눈물을 흘리며 통곡하거나 탄식하고 오열하는 소리를 터뜨림으로써 그의 심신心神을 어지럽히고 바른 생각을 놓치게 해서는 안 된다. 다만 동시에 한목소리로 염불하면서 그의 호흡이 완전히 사라질 때까지 기다렸다가 비로소 슬픔을 드러내야 한다. 세간을 그리워하는 마음이 실오라기만큼만 있어도 곧바로 장애가 되어 해탈하지 못하기 때문이다. 만약 정토법문을 밝게 깨달은 사람이 자주 찾아와 경책하고 격려해 준다면 가장 큰 행운일 것이다. 이 가르침에 의지하는 자는 의심할 여지 없이 반드시 이 세계를 초월하여 극락에 왕생할 것이다.[236]

稱意之事

凡人命終, 欲生淨土, 須先準備, 不得怕死. 常念此身多苦, 惡業交纏, 若得捨此穢身, 超生淨土, 見佛聞法, 受無量快樂, 得大解脫, 乃是稱意之事, 如脫弊衣, 得換珍服. 但當放下身心, 莫生戀着. 一心待死, 叮囑家人及往來問候人. 凡來我前, 爲我念佛, 不得說眼前閒雜話. 家中長短事, 亦不須輭語安慰, 祝願安樂, 此皆虛華無益. 若病重將終, 親屬不得垂淚哭泣發嗟嘆懊惱之聲, 惑亂心神, 失其正念. 但一時同聲念佛, 待氣盡, 方可發哀. 纔有絲毫戀世間心, 便成罣碍, 不得解脫. 若得明曉淨土之人, 頻來策勵, 極爲大幸. 依此者, 決定超生無疑矣.

경쇠를 울려라

권속 및 어떤 사람이 임종하는 상황을 만나거든 먼저 침실 평상 앞에 불상 한 구를 동쪽을 향하도록 설치하고, 환자는 서쪽을 향하게 하여 부처님과 마주 보게 하라. 환자를 돌보는 사람은 향을 사르고, 꽃을 뿌리고, 경쇠를 울리면서 그가 부처님의 명호를 부르도록 도우라. 혹 환자가 예전에 부처님을 믿지 않았다 해도 역시 갖가지 방편을 써서 부처님을 부르도록 권유하라. 만약 병의 증세로 인해 똥오줌을 흘리는 일이 있으면 그때마다 곧바로 치우면 되고, 또한 죄가 되지도 않는다. 부처님의 마음은 자비롭기에 정성을 다해 귀의하기만 바라고 싫어하시는 게 별로 없기 때문이다.[237]

鳴磬
凡遇眷屬及一切人臨終, 先於寢室榻前, 置一立佛像向東, 病者向西, 與佛相對. 看病者, 燒香散花鳴磬, 助稱佛名. 或病者, 先不信佛, 亦須種種方便, 勸令稱佛. 若有病症遺穢, 隨卽除之, 亦無有罪. 以佛心慈悲, 但冀歸誠, 別無憎惡.

평등한 사랑

큰 도는 감정이 없어 원수건 친구건 평등하게 대한다. 하지만 범부는 권속을 사랑하고 그리워하여 평등이라는 말하고는 상응한 적이 없고, 감정과 애욕을 잊은 적이 없다는 사실도 알지 못한다.

오직 정업을 닦으며 함께 서방세계로 가자고 약속한 동지들이라면 감정으로 귀의해 감정을 잊고 똑같이 사랑해 사랑을 잊으면서 범부의 마음 씀씀이를 파괴하지 않을 뿐만 아니라 널리 제도하여 극락세계에 왕생케 하니, 진실로 평등하지 않았던 적이 없다.

이들을 생명에 위태로운 상황이 닥쳤을 때 눈물을 훔치면서 기약 없는 작별을 하고, 썩어 가는 시체에 온 재산을 쏟아 부으면서 후하게 장사 지내는 자들과 비교해 보면 그 사랑이 누가 크고 누가 작은가?[238]

平等

大道無情, 冤親平等. 然凡夫愛戀眷屬, 語以平等, 似未相應, 不知情愛未忘者. 惟有修習淨業, 共結西方伴侶, 則情歸忘情, 愛同忘愛, 不壞凡夫心相, 亦且普度往生, 固未嘗不平等也. 以視夫濱危之際, 揮涕訣別, 待潰之軀, 罄貲厚殮者, 其愛之大小何如?

나침반

큰일을 완수하려면 매우 긴요하게 해야 하고, 더욱이 죽음에 임박해서는 무엇보다 우선시해야 한다. 예전에 한가하게 세월을 보냈더라도 이때에 이르러서는 더 늘어지면 안 된다. 예전에 헷갈려 갈팡질팡했더라도 이때에 이르러서는 대충 얼버무리면 안 된다. 예전에 겉치레에 눈이 팔렸더라도 이때에 이르러서는 거짓으로 꾸미면 안 된다. 예전에 갈림길에서 망설였더라도 이때에 이르러서는 이리저리 방황하면 안 된다.

오직 마음속에서 신령하고 명백하게 일을 처리해야 하니, 화들짝 깨어나면 연화대가 우뚝 나타날 것이요, 정신을 못 차리면 육도六道와 삼악도三惡道에 떨어지리라. 정토와 예토로 나뉘어 한순간에 길이 갈리니, 위험하도다! 그러니 요결要訣을 끝까지 붙잡고 '일심정념一心正念' 네 글자에서 벗어나지 말라.

이 순간은 활시위를 완전히 당겨 더 이상 당기기 어려운 상태에 도달한 것과 같으니, 반드시 더욱 주의력을 기울여 자세히 살피고 단단히 고정하면서 앞쪽 손을 밀치고 뒤쪽 손을 놓아야 화살이 비로소 적중한다. 또 바다를 항해할 때 나침반에 의지해야 방향을 잃지 않고 저 해안에 도착하게 되는 것과 같다. 그러니 얼른 자세히 살펴 돛을 거두고 키를 잡아야 한다. 한순간 실수해 예전처럼 광풍에 휩쓸려 대양을 표류한다면 장차 어디에서 멈추겠는가?[239]

指南車

欲辦大事, 喫緊, 尤在臨時, 一着. 從前悠忽, 到此延捱不得. 從前迷着, 到此糊塗不得. 從前浮華, 到此假借不得. 從前歧路, 到此徘徊不得. 只方寸間, 靈明用事, 醒則立現蓮臺, 昧則六途三塗. 有分淨穢, 頃刻異路, 危哉! 究竟把握要訣, 不外一心正念四字. 此際如挽弓到將滿時分外難開, 須加意審固, 前手撇, 後手絕, 箭方中的. 又如泛海, 憑指南車, 不誤方所, 將抵彼岸. 急宜仔細, 收帆把舵. 霎時差失, 依舊被狂颶吹去, 飄蕩大洋中, 將何底止?

고향으로 돌아가듯이

마음은 본래 태어나지 않는데도 인연이 합하면 태어남이라 하고, 마음은 본래 죽지 않는데도 인연이 흩어지면 죽음이라 하니, 태어남과 죽음이 있는 것 같지만 원래 가고 오는 일이란 없다. 이것을 깨닫는다면 살아서는 하늘의 뜻에 순응하고 죽어서도 편안할 것이며, 항상 고요하고 항상 밝게 비출 것이다.

세상 사람들이 죽음을 두려워하는 것은 본래 태어나고 죽는 일이 없다는 것을 깨닫지 못했기 때문이다. 본래 스스로 태어남이 없는데 어떻게 죽음이 있을 수 있고, 어찌 두려움이 있을 수 있겠는가?

그렇기는 하지만 무생無生의 이치는 쉽게 금방 깨달을 수 있는 게 아니니, 오로지 정성을 다해 부처님을 생각해야만 한다. 오래오래 염불하여 한결같은 마음이 산란하지 않게 되면 반드시 깨달음이 열릴 것이다. 설령 깨닫지 못한다 해도 한평생 염불한 힘으로 임종할 때에 죽으면 반드시 정토에 태어나리라는 것을 스스로 알게 될 것이다. 그러면 타향 땅을 정처 없이 떠돌다가 고향으로 돌아오게 된 것과 같고, 아미타부처님께서 손을 내밀면서 맞이해 인도하고 극락세계에 왕생하여 그 기쁨이 한량없을 것이니, 어찌 두려움이 있겠는가?[240]

歸故鄕

心本不生, 緣合而生, 心本不死, 緣散而死, 似有生死, 原無去來. 於斯會得, 生順死安, 常寂常照. 世人畏死者, 以未悟本來無生故也. 本自無生, 焉得有死, 何畏之有? 然無生未易卒悟, 惟當專誠念佛. 久久念至一心不亂, 必得開悟. 就令不悟, 而一生念力, 臨終自知死去必生淨土. 則如流落他方, 得歸故鄕, 阿彌陀佛, 垂手接引, 往生歡喜無量, 何畏之有?

상서로운 감응이 한둘이 아니다

 만약 삼매를 성취한다면 천인들이 보호하고 도울 것이며, 죽음을 맞이해서도 바르게 염불할 것이며, 그가 왕생하는 순간에는 상서로운 감응이 한두 가지가 아닐 것이다.

 혹은 하늘나라 음악이 온 하늘에 가득 울리고, 혹은 기이한 향기가 온 방에 가득 퍼지고, 혹은 찬란한 빛이 그의 몸을 비추고, 혹은 보배로 만든 좌대가 앞에 나타나고, 혹은 아미타부처님께서 팔을 드리우시고 직접 찾아와 맞이하고, 혹은 보살들이 금대金臺 은대銀臺를 들고서 손을 내밀며 맞이할 것이다.

 나아가 때가 되었음을 미리 알고, 바르게 생각하면서 오류가 없고, 모든 장애가 홀연히 사라질 것이며, 스스로 목욕하고 결가부좌한 다음 대중을 모아 설법하고 두 손을 공손히 맞잡은 채 이별을 고하게 될 것이며, 혹은 또 사람들에게 도를 열심히 닦도록 권하는 편지나 게송을 남긴 후 붓을 내려놓고 합장한 채 떠나기도 하고, 혹은 죽은 후에도 온몸이 살아 있을 때와 마찬가지이기도 하고, 이나 뼈나 지니던 염주가 사나운 불길에도 파괴되지 않기도 하고, 화장할 때의 불꽃이 평소와 달리 오색이 선명하기도 하고, 상서로운 물체가 허공을 빙빙 돌면서 흩어지지 않기도 하고, 연기가 닿은 물체에 사리나 액체 구슬이 맺히기도 할 것이니, 이는 사람들이 귀와 눈으로 흔히 목격하는 일들이다.

 평소에 실천하고 명백하게 정진했던 그 힘의 감응이 아니라면 어찌 이와 같은 일들이 일어날 수 있겠는가?[241]

瑞應非一

若得三昧成就, 天人護助, 臨終正念, 其往生之際, 瑞應非一. 或天樂盈空, 或異香滿室, 或光明照體, 或寶座現前, 或彌陀垂臂, 親自來迎, 或菩薩執臺, 授手而接. 乃至預知時至, 正念不謬, 諸障忽空, 自能沐浴跏趺, 會衆說法, 叉手告別, 或更勉人進道, 書偈擲筆, 合掌而逝, 或臨終之後, 擧體如生, 齒骨數珠, 燒之不壞, 光燄異常, 五色鮮明, 祥物於空盤旋不散, 烟所至處, 舍利流珠, 觸物而生, 此耳目之所常有者. 若非平日履踐明白精進力感, 焉能若是?

염불은 게으른 자들의 호신부가 아니다

 백 리 길을 가려는 자는 밤을 새워 곡식을 찧어야 하고 천 리 길을 가려는 자는 석 달 동안 양식을 모아야 하는데, 하물며 십만억 국토를 건너야 하는 극락세계이겠는가? 한평생 미리 준비하지를 않고 잠깐 사이에 도둑질하듯 덥석 얻으려 든다면, 숨이 꼴딱꼴딱 넘어갈 때에 제갈량諸葛亮이 물고기를 관찰하고 안석安石이 바둑을 두었던 솜씨[242]를 충분히 갖출 수 있다고 생각한다면, 글쎄 큰 도둑놈이 아닐까?

 "진흙탕처럼 더러운 악인도 열 번만 부처님을 생각하면 왕생할 수 있다."라고 말씀하셨으니, 염불을 무시하고 방관해도 무방하다는 것일까? 경전의 말씀을 두려워하며 진실한 이치를 믿어야겠지만, 이 역시도 여래께서 마지못해 어쩔 수 없이 손을 내밀면서 하신 쓴소리이지, 이런 도둑놈 심보를 가진 무리들에게 서방정토로 호신부護身符[243]를 만들어 준 것이 아니다.

 게다가 사람의 감정이란 훌륭한 것을 좋아하고 못난 것을 싫어하게 마련인데, 유독 이 일에서만큼은 스스로 하품하생下品下生을 자처하니,[244] 또한 너무도 가엾구나![245]

護身符

適百里者, 宿舂糧, 千里者, 三月聚糧, 況十萬億刹之極樂國乎? 不豫辦於平生, 而欲襲取於俄頃, 未審倉皇呼吸時, 能具諸葛觀魚安石圍碁手段, 了大敵否? 如泥惡人十念往生之語, 不妨放寬眼下? 恐經文理固可信, 亦是如來萬不得已, 垂手之苦言, 非便以西方作此輩護身符也. 且人情莫不好勝而惡劣, 獨於此事, 甘以下下自許, 亦殊可憫!

세 가지 의심

죽음이 닥쳤을 때 염불하는 사람에게 세 가지 의심이 들 수 있으니, 삼가지 않아서는 안 된다.

첫째, "내가 살면서 저지른 업이 무거운데 수행한 날짜는 매우 적으니, 아마 왕생하지 못할 거야." 하고 의심하는 것이다. 둘째, "마음속 소원을 이루지 못하였고 또 탐욕과 분노와 어리석음을 쉬지도 못하였으니, 아마 왕생하지 못할 거야." 하고 의심하는 것이다. 셋째, "내 비록 염불하기는 하지만 목숨이 끊어질 때에 아마 부처님이 찾아와 맞이하시지 않을 거야." 하고 의심하는 것이다.

이런 세 가지 의심이 있으면 의심을 원인으로 장애가 생기고 그 바른 생각을 놓쳐 왕생하지 못하게 된다.[246]

이제 세 가지 설명으로 저 세 가지 의심을 없애겠다.

첫째, 업이란 본래 허망하여 마음이 깨끗하면 즉시 공한 것이니, 업이 무거워도 왕생을 의심할 필요가 없다. 둘째, 감정이란 꿈이나 환상과 같으니, 화들짝 깨어 돌아오면 무엇이 있겠는가? 스스로 수긍하여 기심機心을 쉬면 탐욕과 분노와 어리석음도 따라서 끊어지니, 왕생을 의심할 필요가 없다. 셋째, 온 힘을 쏟아 간절히 생각하면 자기 마음에서 부처님이 나타나니, 부처님이 오시지 않을까 의심할 필요가 없다.[247]

三疑

念佛人臨終有三疑, 不可不愼. 一疑, 我生業重, 修行日淺, 恐不得生. 二疑, 有心願未了, 及貪嗔癡未息, 恐不得生. 三疑, 我雖念佛, 臨命終時, 恐佛不來迎接. 有此三疑, 因疑成障, 失其正念, 不得往生. 今以三說, 消彼三疑. 一曰, 業本虛妄, 心淨卽空, 業重不必疑. 二曰, 情同夢幻, 醒歸何有? 自肯息機, 貪嗔隨斷不必疑. 三曰, 功專念切, 自心佛現, 佛不來不必疑.

네 개의 관문

 범부가 비록 신심을 가지고 염불하더라도 혹 숙업宿業의 장애가 너무 무거우면 질병의 고통을 면치 못한다. 하지만 만약 이 일을 계기로 참회하고 뉘우치며 몸과 마음을 바쳐 정성을 다해 부처님께 귀의한다면 저절로 정토에 왕생할 것이다. 그러나 지혜가 없는 사람은 도를 구하는 마음이 견고하지 않아 "내가 지금 염불했는데도 질병의 고통이 있다."라고 하며, 도리어 아미타부처님을 비방할 것이다. 그런 사람은 단지 이 한 생각 때문에 곧바로 지옥으로 들어갈 것이니, 이것이 첫 번째 관문이다.
 혹은 평소 입으로는 정토를 이야기하지만 마음속으로는 사바세계를 그리워하여 세간을 벗어나는 선근을 심지 않고 오로지 세속 인연의 이익만 추구하다가 죽을 날이 다가와 병이 들면 죽음이 두렵고 어떻게든 살고 싶어 망령된 믿음으로 무당을 따르고 온갖 생명을 해치면서 귀신에게 기도하는 자들이 있다. 그런 사람은 이런 삿된 마음 때문에 부처님의 보호를 받지 못하고 삼악도를 이리저리 떠돌 것이니, 이것이 두 번째 관문이다.
 예전에는 재계齋戒를 지켰는데, (죽을 날이 다가와 병이 들면) 혹 주위의 강압에 못 이겨 계율을 어기고 비릿한 고기나 채소를 먹는 자들이 있다. 그런 사람은 확고한 믿음이 없기 때문에 선근을 잃어버릴 것이니, 이것이 세 번째 관문이다.
 죽음을 맞이할 때에 머릿속에는 온통 집안 재산뿐이고 가슴속에는 온통 가족에 대한 애착과 그리움뿐이라 마음에서 내려놓지 못해 바른 생각을 놓치는 자들이 있다. 그런 사람은 귀신 세계로 떨어지게 되고, 혹은 벌레나 짐승으로 태어나 꼭 살아 있을 때처럼 가정을 지키려 들 것이니, 이것이 네 번째 관문이다.
 그래서 양 제형楊提刑[248]이 말하기를 "애착이 무겁지 않으면 사바세계에 태어나지 못하고, 생각이 한결같지 않으면 정토에 태어나지 못한다."²⁴⁹라고 하였으니, 참으로 진실하구나, 이 말씀이여!

정업淨業을 닦는 자는 평소에 돌아보고 점검하여 (죽음의) 시기가 닥쳤을 때 미혹하지 않고 온몸을 내려놓고 매 순간마다 아미타불을 염송할 것이니, 이 일념을 견고히 할 수 있다면 저 네 개의 관문을 부술 수 있을 것이다.²⁵⁰

四關

凡夫雖有信心念佛, 或宿業障重, 不免病苦. 若因此悔悟, 身心投誠歸佛, 自生淨土. 無智之人, 道念不堅, 却言. 我今念佛, 而有病苦. 反謗彌陀. 只此一念, 徑入地獄, 一關也. 或平日口談淨土, 心戀娑婆, 不種出世善根, 惟求俗緣利益, 臨終遭病, 怖死貪生, 妄信師巫, 殺戮生命, 祈禱神鬼. 緣此心邪, 無佛攝護, 流浪三途, 二關也. 向持齋戒, 或因服藥, 或被勸逼, 破戒用葷. 此人無決定信, 喪失善根, 三關也. 臨終時, 繫念家財, 愛戀眷屬, 心放不下, 失却正念. 致墮鬼趣, 或托生蟲獸, 守護家庭, 宛如生日, 四關也. 故楊提刑言. 愛不重, 不生娑婆, 念不一, 不生淨土. 誠哉是言! 修淨業者, 要於平時考究, 平時打點, 臨期不昧, 全身放下, 念念彌陀. 但能堅此一念, 便可碎彼四關.

7분의 1을 얻는다

이른바 '열 번만 염불하면 왕생한다'는 것은 살아 있을 때 스스로 부처님을 생각하면서 열 번 소리 내어 부르라는 것이지, 죽은 뒤에 사람들을 청해서 하는 염불을 말한 것이 아니다. 살아 있을 때 직접 염불한 자는 목숨이 끊어지려 할 때 부처님과 보살들이 직접 찾아와 맞이하기 때문에 반드시 정토에 태어나지만, 죽은 뒤 사람을 청해 염불한 자는 어떻게 될지 알 수 없다. 경에서 말씀하시기를 "죽은 뒤 다른 사람이 그를 위해 공덕을 지으면 7분의 1을 얻지만 살아 있을 때 지으면 천백 배의 과보를 얻는다."[251]라고 하였다.[252]

七分得一

所謂十念往生者, 乃生前自念十聲, 非死後請人念也. 生前自念者, 臨命終時, 佛與菩薩, 自來迎接, 故必生淨土, 身後請人念者, 未可知也. 經云. 身後人爲作功課, 七分得一, 生前自作者, 得千百倍報.

막상 죽음에 직면하면 염불할 수 없다

"한평생 악을 저질렀어도 임종에 염불하면 업을 가진 채로 왕생한다."라고 하지만 이것도 전생에 지은 선근과 복덕이 있어야 그 인연으로 비로소 선지식을 만나고, 그의 권유로 염불하게 되는 것이다. 그리고 이런 뜻밖의 행운을 만나는 사람은 만에 하나도 드물다.

만약 병이 들어 죽음을 맞이하게 된다면, 풍대風大가 칼날처럼 요동치면서 온몸을 갈라 사대四大가 뿔뿔이 흩어지고 온갖 고통이 핍박하는 바람에 두려움에 떨고 당황하느라 염불할 수 없을 것이다. 또 설령 그대가 병 없이 죽는다 해도, 또한 세상 인연을 끝내지 못했거나 세상에 대한 미련을 쉬지 못했다면 어떻게든 살고 싶고 죽음이 두려워서 마음속이 요란할 것이다. 만약 속인이라면 그와 더불어 가산을 분명히 정리하지 못하고 뒷일을 제대로 준비하지 못한 데다 처자식까지 울고불고하는 바람에 온갖 근심으로 애만 태우고 염불할 수 없을 것이다.

또 설령 그대가 죽기 전이라 해도, 그저 몸에 사소한 병이라도 있기만 하면 고통을 참으면서 소리치고 신음하며, 좋은 약을 구하러 다니고, 용한 의사를 찾아다니고, 여기저기 기도하러 다니고, 참회한답시고 부산 떠는 바람에 잡된 생각만 분분히 날리고 염불할 수 없을 것이다.

또 설령 그대가 병들기 전이라 해도, 그저 나이가 많아 쇠약해지는 현상이 눈앞에 나타나기라도 하면 만사가 피곤하고 너무도 초라해(龍鍾)[253] 걱정과 근심으로 탄식하고 괴로워하는 바람에 그저 그 쇠약해진 몸에다 이것저것 좌우로 안배하느라 바쁘고 염불할 수 없을 것이다.

또 설령 그대가 늙기 이전 바로 젊고 건강해 염불하기 딱 좋은 시절이라 해도, 혹 쉬지 못한 미치광이 마음이 조금이라도 남아 있다면 세속의 업무에 관여해 이것저것 반연하고 허튼 생각을 하는 바람에 업식業識만 아득하고 염불할 수 없을 것이다.

또 설령 그대가 맑고 한가롭고 자유롭게 살며 수행에 뜻을 둔다고 해도, 어쩌다 세속의 어떤 모습을 비추어 타파하지 못하고, 놓아 버리지 못하고, 붙잡아 안정시키지 못하고, 과감하게 깔고 앉지 못했다 하면 홀연히 작은 경계가 눈앞에 나타나고 하나의 주인공이 그것을 따라 전도되는 바람에 염불할 수 없을 것이다.

시험 삼아 늙고 병든 때와 젊고 한가한 날을 살펴보아도 한 가지 일이 조금만 마음에 걸려도 이미 염불할 수 없는데, 하물며 죽음이 코앞에 닥쳤을 때이겠는가?[254]

不得念

一生造惡, 臨終念佛, 帶業往生, 乃是宿有善根福德因緣, 方遇知識, 勸得念佛. 此等僥倖, 萬中無一. 若得病臨死, 風刀解體, 四大分離, 衆苦逼迫, 忙怖張皇, 不得念佛. 更饒爾無病而死, 又或世緣未了, 世念未休, 貪生怕死, 擾亂胷懷. 若是俗人, 兼以家私未明, 後事未辦, 妻啼子哭, 百種憂煎, 不得念佛. 更饒爾未死以前, 只有些少病痛在身, 忍疼忍苦, 叫喚呻吟, 問藥求醫, 祈禱懺悔, 襍念紛飛, 不得念佛. 更饒爾未病以前, 只是年紀老大, 衰相現前, 困頓龍鍾, 愁嘆憂惱, 只向個衰老身上, 左右安排, 不得念佛. 更饒爾未老以前, 正是少壯, 正好念佛之時, 稍或狂心未歇, 俗務相關, 東攀西緣, 胡思亂想, 業識茫茫, 不得念佛. 更饒爾淸閒自在, 有志修行, 稍於世相之中, 照不破, 放不下, 把不定, 坐不斷, 忽然些子境界現前, 一個主人, 隨他顚倒, 不得念佛. 試看老病之時, 少壯淸閒之日, 稍有一事在心, 早是不得念佛, 況待臨終時哉?

미리 수행하라

세상에는 죽음을 맞이할 때에 염불할 수 없는 열 종류의 사람이 있다.

첫째, 선지식을 제대로 만나지 못하여 아예 염불을 권유받은 적이 없는 사람이다.

둘째, 업의 고통이 온몸을 속박하여 염불할 시작이 없는 사람이다.

셋째, 중풍으로 말을 못 하여 부처님의 명호를 부를 수 없는 사람이다.

넷째, 정신병으로 제정신을 잃어 주의력을 집중할 수 없는 사람이다.

다섯째, 화재나 수재를 당하여 정성을 다할 겨를이 없는 사람이다.

여섯째, 호랑이와 마주쳐 놀라고 당황하여 허둥대는 사람이다.

일곱째, 임종할 때 나쁜 벗을 만나 신심이 파괴된 사람이다.

여덟째, 과식하여 혼미한 상태에서 죽음에 이른 사람이다.

아홉째, 전쟁터에서 험악하게 싸우다가 갑자기 죽는 사람이다.

열째, 높은 바위에서 갑자기 떨어져 생명이 손상된 사람이다.

이런 열 종류의 사람은 죽으면서 단연코 염불할 수 없으니, 반드시 미리 수행하여 정업을 성취해야 한다. 그러면 설령 어려운 인연이 있더라도 반드시 부처님께서 구호해 주실 것이다.[255]

預修

世有十種人, 臨終不得念佛. 一者, 善友未必相逢, 故無勸念之理. 二者, 業苦纏身, 不遑念佛. 三者, 偏風失語, 不能稱佛. 四者, 狂亂失心, 注想難成. 五者, 或遭水火, 不暇至誠. 六者, 遭遇虎狼, 驚惶倉卒. 七者, 臨終惡友, 壞破信心. 八者, 飽食過度, 昏迷致死. 九者, 戰陣鬪狼, 奄忽而亡. 十者, 忽墜高巖, 傷壞性命. 此十種人臨終, 斷然不得念佛, 應須預修, 令淨業成就. 縱有難緣, 必蒙佛救護也.

도둑이 간 뒤에 문을 잠근다면

의사를 찾고 약을 복용해도 전혀 무방하지만 단지 병을 치료할 수 있을 뿐 목숨을 치료할 수는 없다. 귀신을 찾고 복을 빌어 보아야 그저 죄업만 늘릴 뿐이니, 하늘이 정한 수명이 다했는데 보잘것없는 귀신이 무엇을 어쩌겠는가? 공연히 스스로 두렵고 당황해 허둥대지만 죽음을 해결할 방법은 전혀 없다.

호흡이 사라지고 목숨이 끊어질 때까지 마냥 기다리다가 심식心識이 명부冥府의 세계에 던져진 뒤에야 비로소 열 번의 염불을 시작하고 종을 울린다면, 도둑이 간 뒤에 문을 잠그는 것과 같으니 무슨 일을 해결할 수 있겠는가?

죽음의 관문을 통과하는 것은 매우 큰일이니, 반드시 스스로 온 힘을 쏟아야 한다. 한 생각 어긋나면 수많은 겁 동안 고통을 받아야 하니, 어느 누가 그 고통을 대신 받겠는가? 생각해 보고, 또 생각해 보라.[256]

賊去關門

求醫服藥, 初不相妨, 只能醫病, 不能醫命. 求神祈福, 但增罪業, 大命若盡, 小鬼奈何? 空自憧惶, 俱無所濟. 直待氣消命盡, 識投冥界, 方始十念鳴鍾, 恰如賊去關門, 濟何事也? 死門事大, 須是自家着力始得. 若一念差錯, 歷劫受苦, 誰人相代? 思之, 思之.

우유를 짤 시간만큼만 염불해도

부처님을 한 번 부르면 티끌 모래만큼의 수많은 죄를 소멸하고, 부처님을 열 번 생각하면 그 몸이 정토에 깃들이게 된다. 위험과 재난에서 구제해 주고 장애와 원한을 없애 주시니, 한 생애 동안만 고통의 나루에서 건져 주시는 게 아니라 이를 의탁한 인연으로 결국 깨달음의 바다로 들어가 합하게 될 것이다. 따라서 경에서 말씀하시기를 "만약 누군가 산란한 마음으로 부처님의 탑이나 사당에 들어가 '나무불' 하고 한 번 불렀다면 다들 이미 불도佛道를 이룬 것이다."257라고 하였고, 또 말씀하시기를 "비유하자면 태어나자마자 하루에 천 리를 걸을 수 있는 사람이 있는데, 그런 사람이 천 년 동안 걸은 공간에 칠보를 가득 채워 부처님께 보시한다고 해도 어떤 사람이 먼 훗날 오탁악세에서 부처님을 한 번 부르는 것만 못하니, 그 복은 앞의 경우를 뛰어넘는다."258라고 하였으며, 또 말씀하시기를 "한 염부제閻浮提의 모든 중생에게 사사四事259를 공양한다면 그 공덕은 한량이 없다. 만약 선량한 마음을 이어 가며 소 한 마리의 우유를 짤 시간만큼 부처님의 명호를 부르는 중생이 있다면, 그가 얻은 공덕은 이를 훌쩍 뛰어넘어 생각으로 헤아릴 수 없고, 헤아릴 수 있는 자도 없을 것이다."260라고 하였다.261

縠牛乳頃

唱一聲而罪滅塵沙, 具十念而形棲淨土. 拯危拔難, 殄1)障消寃, 非但一期暫拔苦津, 託此因緣, 終投覺海. 故經云. 若人散亂心, 入於塔廟中, 一稱南無佛, 皆已成佛道. 又云. 譬如有人初生墮地卽能日行千里, 足一千年滿中七寶, 以用施佛, 不如有人於後惡世稱一佛聲, 其福過彼. 又云. 四事供養, 一閻浮提, 一切衆生, 功德無量. 若有衆生, 善心相續, 稱佛名號, 如一縠牛乳頃, 所得功德過上, 不可思議, 無能量者.

---
1) ㉘ '殄'이 甲본에는 '珍'으로 되어 있다.

고통과 즐거움을 서로 비교해 보면

경에 말씀하시기를 "그 나라 중생들은 그 어떤 고통도 없고 온갖 즐거움만 누리기에 그 이름을 극락이라 한다."²⁶²라고 하였다. 이제 이 사바세계와 그곳을 비교해 보자.

이곳에서는 피와 살로 이루어진 몸이기에 때어날 때마다 고통을 겪지만 그곳에서는 연꽃에서 화현하여 태어나기에 태어남의 고통이 없다. 이곳에서는 교대로 바뀌는 계절에 따라 쇠함과 늙음이 나날이 침범하지만 그곳은 더위와 추위의 변화가 없어 늙음의 고통이 없다. 이곳에서는 사대四大가 조화롭기 어려워 질병이 많이 생기지만 그곳은 화현한 몸이 향기롭고 청결하여 질병의 고통이 없다. 이곳에서는 일흔을 넘기는 자가 드물고 덧없는 죽음이 쏜살같이 닥치지만 그곳은 수명이 한량이 없어 죽음의 고통이 없다. 이곳에서는 혈육의 정으로 서로 사랑하고 그리워하기에 사랑하는 사람과 반드시 이별할 일이 있지만 그곳은 부모도 처자식도 없기에 사랑하는 사람과 이별하는 고통이 없다. 이곳에서는 원한을 맺어 서로 원망하고 적대하기에 원수와 반드시 만날 일이 있지만 그곳은 가장 훌륭한 분들만 모인 자리이기에 증오하는 원수와 만나는 고통이 없다. 이곳에서는 곤궁하고 괴로우며 춥고 배고파 부족한 것을 악착같이 찾아야 하지만 그곳에는 옷과 음식과 온갖 보배들이 마음껏 쓰도록 이미 갖추어져 있다. 이곳 사람들은 생김새와 바탕이 못생기고 초라하며 감각기관도 부족한 부분이 많지만 그곳 사람들은 단정하고 엄숙한 외모에다 몸에서는 빛이 쏟아진다. 이곳에서는 바퀴가 돌듯 삶과 죽음을 반복해야 하지만 그곳에서는 영원히 무생법인無生法忍을 증득한다. 이곳에는 고통스러운 네 세계(四趣)²⁶³가 있지만 그곳에는 삼악도三惡道라는 명칭조차 없다. 이곳은 가시덤불에다 함정과 구덩이가 많고 높낮이가 고르지도 않으며 흙·돌·진흙·모래와 더러운 오물들이 가득한 곳이지만 그곳은 땅이 황금이요 보

• 227

배 나무가 하늘을 찌르며 칠보 누각이 솟아 있고 네 빛깔의 연꽃이 피어
나는 곳이다. 이곳에서는 석가모니부처님께서 쌍림雙林에서 이미 입멸하
시고 미륵부처님의 용화세계龍華世界는 아직 오지 않았지만 그곳에서는
수명이 한량없는 부처님께서 현재도 법을 설하고 계신다. 이곳에서는 관
세음보살과 대세지보살의 아름다운 명성을 추앙할 수 있을 뿐이지만 그
곳에서는 훌륭하신 두 분께서 직접 수승한 벗이 되어 주신다. 이곳에서는
온갖 마귀와 외도들이 괴롭히고 어지럽히며 바른 수행을 방해하지만 그
곳은 부처님께서 하나로 교화하셨기에 마귀와 외도가 자취를 감추었다.
이곳에서는 어여쁜 여인들이 아양을 떨며 음탕하게 수행자를 현혹하지만
그곳은 정보正報가 청정하기에²⁶⁴ 진실로 여인이 없다. 이곳에서는 포악
한 짐승과 도깨비들이 교대로 괴성을 지르지만 그곳에서는 강물과 새와
숲의 나무들까지 함께 오묘한 법을 선양한다.

두 세계를 비교해 보면 이렇게 경계와 인연이 완전히 다르다. 세상 사
람들에게 나아가기를 권하니, 이렇게 흥미진진한데 도리어 즐거운 세계
로 훌쩍 뛰어넘지 않겠다는 말인가?²⁶⁵

苦樂相比

經云. 彼國衆生, 無有衆苦, 但受諸樂, 故名極樂. 今以娑婆對比之. 此則血
肉形軀, 有生皆苦, 彼則蓮花化生, 無生苦也. 此則時序代謝, 衰老日侵, 彼
則寒暑不遷, 無老苦也. 此則四大難調, 多生病患, 彼則體香潔, 無病苦
也. 此則七十者稀, 無常迅速, 彼則壽命無量, 無死苦也. 此則親情愛戀, 有
愛必離, 彼則無父母妻子, 無愛別離苦也. 此則仇敵冤讎, 有冤必會, 彼則
上善聚會, 無冤憎會也. 此則困苦飢寒, 貪求不足, 彼則衣食珍寶, 受用現
成. 此則形質寢陋, 六根多缺, 彼則端嚴相貌, 體有光明. 此則輪轉生死, 彼
則永證無生. 此有四趣之苦, 彼無三惡之名. 此則荊棘坑坎, 高下不平, 土
石泥沙, 穢汚充滿, 彼則黃金爲地, 寶樹彩天, 樓聳七珍, 花敷四色. 此則雙

林已滅, 龍華未來, 彼則無量壽尊, 現在說法. 此則觀音勢至, 徒仰嘉名, 彼則與二上人, 親爲勝友. 此則羣魔外道, 惱亂正修, 彼則佛化一統, 魔外絕蹤. 此則媚色妖淫, 迷惑行者, 彼則正報清淨, 實無女人. 此則惡獸魑魅, 交扇邪聲, 彼則水鳥樹林, 咸宣妙法. 二土較量, 境緣迥別. 勸進世人, 津津有味, 顧不向樂邦而踴躍哉?

선 아닌 것이 없다

정토에 태어나기를 바라는 것은 이 몸이 죽고 난 뒤를 위한 일이고, 또 살아생전에도 큰 이익이 있다.[266] 대개 부처님께서 사람들에게 가르치신 것은 선善 아닌 것이 없다.

이미 정토에 왕생하겠다고 마음먹었다면 뜻으로 하는 생각, 입으로 하는 말, 몸으로 하는 행동이 했다 하면 모두 선하지 않은 것이 없다. 그런 사람은 현세에 곧 군자가 될 수 있을 것이며, 사람들이 그를 존경하고 신들이 그를 도와 복록이 늘어날 수 있고, 수명이 늘어날 수 있다.

그다음으로 업業의 인연에 사로잡혀 비록 여기에 오로지 뜻을 둘 수 없다고 해도 나쁜 인연이 이로 인해 줄어들고, 좋은 인연이 이로부터 늘어날 것이다.

그다음으로 예의를 갖출 줄도 모르고 형벌을 두려워할 줄도 모르며 오로지 힘을 최고로 여기면서 세력과 이익을 추구하던 자라도 진실로 정토를 마음에 둔다면 그 또한 반드시 자신을 반성하고 자신의 행동을 꾸짖게 될 것이다. 비록 모든 부분이 예의에 맞을 수야 없겠지만 그가 기꺼이 다시 죄와 형벌에 빠지려 하겠는가?[267]

無非是善

求生淨土, 是身後之事, 而大有益於生前. 蓋佛之敎人, 無非是善. 旣以求生淨土爲心, 凡意之所念, 口之所言, 身之所爲, 無適而非善. 其現世則可爲君子, 人敬之, 神助之, 福祿可增, 壽命可永. 其次爲業緣所奪, 雖不能專志於此, 然惡緣由此而省, 善緣自此而增矣. 其次不知禮義所在刑罰可畏, 惟氣力爲尙, 勢利是趨, 苟以淨土爲心, 則亦必省己, 而自咎所爲. 雖不能皆合於禮義, 其肯復陷於罪罰乎?

체험하라

이미 배워서 오로지 수행하고 있다면 마땅히 영험이 나타나기를 바라야 한다. 그대는 지금 머리카락이 하얗고 얼굴이 쭈글쭈글하며 죽음의 징조들이 바로 앞에 나타나고 있으니, 죽음을 맞이할 날이 얼마 남지 않았음을 알고 반드시 눈앞에서 당장 부처님을 뵈려고 해야 한다.

저 여산廬山의 혜원 법사慧遠法師께서는 일생 동안 세 차례나 부처님의 마정수기摩頂授記를 받으셨고,[268] 회감 법사懷感法師께서는 부처님의 명호를 부르며 생각하면 곧바로 부처님을 친견하였으며,[269] 소강 법사少康法師께서는 부처님을 한 번 부르면 부처님 한 분이 그의 입에서 나와 날아가고 부처님을 백 번 부르면 마찬가지로 염주처럼 줄줄이 나타나는 것을 대중들이 목격하였다.[270] 이런 신비한 체험을 한 사례들이 수천 가지 수만 가지나 된다.

그대가 만약 마음에 끊어짐이 없다면 부처님을 친견하기가 어렵지 않겠지만 도중에 끊어지는 마음이 생긴다면 결단코 부처님을 뵙지 못하리라. 부처님과 인연이 없어 정토에 태어나기 어려울 것이며, 정토에 태어나지 못하면 반드시 악도에 떨어지리라. 그렇다면 한결같은 생각이 도중에 끊어지는 마음이 바로 삼악도에 떨어질 업이니, 삼가고 또 삼가라.[271]

取驗

旣學專修, 當求靈驗. 爾今日髮白面皺, 死相現前, 知道臨終更有幾日, 須在目前, 便要見佛. 只如廬山遠法師, 一生之中, 三度蒙佛摩頂, 懷感法師, 稱念佛名, 便得見佛, 少康法師, 唱佛一聲, 衆見一佛從口飛出, 唱佛百聲亦然, 如貫珠焉. 此等靈驗, 萬萬千千. 爾若心無間斷, 見佛不難, 間斷心生, 決不見佛. 與佛無緣, 難生淨土, 淨土不生, 必墮惡道. 然則一念間斷之心, 便是三塗惡道業也, 戒之, 戒之.

마귀를 물리친다

  이 염불법문은 부처님의 힘을 의지하기 때문에 수행하면 반드시 성취하고, 다시는 마귀의 장난(魔業)[272]이 없게 되며, 영원히 물러서지 않게 된다. 마귀만 멀리 물리치는 것이 아니라 또한 인간세계에서도 관재官災와 구설, 시비와 환난, 수재와 화재, 도적이나 악인을 만나는 흉사, 나아가 호랑이를 만나고 도깨비나 요정을 만나는 등의 상서롭지 못한 일들이 그를 침해하지 못한다. 또한 역리疫痢[273]·상한傷寒[274]·옹개癰疥[275] 등과 눈·귀·코·혀 등에 생기는 여러 가지 질병으로 인해 고통 받는 일이 일절 없고, 그의 서원과 실천이 훼손되지 않았다면 그 모두를 물리칠 수 있다.
  다만 명예와 이익, 달콤한 사랑과 유혹 및 성내는 마음과 탐욕의 불꽃 등은 스스로 꾸짖어야만 하니, 아무리 부처님이 힘이 있다고 해도 이런 것들은 해결해 줄 수 없다.[276]

遠魔

惟此法門, 因仗佛力, 修則必成, 無復魔業, 永不退轉. 非但遠魔, 亦於人間, 一切縣官口舌, 是非患難, 水火盜賊, 惡人凶事, 乃至虎狼蟲獸, 鬼魅妖精, 不吉祥事, 不能侵害. 又不爲一切疫痢, 傷寒癰疥, 眼耳鼻舌, 諸病所惱, 如其願行無虧, 皆能排遣. 惟名聞利養, 甜愛軟賊, 及嗔心貪火, 雖有佛力, 盖是自咎, 不能救也.

염불의 일곱 가지 수승한 공덕

염불의 공덕에 일곱 가지 수승함이 있다.

첫째는 말씀이 짧아 쉽게 실천할 수 있는 수승함이니, 오직 '나무아미타불' 한 구절만으로 모든 사람들이 염불할 수 있기 때문이다.

둘째는 생각의 대상이 되는 부처님과 세계가 수승함이니, 한결같은 마음으로 부처님의 상호를 반연해 생각하고 청정한 국토를 대상으로 삼기 때문이다.

셋째는 재난을 벗어나 안전을 획득하는 수승함이니, 모든 부처님과 보살님들께서 보호하시기에 염불하는 사람은 어떤 근심과 재난도 없이 편안하고 기쁘며 행복이 찾아든다.

넷째는 이름을 부르면 죄가 소멸하는 수승함이니, 부처님을 생각하면서 한 번 부르면 80억 겁 동안 생사에 윤회하며 저지른 무거운 죄가 소멸한다.

다섯째는 염불하여 획득하는 복이 수승함이니, 부처님을 한 번 부르는 것이 사천하四天下를 가득 채울 만큼 많은 칠보를 부처님과 아라한들께 공양하는 것보다 낫다.

여섯째는 과보가 나타나 부처님을 친견하는 수승함이니, 중생이 염불하면 반드시 부처님을 뵙게 된다.

일곱째는 직접 맞이하고 왕생하는 수승함이니, 화현한 부처님과 보살님들이 빛을 내뿜으며 영접하고 수행자는 정토로 가서 태어난다.[277]

七勝

念佛功德, 有七種勝. 一詞少易行勝, 唯一句南無阿彌陀佛, 一切人可念故. 二念緣佛境勝, 一心緣念佛身相好, 淨國爲境故. 三離難獲安勝, 諸佛菩薩加護, 念佛者無諸患難, 安慶吉祥. 四稱名滅罪勝, 念佛一聲, 滅八十億劫生死重罪. 五持念獲福勝, 稱佛一聲, 勝四天下七寶供佛及阿羅漢. 六果感見佛勝, 衆生念佛, 必定見佛. 七親迎往生勝, 化佛菩薩, 放光迎接, 行者往生淨土.

큰 소리로 염불하면

큰 소리로 염불하면 열 가지 공덕이 있다.
첫째, 잠을 없앨 수 있다.
둘째, 하늘나라 마귀들이 깜짝 놀라며 두려워한다.
셋째, 그 소리가 시방세계를 가득 채운다.
넷째, 삼악도의 고통이 잠시 멈춘다.
다섯째, 바깥의 소리가 들리지 않는다.
여섯째, 마음을 산만하지 않게 한다.
일곱째, 용맹하게 정진한다.
여덟째, 모든 부처님께서 기뻐하신다.
아홉째, 삼매가 바로 앞에 나타난다.
열째, 정토에 왕생한다.[278]

高聲念

高聲念佛, 有十種功德. 一能排睡眠. 二天魔驚怖. 三聲徧十方. 四三塗息苦. 五外聲不入. 六令心不散. 七勇猛精進. 八諸佛歡喜. 九三昧現前. 十往生淨土.

정토수행을 권하면 얻게 되는 복덕

한 사람에게 정토수행을 권해도 이 선한 인연으로 죄악을 없앨 수 있고, 복과 수명을 늘릴 수 있고, 망자의 명복을 빌 수 있고, 정토를 장엄할 수 있는데 하물며 다섯이나 열 명에게 권하는 것이겠는가? 만약 그 사람이 또 다른 사람에게 이리저리 서로 권한다면 법의 보시가 광대한 것이니, 복덕이 한량없을 것이다.

그래서 『권수게勸修偈』[279]에서 다음과 같이 말씀하셨다.

> 두 사람에게 정토수행을 권하면
> 자기가 정진한 것이나 마찬가지
> 권한 사람이 열 명에 이르면
> 그 복덕 이미 한량이 없다네
> 백 명이나 천 명에게 권했다면
> 그런 사람을 진짜 보살이라 하고
> 또 그 수가 만 명을 넘는다면
> 그 사람이 바로 아미타부처님[280]

勸修福報

能勸一人修淨土, 以此善緣, 可以消釋罪惡, 可以增崇福壽, 可以追薦亡靈, 可以莊嚴淨土, 況勸至五人十人? 若轉以相勸, 法施廣大, 福報無量. 故勸修偈云.

能勸二人修, 比自己精進.
勸至十餘人, 福德已無量.
如勸百與千, 名爲眞菩薩.
又能過萬數, 卽是阿彌陀.

부처님께 예배하면

부처님께 한 번만 절해도 그 무릎부터 아래로 금강제金剛際[281]에 이르기까지 티끌 하나하나가 모두 전륜성왕轉輪聖王의 보위寶位로 변하고, 열 가지 공덕을 얻게 된다.

첫째, 아름다운 육체를 얻는다.
둘째, 말을 하면 사람들이 믿는다.
셋째, 무리 속에 있어도 두려움이 없다.
넷째, 부처님께서 그를 보살피신다.
다섯째, 큰 위의를 갖춘다.
여섯째, 많은 사람이 따른다.
일곱째, 모든 하늘나라 신들이 아끼고 공경한다.
여덟째, 큰 복덕을 갖춘다.
아홉째, 삶이 끝나면 정토에 왕생한다.
열째, 열반을 빨리 증득한다.[282]

禮佛

禮佛一拜, 從其膝下至金剛際, 一塵一轉輪王位, 獲十種功德. 一得妙色身. 二出言人信. 三處衆無畏. 四佛所護念. 五具大威儀. 六衆人親附. 七諸天愛敬. 八具大福德. 九命終往生. 十速證涅槃.

정토수행을 하지 않으면 열 가지 손실이 있다

부처님께서는 정토수행의 가르침을 보여 일체중생이 속히 생사윤회를 초월하게 하셨다. 하지만 업장이 무거운 사람들은 선뜻 나아가 수행하려 하지 않으니, 그런 자들에게는 열 가지 손실이 있다.

첫째, 부처님의 말씀을 믿지 않는다.
둘째, 성인의 가르침을 준수하지 않는다.
셋째, 인과를 믿지 않는다.
넷째, 자신의 영혼을 소중하게 여기지 않는다.
다섯째, 승진하기를 바라지 않는다.
여섯째, 훌륭한 벗들을 가까이하지 않는다.
일곱째, 해탈을 바라지 않는다.
여덟째, 윤회를 달게 받아들인다.
아홉째, 삼악도를 두려워하지 않는다.
열째, 마귀의 부류와 좋아서 어울린다.

이와 반대로 정토수행을 하는 자는 곧 열 가지 수승한 이익을 얻는다.[283]

不修十失

佛示淨土修行之法, 令一切衆生, 速超生死. 而障重之人, 不肯進修者, 有十種失. 一不信佛言. 二不遵聖敎. 三不信因果. 四不重己靈. 五不求升進. 六不親善友. 七不求解脫. 八甘受輪廻. 九不畏惡道. 十甘同魔類. 反是而修之者, 則得十種勝利.

현세에서 얻는 열 가지 공덕

한 부처님의 명호를 항상 가슴에 새기는 사람은 현세에서 열 가지 공덕과 이익을 획득하게 될 것이다.

첫째, 밤낮으로 항상 여러 하늘나라의 힘센 신장神將과 그들의 모든 권속들이 숨어서 은밀히 그를 지키고 보호할 것이다.

둘째, 항상 관세음보살 등 25대보살과 일체 보살들께서 늘 따라다니며 지키고 보호할 것이다.

셋째, 항상 모든 부처님들께서 밤낮으로 보살피시고, 아미타부처님께서 항상 밝게 비추어 이 사람을 거두신다.

넷째, 야차나 나찰 같은 그 어떤 악귀도 그를 해칠 수 없고, 그 어떤 독사나 독약도 그를 죽일 수 없다.

다섯째, 화재와 수재, 원수의 칼과 화살, 감옥의 수갑과 형틀, 뜻밖의 죽음과 억울한 죽음 등 그 어떤 것도 겪지 않는다.

여섯째, 앞서 지었던 죄들이 모두 소멸하고, 그에게 죽임을 당한 원통한 생명들도 모두 해탈하는 가피를 입어 다시는 원한을 품고 대하지 않는다.

일곱째, 밤에 꾸는 꿈이 바르고 곧으며, 혹 꿈에 아미타부처님의 수승하고 오묘한 색신을 뵙기도 한다.

여덟째, 마음에 항상 기쁨이 넘치고, 얼굴이 빛나고 윤택하며, 기력이 충만하고, 하는 일마다 잘된다.

아홉째, 모든 세상 사람들이 부처님을 공경하는 것처럼 항상 그를 공경하고, 공양하고, 그에게 예배하게 된다.

열째, 삶이 끝날 때에도 마음에 두려움이 없고 바른 생각이 앞에 나타나며, 아미타부처님을 비롯한 여러 보살님과 성인들이 손에 황금 누대를 들고 맞이하시는 것을 보게 될 것이며, 서방정토에 왕생하여 미래가 다할 때까지 수승하고 오묘한 즐거움을 누릴 것이다.[284]

十種功德

若人受持一佛名號者, 見世當獲十種功德利益. 一, 晝夜常得諸天大力神將, 並諸眷屬, 隱形守護. 二, 常得二十五大菩薩, 如觀世音等, 及一切菩薩, 常隨守護. 三, 常爲諸佛晝夜護念, 阿彌陀佛, 常放光明, 攝受此人. 四, 一切惡鬼, 若夜叉羅刹, 皆不能害, 一切毒蛇毒藥, 悉不能中. 五, 一切火難水難, 冤賊刀箭, 牢獄杻械, 橫死枉死, 悉皆不受. 六, 先所作罪, 悉皆消滅, 所殺冤命, 皆蒙解脫, 更無執對. 七, 夜夢正直, 或復夢見阿彌陀佛勝妙色身. 八, 心常歡喜, 顏色光澤, 氣力充盛, 所作吉利. 九, 常爲一切世間人民, 恭敬供養禮拜, 猶如敬佛. 十, 命終之時, 心無怖畏, 正念現前, 得見阿彌陀佛, 及諸菩薩聖衆, 手持金臺接引, 往生西方淨土, 盡未來際, 受勝妙樂.

정토의 열 가지 수승함

첫째, 항상 부처님을 뵐 수 있다. 무량수부처님께서 도를 이루신 이래로 10대겁大劫을 경과하며 항상 계시고, 입멸하지 않으셨기 때문이다.

둘째, 항상 법음法音이 들린다. 부처님과 보살님, 숲의 나무와 강물과 새까지도 항상 오묘한 법을 선양하기 때문이다.

셋째, 성현들과 한자리에 모인다. 관세음보살과 대세지보살이 그의 수승한 벗이 되어 주고, 여러 뛰어난 선인善人들이 그와 한자리에 함께 모이기 때문이다.

넷째, 마귀들의 짓거리를 멀리 벗어나게 된다. 비록 하늘나라 마귀들이 있기는 하지만 다들 부처님의 법을 보호하고, 수행자들이 속히 성취하도록 돕기 때문이다.

다섯째, 생사윤회를 겪지 않는다. 연꽃에서 화현해 태어나면 삶과 죽음을 반복하며 고통스러운 세계를 바퀴처럼 돌고 도는 일이 다시는 없기 때문이다.

여섯째, 삼악도를 영원히 벗어난다. 저 부처님 나라에는 삼악도가 없고, 그런 이름조차 들리지 않기 때문이다.

일곱째, 수승한 인연들이 도를 닦도록 돕는다. 옥으로 만든 누대와 전각, 진귀한 옷과 아름다운 음식들이 모두 수도修道를 돕기 위한 물품들이기 때문이다.

여덟째, 수명이 한량없다. 중생의 수명이 한량없어 부처님과 비등하니, 인간세계와 천상세계의 범부들은 지혜의 힘을 다해도 그들의 수명이 얼마나 되는지 알 수 없기 때문이다.

아홉째, 바른 선정을 성취한 무리 속으로 들어간다. 그곳에 태어나는 중생은 모두 아비발치阿鞞跋致[285]라서 뒤로 물러남이 없기 때문이다.

열째, 한 생애 동안 수행을 완전히 성취한다. 항상 부처님을 따라 배우

기 때문에 한 생애 만에 위없는 보리를 얻기 때문이다.²⁸⁶

淨土十勝

一, 常得見佛. 無量壽佛, 成道以來, 經十大刼, 常住不滅故. 二, 常聞法音. 佛及菩薩, 樹林水鳥, 常宣妙法故. 三, 聖賢會集. 觀音勢至, 爲其勝友, 諸上善人, 俱會一處故. 四, 遠離魔事. 雖有天魔, 皆護佛法, 令修行人速成就故. 五, 不受輪廻. 蓮華化生, 無復輪轉生死苦趣故. 六, 永離惡道. 彼佛國土, 無三惡道, 名字尙不聞故. 七, 勝緣助道. 瓊樓玉殿, 珍衣美饌, 皆爲助道之資具故. 八, 壽命無量. 衆生壽量, 與佛齊等, 人天凡夫, 盡其智力, 莫知其數故. 九, 入正定聚. 衆生生者, 皆是阿鞞跋致, 無退轉故. 十, 一生行滿. 常隨佛學, 一生常¹⁾得無上菩提故.

---

1) ㉠ '常'은 '當'의 오자인 듯하다.『淨土資糧全集』권1「往生勝果篇」'淨土十易' (X61, 543a)에는 '當'으로 되어 있다.

극락세계가 왕생하기에 쉬운 열 가지 이유[287]

첫째, 아미타부처님의 원력이 무겁기 때문에 왕생하기 쉽다.[288]

둘째, 극락세계는 중생의 뜻을 거스르지 않기 때문에 왕생하기 쉽다.[289]

셋째, 시방의 모든 부처님께서 거두어 주시기 때문에 왕생하기 쉽다.[290]

넷째, 동방세계의 한 부처님께서 성취하도록 돕기 때문에 왕생하기 쉽다.[291]

다섯째, 큰 성인 두 분께서 찾아와 맞이하시기 때문에 왕생하기 쉽다.[292]

여섯째, 큰 보살 여덟 분께서 극락까지 데려가시기 때문에 왕생하기 쉽다.[293]

일곱째, 열 가지 큰 서원을 받들어 실천하면 되기 때문에 왕생하기 쉽다.[294]

여덟째, 경전 하나를 서사書寫하면 되기 때문에 왕생하기 쉽다.[295]

아홉째, 쌓았던 선근善根을 흩어 회향하면 되기 때문에 왕생하기 쉽다.[296]

열째, 잠깐만 염불하면 되기 때문에 왕생하기 쉽다.[297·298]

往生十易

一, 彌陀願重得生易. 二, 極樂不逆得生易. 三, 十方諸佛攝受易. 四, 東方一佛助成易. 五, 二大聖者來迎易. 六, 八大菩薩引去易. 七, 奉行十願得生易. 八, 書寫一經得生易. 九, 散善廻向得生易. 十, 少時念佛得生易.

모든 계를 청정히 지켜라

계戒의 덕을 닦지 않는다면 무엇을 의지해 실천을 확립하겠는가? 그릇에 제호醍醐299를 담으려면 먼저 더러운 것을 세척해야 하는 것과 같다. 삼매를 닦는 사람도 이와 마찬가지이니, 반드시 모든 계를 청정히 지켜야 성취할 수 있다. 비록 그 숙세의 업이 깊고 두꺼워 단박에 깨닫지는 못한다 해도 역시 방편을 써서 억제하고 자신의 마음에게 스스로 권해 자신을 성찰하고 잘못을 뉘우쳐야 한다. 세간은 즐거움이 적고 괴로움이 많으며 덧없이 파괴되고 오래지 않아 마멸되며, 일체 모든 법이 다 청정하지 않다는 것을 완전히 알아 여러 가지 방편을 써서 반드시 끊게 해야 한다.300

衆戒淸淨

若戒德不修, 憑何立行? 如器欲貯醍醐, 先滌不淨. 修三昧者, 亦復如是, 必衆戒淸淨, 乃可得成. 縱其宿業深厚, 不能頓斷, 當亦方便制抑, 自勸自心, 省身悔過. 了知世間, 樂少苦多, 無常敗壞, 不久磨滅, 一切諸法, 皆不淸淨, 設諸方便, 而使必斷.

계는 영락의 구슬

먼저 삼귀의계三歸依戒³⁰¹를 수지하고, 다음은 오계五戒³⁰²를 수지하고, 차츰 열 가지 선법(十善法)³⁰³을 닦고, 삼취정계三聚淨戒의 율의律儀³⁰⁴를 원만히 갖추라. 근기가 성숙했으면 전체를 수지하고 근기가 아직 미숙하면 일부나마 수지하며, 해마다 삼선월三善月³⁰⁵을 지키고, 달마다 육재일六齋日³⁰⁶을 지키라. 혹시 오계를 다 실천하기 어렵거든 일단 술과 고기 두 가지 음식은 금지 항목에서 제외하고, 십중금계十重禁戒를 너무 쉽게 범하거든 일단 불살생不殺生 하나만이라도 지켜라. 가벼운 먼지가 쌓여 언덕을 이루고, 이슬이 떨어져 강물이 불어나는 법이다.

따라서 경에 말씀하시기를 "부처님이 세상에 계실 때에는 부처님을 스승으로 삼고, 부처님이 멸도하신 후에는 계를 스승으로 삼아라."³⁰⁷라고 하였고, 또 말씀하셨다.

> 계는 밝은 해나 달과 같고
> 또한 영락瓔珞의 구슬과 같네
> 고운 티끌처럼 수많은 보살들
> 이로 말미암아 정각을 이루었네³⁰⁸

지금 보면 계를 지켜 살생하지 않으면 인仁을 찾지 않아도 어짊이 드러나고, 계를 지켜 도둑질하지 않으면 의義를 추구하지 않아도 의로움이 퍼지고, 음란하지 않은 자는 예禮를 추구하지 않아도 예절이 확립되고, 거짓말하지 않는 자는 신信을 흠모하지 않아도 신용이 넘치며, 술을 마시지 않는 자는 지智를 행하지 않아도 지혜가 밝아진다. 자신을 단속해 잘못을 미연에 방지할 뿐만 아니라 또한 국가를 도와 교화를 펼치는 것이니, 정토수행을 닦으려는 사람은 반드시 근본인 계를 엄격히 수호해야 한다.³⁰⁹

瓔珞珠

初受三皈, 次持五戒, 漸修十種善法, 圓滿三聚律儀. 根熟則全持, 根生則分受, 年有三善, 月有六齋. 如或五戒難行, 且除酒肉二味, 十重易犯, 且持不殺一門. 輕塵積岳, 墜露添流. 故經云. 佛在世日, 以佛爲師, 佛滅度後, 以戒爲師. 又云.

戒如明日月, 亦如瓔珞珠.
微塵菩薩衆, 由是成正覺.

今見持戒不殺, 不求仁而仁著, 守戒不盜, 不忻義而義敷, 不淫者, 不祈禮而禮立, 不妄者, 不慕信而信揚, 不飮者, 不行智而智明. 非但律己防非, 亦以助國揚化, 欲修淨行, 須嚴護戒根.

비니

"마음을 다잡아 계를 실천하고, 계를 바탕으로 선정을 일으키고, 선정을 바탕으로 지혜를 일으켜라."[310]라고 하셨으니, 계의 시의時義는 위대하도다! 부처님께서 제정하신 계는 너무도 치밀하여 살생을 금한 계가 작게는 꿈틀거리는 벌레까지 미친다. 이를 궁극까지 확대하면 분노나 질투를 잠깐만 품어도 곧 살생하지 말라는 계를 청정히 지키지 못한 것이고, 눈으로 빛깔을 취하거나 귀로 소리를 취해도 곧 도둑질하지 말라는 계를 청정히 지키지 못한 것이며, 벽 너머에서 비녀나 팔찌 소리만 들어도 음행을 하지 말라는 계를 청정히 지키지 못한 것이니, 이쯤 되면 몸과 마음이 함께 단절되고 현상(事)과 이치(理)가 함께 사라진다.

세상 인연 속에서 살아가는 재가자가 지켜야 할 계를 어찌 하나하나 삭발하고 가사를 입은 자들과 똑같이 논할 수 있겠는가? 오로지 마음공부를 귀중하게 여기면서 가장 중요한 부분에 힘을 쏟아야 할 것이니, 하루아침에 훌쩍 벗어나 깨달으면 기침하고 침 뱉고 두 팔을 흔드는 것까지 청정한 비니毘尼[311]가 아닌 것이 없을 것이다. 다만 깨닫지 못했으면서 깨달았다고 여기고는 미치광이 같은 알음알이를 일으켜 "술 마시고 고기를 먹어도 보리를 장애하지 않고, 도둑질을 하고 성행위를 해도 반야를 방해하지 않는다."라고 떠들어 대서는 안 되니, 그런 짓은 마라魔羅의 세계로 떨어질 뿐이다.

정말로 때때로 돌이켜 비추고 순간순간 일깨우면서 예전부터 참구해 온 염불과 화두를 공부해 나아간다면 훗날 환하게 밝아지는 순간이 있을 뿐만 아니라, 당장 눈앞에서 곧 스스로 힘을 얻어 일상생활에 중심이 잡히고 외물外物에 휘둘리지 않게 될 것이다. 그러면 빛깔과 소리, 명예와 이익의 마당에 살면서 처자 권속과 밤낮으로 부딪친다 해도 아무런 방해가 되지 않을 것이며, 세상과 더불어 변하고 세속과 뒤섞여 광채를 감추어도 저절로 더러운 진흙에서 벗어나 물들지 않을 것이니, 이것이 세속의 티끌 가운데 살면서 크게 해탈하는 문이다.[312]

毘尼

攝心爲戒, 因戒生定, 因定發慧, 戒之時義, 大矣哉! 佛戒至密, 殺戒, 微及蜎蠕. 極之, 纔有忿嫉, 卽殺戒不淨, 眼取色, 耳取聲, 卽盜戒不淨, 隔壁聞釵釧聲, 卽淫戒不淨, 至是則身心俱斷, 事理雙盡矣. 處世緣中持戒, 豈能一一與剃染者例論? 惟貴於心學, 大頭腦處著力, 一旦脫然悟去, 則咳唾掉臂, 無不是淸淨毘尼矣. 但不可未得謂得而發狂解, 便道飮酒食肉不礙菩提, 行盜行淫無妨般若, 墮落魔羅境界耳. 果能時時返照, 刻刻提撕, 向本叅念佛話頭上做工夫, 則不惟日後有發明在, 卽[1] 目前便自得力, 日用有主宰, 不隨物轉. 縱居聲色名利之場, 妻子眷屬日夜相接, 不妨, 與世推移, 混俗和光, 自然出汚泥而不染, 是爲塵中大解脫門也.

---

1) ⑲『雲棲法彙』권21「雲棲大師遺稿」'答孫無高居士廣抑'(J33, 143c)에는 '卽' 다음에 '今'이 있다.

정을 깨달아라

기쁨(喜)·분노(怒)·좋음(好)·싫음(惡)·즐김(嗜)·욕망(欲)이 모두 정이다. 정을 키우는 것(養情)을 악惡이라 하고, 정을 거리낌 없이 풀어놓는 자(縱情)를 도둑이라 하고, 정을 꺾는 것(折情)을 선善이라 하고, 정을 없앤 자(滅情)를 성인이라 한다.

그 음식을 달콤하게 하고, 그 의복을 아름답게 하고, 그 거처를 크게 하는 이와 같은 부류가 '정을 키우는 것'이다. 음식을 물 쓰듯이 낭비하고, 의복에 온갖 장식을 다하고, 거처에 한없는 욕심을 내는 이와 같은 부류가 '정을 거리낌 없이 풀어놓는 것'이다. 잘못을 범해도 따지지 않고, 저촉해도 분노하지 않고, 상해를 입혀도 원망하지 않는 이런 것이 '정을 꺾는 것'이다. 범하고 저촉하고 상해 입히는 것을 허공처럼 여기고, 도리어 그들의 어리석은 마음에 연민을 일으키는 이런 것이 '정을 없애는 것'이다.

이 도리를 깨닫는다면 정토에 있는 것처럼 마음자리가 항상 깨끗할 것이다.[313]

悟情

喜怒好惡嗜欲, 皆情也. 養情爲惡, 縱情爲賊, 折情爲善, 滅情爲聖. 甘其飮食, 美其衣服, 大其居處, 若此之類, 是爲養情. 飮食若流, 衣服盡飾, 居處無厭, 若此之類, 是爲縱情. 犯之不較, 觸之不怒, 傷之不怨, 是爲折情. 犯之觸之傷之如空, 反生憐愍愚癡之心, 是爲滅情. 悟此理, 則心地常淨, 如在淨土矣.

원수와 친구

　일체중생에게 자비로운 마음을 일으켜 내 편 네 편이라는 생각을 갖지 말라. 왜 그래야 하는가? 만약 원수를 친구와 다르다고 보면 곧 이것이 분별이고, 분별 때문에 온갖 미움과 사랑을 일으켜 마음에 들고 마음에 거슬리는 인연을 따라 온갖 악업을 짓고, 악업이 성숙하면 어쩔 수 없이 괴로운 과보를 받기 때문이다.
　상대가 원수처럼 다가와도 나는 반드시 친구로 대하고, 독을 품은 사람에게 은혜로 보답하면서 마땅히 이렇게 보아야 한다.
　'내가 옛날에 그대를 괴롭혔기에 그대가 지금 나에게 분노하는 것이니, 이는 내가 숙세에 지은 죄 탓이다. 설령 나를 죽인다 해도 또한 달가운 마음을 가져야 합당한데, 감히 분노하겠는가? 전생에 죄가 없었다면 지금 뜬금없이 원망하고 증오하겠는가?'
　곁눈질로 째려보며 업신여기고 능멸하더라도 마땅히 이렇게 생각해야 한다.
　'저 사람은 지혜로운 자일까? 저 사람은 지혜롭지 못한 자일까? 저 사람이 지혜로운 자라면 나로 하여금 인욕바라밀을 성취하게 하려는 것이다. 나에게 은혜를 베푸는 이런 스승을 어떻게 만나게 되었을까? 다만 우러러 보답해야 마땅하지, 어찌 감히 거역하는 마음을 품겠는가?
　만약 저 사람이 지혜롭지 못한 자라면 이는 불쌍히 여기는 마음을 심을 좋은 밭(悲田)이다. 저 어머니는 자식이 거역하며 욕하는 소리를 들을 때에도, 어머니는 불쾌함을 기쁜 마음으로 바꾸고 그저 또 달랠 뿐 노여운 낯빛을 보이는 일이 없으며, 그의 어리석음과 어리광을 불쌍히 여기면서 오직 깊은 은혜를 베풀 뿐이다. 지금의 경우도 그와 마찬가지이다. 저 사람은 아마 번뇌로 속이 복잡하거나 정신을 흐트러뜨리는 마귀가 몰래 시켜 광포한 성질을 쉬지 못하고 자기 뜻대로 할 힘도 없는 것이리라.'

이렇게 불쌍히 여기는 마음(悲心)으로 다만 구제해 주어야지, 어찌 그 허물을 마음에 새기며 원수로 생각해서야 되겠는가? 만약 거역하는 마음을 일으킨다면 어리석은 자와 무엇이 다르겠는가? 이기고 싶어 하는 사람이 있으면 이기도록 밀어주고, 높아지고 싶어 하는 사람이 있으면 높아지도록 밀어주어야지, 어찌 그 틈에 순종과 거역, 사랑과 미움을 끼워 넣는단 말인가?[314]

怨親

於一切衆生, 起慈悲心, 無彼我想. 何以爲然? 若見怨異於親, 卽是分別, 以分別故, 起諸憎愛, 因違順緣, 造諸惡業, 惡業成熟, 故得苦果. 他以怨來, 己須親應, 於含毒者, 報之以恩, 應作是觀. 我昔惱君, 君今怒我, 我之宿罪. 縱使殺身, 亦合甘心, 而敢怒耶? 假饒前世無罪, 今輒怨憎? 橫見欺陵, 應當思忖. 彼有智耶? 彼無智耶? 彼有智者, 欲令成就忍波羅蜜, 是我恩師, 云何遭遇? 但應仰報, 豈敢懷違? 若無智者, 乃是悲田. 如母聞子返罵之時, 母轉歡心, 但更撫摩, 曾無慍色, 愍其癡小, 唯與深恩. 今亦如斯. 彼盖煩惱內攻, 迷魔密使, 性狂未歇, 力不自由. 以此悲心, 但垂拔救, 豈合念咎, 思以爲讎? 若起違心, 與癡何異? 人欲强者, 推以爲强, 人欲高者, 推以爲高, 豈有違順憎愛於其間哉?

아득하고 어둑한 길

바르지 못한 생각을 한 가지 일으키고, 바르지 못한 말을 한 마디 하고, 바르지 못한 빛깔을 한 가지 보고, 바르지 못한 소리를 한 마디만 들어도 과오 아닌 것이 없다. 하물며 먹는 음식이 중생들의 살덩어리이고, 입는 옷 역시 중생을 죽여서 얻은 것이겠는가? 또 하물며 내가 저지른 과오가 고기 먹고 비단 걸친 것에 그치지 않나니, 생각해 보지 않겠다면야 그만이지만 생각하겠다면 진실로 두려워해야 할 것이다.

어려서부터 늙을 때까지, 태어나면서부터 죽을 때까지 쌓아 온 과오가 이미 많고, 꽁꽁 얽어맨 것이 견고해 벗어날 방법이 없으니, 눈을 감은 후에는 업의 인연을 따라가는 것을 피할 수 없으리라.

아득아득 어둑어둑, 여기가 어디일까? 물살에 휩쓸리며 꼬르륵 잠길 뿐, 벗어날 기약이 없네. 오직 서방정토가 있으니, 윤회를 훌쩍 벗어날 지름길로 최고라네. 색신色身은 다시 얻기 어려우니, 건강할 때 이 중대한 일에 힘쓰도록 하라.[315]

杳冥

若起一不正念, 說一不正語, 視一不正色, 聽一不正聲, 無非過惡. 況所食者, 衆生之肉, 所衣者, 亦殺衆生而得? 又況所有過惡, 不止於食肉衣絲, 不思則已, 思之, 誠可畏也. 自少至老, 自生至死, 積累旣多, 纏綿堅固, 無由解脫, 閉眼之後, 不免隨業緣去. 杳杳冥冥, 知在何處? 漂流汨沒, 無有出期. 唯有西方淨土, 最爲超脫輪廻之捷徑. 色身難得, 趂康健時, 辦此大事.

해서는 안 될 일곱 가지

정말로 생사윤회를 벗어나기 위해 출가하였고, 이 한 생애에 그 일을 완전히 끝내고자 한다면 시시각각 일곱 가지 일로써 자신을 경책하고, 힘써 노력하며 이를 지켜야 한다.

첫째, 재물을 축적하거나 집을 짓거나 땅을 사거나 정교하고 좋은 물건들을 일절 두어서는 안 된다. 즉 경전이나 불상 등도 아주 옛날부터 전해 온 것이나 유명한 사람이 만든 것이면 그 어떤 것에도 미련을 두지 말고 한결같은 마음으로 바르게 염불하라.

둘째, 매우 급하고 중요한 일이 아닌 갖가지 복 짓는 일들을 해서는 안 된다. 그런 일들은 잠시 훗날로 미루었다가 큰일을 밝히고 나서 해도 늦지 않다. 지금은 일단 온갖 보살행을 실천하는 법문(萬行門)을 접어 두고 한결같은 마음으로 바르게 염불하라.

셋째, 좋은 빛깔과 좋은 음식 등에 탐착하고 애착하는 마음을 일으키거나 좋은 말로 나를 찬양하고 기리는 자에게 탐착하고 애착하는 마음을 일으켜서는 안 된다. 나쁜 빛깔과 나쁜 음식 등에 성내고 괴로워하는 마음을 일으키거나 나쁜 말로 나를 꾸짖고 헐뜯는 자, 나를 욕하고 욕보이는 자, 갖가지로 거역하는 자에게 성내고 괴로워하는 마음을 일으켜서도 안 된다. 나아가 마음에 들거나 마음에 거슬렸던 과거와 미래의 일들까지 모두 말끔히 치워 버리고, 견고한 벽처럼 단단히 지키면서 한결같은 마음으로 바르게 염불하라.

넷째, 시를 읊고 문장을 짓거나 해서와 초서를 쓰거나 표제와 대련對聯[316]을 짓거나 멋들어진 편지를 보내거나 불법과 상관없는 책들을 마구잡이로 읽어 대거나 다른 사람의 성공 실패와 장점 단점을 논하거나 나아가 교敎을 빙자해 억견臆見을 일으키고 교만한 마음으로 저술을 하거나 선禪을 철저히 깨닫지 못했으면서 망령된 뜻으로 공안을 꺼내 평론해서는 안 된다. 입을 봉하고 혀를 묶어 둔 채 한결같은 마음으로 바르게 염불하라.

다섯째, 친구나 벗을 사귀면서 초대를 받아 달려가거나 산을 유람하며 경치를 즐기거나 잡다한 말들로 쓸데없는 이야기를 나누어서도 안 된다. 갖가지 세상사 가운데 이치에 합당해 절대로 하지 않으면 안 되는 일을 제외하고 그 나머지는 모두 쉬어 버리고, 한결같은 마음으로 바르게 염불하라.

여섯째, 나태한 생활을 탐착해 멋대로 잠이나 자서는 안 된다. 생사生死 해탈이라는 큰일을 밝히지 못했다면 맹렬히 노력하고 고통을 참아 내면서 한결같은 마음으로 바르게 염불하라.

일곱째, 세상 사람들과 재주를 다투거나 능력을 다투거나 명예를 다투거나 세력을 다투거나 얻지 못했으면서 얻었다고 말하거나 증득하지 못했으면서 증득했다고 말하거나 거짓으로 선지식을 자칭하거나 망령되게 자신을 존귀하게 높여서는 안 된다. 반드시 낮은 자리를 고수하고 어리석음을 자처하며 죽는 날까지 배움의 자리에 머물면서 스스로 단련하고, 항상 정밀하게 항상 매진하며 한결같은 마음으로 염불하라.[317]

七不得

眞爲生死出家, 直欲一生了辦, 時時以七事自警, 務力守之. 一, 不得畜資財, 造房屋, 買田地, 置一切精緻好物. 卽經像等, 傳自太古, 出自名家, 皆勿留戀, 一心正念. 二, 不得作種種非緊要福緣事. 姑俟他日, 大事已明, 作之未晚. 今且權置萬行門, 一心正念. 三, 不得於好色好味等, 起貪愛心, 於好言讚譽我者, 起貪愛心. 不得於惡色惡味等, 起嗔惱心, 於惡言譏毁我者, 罵辱我者, 種種拂逆我者, 起嗔惱心. 乃至過去未來事, 或順或違, 皆悉屛絶, 堅壁固守, 一心正念. 四, 不得吟作詩文, 書寫眞草, 題帖對聯, 修飾尺牘, 泛覽外書, 論議他人得失長短, 乃至敎憑臆見, 而高心著述, 禪未悟徹, 而妄意拈評. 緘口結舌, 一心正念. 五, 不得交結親朋, 應赴請召, 遊山玩景, 雜話閒談. 凡種種世諦中事, 除理所當爲決不可已者, 餘悉休罷, 一心正念. 六, 不得貪着放逸, 恣縱睡眠. 大事未明, 捍勞忍苦, 一心正念. 七, 不得與世人競才競能, 爭名爭勢, 未得言得, 未證言證, 詃稱知識, 妄自尊高. 惟應執卑守愚, 終身居學地而自鍛鍊, 常精常進, 一心正念.

방생하라

　모든 사람이 목숨을 아끼고 모든 만물이 살고 싶어 하는데, 어떻게 그들의 신체를 죽여 자신의 입을 채우는 음식으로 삼을 수 있는가? 혹은 예리한 칼로 배를 가르기도 하고, 혹은 뾰족한 송곳으로 심장을 찌르기도 하고, 혹은 껍질을 벗기고 비늘을 벗기기도 하고, 혹은 목을 자르고 껍질을 가르기도 하고, 혹은 펄펄 끓는 물에 자라와 장어를 산 채로 삶기도 하고, 혹은 소금이나 술에 게와 새우를 산 채로 절이기도 하니, 가련하여라! 크나큰 아픔은 하소연할 곳이 없고, 극도의 고통은 참을 수가 없구나.
　이런 어마어마한 악업을 지어 만세에 깊은 원한을 맺었으니, 하루아침에 덧없는 죽음이 찾아오면 곧바로 지옥에 떨어지리라. 확탕지옥鑊湯地獄, 노탄지옥爐炭地獄, 검수지옥劍樹地獄, 도산지옥刀山地獄에서 차례로 죗값을 받고 나면, 다시 축생이 되어 원한을 원한으로 갚고 목숨을 목숨으로 보상해야 하리라. 그것을 끝내고 사람으로 태어나도 병이 많아 요절하거나 뱀과 호랑이에게 물려 죽거나 전쟁터에서 칼에 찔려 죽거나 관청의 형벌을 받아 죽거나 독약을 마시고 죽을 것이니, 이 모두가 살생이 초래한 결과이다.
　삼가 세상 사람들에게 고하니, 감히 그대에게 소식素食을 하며 하루 한 끼만 먹으라고 다그치는 것이 아니라 우선 그대에게 살생을 금하라고 권유하노라. 살생을 삼가는 집안은 선신善神들이 수호하기에 뜻밖의 재앙이 소멸하고, 수명이 길게 늘어나고, 자손이 현명하고 효순할 것이니, 상서로운 일들이 하도 많아서 낱낱이 다 늘어놓기도 어렵다. 만약 다시 힘닿는 대로 방생放生하고 거기에 더해 염불까지 한다면, 복덕을 늘리고 높일 뿐만 아니라 반드시 소원대로 정토에 왕생하여 영원히 윤회를 벗어나고 물러서지 않는 경지(不退地)에 들어갈 것이다.[318]

放生

人人愛命, 物物貪生, 何得殺彼形軀, 充己口食? 或利刃剖腹, 或尖刀刺心, 或剝皮刮鱗, 或斷喉劈殼, 或滾湯活煮鱉鱔, 或鹽酒生醃蟹蝦, 可憐! 大痛無伸, 極苦難忍. 造此彌天惡業, 結成萬世深讐, 一旦無常, 卽墮地獄. 鑊湯爐炭, 劍樹刀山, 受罪畢時, 仍作畜類, 宛宛對報, 命命填還. 還畢爲人, 多病且夭, 或死蛇虎, 或死刀兵, 或死官刑, 或死毒藥, 皆殺生所感. 奉告世人, 不敢逼汝喫齋, 且先勸爾戒殺. 戒殺之家, 善神守護, 灾橫消除, 壽算綿長, 子孫賢孝, 吉祥種種, 難可具陳. 若更能隨力放生, 加持念佛, 不但增崇福德, 必當隨願往生, 永脫輪廻, 入不退地.

살생을 금하라

　천지의 생물이 사람들의 음식으로 공급되고 있으니, 갖가지 곡식과 갖가지 과일과 갖가지 채소와 갖가지 바다와 육지의 진귀한 음식들이 그것이다. 게다가 사람들이 또 똑똑하고 재주도 좋아 그것으로 떡을 만들고, 경단을 만들고, 소금에 절이고, 식초를 만들고, 삶고, 굽고 하여 가히 천 가지가 풍족하고 만 가지가 풍족하다고 하겠다. 그런데 왜 굳이 또 똑같이 혈기血氣를 가지고 있고, 똑같이 새끼와 어미가 있고, 똑같이 지각을 가지고 있어 아픔을 느끼고 가려움을 느끼고 삶을 인지하고 죽음을 인지하는 생물들을 잡아서 그것을 죽이고 먹을까? 어찌 이치에 합당하겠는가! 흔히들 "내 마음 좋을 대로라면 하루 한 끼 채소만 먹고 살지는 않지."라고 말한다. 아! 그들의 몸을 도륙해 그들의 살점을 씹으니, 천하의 아무리 흉악한 마음, 독한 마음, 나쁜 마음이라 한들 뭐가 이보다 심할까? 좋은 마음씨는 도대체 어디에 있을까?[319]

　지금 생물들이 칼을 손에 든 사람을 볼 때마다 두려움에 떨면서 슬피 울부짖지 않은 적이 없지만 그들의 지혜와 힘으로는 대적할 수 없어 결국 사람들에게 죽임을 당하고 있다. 인과의 법칙 따라 원한을 품고 원수를 갚으러 찾아올 것이니, 세상사 이치가 반드시 그렇다.

　시에서 말하였다.

　　내 살이 곧 중생들의 살
　　이름은 다르나 실체는 다르지 않네
　　원래 똑같은 한 가지 성품이니
　　단지 모양새와 몸만 다를 뿐
　　온갖 고뇌는 저들에게 받으라 하고
　　달고 기름진 음식 나를 위해 구하네

염라대왕더러 판결해 보라 할 것 없이
스스로 한번 생각해 보면 어떨까[320]

    지금은 살겁殺劫의 운수가 바야흐로 흥성한 시기라 도적의 병사들이 변방에 가득하고 걸핏하면 도륙을 당하고 있다. 일찍이 피난 온 자들을 본 적이 있는데 흔히 흉악한 짓에 솜씨들이 뛰어났다. 부처님께서 말씀하시기를 "인연이 합하면 과보를 피하기 어려우니, 살생의 업을 지은 자는 반드시 살해당하는 과보를 만난다."라고 하셨으니, 이를 두고 하신 말씀이었다. 살겁의 수레바퀴를 돌리고 싶다면 방생을 하고 살생을 금하면서 정토에 태어나기를 구하라.[321]

戒殺

天地生物以供人食, 如種種穀, 種種果, 種種蔬菜, 種種水陸珍味, 而人又以智巧餠之, 餌之, 鹽之, 酢之, 烹之, 炮之, 可謂千足萬足. 何苦復將同有血氣, 同有子母, 同有知覺, 覺痛覺痒覺生覺死之物, 而殺食之? 豈理也哉! 尋常說只要心好, 不在齋素. 嗟乎! 戮其身而啖其肉, 天下之凶心毒心惡心, 孰甚焉? 好心當在何處? 今物見人操刀時, 未嘗不戰慄悲號, 奈智力不敵, 遂爲人殺. 因果所載, 含寃索命, 事理必然. 詩云.

我肉衆生肉, 名殊體不殊.

原同一種性, 只是別形軀.

苦惱從他受, 肥甘爲我需.

莫敎閻老判, 自揣看何如.

今殺運方興, 兵寇充塞, 動遭屠戮. 嘗見避亂者, 往往巧與凶値. 佛云. 因緣會合, 果報難逃, 造殺業者, 必遭殺報. 此之謂也. 欲轉刼輪, 放生戒殺, 求生淨土.

식욕과 성욕은 서로 원인이 된다

식욕과 성욕은 사람들의 가장 큰 욕망이다. 이를 제지해 없는 것처럼 하면 이런 분이 성인이고, 절제해 방종하지 않으면 현인이라 할 수 있으며, 방종하며 절제하지 않으면 이런 자가 어리석은 범부이다. 식욕과 성욕 이 두 가지는 업을 짓는 것이고, 서로를 발생시키도록 돕는 것이다. 대개 음식을 충분히 먹으면 혈기가 왕성해 성욕이 많아지게 하고, 성욕이 많으면 도리어 혈기를 손상하기에 또 음식을 의지하여 보충하려고 든다. 만약 이 두 가지를 줄일 수 있다면 바로 그것이 몸을 편안하게 하고 수명을 늘리는 방법이다.

자각 선사慈覺禪師[322]께서 말씀하셨다.

> 음식이 사람들에게 살아갈 날을 늘려 주니
> 정교하건 거칠건 분수 따라 주린 창자를 채우라
> 목구멍 넘어 세 치만 지나가면 어떤 물건이 될까
> 마음 써서 세밀하게 따져 볼 필요도 없지

무실야부務實野夫께서 말씀하셨다.

> 뼈와 살, 피와 고름을 가죽으로 감싸고는
> 미녀라고 억지를 쓰며 사람들을 홀리네
> 천고의 영웅들이 모두 여기에 걸려들어
> 백 년 후에는 똑같이 한 구덩이의 티끌이 되었지

정말로 식욕과 성욕 이 두 가지를 단속할 수 있다면 살아서 모진 병에 걸리고 요절할 이유가 뭐가 있겠으며, 죽어서 지옥·아귀·축생에 떨어질

이유가 뭐가 있겠는가? 만약 정토에 태어나기를 바란다면 마땅히 이를 삼가고 보호해야 한다.[323]

食色相因

飮食男女, 人之大欲. 制之若無, 斯爲聖, 節而不縱, 可爲賢, 縱而不節, 是爲愚. 此二者, 造業之所, 更相助發. 盖飮食充則血氣盛, 使淫欲多, 淫欲多則反損血氣, 又賴飮食以滋補. 若俱能減省, 乃安身延年之道也. 慈覺師云.

飮食於人日月長, 精粗隨分塞飢腸.

纔過三寸成何物, 不用將心細較量.

務實野夫云.

皮包骨肉并膿血, 强作嬌嬈詆惑人.

千古英雄皆坐此, 百年同作一坑塵.

果戒得此二事, 在世何由有疾病夭折, 身後何由有地獄鬼畜? 若欲求生淨土, 當謹護於此.

본체는 항상 그대로이다

사람이 세간의 재물·여색·명예·이익 등 경계를 대하는 태도를 비유로 설명하자면 여기에 불덩어리가 있고 다섯 가지 물건이 그 곁에 있는 것과 같다.

첫 번째는 건초처럼 접촉하자마자 호로록 타 버리는 사람이다.

두 번째는 나무처럼 후하고 불어 주면 타는 사람이다.

세 번째는 쇠처럼 태울 수 없는 사람이다. 하지만 녹일 수는 있다.

네 번째는 물처럼 태울 수 없을 뿐만 아니라 오히려 불을 끌 수 있는 사람이다. 하지만 솥이나 옹기에 담아 불과 간격을 두면 오히려 끓일 수 있다.

다섯 번째는 허공 같은 사람이다. 굽건 지지건 마음대로 하도록 내버려 둔 후에도 그 본체가 항상 그대로이고, 또한 억지로 끄려 하지 않아도 타오르던 현상은 저절로 소멸하게 된다.

첫째는 범부 가운데 수학하는 사람에 해당하고, 가장 마지막은 모든 여래와 큰 성인들이시다.[324]

體恒自如

人對世間財色名利境界, 以喩明之, 有火聚于此, 五物在傍. 其一如乾草, 纔觸卽燃者也. 其二如木, 噓之則燃者也. 其三如鐵, 不可得燃者. 肰[1]猶可鎔也. 其四如水, 不惟不燃, 反能滅火者也. 肰[2]隔之釜甕, 猶可沸也. 其五如空. 肰後任其燔灼, 體恒自如, 亦不須滅, 行將自滅也. 初凡夫中修學, 最後方名諸如來大聖人.

---

1) ㉠ '肰'은 『雲棲法彙』 권12 「竹窗隨筆」 '對境'(J33, 28a)과 『淨土晨鍾』 권9 「第了俗」 '了世染之妄'(X62, 79a)에 근거하면 '然'의 오자이다. 2) ㉠ '肰'은 '然'의 오자이다.

실오라기 하나에 묶일 수 있다

세상살이에 필요한 여러 가지 기능과 잡다한 기술, 내지 좋은 것이건 나쁜 것이건 생각을 분산시킬 수 있는 일체의 것들, 만약 그런 것들을 물리치지 않는다면 삼매를 성취할 수 없고, 왕생할 방법이 없다.

지금 일체중생은 무명無明에서 비롯된 업식業識으로 온 법계를 돌아다니는 존재들이다. 진실로 세속에 연연하는 마음을 한 생각만 일으켜도 곧바로 마음을 고단하게 하는 번뇌나 마귀의 무리 등 이와 같은 것들이 질질 끌고 데려가 온몸을 묻어 버릴 것이고, 벗어날 기약이 없을 것이다. 비유하자면 편안하게 물속을 노니는 물고기도 실오라기 하나에 묶일 수 있는 것과 같으니, 그 해로움이 매우 큰 것이다.[325]

一絲可繫

凡諸世間伎能雜術, 乃至一切若善若惡能分念者, 若不屛去, 三昧不成, 往生無由矣. 然今一切衆生, 無明業識, 徧周法界. 苟起一念世心, 便被如是等塵勞魔黨, 牽拽將去, 全身陷沒, 求出無期. 譬如遊魚雖逸, 一絲可繫, 爲害甚大.

반드시 그루터기를 잘라야 한다

생사윤회를 끝내려고 한다면 반드시 생사의 그루터기를 잘라야 한다. 옛사람께서 말씀하시기를 "애욕을 끊지 않으면 정토에 태어나지 못한다." 라고 하였으니, 이로써 애욕이 생사윤회의 그루터기임을 알 수 있다.

이 애욕의 뿌리를 더듬어 보면 금생에 있게 된 것이 아니다. 시작을 알 수 없는 아득한 때부터 세세생생에 한 생각이라도 이 애욕의 뿌리를 벗어난 적이 언제 있었던가? 그러니 이제 부처님을 생각하면서 생각 생각마다 이 애욕의 뿌리를 끊으려고 해야 한다.

하지만 일상생활에서 눈앞에 아들딸과 손자, 집안일과 재산 등 사랑스럽지 않은 것이 하나도 없으니, 온몸이 불구덩이 한가운데 앉아 있는 것이나 마찬가지이다. 그렇게 애욕이 주인 노릇을 하니, 염불한다고 해도 겉껍데기일 뿐이다.

일단 아들딸에 대한 애정이 눈앞에 나타났을 때에 빛을 돌이켜서 자세히 살펴보라. 부처님을 부르는 그 한 소리가 과연 그 애욕을 대적하고, 그 애욕을 끊을 수 있던가? 만약 대적해서 끊을 수 없다면 어떻게 생사윤회를 끝낼 수 있겠는가? 반드시 '부처님'이라는 한 단어로 생각 생각마다 이 생사윤회의 그루터기를 끊으려고 해야만 비로소 가능할 것이다.[326]

要斷根株

要了生死, 須斷生死根株. 古人云. 愛不斷不生淨土. 是知愛乃生死根株. 推此愛根, 不是今生有的. 自無始以來, 生生世世, 何曾有一念離此愛根耶? 而今念佛, 念念要斷者愛根. 然日用現前, 兒女子孫, 家緣財産, 無一件不是愛的, 如渾身坐火坑中. 愛是主宰, 念是皮面. 且如兒女之情現前時, 回光看看. 者一聲佛, 果能敵得者愛, 斷得者愛麽? 若敵斷不得, 如何了得生死? 須將一句佛, 念念要斷此生死根株, 始得.

애착과 생각

염불하여 정토에 왕생하기를 바라는 사람은 흔하다. 하지만 사바세계에 대한 가볍지 않은 애착이 한 가지라도 있으면 죽음을 맞이할 때 이런 애착에 이끌려 왕생할 수 없다. 하물며 애착이 많은 경우이겠는가? 극락세계에 대한 한결같지 않은 생각이 한 번이라도 있으면 죽음을 맞이할 때 이런 잡된 생각에게 굴려져 왕생할 수 없다. 하물며 잡된 생각이 많은 경우이겠는가?

대개 애착이 애착의 대상으로 삼는 것에는 가벼운 것, 무거운 것, 두꺼운 것, 얇은 것이 있다. 부모와 처자식, 형제와 친구, 공명과 부귀, 문장과 시부詩賦, 도술과 기예, 의복과 음식, 집과 논밭과 동산, 숲과 샘의 꽃과 화초들, 진귀한 보배와 멋진 예술품에다 갖가지 오묘하고 좋은 것들까지, 그 가짓수는 다 헤아릴 수가 없다. 또한 애착이 큰 것은 태산보다도 무겁고, 작은 것은 기러기 털보다 가볍다.

마음에 애착이 한 가지라도 있으면 생각이 한결같지 못하고, 생각이 한결같지 못하면 왕생할 수 없다. 옛사람께서 말씀하시기를 "애착이 무겁지 않으면 사바에 태어나지 못하고, 생각이 한결같지 않으면 극락에 태어나지 못한다."[327]라고 하셨으니, 이 두 구절의 말씀은 눈에 낀 백태를 긁어 내는 황금 살촉(金錍)[328]이고, 고황膏肓에 든 병[329]을 치료하는 성약聖藥이라 말할 수 있다.

극락에 뜻을 둔 자라면 마땅히 이를 집의 벽에다 써 놓고 가슴에 깊이 새기면서 때때로 소리 높여 독송하고 생각 생각마다 자신을 일깨워 사바세계에 대한 애착이 가벼워지도록 나날이 힘쓰고, 극락세계에 대한 생각이 한결같아지도록 나날이 힘써야 한다. 애착을 가볍게 하고 또 가볍게 하다 보면 점점 없어지게 될 것이며, 생각을 한결같이 하고 또 한결같이 하다 보면 점차 궁극에 가까워질 것이다. 진실로 이와 같이 할 수 있다면 아직 사바세계를 벗어나지 못했다 해도 사바세계를 오래 떠돌 나그네가 아니고, 아직 극락세계에 태어나지 못했다 해도 이미 극락세계의 귀한 손님이다.[330]

愛念

念佛求生淨土之人, 尋常有. 娑婆一愛之不輕, 則臨終爲此愛之所牽, 而不得生. 矧多愛乎? 卽極樂有一念之不一, 則臨終爲此念之所轉, 而不得生. 矧多念乎? 盖愛之所以爲愛者, 有輕重厚薄焉. 父母妻子, 昆弟朋友, 功名富貴, 文章詩賦, 道術技藝, 衣服飮食, 屋室田園, 林泉花卉, 珍寶玩物, 種種妙好, 不可枚盡. 大而重於泰山, 小而輕於鴻毛. 有一愛之存於懷, 則念不一, 念不一, 則不得生. 古人云. 愛不重不生娑婆, 念不一不生極樂. 此兩語, 可謂刮瞖眼之金錍, 治膏肓之聖藥. 凡有志於極樂者, 宜以此書於屋壁, 銘於肺腑, 時時莊誦, 念念提撕, 於娑婆之愛, 日務求其輕, 極樂之念, 日務求其一. 輕之又輕, 漸階乎無, 一之又一, 漸隣乎極. 果能如此, 則雖未脫娑婆, 不是娑婆之久客, 雖未生極樂, 已是極樂之嘉賓.

출세간의 효도

맛있는 음식으로 부모님을 봉양하고, 작위爵位와 녹봉祿俸으로 부모님을 영광되게 하고, 덕을 닦아 부모님을 드러내는 것, 이것이 세간의 효도이다. 그 부모님에게 재계하며 도를 받들고, 일심으로 염불해 왕생하기를 소원하고, 직접 아미타부처님을 뵙고 물러서지 않는 경지를 얻도록 권하는 것, 이것이 출세간의 효도이다.

부모님의 은혜에 대한 자식의 보답은 이렇게 해야 큰 것이니, 반드시 부모님이 살아 계실 때 얼른 염불하도록 권해야 한다. 부모님이 돌아가셨을 때에는 3년 동안 염불을 과업으로 삼도록 하고, 여의치 않으면 1년이나 49일 동안도 모두 괜찮다. 효자가 온갖 고초를 마다하지 않으신 부모님의 은혜에 보답하고자 한다면 이를 몰라서는 안 된다.[331]

出世間孝

甘旨以養親, 爵祿以榮親, 修德以顯親, 是世間之孝也. 勸其親齊[1]戒奉道, 一心念佛, 求願往生, 親覲彌陀, 得不退轉, 是出世間之孝也. 人子報親, 於是爲大, 必須父母在堂, 早勸念佛. 父母亡日, 課佛三年, 或一週歲, 或七七日, 皆可也. 孝子欲報劬勞恩, 不可不知此.

---
1) ㉠ '齊'가 『淨土晨鍾』 권3 「第3 勸修」 '勸出世間孝勸二親修'(X62, 50c)에는 '齋'로 되어 있다.

부모님이 서방정토로 가시도록 도와라

자식이 부모님을 모실 때에는 그분들이 왕생할 시기가 되었는지를 살펴 미리 부모님께서 평생 쌓은 여러 가지 선행을 취합해 한 편의 소문疏文을 짓고, 때때로 이것을 읽어 드려 부모님을 기쁘게 해 드려라.

또 부모님께 앉을 때나 누울 때나 서쪽을 향해 아미타부처님을 항상 생각하도록 청하고, 부처님께서 맞이해 이끌어 주시는 형상을 설치해 극락세계에 임한 듯 느끼게 하라. 목숨이 끊어지는 순간에는 더욱 주의해야 하니, 슬픈 울음으로 그분들의 뜻을 어지럽히는 일이 없도록 하고, 한목소리로 염불하여 서방정토로 가시도록 도와야 한다. 부모님이 정토에 태어나 온갖 쾌락을 누리게 된다면 또한 좋지 않겠는가? 평생의 효양孝養이 바로 이 순간에 달려 있다.[332]

助親西行

人子事親, 察其往生時至, 預以父母平生衆善, 聚爲一疏, 時時讀之, 令親生歡喜. 又請父母, 坐臥西向, 念念彌陀, 設像接引, 如臨極樂. 捨壽之頃, 更須用意, 無以哀泣, 亂其正志, 同聲念佛, 助之西行. 俾親得生淨土, 受諸快樂, 不亦善乎? 平生孝養, 正在此時.

은혜에 보답하라

이미 정토수행을 하고 있다면 은혜에 보답하겠다고 생각해야만 한다. 부처님의 은혜와 국가의 은혜까지는 논할 틈도 없다. 부모님께서 양육해 주신 은혜만 해도 어찌 무거운 은혜가 아니고, 스승과 어른이 성장시켜 준 은덕만 해도 어찌 무거운 은덕이 아니겠는가?

그대는 처음 출가했을 때 무거운 은혜에 꼭 보답하겠노라고 말하였고, 나중에 행각을 떠날 때에도 또 무거운 은덕에 꼭 보답하겠노라고 말하였다. 하나 고향을 떠나고 마을을 떠난 지 이삼십 년에 부모님과 스승이 몹시 괴롭고 힘들어하실 때에도 그대는 전혀 돌아보지 않았고, 부모님이 늙고 병들었을 때에도 그대는 또 보살피지 않았고, 그분들이 돌아가셨다는 소식을 듣고서도 그대는 돌아가지 않았다.

지금 혹시 그분들이 삼악도에 떨어져 죗값을 받고 고통을 받으면서 그대가 구해 주기를 바라고, 그대가 건네주기를 바라고 계실지도 모른다. 그런데도 그대는 도리어 생각이 지속되지 않고 자꾸 끊어져 정토를 성취하지 못하였으니, 자신도 구제하지 못하는데 어떻게 남을 구제하겠는가? 이미 그분들을 구제할 수 없으니, 그대가 바로 은혜를 잊고 의리를 저버린 큰 불효자이다. 경에 말씀하시기를 "불효한 죄는 지옥에 떨어진다."[333] 라고 하였다. 그렇다면 한 생각 끊어지는 마음이 바로 지옥에 떨어질 업인 것이다.

또 베를 짜지 않고도 옷을 입고, 밭을 갈지 않고도 밥을 먹고, 방과 침구 등도 남들이 다 만들어 놓은 것을 그냥 받아서 쓰고 있으니, 그대는 마땅히 정업淨業을 부지런히 닦아 믿음으로 보시한 은혜에 보답하려고 애써야 한다. 조사께서 말씀하시기를 "이것은 시주들이 처자식 몫을 줄이고 깎아서 가져온 것들이다. 도를 보는 안목이 밝아지지 못했다면 물 한 방울 실오라기 하나까지도 반드시 쟁기를 끌고 써레를 끌어 그 값을 치러야만 한다."라고 하였다. 그런데도 그대는 도리어 생각이 지속되지 않고 자꾸 끊어져 정토를 성취하지 못하였으니, 빚을 갚아야 할 책임이 있다. 그렇다면 한 생각 끊어지는 마음이 바로 축생에 떨어질 업인 것이다.[334]

報恩

旣修淨土, 當念報恩. 佛恩國恩, 姑[1]未暇論. 只如父母養育之恩, 豈非重恩, 師長作成之德, 豈非重德? 爾最初出家, 便說要報重恩, 後來行脚, 又說要報重德. 離鄕別井, 二三十年, 父母師長, 艱難困苦, 爾總不顧, 父母老病, 爾又不看, 及聞其死, 爾也不歸. 如今或在三途, 受罪受苦, 望爾救他, 望爾度他. 爾却念念間斷, 淨土不成, 自救不了, 如何救他? 旣不能相救, 爾是忘恩負義, 大不孝人. 經云. 不孝之罪, 當墮地獄. 然則一念間斷之心, 便是地獄業也. 又不織而衣, 不耕而食, 房室臥具, 受用現成, 爾當勤修淨業, 圖報信施之恩. 祖師道. 此是施主, 妻子分上, 減刻將來. 道眼未明, 滴水寸絲也, 須牽犁拽杷, 償他始得. 爾却念念間斷, 淨土不成, 酬償有分. 然則一念間斷之心, 便是畜生業也.

---

1) ㉔ '姑'가『淨土或問』(T47, 302a)에는 '固'로 되어 있다.

널리 제도하라

　스승과 벗들의 가르침을 받고, 은혜로운 분들의 보살핌을 받고, 사귀는 분들의 예우를 받을 때마다 모두 정토를 알려 줌으로써 그들에게 보답하리라. 밥 한 그릇 차 한 잔의 은혜를 베풀거나 말 한 마디 자리 한 번을 함께 나누는 모든 이들에게, 나를 섬기느라 수고하는 종과 하인들에게, 내가 사용하는 처소에서 애써 주는 모든 이들에게 다 정토를 알려 주어 고해를 벗어나게 하리라.
　이뿐만이 아니다. 알건 모르건 알아보건 알아보지 못하건 모든 이들을 다 정토로 교화하여 함께 정토에 태어나고자 하리라.
　이뿐만이 아니다. 나아가 모든 나는 새와 달리는 짐승 및 앵앵거리며 날아다니고 꿈틀거리며 기어 다니는 부류에 이르기까지, 무릇 볼 수 있는 형상이 있는 것이면 내가 그들을 본 인연으로 모두 마땅히 그들을 위해 아미타부처님을 생각하며 여러 번 소리 내어 부르고, 이렇게 발원하리라.
　"너희들이 모두 극락세계에 태어나기를 바란다. 내가 도를 얻은 후에 너희를 모두 제도하리라."
　형상이 있는 것에만 그러는 것이 아니라 볼 수 있는 형상이 없는 것들에게도 이와 같이 염불하고, 이와 같이 발원하리라. 그러면 나의 선한 생각이 완전히 성숙하고 일체중생이 모두 인연을 맺을 것이니, 먼 훗날 내가 부처님이 되어 교화를 펼칠 때에는 즐겁게 따르지 않는 자가 없으리라.[335]

普度
　凡受師友之訓誨, 恩地之提挈, 交遊之禮遇, 悉皆告以淨土而爲之報. 以至與一切人, 或有一飯一茶之恩, 或一言一坐之接, 至於僕隷, 有事我之勞, 凡吾受用處, 一切致力者, 皆以此告之, 使脫離苦海. 非唯此耳. 凡一切知與不知, 識與不識, 皆欲以是化之, 使共生淨土. 非唯此耳. 乃至一切飛禽走獸及蜎飛蠕動之類, 凡有形相可見者, 吾因見之, 皆當爲念阿彌陀佛數聲, 發願云. 願汝等盡生極樂世界. 我得道後, 盡度汝等. 非徒有形, 至於無相可見者, 亦如是念, 發如是願. 則吾之善念純熟, 一切衆生, 皆爲有緣, 他時化度, 無不樂從者也.

온갖 선이 서로 돕는다

부처님께 공양을 올리고, 스님들께 공양을 올리고, 탑을 짓고, 절을 세우고, 염불하고, 예배 참회하고, 부모님께 효도하고 봉양하며, 형제들과 우애하고 공경하며, 종족들과 화목하지 못하는 일이 없게 하며, 고향 마을 이웃들과 은혜와 예의를 서로 베풀어라.

군주를 모실 때는 일편단심 국가를 위하고, 관리가 되었다면 인자하게 백성들을 이롭게 하며, 어른이 되었을 때는 선善으로 대중을 편안하게 하고, 아랫사람이 되었을 때는 부지런함으로 윗사람을 섬겨라.

혹은 어리석고 미혹한 자들을 가르치고, 혹은 외롭고 약한 자들을 돕고, 혹은 위급한 재난에서 사람을 구하고, 혹은 가난한 자들에게 은혜를 베풀고, 혹은 다리를 놓거나 우물을 파고, 혹은 음식을 베풀거나 약을 나누어 주고, 혹은 자신이 받을 몫을 줄임으로써 타인을 이롭게 하고, 혹은 재물 앞에서 타인에게 넉넉함으로써 자신의 몫을 줄이고, 혹은 사람들에게 선을 실천하게 하고, 혹은 선을 보호하고 악을 막으면서 크고 작고에 구애되지 말고 다만 지어야 할 세간 출세간의 모든 선행을 따라서 실천하라. 겨우 돈 한 푼을 남에게 주거나 물 한 바가지로 갈증을 가시게 하는 등 털끝만큼의 선행에 이르기까지, 좋은 일을 하였을 때에는 모두 이렇게 생각해야 한다.

'원하옵건대, 이 선한 인연을 서방정토에 회향하오니 온갖 선이 서로 도와 반드시 왕생하게 하소서.'[336]

衆善相資
供佛齋僧, 造塔建寺, 念誦禮懺, 孝養父母, 兄友弟恭, 宗族之間, 無不和睦, 鄕黨隣里, 恩禮相與. 事君則赤心爲國, 爲官則仁慈利民, 爲長則善以安衆, 爲下則勤以事上. 或指敎愚迷, 或扶助孤弱, 或救人急難, 或惠施貧窮, 或造橋砌井, 或施食散藥, 或減己奉養以利人, 或臨財饒人以自省, 或教人爲善, 或護善止惡, 但隨所作世出世間一切善事, 不拘大小. 或止以一錢與人, 或以一飮止渴, 至於毫芒之善, 並須起念云. 願此善緣, 回向西方, 衆善相資, 必得往生.

언행에 흠이 없으려면

여덟 가지 법을 성취하면 이 세계에서는 언행에 흠이 없고 (죽어서는) 정토에 태어난다.

무엇이 여덟 가지인가?

(첫째,) 중생을 이롭게 하면서 보답을 바라지 않고, 일체중생을 대신해 온갖 고뇌를 받으면서 지은 공덕을 모조리 베푸는 것이다.

(둘째,) 중생을 평등한 마음으로 대하고, 자신을 낮추어 막힘이 없는 것이다.

(셋째,) 모든 보살들을 부처님처럼 보는 것이다.

(넷째,) 들어 보지 못한 경을 듣게 되었을 때 의심하지 않는 것이다.

(다섯째,) 성문聲聞과 서로 등지지 않는 것이다.

(여섯째,) 타인이 받는 공양을 질투하지 않고, 자신이 받는 이양利養을 자랑하지 않으며, 그 가운데서 자신의 마음을 조복하는 것이다.

(일곱째,) 항상 자신의 허물을 살피고, 타인의 단점을 파헤치지 않는 것이다.

(여덟째,) 항상 한결같은 마음으로 온갖 공덕을 구하는 것이니, 이것이 여덟 가지 법이다.[337]

行無瘡疣

成就八法, 於此世界, 行無瘡疣, 生于淨土. 何等爲八? 饒益衆生, 而不望報, 代一切衆生, 受諸苦惱, 所作功德, 盡以施之. 等心衆生, 謙下無閡. 於諸菩薩, 視之如佛. 所未聞經, 聞之不疑. 不與聲聞, 而相違背. 不嫉彼供, 不高己利, 而於其中調伏其心. 常省己過, 不訟彼短. 恒以一心, 求諸功德.

열 가지 마음

만약 중생이 열 가지 마음을 일으켜 오로지 부처님을 향한다면 이런 사람은 삶을 마치고 반드시 정토에 왕생하게 된다.

첫째, 모든 중생에게 큰 사랑을 일으켜 손해를 끼치지 않는 마음이다.

둘째, 모든 중생에게 큰 연민을 일으켜 핍박하거나 괴롭히지 않는 마음이다.

셋째, 부처님의 바른 법을 신명을 아끼지 않고 즐겁게 지키고 보호하는 마음이다.

넷째, 모든 법에서 수승한 인(勝忍)[338]을 일으켜 집착하지 않는 마음이다.

다섯째, 이익과 보탬, 공경과 존중을 탐하지 않고 청정淸淨을 추구하는 마음이다.

여섯째, 부처님의 일체종지一切種智[339]를 구하면서 언제나 잊지 않는 마음이다.

일곱째, 모든 중생을 존중하고 공경하며 낮고 천하게 여기지 않는 마음이다.

여덟째, 세상 이야기에 집착하지 않고 보리분菩提分[340]에 확고한 믿음을 내는 마음이다.

아홉째, 온갖 선근을 심으면서 번뇌에 섞이거나 오염되지 않는 청정한 마음이다.

열째, 모든 여래에 대해 모든 선입견을 버리고 따르겠다는 생각을 일으키는 마음이다.

만약 이 열 가지 마음 가운데 한 가지 마음이라도 성취한다면 반드시 정토에 왕생하게 된다.[341]

十心

若有衆生, 發十種心, 專向於佛, 是人命終, 當得往生. 一者, 於諸衆生, 起於大慈, 無損害心. 二者, 於諸衆生, 起於大悲無逼惱心. 三者, 於佛正法, 不惜身命, 樂守護心. 四者, 於一切法, 發生勝忍, 無執着心. 五者, 不貪利養恭敬尊重, 淨意樂心. 六者, 求佛種智, 於一切時, 無忘失心. 七者, 於諸衆生, 尊重恭敬, 無下劣心. 八者, 不着世論, 於菩提分, 生決定心. 九者, 種諸善根, 無有雜染, 清淨之心. 十者, 於諸如來, 捨離諸相, 起隨念心. 若於此十心, 隨成一心, 必得往生.

사료간
四料簡

참선만 하고 정토수행을 하지 않으면	有禪無淨土
열에 아홉이 길을 잃나니	十人九錯路
중음中陰[342]의 경계가 눈앞에 나타나면	陰境若現前
눈 깜짝할 사이에 그것을 따라가리라	瞥爾隨他去
참선하지 못했어도 정토수행을 했다면	無禪有淨土
만 명이면 만 명 모두 왕생하나니	萬修萬人去
아미타부처님을 뵙기만 한다면야	但得見彌陀
어찌 깨닫지 못할까를 근심하리오	何愁不開悟
참선도 하고 정토수행도 했다면	有禪有淨土
뿔까지 달린 호랑이와 같나니	猶如戴角虎
현세에는 사람들의 스승이 되고	現世爲人師
내세에는 부처나 조사가 되리라	當來作佛祖
참선도 하지 않고 정토수행도 하지 않으면	無禪無淨土
시뻘건 쇠 침대와 구리 기둥이 기다리나니	鐵牀並銅柱
만 겁을 보내고 천 번을 새로 태어나도	萬劫與千生
믿고 의지할 사람이 한 명도 없으리라[343]	沒箇人依怙

떠날 준비
去備

낮이 있으면 반드시 밤이 있으니	晝必有夜
반드시 밤을 준비해야 하네	必爲夜備
여름이 있으면 반드시 겨울이 있으니	暑必有寒
반드시 겨울을 준비해야 하네	必爲寒備
삶이 있으면 반드시 죽음이 있으니	存必有去
반드시 죽음을 준비해야 하네	必爲去備
밤 준비는 어떻게 해야 할까	何爲夜備
등불과 촛불, 침상과 요지	燈燭牀褥
겨울 준비는 어떻게 해야 할까	何爲寒備
이불과 갓옷, 숯과 장작이지	衾裘炭薪
죽을 준비는 어떻게 해야 할까	何爲去備
복덕과 지혜에다 정토수행이지[344]	福慧淨土

이 법을 배워야 한다

안양安養에 왕생하는 정업이 지름길이요 쉽게 닦는 방법이니, 여러 대승 경전에서 모두 이 요법要法을 설하시고, 시방세계 모든 부처님이 그 아름다움을 칭찬하지 않으신 분이 없다.

만약 비구 등 출가사중出家四衆과 선남자 선여인이 속히 무명을 타파하고, 오역죄와 십악의 중죄 및 여타 가벼운 허물들을 영원히 없애고 싶다면 마땅히 이 법을 배워야 한다.

크고 작은 계와 율을 청정히 수지하고, 일체 모든 바라밀 법문을 구족하고 싶다면 마땅히 이 법을 배워야 한다.

죽음을 맞이할 때 온갖 공포를 벗어나 몸과 마음이 안락하고, 고향으로 돌아가듯 기쁨이 넘치고, 환한 빛이 온 방을 비추고, 기이한 향기에다 하늘나라 음악 소리가 퍼지고, 아미타부처님과 여러 성인들께서 자금대紫金臺를 보내 손을 내밀며 영접하고, 다섯 세계로 가는 길(五道)[345]은 가로막히고 구품九品의 연화대를 향해 질주하며, 뜨거운 번뇌와 이별해 맑고 시원한 곳에서 편안히 쉬고, 마음을 고단하게 하던 번뇌를 벗어나자마자 곧바로 불퇴전지不退轉地에 오르고, 오랜 겁을 거치지 않고 곧 무생법인無生法忍을 증득하고 싶다면, 마땅히 이 법을 배워야 한다.

간단한 법을 닦았는데 오묘한 과보를 감득해 시방세계 모든 부처님께서 동시에 칭찬하시고, 눈앞에 나타나 수기하시고, 한 생각에 헤아릴 수 없이 많은 부처님께 공양을 올리고, 다시 본래 있던 나라로 돌아와 아미타부처님과 함께 앉아 밥을 먹고, 관세음보살과 의논하고, 대세지보살과 함께 거닐고, 시방과 삼세를 꿰뚫어 보고 훤히 들으며, 그 신체가 끝이 없을 만큼 커지고, 허공을 자유자재로 날아다니고, 전생을 또렷하게 기억하고, 다섯 세계를 거울에 비친 모습을 보듯 두루 관찰하고, 생각 생각마다 깨달아 끝없는 삼매에 들어가고 싶다면 마땅히 이 수승한 법을 배워야 한다.[346]

當學此法

安養淨業, 捷徑易修, 諸大乘經, 皆啓斯要, 十方諸佛, 無不稱美. 若比丘四眾, 善男信女, 欲得速破無明, 永滅五逆, 十惡重罪, 及餘輕過, 當修此法. 欲得清淨大小戒律, 具足一切諸波羅蜜門者, 當學此法. 欲得臨終, 離諸怖畏, 身心安樂, 喜悅如歸, 光照室宅, 異香音樂, 阿彌陀佛, 與諸聖眾, 送紫金臺, 授手迎接, 五道橫截, 九品長騖, 謝去熱惱, 安息清涼, 初離塵勞, 便登不退, 不歷長刼, 即證無生者, 當學此法. 欲修少法, 而感妙報, 十方諸佛, 俱時稱讚, 現前授記, 一念供養無央數佛, 還至本國, 與彌陀坐食, 觀音議論, 勢至行步, 洞視徹聞, 身量無際, 飛空自在, 宿命了了, 徧觀五道, 如鏡中像, 念念證入無盡三昧, 應當修習, 此之勝法.

세 가닥으로 꼰 밧줄

염불하여 왕생하려면 세 가지 힘이 있어야 한다.

첫째는 본래 갖추고 있는 불성佛性의 힘이니, 번뇌가 가득한 마음속에 있는 여래장如來藏을 말한다. 둘째는 자비의 빛으로 거두어 주시는 힘이니, 아미타부처님께서 한량없는 광명으로 염불하는 중생을 거두어 주고 버리지 않는 것을 말한다. 셋째는 염불삼매의 힘이니, 부처님을 기억하고 부처님을 생각하면 현재 눈앞에서 또는 미래에 반드시 부처님을 친견하는 것을 말한다.

이 세 가지 힘은 세 가닥의 줄과 같으니, 셋을 꼬아 굵은 밧줄을 만들면 무거운 물건도 끌어당길 수 있다. 또 수화경水火鏡[347]을 태양을 향해 설치하고 마른 쑥으로 그 빛을 취하면 곧 불을 얻을 수 있고, 달을 향해 설치하고 구슬로 그 빛을 취하면 곧 물을 얻을 수 있는 것과 같다. 이제 수화경이 물과 불의 성품을 갖추고 있는 것은 중생이 본래 불성의 힘을 갖추고 있는 것을 비유하고, 반드시 해와 달의 비추는 빛을 빌려야 하는 것은 아미타부처님께서 자비로운 빛으로 거두어 주시는 힘을 비유하고, 구슬과 마른 쑥으로 물과 불을 이끌어 낼 수 있는 것은 믿음을 가지고 염불하는 힘을 비유한다.

세 가지가 화합하면 물과 불이 생기듯이, 세 가지 힘이 서로 뒷받침하면 반드시 정토에 왕생한다.[348]

三股繩

念佛往生, 有三種力. 一者, 本有佛性力, 言煩惱心中有如來藏也. 二者, 慈光攝取力, 言彌陀光明無量, 念佛衆生, 攝取不捨也. 三者, 念佛三昧力, 言憶佛念佛, 現前當來, 必定見佛也. 此三種力, 如三股繩, 合爲大索, 能牽重物. 又如水火鏡子, 若將對日, 以艾取之, 卽可得火, 若將對月, 以珠取之,卽可得水. 今以鏡具水火之性, 喩衆生本具佛性之力, 須假日月之光來照者, 彌陀慈光攝取之力, 以珠艾能引水火者, 信心念佛之力. 三事和合, 水火方生, 三力相資, 必生淨土.

비교해 보라

시작을 알 수 없는 때부터 지은 악업이 아무리 무겁더라도 죽음을 맞이할 때 열 번 염불하면 능히 대적할 수 있으니, 이제 세 가지 측면에서 비교해 그 이유를 밝혀 보겠다.

첫째, 마음을 비교해 보자. 악을 저지른 세월은 허망한 전도顚倒에서 생긴 것이고, 염불은 선지식으로부터 부처님의 진실한 공덕과 명호를 듣고 생긴 것이다. 하나는 허망하고, 하나는 진실하니, 어찌 서로 비교가 될 수 있겠는가? 비유하자면 만 년 동안 캄캄했던 방에 햇빛이 잠깐 비추는 것과 같다. 어찌 오랫동안 쌓인 어둠이라는 이유로 사라지지 않을 수 있겠는가?

둘째, 인연을 비교해 보자. 악을 저지른 세월은 어리석고 어두운 마음으로 허망한 경계를 반연하여 생긴 것이고, 염불하는 마음은 부처님의 공덕과 명호를 듣고 위없는 보리의 마음을 반연해서 생긴 것이다. 하나는 진실하고, 하나는 거짓이니, 어찌 서로 비교가 될 수 있겠는가? 비유하자면 어떤 사람이 독화살을 맞았는데 화살이 깊이 박히고 독이 매우 참혹해 살이 찢어지고 뼈가 부러졌지만 멸제滅除라는 약을 바른 북소리³⁴⁹를 한 번 듣자 곧바로 화살이 뽑히고 독이 제거된 것과 같다. 어찌 화살이 깊이 박히고 독이 참혹하다는 이유로 뽑히지 않을 수 있겠는가?

셋째, 얼마나 확고한지 비교해 보자. 악을 저지를 때에는 빈틈이 있고 나중을 생각함이 있는 마음으로 하지만, 염불할 때에는 빈틈이 없고 나중을 생각함이 없는 마음으로 한다. 그래서 목숨을 버려도 선한 마음이 맹렬하고 날카롭기 때문에 곧 왕생하는 것이다. 비유하자면 열 아름드리 큰 밧줄을 천 명의 장부도 어찌지 못했는데 동자가 칼을 휘두르자 단박에 두 동강이 났던 것과 같다. 또 천 년 동안 쌓은 장작더미를 콩알 하나만 한 불씨로 잠깐 사이에 완전히 태워 버리는 것과 같다.[350]

較量

無始惡業雖重, 臨終十念能敵, 今以三種較量. 一者, 在心. 造惡之時, 從虛妄顛倒生, 念佛者, 從善知識, 聞佛眞實功德名號生. 一虛, 一實, 豈得相比? 譬如萬年暗室, 日光暫至, 豈以久來積暗, 而不滅也? 二者, 在緣. 造罪之時, 從癡暗心, 緣虛妄境界生. 念佛之心, 從聞佛功德名號, 緣無上菩提心生. 一眞, 一僞, 豈得相比? 譬如有人被毒箭中, 箭深毒慘, 傷肌破骨, 一聞滅除藥皷, 卽箭出毒除. 豈以箭深毒慘, 而不出耶? 三者, 在決定. 造罪之時, 以有間有後心, 念佛之時, 以無間無後心. 遂卽捨命, 善心猛利, 是以卽生. 譬如十圍大索, 千夫不制, 童子揮劍, 須臾兩分. 又如千年積柴, 以一豆火, 少時焚盡.

출가했다지만

　요즘은 머리를 깎고 가사를 걸쳤다 하면 곧바로 "출가出家했다."라고들 한다. 아, 이는 두 쪽 대문을 가진 집을 나온 것에 불과하지, 불난 집과 같은 삼계三界라는 집을 나온 것이 아니다. 항상 보면 사람들이 처음 출가할 때에는 한 조각 좋은 마음을 갖추지 않은 자가 없다. 하지만 세월이 오래 흐르고 또 인연이나 명예와 이익에 물들면 결국 다시 의복을 장식하고, 논밭과 재산을 소유하고, 따르는 무리를 결성하고, 금과 비단을 수북이 쌓아 두고, 집안의 대소사 인연을 열심히 챙기는 것이 세속과 다를 바가 없다. 경에서 "한 사람이 출가하면 파순波旬이 두려움에 떤다."라고 칭찬하였는데, 지금은 이 지경이니 파순이 술을 따르며 축하할 노릇이다.[351]

出家
今剃髮染衣, 便謂出家. 噫, 是不過出兩片大門之家, 非出三界火宅之家也. 每見人初出家, 莫不具一段好心. 久之又爲因緣名利所染, 遂復飾衣服, 置田產, 畜徒衆, 多積金帛, 勤作家緣, 與俗無異. 經稱一人出家, 波旬怖懼. 今若此, 波旬可以酌酒相慶矣.

삭발한 머리를 쓰다듬으며

인생살이는 추우면 옷 생각, 배고프면 밥 생각, 거처를 편안하게 꾸밀 생각, 집기와 용품들을 풍족하게 갖출 생각, 아들이 있으면 장가보낼 생각, 딸이 있으면 시집보낼 생각, 책을 읽으면서는 벼슬할 생각, 집안을 경영하면서는 부자 될 생각을 한시도 내려놓을 수가 없다.

이렇게 분연히 떨치고 출가한 것은 이런 것들에 묶이지 않기 위해서이다. 그런데도 여전히 이런 갖가지 생각들을 잊지 못했다면 출가를 귀하다 할 것이 뭐가 있겠는가? 부처님께서 말씀하시기를 "항상 자신의 머리를 쓰다듬으면서 아름다운 장식을 버려라."[352]라고 하셨다. 어찌 아름다운 장식뿐이겠는가? 항상 자신의 머리를 쓰다듬으며 "나는 승려다."라고 하면서 만 가지 인연을 단박에 버리고 한결같은 마음으로 부처님을 생각하라.[353]

摩頭

人生寒思衣, 饑思食, 居處思安, 器用思足, 有男思婚, 有女思嫁, 讀書思取爵祿, 營家思致富饒, 時時不得放下. 其奮然出家, 爲無此等累也. 而依然種種不忘念, 則何貴於出家? 佛言. 常自摩頭, 以捨飾好. 然豈惟飾好? 常自摩頭, 曰吾僧也, 頓捨萬緣, 一心念佛.

선지식을 의왕처럼

(『대지도론大智度論』에서 말씀하셨다.) "이끌어 주는 모든 스승들께 세존과 같은 분이라는 생각을 일으켜라. 만약 깊은 뜻을 깨우쳐 주고 의심의 결박을 풀어 주어 나에게 이익을 베풀었다면 온 마음을 다해 공경하면서 다른 나쁜 부분은 괘념치 말라. 다 떨어진 가방에 보물이 가득 들어 있을 경우에 가방이 나쁘다는 이유로 그 보물을 취하지 않아서는 안 되는 것과 같다. 또 한밤중에 험한 길을 가는데 나쁜 사람이 횃불을 들고 있을 경우에 사람이 나쁘다는 이유로 그 빛까지 취하지 않아서는 안 되는 것과 같다."[354]

경에서 말씀하셨다. "마땅히 자신에 대해 병으로 고생하는 사람이라는 생각을 일으키고, 선지식에 대해 의왕醫王이라는 생각을 일으키고, 설해 주신 법에 대해 훌륭한 약이라는 생각을 일으키고, 실천하는 수행에 대해 병을 제거하고 있다는 생각을 일으켜야 한다."[355] 또 "만약 여태 들어 보지 못했던 법을 한 구절이라도 듣게 된다면 삼천대천세계를 가득 채울 만큼의 칠보와 제석·범천왕·전륜성왕의 지위를 얻는 것보다 낫다."[356]라고 하셨다.[357]

醫王

凡[1])於諸導師, 生世尊想. 若有能開釋深義, 解散疑結, 於我有益, 則盡心恭敬, 不念餘惡. 如敝囊盛寶, 不以囊惡故, 不取其寶. 又如夜行險道, 惡人執炬, 不以人惡故, 不取其照. 經云. 應於自身生病苦想, 於善知識生醫王想, 於所說法生良藥想, 於所修行生除病想. 若聞一句未曾有法, 勝得三千大千世界滿中七寶, 及釋梵轉輪王位.

---

1) ㉠『淨土指歸集』상권「第5 行法門」'親近善友'(X61, 388b),『歸元直指集』상권「第2 尊崇三寶敎法篇」(X61, 425b)에는 '凡' 앞에 '又智度論云'이 있다. 문장의 이해를 돕기 위해 이에 근거하여 '又智度論云'을 보충해 번역하였다.

육근

천 가지 장식이 겨우 반 치 크기의 눈을 위한 것이고, 백 가지 음악이 겨우 콩알만 한 귀를 위한 것이고, 침향沈香·단향檀香·용뇌향龍腦香·사향麝香이 겨우 두 구멍의 코를 위한 것이고, 사방 열 자 식탁에 차려진 진수성찬이 겨우 세 치의 혀를 위한 것이고, 곱고 아리따운 여인이 겨우 썩은 냄새 풍기는 몸뚱이를 위한 것이고, 남에게 굽실거리며 아첨하는 것이 겨우 미치광이처럼 내달리는 뜻을 위한 것이다. 만약 이 도리를 확실히 알 수 있다면 육근六根에게 속지 않아 곧바로 번뇌가 없어질 것이니, 아직 정토에 태어나지 못했다 해도 이미 태어난 것이나 마찬가지이다.[358]

六根

千般裝點, 只爲半寸之眼, 百種音樂, 只爲一豆之耳, 沉檀腦麝, 只爲兩竅之鼻, 食前方丈, 只爲三寸之舌, 妙麗嬌嬈, 只爲臭腐之身, 隨順逢迎, 只爲狂蕩之意. 若能識破此理, 不爲六根所惑, 便無煩惱, 雖未生淨土, 已如生矣.

경계를 부려라

한 생각 마음에 의심을 일으키면 땅에 가로막히게 되고, 한 생각 마음에 애착을 일으키면 물에 빠지게 되며, 한 생각 마음에 분노를 일으키면 불에 타게 되고, 한 생각 마음에 기쁨을 일으키면 바람에 날리게 된다. 만약 이와 같이 판별할 수 있다면 경계에게 지배당하지 않고, 어디에서나 경계를 부릴 것이다.[359]

경계를 활용하는 방법은 반드시 한결같은 마음의 바른 생각에서 시작해야 한다.

用境

一念心疑, 被地來碍, 一念心愛, 被水來溺, 一念心嗔, 被火來燒, 一念心喜, 被風來飄. 若能如是辨得, 不被境轉, 處處用境. 用境之道, 必自一心正念始.

아상을 제거하라

깊이 생각해 보라. 이 몸이 태어나기 전에도 모습이 있었을까? 이름이 있었을까? '나'라는 것이 있었을까? 이 몸이 죽고 나서도 모습이 있을까? 이름이 있을까? '나'라는 것이 있을까? 태어나기 전과 죽은 후, 두 가지 모두 알 수 없는데 어떻게 그 사이의 모습과 이름만을 고집해 '나'라 하면서 사랑하고 그리워하고 걱정하고 두려워하며 종일 근심한단 말인가? 근심 걱정을 면하고 싶다면 염불만 한 것이 없다.

除我相

諦思. 身之未生, 有相乎? 有名乎? 有我乎? 身之旣化, 有相乎? 有名乎? 有我乎? 身前身後, 兩不可知, 安得於中偏執爲我, 愛戀憂怖, 終日戚戚? 欲免戚戚, 莫若念佛.

마음을 비우고 이치를 고요하게

보통 사람들은 대부분 현상이 이치를 장애하고 경계가 마음을 장애한다고 여긴다. 그래서 항상 경계로부터 도망쳐 마음을 편안하게 하고 현상을 치워 버려 이치를 보존하려고 하지, 바로 마음이 경계를 장애하고 이치가 현상을 장애한다는 사실은 모른다. 마음을 비우기만 하면 경계는 저절로 공하고, 이치가 고요하면 현상은 저절로 고요해진다.360

心空理寂

凡人多於1)事礙理, 境礙心. 常欲逃境以安心, 遣事以存理, 不知乃是心礙境, 理礙事. 但令心空, 境自空, 理寂, 事自寂.

1) ㉺ '於'가 『黃檗山斷際禪師傳心法要』(T48, 381c)에는 '爲'로, 『景德傳燈錄』 권9 「黃蘗希運禪師傳心法要」(T51, 270c)에는 '謂'로 되어 있다.

마음이 사라지면 성품이 나타난다

고요하면 성품(性)이라 하지만 마음(心)이 그 가운데 있다. 움직이면 마음이라 하지만 성품이 그 가운데 있다. 마음이 생기면 성품이 사라지고 마음이 사라지면 성품이 나타나니, 구름이 흩어지면 달이 나타나고 티끌이 사라지면 거울이 밝은 것과 같다.

心滅性現

靜爲之性, 心在其中矣. 動爲之心, 性在其中矣. 心生性滅, 心滅性現, 如雲散月現, 塵盡鏡明.

업의 성품은 공하다

범부는 업력으로 형성된 뿌리 깊은 습관이 농후하다는 것만 알고, 업의 성품이 본래 공하다는 것은 모른다. 만약 중생에게 나타나는 업의 성품이 실체라면 이를 용납할 곳은 온 허공계 어디에도 없다. 저 먹구름이 하늘을 가리지만 바람이 불면 곧 사라진다. 만약 구름이 실체라면 바람이 불어도 사라지지 않아야 한다. 허공은 성품을 비유하고, 먹구름은 업을 비유하고, 염불은 바람을 비유한다. 따라서 미혹이 형성되면 곧바로 감옥과 같은 모태로 들어가고, 부처님에 대한 생각이 성취되면 곧바로 극락세계 연꽃 속 태실로 들어가는 것이다.[361]

業性空

凡夫但知業力結習濃厚, 不知業性本空. 若衆生業性實者, 盡虛空界, 無容受處. 如黑雲障空, 風至則滅. 若雲實者, 吹亦不去. 虛空喩性, 黑雲喩業, 念佛喩風. 故迷成卽入胎獄, 念成卽入蓮胞.

만 마리의 소로도 만류할 수 없다

구더기는 뒷간에 산다. 개나 양의 눈으로 그들을 보면 그 고통을 참을 수 없지만 뒷간의 구더기들은 괴로운 줄 모르고 이제 이를 즐거움으로 여긴다. 개나 양은 땅에서 산다. 사람의 눈으로 그들을 보면 그 고통을 참을 수 없지만 개나 양은 괴로운 줄 모르고 이제 이를 즐거움으로 여긴다. 사람은 세상에서 산다. 천인天人들의 눈으로 그들을 보면 그 고통을 참을 수 없지만 사람들은 괴로운 줄 모르고 이제 이를 즐거움으로 여긴다. 이를 바탕으로 끝까지 추론해 보면 하늘나라 사람들의 괴로움과 즐거움 역시 마찬가지이다. 이를 알고 정토에 태어나기를 바란다면, 소를 만 마리 준다고 해도 그를 만류할 수 없을 것이다.[362]

萬牛莫挽

厠蟲之在厠也. 自犬羊視之, 不勝其苦, 而厠蟲不知苦, 方以爲樂也. 犬羊之在地也. 自人視之, 不勝其苦, 而犬羊不知苦, 方以爲樂也. 人之在世也. 自天視之, 不勝其苦, 而人不知苦, 方以爲樂也. 推而極之, 天之苦樂, 亦猶是也. 知此而求生淨土, 萬牛莫挽矣.

굳건히 지켜라

사람의 윤리와 사물의 이치는 그 어느 것도 도道와 서로 장애가 되지 않는다. 귀하게 여겨야 할 것은 이치에 맡기고 인연을 따르면서 무심하게 순응하는 것일 따름이다.³⁶³ 경에 말씀하시기를 "속으로 보살행을 닦고, 겉으로 성문의 모습을 보인다."³⁶⁴라고 하였지만, 요즘 시대에는 안으로 출세간의 마음을 품고 밖으로 세간의 법을 보여야 옳을 것이다. 이렇게 한다면 가정을 가져도 마음이 편안할 것이다. 이미 나가고 들어오는 것에 자재함을 얻었다면 해탈하려고 억지로 애쓰지 않을 것이니, 바로 이것이 해탈하는 방법이다.³⁶⁵ 그저 스스로 한결같은 마음으로 바르게 생각하기만 하면 되니, 서둘러 영험을 찾을 필요는 없다. 비유하자면 길을 갈 때에 걸음을 멈추지만 않으면 저절로 집에 도착하는 날이 있게 되는 것과 같다.³⁶⁶ 오직 한 생각을 굳건히 지키는 것에 달렸으니, 오래오래 참아 내면서 빈틈없이 지속하고 빨리 성취하고 싶은 마음에 서두르는 일이 없도록 하라.³⁶⁷

堅持

人倫庶物, 一一與道無碍. 所貴, 任理隨緣, 無心順應而已. 經云. 內修菩薩行, 外現聲聞身. 今日, 內懷出世心, 外現世間法, 可也. 如此則家室心安. 已得出入自在, 不作意解脫, 乃所以爲解脫也. 但自一心正念, 不必急求靈驗. 譬如行路, 行之不已, 自有到家時節. 惟在堅持一念, 耐久無間, 毋以欲速之心乘之.

홀로 감당해야 한다

 가난하고 천한 사람의 입장에서 부유하고 귀한 사람을 보면 그 기염氣燄이 향기롭고 불꽃처럼 타올라 침을 질질 흘리는 부러움을 이기지 못한다. 하지만 당사자인 부자와 귀인이 반드시 정말로 행복한 것은 아니다. (하물며 부유하고 귀한 사람도 매우 긴박하고 중요한 상황에 처하면 가난하고 천한 사람과 다를 것이 없다. 부유하고 귀한 자들이 가난하고 천한 자들보다 낫다고 하였던 부분에는) 또한 매우 긴박하고 중요한 일이 없다. 저 음식이란 배고픔을 막고, 옷이란 추위를 막는 것이다. 옷을 화려하게 꾸미고 음식을 정갈하게 차리는 것이 이 몸과 마음에 어떤 면에서 긴박하고 중요한 일인가? (옷과 음식뿐 아니라) 그 나머지 부분들도 이로 미루어 보면 알 수 있다.

 늙음, 질병, 죽음 등 큰 이해가 엇갈리는 상황이 닥치면 오직 이 한 몸으로 홀로 한 방면의 외로움을 감당해야 한다. 시간이 흘러 종이 울리고 물시계의 물방울이 다 떨어질 때[368]의 광경에 도착하면 제왕과 재상에서 일반 백성에 이르기까지 그 누구에게도 이를 대신할 사람이 없어 똑같이 죽고 마니, 제왕이나 재상이라고 털끝만큼도 나을 것이 없다. 생각이 여기까지 미친다면, 누가 그 자리에서 마음이 재가 되지 않을 수 있겠는가?[369]

 그러니 오직 한결같은 마음으로 바르게 염불하여 극락세계의 부귀를 도모하라.

獨當

自貧賤而視富貴, 見其氣燄薰灼, 不勝垂涎之慕. 然當之者, 未必眞樂. 且無要緊事.[1] 如食以遏飢, 衣以禦寒. 若衣而華, 食而精, 此於身心, 有何緊要? 其他推此可知. 至大利害處, 老也病也死也, 止此隻身, 獨當一面之孤.

注到鍾鳴漏盡時光景, 帝王卿相, 以至氓庶, 總無人可代, 同一結煞, 不增分毫. 思之及此, 則誰能不當下心灰? 惟一心正念, 以圖極樂富貴.

---

1) ㉑ 저본에는 '未必眞樂'과 '且無要縈事' 사이에 원문이 없으나 내용의 이해를 돕기 위해『淨土晨鍾』권9「第9 了俗」'了富貴之妄'(X62, 80a)에 근거하여 보충해 번역하였다.

깔끔하고 쾌활하게 사는 사람들

　세속의 눈으로 보면 홀아비·과부·고아·독신이 최고로 불쌍한 사람들이다. 하지만 천하에서 가장 깔끔하고 가장 쾌활하게 사는 자들로 또한 이 네 종류의 사람만 한 자가 없다. 애석하구나! 정토에 귀의할 줄 모르는 자라면 눈앞에는 이미 의지할 곳이 없을 것이요, 죽은 뒤에는 결국 윤회에 떨어지리라.

　요즘 사람들은 그저 자신과 가족이 매우 중요하고 권속이 매우 참된 줄로만 아니, 현명하고 지혜로운 무리라야 공명功名을 가볍게 보며 빈천함 속에서도 편안히 지내고, 아들과 딸까지도 단연코 떨쳐 버릴 수 있을 것이다. 자식 위해 소나 말 노릇 하는 걸 달가워하는 마음을 버리지 못한다면 큰아들 다 키우기도 전에 어린 딸 차례가 오고, 아들 녀석 겨우 장가들이면 딸 녀석 또 서둘러 시집보내랴, 이런 일 저런 일들이 파도처럼 아득할 세월에 닥치는데 그 지경에 염불할 시간 가지는 것을 허용하겠는가? 이런저런 시달림을 다 끝낸다는 것은 전혀 상상할 수도 없으며 끝까지 그대를 심하게 간섭할 것이니, 도리어 만사를 깔끔히 정리하고 마음 내키는 대로 자유롭게 살아가는 네 종류의 사람들만 못하다.

　이런 땅으로 나아가 거니는 것이 딱 좋으니, 온 마음을 집중하고 수행해 생사윤회를 훌쩍 벗어난다면 참으로 세상에서 제일 쾌활한 사람일 것이다. 대저 인생살이란 사랑과 그리움을 한 부분 줄이면 곧바로 얽히고선 킨 속박도 한 부분 줄어들고, 속박을 한 부분 줄이면 곧바로 업장도 한 부분 줄어든다. 세상과 인연이 옅어지면 부처님과의 인연은 깊어지니, 얼른 얼른 염불하여 정토에 태어나기를 구하라.[370]

瀟洒快活
　鰥寡孤獨, 以世俗眼觀之, 最可憐憫. 然天下之最瀟洒, 最快活, 亦莫如此四種人. 惜! 其不知歸依淨土, 則眼前旣無靠傍, 死後終墮輪廻耳. 今人只爲認得身家太重, 眷屬太眞, 卽賢智之輩, 能輕功名, 安貧賤, 至於兒女, 則斷斷擺脫. 不去甘心作牛馬, 大兒未就, 幼女又來, 男幸方婚, 女又催嫁, 波波刼刼, 那裏容他有念佛的時候? 全不想受了多少拖累, 竟與爾有甚相干, 反不如四種人, 乾淨了當, 散誕逍遙. 趂此地步正好, 專意修行, 跳出生死, 眞世間第一快活人也. 大抵人生, 少一分愛戀, 便少一分纒縛, 少一分纒縛, 便少一分業障. 與世緣淺, 與佛緣深, 速速念佛, 求生淨土.

삶만 신경 쓰고 죽음은 잊고 사는 사람들

세상 사람들은 살아 있을 때 이 몸을 봉양하려고 이런저런 일을 경영해 재물을 구할 줄만 알지, 이 몸을 버린 후에도 식신識神이 소멸되지 않아 만약 좋은 인연이 없으면 곧 괴로운 세계에 빠지고 떨어진다는 것은 생각하지 않는다. 왜 살아 있을 때에는 이 몸을 그리 사랑하고 아끼면서 죽은 후 괴로움에서 훌쩍 벗어날 생각을 하지 못하는 것일까?

또 세상 사람들은 오로지 처자와 권속을 위해 널리 옷과 음식을 마련하며 조금도 태만함이 없지만, 목숨이 끊어질 때에는 처자와 권속이 아무리 사랑이 골수에 사무친다 해도 구해 줄 수 없어 홀로 떠나야만 한다는 것은 생각하지 못한다.

이제 세상 사람들에게 권하니, 잘 살아 보겠다는 이유로 죽음에 대한 두려움을 잊어서는 안 되고, 남을 위한다는 이유로 자신을 위한 일을 잊어서는 안 된다.[371]

養生忘死

世人但知生時, 將養此身, 營求資給, 而不思捨此身後, 神識不滅, 若無善因, 則淪墜苦趣. 何爲生時, 愛惜此身, 死後, 不思度脫耶? 又世人專爲妻子眷屬, 廣營衣食而無少忽, 不思命終之時, 妻子眷屬, 雖愛徹骨髓, 不能相救, 唯當獨往. 今勸世人, 不當以養生故, 而忘畏死, 不當以爲他故, 而忘自爲也.

다섯 가지 미혹

이 세계 사람치고 속가의 번잡함을 싫어하고 난야蘭若[372]의 고요함을 사모하지 않는 자는 없다. 그래서 집을 버리고 출가하는 자가 있으면 은근히 찬탄한다. 사바세계의 갖가지 고통이 어디 번잡함뿐이겠는가? 또 극락세계의 유유자적함은 난야보다도 월등히 뛰어나다. 출가를 아름답게 여길 줄은 알면서 왕생은 원하지 않으니, 이것이 첫 번째 미혹이다.

만 리 길을 마다 않고 멀리까지 선지식을 부지런히 찾아다니는 까닭은 큰일을 환하게 깨달아 생사를 확실히 결정하기 위해서이다. 그런데 아미타 세존께서는 몸도 마음도 업도 수승하고, 원력이 넓고 깊으며, 원만한 음성으로 한번 연설했다 하면 분명히 계합하지 않는 경우가 없는 분이시다. 선지식은 뵙기를 소원하면서 부처님은 친견하려고 하지 않으니, 이것이 두 번째 미혹이다.

대중이 많은 총림에는 다들 느긋하게 머물기를 좋아하고, 대중이 적은 도량에는 의지하고 싶어 하지 않는다. 그런데 극락세계는 일생보처보살 一生補處菩薩[373]도 그 수가 매우 많고, 매우 훌륭하신 분들이 모두 한자리에 모이는 곳이다. 이미 총림은 가까이하고 싶어 하면서 청정한 바다와 같은 대중이 모인 극락은 사모하지 않으니, 이것이 세 번째 미혹이다.

이 세계 사람들은 아무리 장수해 보아야 100세를 넘기지 못한다. 게다가 아무것도 모르는 어린 시절과 늘그막의 혼몽한 시절, 온갖 질병에 시달린 시간과 흐리멍덩하게 잠든 시간을 합하면 항상 절반을 훨씬 넘는다. 보살도 오히려 새 몸을 받으면 전생의 기억이 흐릿해지고, 성문도 오히려 모태를 벗어나면 지혜가 캄캄해진다고 하였다. 그렇다면 열이면 아홉이 척벽尺璧[374]을 한순간에 잃어버려 불퇴전위不退轉位에 오르지 못할 것이니, 가히 실망스럽다고 하겠다. 하지만 서방세계 사람은 수명이 한량이 없으며, 연꽃 속 태실에 한번 의탁했다 하면 다시는 죽음의 고통이 없고 곧바로 아유월치阿惟越致³⁷⁵를 획득해 부처님이 될 날을 확실히 기약할 수 있다. 죽음이 재촉하는 사바세계를 떠돌면서 정토에 태어나 장구한 수명을 누릴 줄을 모르니, 이것이 네 번째 미혹이다.

만약 불퇴전위에 머물러 정말로 무생법인을 증득했다면 욕계에 있어도 욕심이 없고 티끌세계에 머물러도 때가 묻지 않을 것이며, 비로소 동체자비同體慈悲³⁷⁶를 운용해 자신의 빛을 누그러뜨리고 오탁세계와 하나로 섞일 수 있다. 하지만 보잘것없는 얕은 견문으로 한 토막 지혜가 생겼다 하면 곧바로 "십지十地를 훌쩍 초월했다."라고 하면서 사바세계를 탐착하고 정토를 비난하는 자들이 있다. 완연한 떠돌이 신세에다 지옥에 줄줄이 늘어설 자들인데도 자신이 어떤 사람인지도 모르고 이런 큰 권능을 가지신 보살들에 비기니, 이것이 다섯 번째 미혹이다.³⁷⁷

五惑

此方之人, 無不猒俗舍之煩喧, 慕蘭若之寂靜. 故有捨家出家, 則慇勤讚歎. 而娑婆衆苦, 何止煩喧? 極樂優游, 遠勝蘭若. 知出家爲美, 而不願往生, 其惑一也. 萬里辛勤, 遠求知識者, 盖以發明大事, 決擇生死. 而彌陀世尊, 色心業勝, 願力弘深, 一演圓音, 無不明契. 願祭知識, 而不欲見佛, 其惑二也. 叢林廣衆, 皆樂棲遲, 少衆道場, 不欲依附. 而極樂世界, 一生補處, 其數甚多, 諸上善人, 俱會一處. 旣欲親近叢林, 而不慕清淨海衆, 其惑三也. 此方之人, 上壽不過百歲. 而童癡老耄, 疾病相仍, 昏沉睡眠, 常居太半. 菩薩猶昏隔陰, 聲聞尙昧出胎. 則尺璧寸陰十喪其九, 而未登不退, 可謂寒心. 西方之人, 壽命無量, 一托蓮胞, 更無死苦, 便獲阿惟越致, 佛階決定可期. 流轉娑婆促景, 而不知淨土長年, 其惑四也. 若乃位居不退, 果證無生, 在欲無欲, 居塵不塵, 方能運同體慈悲, 和光五濁. 其有淺聞單慧, 便謂高超十地, 耽戀娑婆, 詆訶淨土. 宛然流浪, 接武泥犂, 自¹⁾是何人, 擬此大權菩薩, 其惑五也.

1) ㉑『龍舒增廣淨土文』권11「眞州長蘆賾禪師勸參禪人兼修淨土」(T47, 283c)와 『淨土晨鍾』권8「第8 正辨」'辨不修淨土五惑'(X62, 71b)에는 '自' 앞에 '不知'가 있다. 이에 근거하여 '不知'를 보충해 번역하였다.

도탄에 빠지는 것을 스스로 달게 여기는 자들

　세상에서 부처님의 가르침을 배우는 자들이 처음에는 다들 "삶과 죽음이 가장 큰일이다."라고 말하지 않는 자가 없다. 하지만 명성과 이익에 흔들리거나 세상 인연에 빠지는 상황이 닥치면 한쪽 구석에 처박아 두고 논하지도 않는다.

　그러다 혹 누군가 물어보기라도 하면 엉뚱한 말로 사족을 붙이면서 스스로 해결하지를 못한다. 간혹 "그런 것은 물을 필요 없다."라고 하고, 혹은 "꼭 알 필요 없다."라고 하고, 혹은 "염라대왕의 부절符節이 도착하면 받들어 행하고, 이리저리 헤아리지 말라."라고 하고, 혹은 "어느 곳에 태어나건 출입이 자재할 것이다."라고 하고, 혹은 "높지도 낮지도 않은 집안에 또 태어나 남자의 몸을 회복하리라."라고 하고, 혹은 "단단히 정신을 붙잡고 좋거나 나쁜 모습을 보더라도 따라가서는 안 된다."라고 하고, 혹은 죽을 때를 알아 미리 기다리게 하고, 혹은 죽음을 맞이할 때 탈음奪陰[378]하도록 가르치고, 혹은 "모든 뼈마디가 뿔뿔이 흩어져도 한 물건은 길이 신령하다."라고 하고, 혹은 "형체가 흩어지고 기운이 소멸하면 적멸로 돌아간다."라고 말하기도 하지만 이와 같은 갖가지 억측과 교란은 모두 범부와 외도의 두 가지 견해인 단견斷見과 상견常見을 벗어나지 못한다. 그러니 사대四大가 분해되고 병고에 핍박당하는 순간에 이르면 식신識神이 주인 노릇을 못 하고 업을 따라 윤회하리라는 것은 의심할 필요도 없이 확실하다.

　가령 날짜와 시간을 정하고 앉아서 죽거나 서서 죽고, 대대로 우러를 만한 공덕을 이루었다 해도 기이하다 하기에는 부족하다. 이는 『십육관경十六觀經』[379]을 보지 못하고, 구품九品의 연화대에 왕생하는 모습을 알지 못하고, 아미타부처님의 원력을 믿지 않음으로 인해 소견을 굳게 집착하면서 도탄에 빠지는 것을 스스로 달게 여기는 것이니, 어찌 불쌍히 여기지 않을 수 있겠는가?[380]

自甘塗炭

世之學佛者, 其始莫不皆曰, 爲生死事大. 及乎聲利所動, 世緣所汨, 則生死大事, 置而不論. 或爲人扣擊, 則他辭託跋, 不能自決. 或云, 此不須問. 或云, 不必用知. 或云, 符到奉行, 莫作計較. 或云, 隨處受生, 出入自在. 或云, 且生不高不下之家, 復男子身. 或云, 把定精神, 見善惡相, 不得隨去. 或令預候知時. 或敎臨終奪陰. 或云, 百骸潰散, 一物長靈. 或云, 形散氣消, 歸於寂滅. 如是種種臆度矯亂, 皆不出凡夫外道斷常二見. 逮乎四大解分, 病苦所迫, 識神無主, 隨業輪廻, 決無疑矣. 假令定日剋時, 坐脫立化, 世德可致, 未足爲奇. 斯由不見十六觀經, 不知九品生相, 不信彌陀願力, 而堅持所見, 自甘塗炭, 豈不爲之悲哉?

삿된 견해

마음에서 부처님을 보고, 경계에 의탁해 성품을 드러내면 마음 마음마다가 절대이고, 법 법마다가 완전한 진리이다. 하지만 이를 통달하지 못한 자들은 멋대로 의혹과 비방을 일으킨다.

그래서 "안에 있는 마음이 부처다."라고 집착해 밖으로 구하는 것을 허락하지 않는 자가 있고, "자기가 부처다."라고 집착해 다른 부처는 필요 없다는 자가 있고, "모든 법이 다 공하다."라고 집착해 서방에 부처님이 계신다는 것을 믿지 않는 자가 있고, "일체가 현재 이미 완성되어 있다."라고 집착해 닦고 증득할 필요가 없다는 자들이 있다. 그러나 이는 성인의 가르침을 준수하지 않고, 이치와 본체를 통달하지 못한 것일 뿐이다. 각자 집착한 바를 따라 모두 삿된 견해를 이루어 인과를 무시하고 망정妄情이 멋대로 하도록 내버려 둘 것이니, 자갈을 황금인 줄 알고 모래를 쪄서 밥을 짓는 짓이다.[381]

邪見

卽心觀佛, 託境顯性, 心心絶待, 法法全眞. 有不達者, 橫生疑謗. 故有執內心是佛, 而不許外求者, 執自己之佛, 而不須他佛者, 執諸法皆空, 而不信有佛者, 執一切現成, 而不假修證者. 但是不遵聖敎, 不達理體. 隨有所執, 皆成邪見, 撥無因果, 縱任妄情, 認礫爲金, 蒸沙作飯.

자신을 높이는 자들

"성품을 보고 도를 깨달으면 곧바로 삶과 죽음을 초월하는데, 아미타 부처님을 늘 생각해 다른 세계에 태어나기를 바랄 필요 있을까?"라고 말하는 사람들이 있다. 하지만 참된 수행자라면, 사람이 물을 마셔 보면 찬지 더운지 스스로 알 수 있는 것처럼 마땅히 자신을 자세히 살펴보아야 할 것이다.

자기의 이해와 실천을 살펴볼 때, 마명보살馬鳴菩薩이나 용수보살龍樹菩薩처럼 성품을 보고 도를 깨달아 여래의 수기를 받고 조사의 지위를 계승하였는가?

천태天台 지자 대사智者大師처럼 걸림 없는 변재辯才를 얻고 법화삼매를 증득하였는가?

혜충 국사慧忠國師[382]처럼 이해와 실천을 아울러 닦아 종지도 통달하고 설법도 통달하였는가?

이런 여러 대사大士들께서 모두 분명한 말씀으로 왕생하라고 깊이 권하였던 것은 대개 자신을 이롭게 하고 남을 이롭게 하려던 것이니, 어찌 남을 속이고 자신을 속이려 하였겠는가?

또 스스로 짐작해 보라. 죽음을 맞이할 때 삶과 죽음에 가고 머물기를 정말로 마음대로 할 수 있을까? 시작을 알 수 없는 때부터 악업으로 쌓은 무거운 업장이 정말로 눈앞에 나타나지 않고, 과보로 받은 이 몸이 다하면 정말로 윤회를 벗어날 수 있을까? 삼악도에서 나타났다 사라지기를 자유자재로 하면서 정말로 고뇌가 없을 수 있을까? 하늘나라와 인간세계를 비롯해 시방세계 어디건 마음대로 의탁해 태어나면서 정말로 막힘이나 걸림이 없을 수 있을까?

만약 분명하게 "그럴 수 있다."라고 자신한다면 이보다 좋은 것이 무엇이 있겠는가!

하지만 만약 그렇지 못하다면 한순간 자신을 높임으로 인해 도리어 영 겁의 윤회에 깊이 빠지게 되는 짓을 해서는 안 된다. 좋은 이익을 스스로 잃는다면 다시 누구를 탓하겠는가?[383]

貢高

有云. 見性悟道, 便超生死, 何用繫念彼佛, 求生他方? 然眞修行人, 應自審察, 如人飮水, 冷煖自知. 觀自己行解, 見性悟道, 受如來記, 紹祖師位, 能如馬鳴龍樹否? 得無礙辯才, 證法華三昧, 能如天台智者否? 宗說皆通, 行解兼修, 能如忠國師否? 此諸大士, 皆明言敎, 深勸往生. 盖是自利利他, 豈肯悞人自悞? 又當自忖. 臨終時, 生死去住, 定得自在否? 自無始來, 惡業障重, 定不現前, 盡此報身, 定脫輪廻否? 三惡道中, 出沒自由, 定無苦惱否? 天上人間, 十方世界, 隨意寄托, 定無滯礙否? 若了了自信得及, 何善如之! 若其未也, 莫以一時貢高, 却致永刼沉淪. 自失善利, 將復尤誰?

아가타약

요즘 염불하는 사람들이 오로지 닦는다고 말들은 하지만 수명이 늘어나기를 바랄 때면 『약사경藥師經』384을 읽고, 죄와 허물을 해소하기를 바랄 때면 『양황참梁皇懺』385을 하고, 재앙과 재난에서 구제되기를 바랄 때면 『소재주消災呪』386를 독송하고, 지혜를 얻기 바랄 때면 『관음문觀音文』387을 낭송하면서 앞서 하였던 염불은 높은 누각에 묶어 두고 일에 도움이 안 되는 것처럼 여긴다.

'저 아미타부처님께서는 수명이 한량없으신데, 하물며 백 년의 수명일까?'라고 생각지 않는가? '저 아미타부처님께서는 80억 겁 동안 생사윤회하며 저지른 중죄도 능히 없애 주시는데, 하물며 눈앞에 보이는 죄와 허물, 액난과 재난이겠는가?'라고 생각지 않는가? '저 아미타부처님께서 「나는 지혜의 빛으로 헤아릴 수 없이 많은 세계를 널리 비춘다.」고 하셨는데, 하물며 한 시대 사람들이 칭송하는 지혜 정도이겠는가?'라고 생각지 않는가?

아가타약阿伽陀藥388이 만병에 모두 효험이 있는데도 두세 사람이 그 마음에 선뜻 믿고 복용하려 들지 않으니, 신과 성인들의 솜씨가 아무리 뛰어난들 혼자서 또 무엇을 어쩌시겠는가?389

阿伽陀

今之念佛者, 名爲專修, 至於禱壽命, 則藥師經, 解罪愆, 則梁皇懺, 濟厄難, 則消災呪, 求智慧, 則觀音文, 向所念佛, 束之高閣, 若無補於事者. 不思, 彼佛壽命無量, 況百年壽命乎? 不思, 彼佛能滅八十億劫生死重罪, 況目前罪垢厄難乎? 不思, 彼佛言我以智慧光廣照無央界, 況時人所稱智慧乎? 阿伽陀藥, 萬病摠持, 二三其心, 莫肯信服, 神聖工巧, 獨且奈之何哉?

죽음을 방지하려면

세상 사람들이 "쾌활함을 쌓아 죽음을 방지하라."라는 말들을 한다. 그들의 뜻을 말해 보자면 "인생살이는 너무 고달프고 부질없는 삶은 너무 촉박해 황급히 떠나야만 하니, 가다가 쉬다가 하면서 마음껏 즐기는 것만한 게 무엇이 있겠나? 만일 만물의 변화와 함께 떠나면서 한 세상 살아온 것을 추억해 본다면 즐거운 일이 제법 많았던 것이 죽을 때까지 궁상떨고 산 것보다야 적어도 한 가지는 낫지 않은가?"라는 것이다.

만약 정말로 이렇게 생각한다면 이는 머리에 짊어진 짐의 무게를 더하는 짓이고, 솥이 끓고 있는데 장작을 더 집어넣는 짓이다. 이런 것을 '죽음을 재촉하는 짓'이라 하는데, 왜 죽음을 방지하는 방법이라 할까? 죽음을 방지하는 제일 좋은 방법으로는 생사윤회를 끝내는 것만 한 게 없다. 생사윤회를 끝내고 싶다면 염불하여 서방정토에 태어나기를 바라는 것만큼 좋은 게 없다.

또 "세상에서 제일가는 재미는 조롱에 갇힌 삶에서 얻을 수 없다."라고 하면서 고상한 뜻을 세우고 한산한 마음을 품고는 혹 시와 술로 마음을 도야하거나 바둑으로 세상을 바꾸고, 혹은 오악五嶽 높은 산에 마음을 깃들여 안개와 노을에 휘파람 불고 노래하는 자들이 있는데, 이들은 모두 허송세월하는 무리들이다.

나아가 열 종류의 날아다니는 신선과 삼산三山의 우객羽客[390]까지도 아득히 소요하고 허공으로 날아올라 스스로 호쾌하지 않은 것은 아니지만 참된 성품을 밝히지 못하고 생사윤회를 끝내지 못한 것은 어찌할 도리가 없다.[391]

防死

世人有言, 積快活以防死. 其意謂. 人世太苦, 浮[1]生太促, 與倉皇而就謝,

孰若縱樂以行休? 萬一與化俱遷, 追想生平, 儘多樂事, 較之窮蹙終身者,
詎不勝彼一籌? 若果爾, 則是擔頭加重, 鼎沸益薪. 是名促死, 何謂防死?
防死第一着, 無如了生死. 欲了生死, 無如念佛求生西方. 又有一等世味,
籠罩他不得的, 以高尙爲志, 以閒散爲襟, 或詩酒陶情, 碁局換世, 或棲心
五嶽, 嘯咏烟霞, 此皆虛送居諸之徒. 乃至十種飛仙, 三山羽客, 非不逍遙
冲擧自豪, 無奈眞性未明, 生死未了.

―――――――――

1) ㉩ '浮'가 『淨土晨鍾』 권9「第9 了俗」'了世染之妄'(X62, 81a)에는 '淨'으로 되어
있다.

허다한 본보기

부처님께서 "사람의 목숨은 호흡 사이에 있다."[392]라고 말씀하셨는데, 이 한 구절은 그 뜻과 이치가 이해하기 어려운 것이 아니다. 또한 그대들은 눈으로 직접 보고 귀로 직접 들으면서 허다한 본보기를 지나쳐 왔다. 즉 얼마 전 죽은 승려를 나루터에서 전송할 때도 굳은 표정으로 울적해하며 통렬하게 경책했었다.

"대중이여, 나와 그대들이 오늘 아무개 스님을 보내고 내일 또 아무개 스님을 보내다 보면 부지불식간에 자신의 차례가 돌아올 것이다. 그때 가서 뉘우치고 한탄해 보아야 아무 소용 없으니, 모름지기 바삐 서둘러 염불하라. 시간을 마냥 흘려보내려고 하지 않아야 좋으리라."

하지만 늘 보면 입으로는 '애석하다'고 말하면서 그 순간만 지나고 나면 언제 그랬냐는 듯 웃고 떠든다. 이게 바로 사람의 목숨이 호흡 사이에 있다는 것을 믿지 않는 것이다.[393]

許多榜樣

佛說, 人命在呼吸間, 這一句, 於義理非有難解. 爾們眼裏親見, 耳裏親聞, 經過許多榜樣. 卽如前日津送亡僧時, 當愀然不樂, 痛相警策曰. 大衆, 我與爾, 今日送某僧, 明日送某僧, 不知不覺, 輪到自身. 此時悔恨無及, 須疾忙念佛. 時刻不要放過方好. 每見口裏也說可惜, 及乎過後, 依然言笑自如. 只是不信人命在呼吸間.

웃음과 울음

갓난아이가 태어나면 웃기 전에 먼저 울음부터 터뜨리니, 어찌 "조물자가 나를 삶으로 괴롭히려고 겨우 한 번 세상에 나왔는데 곧바로 이런 통곡할 세계로 밀어 넣었구나."라고 하는 것이 아니겠는가? 그 뒤로도 웃을 일은 적고 울 일은 많고, 웃는 시간은 적고 우는 시간은 많다가 종이 울리고 물시계의 물방울이 다 떨어질 때[394]가 되면 마침내 한바탕 대성통곡을 하고 뿔뿔이 흩어진다. 내가 남을 위해 울지 않으면 남이 나를 위해 울고 그렇게 찾아가고 또 찾아오면서 서로가 서로를 위해 우는 셈이다.[395]

만약 울지 않고 싶다면 반드시 극락국토에 왕생하기를 발원해야 한다. 그곳이라면 언제 울 일이 있었던가?

笑哭

嬰兒落地, 未笑先哭, 豈非大造苦我以生, 纔一出世, 便入哭境乎? 嗣後笑事少, 哭事多, 笑時少, 哭時多, 到鍾鳴漏盡, 畢竟大哭一場而散. 非我哭人, 卽人哭我, 往往來來, 交相哭也. 若欲不哭, 必須發願往生極樂國土. 何嘗有哭事耶?

보잘것없는 선행으로는 왕생하기 어렵다

　세상 사람들은 선을 실천하는 마음은 가볍고, 악을 행하는 마음은 무겁다. 불상을 대할 때면 큰 손님을 맞이할 때만큼 공경하며 조심하지를 않고, 경전의 법을 배울 때면 재물과 이익을 구할 때만큼 부지런히 애쓰지 않으며, 남을 헐뜯을 때면 기운이 거칠고 말이 매끄러우며, 남을 칭찬할 때면 기운이 느슨하고 말이 떨떠름하며, 혹 자신이 미워하는 사람이면 선한 부분은 덮어 버리고 악한 부분을 들추어내며, 자신이 좋아하는 사람이면 단점은 감추고 장점을 미화하며, 혹 악행을 쌓고서는 남이 말하기라도 하면 화를 내고, 혹 별것도 아닌 선행을 하고서는 사람들이 알아주지 않는다고 한탄을 하며, 나쁜 짓에는 몰래 천금을 낭비하면서 역시 입을 꾹 다물고, 훌륭한 사람에게 보시할 때면 밥 한 그릇만 대접해도 곧바로 제 입으로 자신의 공로를 자랑하고 다닌다.

　이런 보잘것없는 선행으로 정토에 왕생하기를 바란다면, 어렵다![396]

少善難生

世人爲善心輕, 爲惡心重. 對佛像則不如接大賓之恭謹, 學經法則不如求財利之勤劬, 毀他則氣麤言滑, 讚彼則氣緩言澁, 或以我惡之則覆善揚惡, 我好之則掩短美長, 或積惡而怒他私說, 或作微善而恨人不知, 於惡事則陰費千金, 亦能鉗口, 施善人則方營一食, 便自矜功. 以此少善, 求生淨土, 難矣!

밀랍 도장을 진흙에 찍듯이

부처님을 비방한 죄, 경전을 헐뜯은 죄, 오역죄五逆罪, 사중죄四重罪[397]가 모두 한 생각에 나쁜 업이 만들어져 쏘아진 화살처럼 지옥에 떨어지는 것이다. 이제 염불하여 정토에 태어나는 것 역시 한 생각에 선한 업이 만들어져 팔을 굽혔다 펴듯이 곧바로 극락에 올라가는 것이다. 앞의 한 생각에 오음五陰이 사라지면 뒤의 한 생각에 오음이 생겨나는 것이 밀랍 도장을 진흙에 찍으면 도장이 사라지고 문양이 형성되는 것과 같으니, 오히려 두 번도 생각할 필요 없다.[398] 치즈를 아끼던 사미도 한 생각 애착하는 마음을 일으킨 까닭에 후에 치즈 속 벌레로 태어났던 것이니,[399] 이것이 다 한 생각으로 이루어지는 것이다.[400]

蠟印印泥

謗佛毀經, 五逆四重, 皆一念惡業成, 墮無間獄, 猶如箭射. 今念佛生淨土, 亦一念善業成, 卽登極樂, 猶如屈臂. 前一念五陰滅, 後一念五陰生, 如蠟印印泥, 印壞文成, 尙不須兩念. 愛酪沙彌, 生一念愛心, 後生酪中作蟲, 斯皆一念所成.

백 근의 황금

무게가 백 근인 황금을 가지고 있던 사람도 갑자기 큰 난리를 만나면 짊어지고 갈 수 없기에 반드시 버리고 떠난다. 만약 황금을 껴안고 함께 죽는다면, 세상 사람들은 분명 그를 매우 어리석다고 할 것이다. 이는 자신의 몸이 백 근의 황금보다 소중하다는 것을 다들 잘 알기 때문이다. 하지만 평소 행동을 보면 구질구질하게 명예를 좇고 이익을 다투면서 백 냥짜리 물건조차 또한 기꺼이 버리려 들지를 않는다. (세상 무엇보다 자신이 소중하다는 것을 잘 알면서) 스스로 그 몸을 사랑해 정토에 왕생하기를 바라지 않는 것은 왜일까?[401]

百斤金

若人有百斤之金, 猝有大難, 不能負挈以行, 必捨之而去. 若抱金而與之俱死, 世必謂之大愚. 是皆知此身重於百斤之金也. 然平日則區區趨名競利, 雖百錢之物, 亦不肯棄捨. 而不自愛其身求生淨土, 何哉?

어떻게 살았는지 확인된다

옛 게송에서 말씀하셨다.

> 정수리면 성인이요, 눈이면 하늘나라에 태어나고
> 사람이면 심장, 아귀는 배에서 나간다네
> 축생으로 태어날 자는 무릎 속에서
> 지옥이면 발아래에서 판때기로 나간다네[402]

이것은 사람이 죽었을 때 그 시신에 남은 열기를 증거로 삼아 그가 태어날 곳을 아는 방법이다. 대개 선정의 고요함을 마음에 간직했다면 가볍고 맑으면서 안으로 응결될 것이며, 사랑과 미움의 감정이 정체되어 있다면 무겁고 탁하면서 사물에 붙을 것이다. 가벼운 자는 구름이 아래로 내려오지 않는 것처럼 날아오를 것이며, 무거운 자는 돌이 위로 떠오르지 않는 것처럼 빠지고 떨어질 것이다. 이처럼 한평생 쌓은 업이 최후에 저절로 확인된다.

驗生
古偈云.
頂聖眼生天, 人心餓鬼腹.
旁生膝盖裏, 地獄脚板出.
此人死驗其餘熱, 知其生處也. 盖心存禪寂, 則輕淸而內凝, 情滯愛憎, 則重濁而附物. 輕者飛越, 雲不下沉, 重者淪墜, 石不上擧. 積之一生, 末後自驗.

출생의 고통과 죽음의 고통

출생의 고통은 다음과 같다.

(모태에서) 정혈精血을 붙잡아 몸으로 삼고 소장과 대장 가운데 자리 잡아 마흔두 번을 변화하면서 허깨비 같은 형질을 완성하는데, 위에서는 더러운 음식이 누르고 아래에서는 똥구덩이의 악취가 풍기며, 어머니가 차가운 물을 마시면 얼음물 같고 뜨거운 것을 삼키면 숯불 같아서 떼굴떼굴 구르며 정신을 차릴 수 없으니, 그 고통은 말로 다할 수 없다.

해산할 때에도 온갖 고통이 한량이 없으니, 손으로 붙잡아 땅에 내려놓을 때는 소의 껍질을 산 채로 벗기는 것만 같고, 비좁은 산문産門을 빠져 나올 때의 힘겨움은 거북의 껍질을 산 채로 벗기는 것만 같다. 하나 원망을 머금고 원한을 품으면서 정신이 아찔하고 미쳐 버릴 듯하였다가도 따뜻한 바람이 닿자마자 고통의 인연들을 단박에 잇는다.

어린아이 시절에는 아무것도 몰라 쉽게 물에 빠지고 불에 타서 비명횡사하며, 겨우 성인이 되었다 해도 자신을 경영할 씨앗을 심고 업의 밭에서 성숙한 후 애욕의 물이 자주 적시다 보면 무명無明이 발생하고 고통의 싹이 성장한다. 그러면 칠식주(七識)[403]에 아교처럼 들러붙고, 통발이나 새장과 같은 구거九居[404]에 갇혀 빙글빙글 도는 불의 바퀴(火輪)처럼 순환을 멈추지 않게 된다.

죽음의 고통은 다음과 같다.

풍대風大가 칼날처럼 요동쳐 온몸을 가르고, 화대火大가 온몸을 불태우면 헛소리를 내지르고 속으로 부들부들 떨면서 혼백이 놀라고 두려워하게 된다. 극도의 고통이 한꺼번에 일어나고 지었던 악업이 갑자기 나타나니, 천 가지 시름에 마음이 울적하고 만 가지 공포에 두렵고 당황스럽다.

목숨을 버리고 호흡을 멈추는 순간에 이르면 쓸쓸히 홀로 떠나야 하는데, 저승으로 가는 길은 캄캄하기만 하고 유명계로 가는 길은 망망하기만

하다. 옛날 원수들이 원한을 갚으려고 또렷이 나타나 마주하면 하느님을 부르고 땅을 쳐 봐도 벗어날 방법이 없다. 지은 업의 깊고 얕음에 따라 여러 세계를 편력하게 되니, 혹은 거꾸로 떨어져 지옥에 태어나기도 하고, 혹은 오음으로 귀신의 형상을 받기도 하면서 굶주림과 목마름을 견디며 기나긴 겁에 울부짖고, 죄의 고통을 받으며 온몸이 타서 문드러진다. 아직 이십오유二十五有[405]를 벗어나지 못하였고, 선악의 업이 없어지지 않았다면 그 몸을 추궁해 과보를 받을 것이니, (인과응보의 법칙은) 일찍이 어느 한 가지도 빠뜨린 적이 없었다.

생사의 바다는 아득하고 업의 길은 끝이 보이지 않나니, 성문도 오히려 모태를 벗어나면 지혜가 캄캄해지고 보살도 오히려 새 몸을 받으면 전생의 기억이 흐릿해지는데 하물며 온갖 번뇌에 묶인 범부가 어찌 삶과 죽음의 마귀에게 고삐가 채워지지 않을 수 있겠는가?[406]

生死二苦

生苦者. 攬精血爲體, 處生熟藏中, 四十二變而成幻質, 上壓穢食, 下薰臭坑, 飮冷若氷河, 呑熱如爐炭, 宛轉迷悶, 不可具言. 及至生時, 衆苦無量, 觸手墮地, 如活剝牛皮, 逼穿[1]艱難, 似生脫龜殼. 銜寃抱恨, 眩暈顚倒, 纔觸熱風, 苦緣頓忘. 嬰孩癡騃, 水火橫亡, 脫得成人, 有營身種, 業田旣熟, 愛水頻滋, 無明發生, 苦芽增長. 膠粘七識, 籠罩九居, 如旋火輪, 循環莫已. 死苦者. 風刀解身, 火大燒體, 聲虛內顫, 魄悸魂驚. 極苦倂生, 惡業頓現, 千愁欝悒, 萬怖惇惶. 乃至命謝氣終, 寂然孤逝, 幽途黯黯, 冥路茫茫. 與昔寃酬, 皎然相對, 號天扣地, 求脫無門. 隨業淺深, 而歷諸趣, 或倒生地獄, 或陰受鬼形, 忍飢渴而長刼號咷, 受罪苦而遍身焦爛. 未脫二十五有, 善惡之業靡亡, 追身受報, 未曾遺失. 生死海濶, 業道難窮, 聲聞尙昧出胎, 菩薩猶昏隔陰, 況具縛凡夫, 寧不被生死魔所羈繫乎?

---

1) ㉠ '穿'은 『萬善同歸集』 상권(T48, 967b)에 따르면 '窄'의 오자이다.

사바세계에서 도를 얻기 어려운 열 가지 이유

첫째, 항상 부처님을 만날 수는 없다. 삼계三界라는 험한 길에서 부처님이 길잡이가 되어 주시는데, 중생이 지은 업이 무거우면 태어나도 부처님을 만날 수 없다. (사바세계는) 석가모니께서 이미 입멸하시고, 미륵부처님은 아직 태어나지 않으셨으며, 현자와 성인들마저 숨어 버려 삿된 법만 더욱 치성하기 때문이다.

둘째, 설법을 들을 수 없다. 상법像法과 말법末法 시대에는 사람들이 경박해 하는 말이라고는 오직 외도들의 사악한 주장뿐이라서 바른 법을 들을 수 없기 때문이다.

셋째, 나쁜 친구들에게 얽매인다. 사악한 동료가 이익을 얻을 속셈으로 수행자를 부추기고 유혹해 나쁜 세계로 떨어뜨리기 때문이다.

넷째, 온갖 마귀가 괴롭히고 어지럽힌다. 구십육종외도와 악인들이 바른 법을 파괴하고 어지럽혀 수행자가 성취하지 못하게 하기 때문이다.

다섯째, 윤회가 쉬지 않는다. 우물의 도르래처럼 육취六趣를 순환하면서 휴식이 없기 때문이다.

여섯째, 나쁜 세계를 벗어나기 어렵다. 삼계를 왕래하며 업을 따라 과보를 받으니, 비록 천상에 태어난다 해도 다시 나쁜 세계에 빠지고 떨어지는 것을 피할 수 없기 때문이다.

일곱째, 티끌과 같은 인연들이 도를 장애한다. 마음을 고단하게 하는 티끌 같은 번뇌에 골몰하여 세간을 벗어나는 데 장애가 되기 때문이다.

여덟째, 수명이 짧고 촉박하다. 사람의 삶은 백 년인데 그나마 요절하고 비명횡사하는 자가 수두룩하고, 세월이 또 쏜살같이 흘러가 보살의 대도를 완전히 성취하기 어렵기 때문이다.

아홉째, 수행했다가도 물러나고 잃게 된다. 이 사바사계의 수행은 견혹見惑과 사혹思惑을 끊어야 비로소 물러서지 않을 수 있기에 처음 마음을 일으킨 수행자는 물러나고 떨어지는 것을 면치 못하기 때문이다.

열째, 티끌처럼 수많은 겁이 흘러도 성취하기 어렵다. 대통불大通佛[407] 시대에 법을 들었던 무리가 대승에서 물러나고 소승을 집착해 진점겁塵點劫[408]을 경과하고도 성문의 지위에 머물렀던 것처럼, (사바세계에서는) 비록 장구한 시간을 거친다 해도 대도를 성취하지 못하기 때문이다.[409]

十難

一, 不常値佛. 三界險道, 佛爲導師, 衆生業重, 生不値佛. 釋迦已滅, 彌勒未生, 賢聖隱伏, 邪法增熾故. 二, 不聞說法. 像季澆漓, 所有言說, 唯談外道, 邪惡之論, 不聞正法故. 三, 惡友牽纏. 邪惡伴侶, 希求利養, 扇惑行人, 墮惡道故. 四, 羣魔惱亂. 九十六種外道惡人, 壞亂正法, 使修行人, 不成就故. 五, 輪廻不息. 循環六趣, 如汲井輪, 無休息故. 六, 難逃惡趣. 往來三界, 隨業受報, 雖生天上, 未免淪墜故. 七, 塵緣障道. 汩沒塵勞, 爲出世之障礙故. 八, 壽命短促. 人生百歲, 夭橫者多, 光陰迅速, 菩薩大道, 難成辦故. 九, 修行退失. 此土修行, 斷見思惑, 方能不退, 初心行人, 未免退墮故. 十, 塵劫難成. 如大通佛世, 聞法之徒, 退大執小, 經塵點劫, 住聲聞地, 雖涉長時, 未成大道故.

욕정이 많으면 떨어지고 이상이 강하면 날아오른다

일체 세간에서 삶과 죽음이 이어지고 있으니, 태어나서는 순응하는 습기를 따르고 죽을 때는 변화의 흐름을 따른다. 삶의 마지막 순간, 따뜻한 체온이 아직 가시기 전에 한평생 행하였던 선과 악이 동시에 갑자기 나타난다.

그때 마음에 완전히 이상理想뿐이라면 곧 날아올라 반드시 하늘나라에 태어날 것이다. 만약 그렇게 날아오르는 마음에 복을 겸비하고 지혜를 겸비하고 아울러 청정한 서원까지 있다면, 자연히 마음이 열려 시방세계 부처님을 뵙고 어떤 정토건 소원대로 왕생하리라.

그 마음에 욕정欲情이 적고 이상이 많다면 가볍게 뜨기는 하지만 멀리까지 날지는 못하니, 곧 날아다니는 신선이 되리라.

그 마음에 욕정과 이상이 균등하다면 날지도 못하고 떨어지지도 않아 인간세계에 태어날 것이며, 그중에서 이상이 좀 더 밝은 자는 총명하고, 욕정이 좀 더 깊은 자는 아둔하리라.

그 마음에 욕정이 많고 이상이 적으면 축생의 세계로 흘러 들어갈 것이며, 그중에서 좀 더 무거운 자는 털 달린 짐승이 되고, 좀 더 가벼운 자는 날개 달린 새가 되리라.

그 마음에 욕정이 7할이고 이상이 3할이면 수륜水輪 아래로 가라앉아 화륜 끝에서 태어나 맹렬한 불꽃의 기운을 감수해야 하리라. 아귀의 몸이 되어 항상 불에 타고 물이 그를 해칠 것이며, 먹을 것도 없고 마실 것도 없이 백천 겁을 지내야 하리라.

그 마음에 욕정이 9할이고 이상이 1할이면 화륜을 뚫고 내려가 두 가지 지옥에 태어날 것이니, 그중에서 좀 더 가벼운 자는 유간지옥有間地獄에 태어나고, 좀 더 무거운 자는 무간지옥無間地獄에 태어나리라.

그 마음에 완전히 욕정뿐이라면 곧 가라앉아 아비지옥阿鼻地獄에 들어

가리라. 만약 그렇게 가라앉은 마음에 대승大乘을 비방한 죄, 부처님의 금계를 훼손한 죄, 속이는 거짓말로 설법한 죄, 시주들의 보시를 헛되이 탐한 죄, 분에 넘게 공경받은 죄, 오역죄五逆罪와 십중죄十重罪[410]가 있다면 시방세계의 아비지옥에 다시 태어나리라.[411]

情想飛墜

一切世間, 生死相續, 生從順習, 死從變流. 臨命終時, 未捨煖觸, 一生善惡, 俱時頓現. 純想卽飛, 必生天上. 若飛心中, 兼福兼慧, 及與淨願, 自然心開, 見十方佛, 一切淨土, 隨願往生. 情少想多, 輕擧非遠, 卽爲飛仙. 情想均等, 不飛不墜, 生於人間, 想明斯聰, 情幽斯鈍. 情多想少, 流入橫生, 重爲毛羣, 輕爲羽族. 七情三想, 沉下水輪, 生於火際, 受氣猛火. 身爲餓鬼, 常被焚燒, 水能害已,[1] 無食無飮, 經百千刼. 九情一想, 下洞火輪, 輕生有間, 重生無間, 二種地獄. 純情卽沉, 入阿鼻獄. 若沉心中, 有謗大乘, 毁佛禁戒, 誑妄說法, 虛貪信施, 濫膺恭敬, 五逆十重, 更生十方, 阿鼻地獄.

---

1) ㉠『首楞嚴經』권8(T19, 143b)에 따르면 '巳'는 '己'의 오자이다.

좋은 인연을 만나고도 나쁜 결과를 초래하는 이들

지금 천하에 선禪을 알고 도道를 안다는 자가 강가 모래알 수만큼 많고, 부처를 설명하고 마음을 설명하는 자가 백천만억이나 된다. 하지만 번뇌의 티끌을 털끝만큼도 없애지 못하였으니 윤회를 면치 못할 것이요, 망념을 실오라기만큼도 잊지 못하였으니 결국 악도에 빠지고 떨어지리라.

이와 같은 부류는 업의 과보조차 스스로 알아차리지 못하면서 망령되게 자리이타自利利他를 말하고, 자신을 선대의 훌륭한 스님들과 동등한 부류라고 여긴다. "눈길 닿은 것마다 부처님 사업이 아닌 것이 없고, 발길 닿는 곳마다 도량이 아닌 곳이 없다."라고 말만 할 뿐, 이미 그에게 굳어진 습관은 오계五戒와 십선十善을 지키는 일개 범부만도 못하다.

그들이 하는 말을 살펴보면 저 이승二乘과 십지보살마저 못마땅하게 여기니, 또한 세상 사람들이 보물처럼 여기는 최고의 음식 제호醍醐도 이런 종류의 사람을 만나면 도리어 독약이 될 것이다.

가령 그 재주가 마명보살과 맞먹고, 그 이해가 용수보살과 나란하다 해도 겨우 한 생이나 두 생쯤 사람의 몸을 잃지 않는 것에 그치리라. 죽음을 맞이할 때에 범부와 성인의 망정妄情과 사량思量을 터럭 하나만큼도 없애지 못하고, 그리움과 생각을 티끌 하나만큼도 잊지 못하였다면 생각을 따라 새로 태어나 가볍고 무거운 오음五陰을 받을 것이니, 나귀의 태나 말의 배 속으로 들어가 형질을 의탁하고, 확탕지옥 노탄지옥 속에서 태워지고 삶겨지면서 종전에 분명히 새겨 두었던 기억과 견해들은 한순간에 잃고 말리라. 그렇게 예전처럼 다시 땅강아지나 개미가 되고 그나마 나은 자들부터 또 모기나 파리가 될 것이니, 좋은 인연을 만나기는 하였지만 결국 나쁜 과보를 초래하는 것이다.[412]

善因惡果

如今天下, 解禪解道, 如河沙數, 說佛說心, 有百千萬億. 纖塵不盡, 未免輪廻, 絲念不忘, 盡從淪墮. 如斯之類, 尙不能自識業果, 妄言自利利他, 自謂上流並他先德. 但言, 觸目無非佛事, 擧足盡是道場, 原其所習, 不如一箇五戒十善凡夫. 觀其發言, 嫌他二乘十地菩薩, 且醍醐上味, 爲世所珎, 遇斯等人, 翻成毒藥. 假使才並馬鳴, 解齊龍樹, 只是一生兩生, 不失人身. 臨終之時, 一毫聖凡情量不盡, 纖塵思念未忘, 隨念受生, 輕重五陰, 向驢胎馬腹裏托質, 鑊湯爐炭裏燒煮, 從前記持, 憶想見解, 一時失却. 依舊再爲螻蟻, 從頭又作蚊虻, 雖是善因, 而招惡果.

뜻을 얻고 말은 잊어라

육조 대사六祖大師께서는 "범부가 어리석어 자성을 깨닫지 못하고, 자신에게 있는 참된 부처님을 알아보지 못해 서방에서는 동방에 태어나기를 원하고, 동방에서는 서방에 태어나기를 원한다."[413]라고 말씀하셨고, 지공 화상誌公和尙께서는 "지혜로운 사람은 마음이 부처라는 것을 아는데, 어리석은 사람은 서방정토에 왕생하는 것을 좋아한다."[414]라고 말씀하셨다.

(만약 정토수행이 참되고 바른 법문이라면 왜 두 대사大士께서는 이를 배격하셨을까?)

대개 법에는 숨기고 드러냄이 있고, 가르침에도 권교權敎와 실교實敎가 있으며, 사람의 근기에도 영리한 근기와 아둔한 근기가 있고, 조사의 방편에도 억누르고 찬양함이 있다. 비유하자면 걸린 병이 같지 않으면 처방도 각기 다른 것과 같다. 이제 열병에 걸려 미친 듯이 날뛰는 사람이 있다면 반드시 차가운 성질을 가진 약으로 그것을 치료해야 한다. 하지만 어떤 사람이 차가운 성질의 약이 효험이 있었다는 이야기를 듣고 "계피와 부자[415]는 쓸모가 없는 약이다."라고 말한다면, 어찌 오류가 아니겠는가?

육조 대사께서는 오직 심인心印만을 전하고, 지공 화상께서는 두루 대승을 찬양하신 분이다. 사람의 마음을 곧바로 가리키고 성품을 보아 부처님이 되게 하며, 부처님과 법을 함께 없애고 문자마저 세우지 않으셨는데, 어찌 또 사람들에게 염불하여 정토에 태어나기를 구하라고 가르칠 수 있겠는가? 다만 뜻을 얻고 말을 잊어 두루 통달하고 완전히 이해한다면 저절로 모순이 없을 것이다.[416]

得意忘言

六祖云. 凡愚不了自性, 不識身中眞佛, 西方願東, 東方願西. 誌公云. 智者, 知心是佛, 愚人, 愛往西方. 盖法有隱顯,[1] 教有權實, 人根有利鈍, 祖師有抑揚. 譬如受病不同, 處方各異. 今有病熱發狂, 必以寒藥治之. 人聞寒藥有功, 遂云桂附無用, 豈不謬哉? 六祖, 單傳心印, 誌公, 方讃大乘. 直指人心, 見性成佛, 佛法雙亡, 不立文字, 豈可又教人念佛求生? 但得意忘言, 融通了解, 自無矛盾.

---

1) ㉠ 저본에는 '愛往西方'과 '盖法有隱顯' 사이에 내용이 없으나 문맥을 원활하게 하기 위해『禮念彌陀道場懺法』권2「第2 決疑生信」(X74, 86a)과『樂邦文類』권4「雜文」'寂照集揀西方要義'(T47, 201a)에 근거하여 보충해 번역하였다.

몸의 이득과 손실

〈하늘나라 사람이 마른 뼈에 예배하다〉라는 제목의 게송에서 말하였다.

그대가 바로 전생의 나였구나
나는 이제 천안이 열렸다네
귀한 옷도 생각만 하면 나타나고
맛있는 음식도 저절로 차려진다네
지난날 애써 준 그대에게 감사하니
덕분에 나 지금 이렇게 쾌락하네
꽃을 뿌리고 두 번 절을 올리니
세상 사람들이여 의심하지 말게나[417]

또 〈아귀가 시체에 채찍질하다〉라는 제목의 게송에서 말하였다.

저 냄새나는 가죽 부대 때문에
파도에 밀려 아득한 세월 정신없이 바빴네
그저 쾌락을 탐할 줄만 알고
잠시도 빛을 돌이키려 하지 않았네
선한 업이라고는 눈곱만큼 적어
황천에서 보낼 세월 길기만 하네
당장 몽둥이로 뼈아프게 때려 보지만
이내 한은 끝내 잊기 어려워라[418]

이 말씀으로 세속을 교화하는 것은 옳지만, 참으로 그들처럼 해야 한다고 여기는 것은 옳지 않다. 왜 그런가? 사람의 정신이 몸 가운데 의탁하는 것이기 때문에 몸을 사용하는 것은 모두 정신일 뿐이다. 따라서 하늘나라 사람이 된 자는 전생에 그 몸을 잘 사용한 자이고, 아귀가 된 자는 전생에 그 몸을 잘 사용하지 못한 자이다. 그들의 이득과 손실이 모두 당시에 어떻게 하였느냐에 달렸으니, 시체에 예배를 하고 시체에 채찍질을 한들 또 무슨 이익이 있겠는가?[419]

形骸得失

天人禮枯骨, 偈云.
汝是前生我, 我今天眼開.
寶衣隨念至, 玉食自然來.
謝汝昔勤苦, 令吾今快哉.
散花時再拜, 人世莫驚猜.
又餓鬼鞭死屍, 偈云.
因這臭皮囊, 波波刼刼忙.
只知貪快樂, 不肯暫回光.
白業錙銖少, 黃泉歲月長.
直須痛棒打, 此恨猝[1]難忘.
此言化俗則可, 以爲誠然則不可. 何則? 人神託於形骸之中, 所以用形骸者, 皆神耳. 故爲天人者, 前世善用形骸者也, 爲餓鬼者, 前世不善用形骸者也. 其得其失, 皆在當時. 及其受報, 而禮之鞭之, 亦何益?

---

1) ㉠ '猝'이 『慈受懷深禪師廣錄』 권2 「偈讚」 '天人禮枯骨'(X73, 110a)과 『禪門諸祖師偈頌』 하권 「天人禮枯骨」(X66, 758a)에는 '卒'로 되어 있다.

두 명의 하늘나라 사람

경에 말씀하시기를 "사람이 태어나면 하늘나라 사람 두 명이 그 사람을 따라다니는데, 한 사람은 이름이 동생同生이고, 다른 한 사람은 이름이 동명同名이다. 하늘나라 사람은 항상 그 사람을 보지만 사람은 그 하늘나라 사람을 보지 못한다."[420]라고 하였다.

이 두 하늘나라 사람이 어찌 선과 악 두 부류 동자의 무리가 아니겠는가? 사람들의 의도와 하는 말, 작은 움직임과 평소의 생각까지 이 두 하늘나라 사람이 보고 있는데, 사람들이 부끄러워하지 않을 수 있을까? 이와 같이 정토수행을 한다면 반드시 상품 연화대에 왕생할 것이다.[421]

二天人

經云. 人生, 有二天人隨人, 一曰同生, 二曰同名. 天人常見人, 人不見天人. 此二天人, 豈非善惡二部童子之徒歟? 人之擧意發言動步常念, 此二天人見, 人而能無愧? 如此修淨土, 則必上品往生矣.

작은 원인과 결과

다리를 수리하는 사람이 있고, 다리를 훼손하는 사람이 있으니, 이것이 천당과 지옥의 작은 원인이다. 가마에 타는 사람이 있고, 가마를 지는 사람이 있으니, 이것이 천당과 지옥의 작은 결과이다. 같은 범주의 일들에 확대해서 적용해 보면 모두 알 수 있으리라. 항상 이와 같이 그 마음을 관찰하고 정토수행을 한다면 상품상생上品上生[422]할 것이다.[423]

小因果

有修橋人, 有毀橋人, 此天堂地獄之小因也. 有坐轎人, 有荷轎人, 此天堂地獄之小果也. 觸類長之, 皆可見矣. 常如是省察其心, 以修淨土, 上品上生.

생계를 잘 꾸려 도를 도우라

재가 보살 중에 염불을 잘하는 부류가 매일같이 단월들의 재齋에 참석하고 앉아서 인천人天의 공양을 받고 하는 것들은 모두 상도常道가 아니다. 스스로 생계를 꾸려 나가면서 뜻을 품고 수행하는 것만 못하니, 염불이 어찌 일하는 것을 방해하겠는가?

논밭에 파종을 하건 시장과 마을에서 장사를 하건, 재산이 많아 부유하건 매일 한 되나 한 홉의 쌀을 구하러 다니건 '근면하면 게으르지 않고, 검소하면 여유가 있다.'라고 생각하면서 이로써 자신을 닦아야만 비로소 불자佛子라 할 수 있다.

만약 사치하거나 나태하여 생활이 초라해진다면 수행하고 싶어도 그럴 수가 없다. 세상을 잘 다스리고 생계를 잘 꾸리는 것이 모두 바른 법을 따르는 것이며, 훌륭한 솜씨의 기술과 기예가 중생을 이롭게 하는 것임을 진실로 알 수 있다. 그러니 정업을 닦고 싶으면 마땅히 생계를 잘 꾸려 도를 성취할 수 있도록 도와야 한다.[424]

資生助道

在家菩薩, 念佛高流, 日赴檀信之齋, 坐享人天之供, 皆非常道. 不若治生有意修行, 豈妨作務? 或田疇播種, 或市井經營, 或富有家資, 或日求升合, 應思勤則不惰, 儉則有餘, 以此脩身, 方爲佛子. 若也奢華懶惰, 生事蕭條, 雖欲脩行, 不可得也. 信知治世資生, 皆順正法, 工巧技藝, 饒益羣生. 欲修淨業, 當以資生助道.

극락이라야 괴로움이 없다

  일체중생이 바른 깨달음을 얻지 못해 한바탕 큰 꿈속에서 여섯 세계를 오르락내리락하며 한 번도 쉬어 본 적이 없다. 여러 하늘나라가 쾌락하다지만 과보가 다하면 형상이 쇠퇴하고,[425] 아수라는 성을 내면서 서로 이기려고 전쟁을 벌이고, 축생들은 날고 달리면서 서로를 잡아먹고, 귀신들은 으슥하고 침침한 곳에서 굶주림과 목마름에 시달리고, 지옥 중생은 쓰라린 고통에 기나긴 밤 울부짖으니, 인간세계에 태어나게 된다면 천만다행이라 할 것이다. 하지만 이곳도 태어남·늙음·질병·죽음 등 온갖 고통이 얽어매니, 오직 정토세계만이 그 어떤 고통도 다시는 없는 곳이다.[426]

無苦

一切衆生, 未悟正覺, 處大夢中, 六途升沉, 未嘗休止. 諸天雖樂, 報盡相衰, 修羅方瞋, 戰爭互勝, 旁生飛走, 噉食相殘, 鬼神幽陰, 飢渴困逼, 地獄長夜, 痛楚號呼, 得生人趣, 固以爲幸. 然而生老病死, 衆苦嬰纏, 唯是淨方, 更無諸苦.

고요함과 작용 사이에 장애가 없다

왕성하게 작용하고 있지만 근본 실제는 움직이지 않나니, 물이 파도를 일으키지만 파도 전체가 물인 것과 같다. 『정명경淨名經』에서 말씀하기를 "멸진정滅盡定에서 일어나지 않고 온갖 위의를 나타낸다."[427]라고 하였고, 『주역』에서 말하기를 "고요히 움직이지 않다가 감동하여 마침내 통한다."[428]라고 하였다.

고요함(寂)이 그대로 작용하기(用) 때문에 완전히 없어질 때까지 더러움을 버리고 궁극의 근원까지 깨끗함을 취하는 것이며, 작용하지만 항상 고요하기 때문에 취하고 버림이 있다고 해도 사실은 취하고 버림이 없다.

그러므로 왕성하게 부처님을 생각해도 생각이 없는 것과 평등하고, 왕성하게 왕생해도 태어남이 없는 것과 평등하며, 볼 것이 없는 곳에서 부처님을 친견하는 것을 장애하지 않고, 태어남이 없는 곳에서 운명에 맡겨 왕생하는 것이니, 단박에 원만히 깨달은 수행자는 말하건 침묵하건 움직이건 조용히 있건 언제 어디서나 모두 실제와 같기 때문이다.

그래서 경에 말씀하시기를 "불국토를 장엄하는 것이 곧 장엄이 아니다."[429]라고 하고, "한량없는 중생을 적멸의 세계로 건네주었지만 사실은 적멸의 세계로 건너간 중생이 없다."[430]라고 하였다.[431]

寂用無礙

熾然在用, 不動本際, 如水起波, 波全是水. 淨名云. 不起滅定, 現諸威儀. 易曰. 寂然不動, 感而遂通. 卽寂而用故, 捨穢究盡, 取淨窮源, 用而常寂故, 雖有取捨, 而實無取捨. 是故熾然念佛, 與無念等, 熾然往生, 與無生等, 於無見處, 不礙見佛, 於無生處, 任運往生, 以圓頓行人, 語默動靜, 一切時中, 皆如實際. 故經云. 莊嚴佛土者, 卽非莊嚴. 滅度無量衆生, 實無衆生得滅度.

거짓을 벗어나 진실로 나아가라

참된 나(眞我)가 본래 있지만 이를 미혹하면 없어지니, 구름이 달을 가리는 것과 같다. 거짓된 나(妄我)가 본래 없지만 이를 집착하면 있게 되니, 거울 속에 비친 꽃과 같다. 마음 자체에는 형상(相)이 없지만 경계를 의탁하면 비로소 생기고, 성품(性)이 본래 공하지만 마음을 말미암아 나타난다는 것을 꼭 알아야 한다. 만약 거짓을 벗어나 진실로 나아가고자 한다면 반드시 한결같은 마음으로 부처님을 생각해야 한다.

離妄卽眞

眞我本有, 迷之而無, 如雲掩月. 妄我本無, 執之而有, 如鏡照花. 要知心自無相, 託境方生, 性本是空, 由心而現. 若欲離妄卽眞, 必須一心念佛.

미혹과 깨달음

범부가 곧 부처님이고, 번뇌가 곧 보리이다. 전념前念이 미혹하면 곧 범부요 후념後念이 깨달으면 곧 부처님이며, 전념이 경계에 집착하면 곧 번뇌요 후념이 경계를 벗어나면 곧 보리이다.[432]

따라서 아미타부처님과 중생이 다만 한 생각이 바뀌는 틈에 있다는 것을 알아야 한다.

迷悟

凡夫卽佛, 煩惱卽菩提. 前念迷卽凡夫, 後念悟卽佛, 前念着境卽煩惱, 後念離境卽菩提. 故知彌陀與衆生, 只在一念轉移間.

부처님 아닌 것이 없다
無不是佛

이 마음이 부처님이니	是心是佛
이 마음으로 부처님 되세	是心作佛
삼세 모든 부처님이	三世諸佛
이 마음의 부처를 깨달았네	證此心佛
육도에 윤회하는 중생들	六途衆生
본래 다 부처님인데	本來是佛
거짓에 속아 헤맬 뿐	只因迷妄
염불하려 들지를 않네	不肯念佛
지혜로운 자는 깨닫고	智者覺悟
성품 보아 부처 된다네	見性成佛
석가모니 세존께서는	釋迦世尊
염불법문 열어 보이고	開示念佛
아미타부처님 원을 세워	彌陀有願
염불하는 자 맞이하시고	接引念佛
대자대비 관세음보살님	觀音菩薩
부처님을 머리에 이고	頭頂戴佛
대세지보살님 광명으로	勢至菩薩
염불하는 자 섭수하시니	攝受念佛
청정한 바다와 같은 대중이	淸淨海衆
모두 염불하여 왕생했다네	皆因念佛
동서남북 상하의 부처님	六方諸佛
다들 염불을 칭찬하시고	摠讚念佛
조사께서도 가르침 세워	祖師起敎

사람들에게 염불을 권하였으니	勸人念佛
곧장 가는 지름길 법문은	捷徑法門
오직 염불뿐이라네	惟有念佛
역대 조사 스님들	歷代祖師
낱낱이 다 염불하시고	箇箇念佛
고금의 이름난 현자들	古今名賢
모든 분이 염불하였으며	人人念佛
나도 이제 인연이 닿아	我今有緣
염불법문을 만났다네	得遇念佛
부처님 생각하며 마음을 생각하고	念佛念心
마음을 생각하며 부처님 생각하고	念心念佛
입으로 항상 부처님을 부르고	口常念佛
마음으로 항상 부처님 공경하고	心常敬佛
눈으로 항상 부처님 바라보고	眼常觀佛
귀로 항상 부처님 말씀을 듣고	耳常聽佛
몸으로 항상 부처님께 예배하고	身常禮佛
코로 항상 부처님 향기 맡으면서	鼻常嗅佛
향과 꽃, 등불과 촛불	香花燈燭
항상 부처님께 공양 올리고	常供養佛
가건 서건 앉건 눕건	行住坐臥
항상 부처님 곁을 떠나지 않고	常不離佛
괴롭건 즐겁건 좋건 나쁘건	苦樂逆順
부처님 생각 잊지 않았더니	不忘念佛
입는 옷 먹는 밥까지	着衣喫飯
부처님 아닌 것이 없고	無不是佛
여기저기 이곳저곳에	在在處處

모두 다 부처님이시네	悉皆是佛
움직여도 부처님	動也是佛
조용해도 부처님	靜也是佛
바빠도 부처님	忙也是佛
한가해도 부처님	閑也是佛
사방팔방에 부처님	橫也是佛
아래위에도 부처님	竪也是佛
좋은 사람도 부처님	好也是佛
나쁜 사람도 부처님	惡也是佛
태어나는 자도 부처님	生也是佛
죽는 자도 부처님	死也是佛
생각마다 부처님이요	念念是佛
마음마다 부처님일세	心心是佛
덧없는 죽음이 닥치면	無常到來
염불하기 딱 좋은 때	正好念佛
손을 놓고 길을 나서	撒手便行
집으로 돌아가 부처님 뵈세	歸家見佛
한 가닥 둥근 광명은	一道圓光
곧 성품이 공한 부처님	卽性空佛
이 한 생각 깨달으면	了此一念
그 이름이 바로 부처님	是名爲佛
영원히 머물고 죽지 않으시니	常住不滅
그 이름이 무량수부처님	無量壽佛
법신 보신 화신의 부처님	法報化佛
같은 한 몸의 부처님이요	同一體佛
천 부처님 만 부처님이	千佛萬佛

모두 똑같은 부처님이네	皆同一佛
인연 있는 분들에게 널리 권하니	普勸有緣
한결같은 마음으로 염불하소서	一心念佛
염불하지 않으면	若不念佛
본래 부처님을 잃어버린다오	失却本佛
탐내고 성내고 질투하면	貪嗔嫉妬
스스로 그 부처님 죽이는 짓	自喪其佛
술에다 여자 재물 탐하면	酒色財氣
천진한 부처님 더럽히는 짓	汚天眞佛
나와 너 갈라 시비를 따지면	人我是非
여섯 도적⁴³³이 부처님을 겁탈하는 짓이라오	六賊刼佛
한 호흡 돌아오지 않으면	一息不來
어디서 부처님을 찾을 텐가	何處求佛
지옥과 삼악도에서는	地獄三途
부처님 이름조차 듣지 못하니	永不聞佛
만 겁의 세월 천 번의 생애에	萬劫千生
염불하지 않은 것 후회하리라	悔不念佛
간곡히 서로 권하여	叮嚀相勸
자기 마음속 부처님을 생각하며	念自己佛
얼른 빛을 돌이키고	急急回光
다른 부처님일랑 찾지 마시게	休別覓佛
생각 생각마다 어둡지 않으면	念念不昧
누가 부처님이 아니겠는가	誰不是佛
부디 모든 사람들이여	願一切人
자기 부처님에게 귀의하시게	自歸依佛
서방세계에 회향하고	回向西方

발원하면서 염불하고	發願念佛
삶이 끝나는 순간에	臨命終時
관찰하면서 염불하면	觀視念佛
구품연화대에 태어나	九品蓮臺
아미타불께 예배하고	禮彌陀佛
걸림 없는 눈을 얻어	得無碍眼
시방의 부처님 뵙게 되리라[434]	見十方佛

『청주집』끝

淸珠集終.

[부록(附)]

결사문

보광 보원葆光普元⁴³⁵ 지음

무릇 청정한 지혜는 오묘하고 원만하며 본체가 스스로 공적하니, 성인이라고 늘어나지도 않고 범부라고 줄어들지도 않는다. 또한 덕스러운 모습을 완전히 갖추고 본래 두루 미치고 있기에 아름답게 꾸미거나 닦고 증득할 필요도 없다.

하지만 맑고 깨끗한 본래 그 자리에서 홀연히 산하대지가 생기는 것이고,[436] 티끌 하나가 눈에 들어가면 허공의 꽃들이 어지럽게 떨어진다. 이런 까닭에 진실과 허망이 어지럽게 뒤섞이고 욕정(情)과 이상(想)의 정도에 따라 등급이 나뉘어[437] 삼유三有[438]가 육취六趣를 오르락내리락 바퀴처럼 돌면서 아승기겁 이래로 진정된 적이 없게 되었다.

큰 성인께서 이를 불쌍히 여겨 세상에 출현해 자비를 드리우시고 널리 방편을 베풀어 기연機緣 따라 구제해 주셨으니, 그 모든 삼매 가운데서도 정토왕생이라는 하나의 법문이 가장 간편하며 쉽고 빠른 길이다. 시방세계 무수한 국토의 큰마음을 가진 중생들이 함께 발탁되기를(彙征)[439] 발원하면 곧바로 무생법인을 증득하게 되니, 우리의 본래 스승께서 거두어 주시는 오묘한 힘이 아니면 어떻게 이럴 수 있겠는가?

『정명경淨名經』에서 "그 마음이 깨끗해짐을 따라 곧 국토가 깨끗해진다."[440]라고 하였으니, 이로써 마음이 깨끗한 것이 원인이요 국토가 깨끗한 것은 결과이며, 인연 따라 결과를 얻고 감응의 길은 서로 통한다는 것을 알 수 있다. 즉 물이 맑으면 달이 나타나는 것처럼 단지 한 생각이 원만하게 밝기만 하면 되니, 그 무엇이 이처럼 간편하며 쉽고 빠를 수 있단 말인가!

저 동림사東林寺에서 결사結社를 창시하자[441] 유유민과 뇌차종(劉雷)[442]이 아름다움을 뽐내었고, 장로사長蘆寺에서 연화승회蓮花勝會를 만들자[443] 보현보살과 보혜보살(賢慧)이 이름을 올렸으니,[444] 큰 서원을 세우고 깊이 발원하면 모두 영원한 행복을 얻게 되는 것이다. 그래서 송나라 문로공文潞公[445]이 10만 명에게 서방정토와 인연을 맺어 주겠노라 발원하여 훌륭한 분들이 일제히 나루터의 배에 올랐던 것이니,[446] 모두에게 똑같이 자비를 베풀었던 것이다.

기사년(1869) 겨울에 환공幻空 상인께서 뜻을 함께하는 승려와 재가자들을 모아 고령산古靈山 보광사普光寺에서 옛 규범을 본떠 결사를 감행하자 한 시대의 영웅 준걸들이 모임에 참여하지 않는 자가 없었다. 아득히 서호西湖 정행사淨行社[447]의 맑은 규범을 추종하고, 조계曹溪 정혜사定慧社[448]의 향기로운 자취와 아름다움을 겨루어 '정원淨願'이라는 이름을 지었으니, 이 일대사인연一大事因緣은 상법과 말법 시대에 매우 드문 성대한 일이다.

아! 삼계가 활활 타오르는 것이 완전히 불덩어리요, 온갖 고통이 교대로 애를 태워 오래 머물기 어렵구나. 더구나 아득히 흐르는 세월이 전광석화처럼 빠르고, 위태롭고 연약한 사대四大는 풀끝의 이슬이요 바람 앞의 등불이다. 혹 이 몸을 한번 잃기라도 한다면 만겁에 회복하기 어려운데, 그렇게 게으름 떨면서 나쁜 세계에 빠지고 떨어지는 것을 달게 받아들이려는가?

이제 전생에 인연이 있어 다행히도 이런 수승한 모임을 만나게 되었다. 당장 빙판길을 달리듯 머리에 붙은 불을 끄듯 빛을 돌이켜 되비추고 사유를 집중해 망상을 고요히 할 수 있다면 이 자리를 떠나지 않고 고통스러운 윤회를 훌쩍 벗어날 것이며, 현세에서 청정한 지혜를 증득해 널리 온 법계와 함께 상적광토常寂光土에 태어날 것이니, 이것이 환공 스님께서 결사를 감행하신 본원本願이다.

　스스로 돌아보면 업은 무겁고 복은 가벼우며, 장애는 깊고 지혜는 천박하기만 하다. 하지만 "일체가 마음이 지어낸 것일 뿐이요, 서원을 세우면 반드시 성취하게 된다."라고 나는 들었으니, 함께 결사한 여러 훌륭한 분들과 이 청정한 발원에 의지하여 훗날 묘의세계妙意世界의 향기롭고 빛나는 연못가에서 손을 잡고 함께 거닐자고 기약할 따름이다.

結社文

葆光普元

　夫淨智妙圓, 體自空寂, 在聖不增, 在凡不減. 具有德相, 本來周徧, 無待乎莊嚴修證. 而淸淨本然, 忽生山河, 一翳在眼, 空華亂墮. 由是眞妄混淆, 情想分等, 以致三有六趣, 升沉輪轉, 僧祇劫來, 靡所底定. 大聖悲憫, 應世垂慈, 廣施方便, 隨機拯濟, 諸三昧中, 唯淨土一門, 簡易直捷. 十方刹土, 大心衆生, 發願彙征, 卽證無生, 非我本師, 攝受之妙力, 何以致此? 淨名云. 隨其心淨, 卽佛土淨. 以知心淨是因, 土淨是果, 隨因得果, 感應道交. 則如水澄月現, 秪在一念圓明而已, 何等簡易直捷哉! 粵自東林創社, 劉雷擅美, 長蘆建會, 賢慧題名, 弘誓深願, 咸臻常樂. 故宋文潞公之, 願結西方十萬緣, 大家齊上渡頭船, 同一慈悲也. 歲己巳冬, 幻空上人, 集同志緇素, 于古靈山普光寺, 仿古結社, 一時英俊, 莫不預會. 緬追西湖淨行之淸規, 媲美曹溪定慧之芳躅, 以淨願錫名, 是一大事因緣, 爲像季之盛擧也. 噫! 三界炎炎, 宛如火聚, 衆苦交煎, 難以淹留. 且況兩曜流邁, 石火電光, 四大危脆, 草露風燈. 倘或一失此身, 萬劫難復, 其忍放逸, 甘受淪墜乎? 今旣宿生多幸, 遇此殊勝, 卽能如行氷凌, 如救頭然, 廻光返照, 思專想寂, 則不離當處, 超脫苦輪, 現證淨智, 普與法界, 同生寂光, 是幻空師, 結社之本願也. 自顧業重福輕, 障深慧淺. 然竊聞一切惟心, 有願必就, 期與同社諸賢, 仗此淨願, 他日妙意世界, 香光池上, 把手共行云爾.

345

발원문

부연 성담芙蓮性湛[449] 지음

머리 조아려 예배하옵니다.

대자대비하신 무량수부처님이시여, 시방세계 정토와 예토의 삼보님이시여.

윤회의 물살에 깊이 빠진 미혹한 중생들을 가엾이 여기사, 꼭 감통하시고 저희를 맞아 이끌어 주소서.

제자 (아무개) 등은 진실을 미혹해 거짓을 일으키고, 깨달음을 등지고는 티끌과 합하여 미혹과 업이 끝이 없고, 고통스러운 과보가 그치지를 않습니다. 비록 선善을 닦았다고는 하나 유위有爲에 탐착하고, 무위無爲를 즐겼다고는 하나 벗어날 방법을 알지 못했는데, 다행히 숙세의 복된 인연으로 근원으로 돌아가는 이런 진결眞訣을 만나게 되었습니다.

우리 석가모니부처님의 자비스러운 말씀은 너무나 간곡하시고, 아미타부처님께서 운용하시는 자비는 넓기만 하여 소원만 하면 반드시 맞아 주시고 중생의 근기 상관없이 가피를 받나니, 마흔여덟 가지 서원을 세워 소원마다 중생을 제도하시고, 열여섯 가지 관문觀門을 열어 문마다 중생을 거두고 교화하십니다.

이에 수승한 마음을 일으켜 동지들을 규합하고, 나쁜 인연들을 참회하며 청정한 계율에 항상 머물면서 성스러운 명호를 오로지 생각하고 서방정토에 왕생하기를 기약하오니, 겁석劫石[450]은 옮길 수 있어도 이 마음은 물러서지 않을 것이며, 생각 생각을 이어 가면서 지치거나 싫증내지 않을 것입니다.

우러러 바라오니, 부처님의 자비로운 빛을 받아 삼악도의 고통이 사라지고 팔난八難[451]에서도 교화를 받게 하시며, 네 가지 은혜에 모두 보답하고 모든 존재들을 일제히 돕게 하소서. 한자리에 모인 대중들이 미세한 법집法執을 제거하고 다툼이 없는 참된 근원을 깨달아 눈앞에서 정토를 보고 한 생각에 보리를 증득하게 하소서. 끝이 없는 삼매를 원만히 갖추고 한량없는 신통을 보이며 갖가지 실천 방법을 구족하고 겹겹이 법의 교화를 일으켜 유정이건 무정이건 다 함께 안양安養에 이르게 하소서.

허공은 다함이 있어도 저의 소원은 다함이 없을 것입니다.

發願文

芙蓮性湛

稽首慈悲無量壽, 二土十方三寶尊, 憐愍沉溺衆迷流, 必賜感通垂接引. 弟子等, 迷眞起妄, 背覺合塵, 惑業無窮, 苦果不息. 縱修善而耽着有爲, 樂無爲而不知出要, 幸因宿世福緣, 遇斯歸元眞訣. 惟我釋迦慈旨叮嚀, 彌陀運悲廣博, 有願必迎, 無機不被, 六八誓願, 願願度生, 十六觀門, 門門攝化. 爰發勝心, 糾合同志, 懺悔惡緣, 恒住淨戒, 專念聖號, 期生西方, 劫石可移, 此心不退, 念念相續, 無有疲厭. 仰冀承佛慈光, 三塗息苦, 八難蒙化, 四恩總報, 羣有齊資. 一會大衆, 除微細之法執, 悟無諍之眞源, 覩淨土於現前, 證菩提於當念. 圓無邊之三昧, 示無量之神通, 具種種之行門, 興重重之法化, 情與無情, 咸臻安養. 虛空有盡, 我願無盡.

모연소

제운 원명霽雲圓明[452] 지음

금생에 누리는 복은 과거에 심은 선근 덕분이고, 미래에 누릴 복의 기반은 현재 심는 씨앗에 달렸습니다. 이와 같다면 삼생三生을 통틀어 계산하는 것은 오히려 아득히 먼 이야기에 속할 수도 있지만, 한 생각이 선하면 경성景星과 경운慶雲[453]이 나타나고 한 생각이 악하면 흑풍黑風과 나찰羅刹[454]이 나타나는 것에 이르면 이는 현재 눈앞에 인과가 나타나 그림자가 몸을 따르듯 털끝만큼도 어긋남이 없는 것이니, 감히 삼가고 두려워하지 않을 수 있겠습니까?

아! 중생이 육도를 윤회하는 까닭은 진실로 나와 남을 분별하는 장애가 깊고 아끼고 탐하는 업이 무겁기 때문입니다. 우리 부처님께서 이를 가엾게 여기시고 특별히 보시바라밀 법문을 열어서 업의 뿌리를 영원히 제거하고 곧바로 청정한 세계로 초월해 좌계左契를 손에 쥔 것[455]과 같게 하셨으니, 어찌 수승한 일이 아니겠습니까?

하지만 보시에도 두 가지가 있으니, 상相에 머물지 않고 보시하면 베푸는 것이 비록 적더라도 받는 복이 크고, 상을 가지고 보시하면 베푸는 것이 비록 많더라도 감득하는 과보가 하열합니다. 비유하자면 기름진 밭이 있고 척박한 밭이 있어 같은 씨앗을 뿌리더라도 수확에 큰 차이가 나는 것과 같습니다. 또한 봄에 심은 한 톨에서 가을이면 만 톨을 거두고, 머리카락만 한 묘목을 심지만 그것이 열 아름드리로 무성하게 자라니, 원인이 보잘것없어도 결과가 창대하다는 것을 어찌 다시 의심하겠습니까? 요즘 간혹 어떤 사람은 씨앗을 뿌리지도 않고 가을걷이하기를 바라니, 어쩌면 그리도 어리석을까요?

설악도인雪岳道人 환공幻空은 세상의 모습이 환상과 같다는 것을 이미 깨닫고, 성품 자리가 허공과 같다는 것을 현세에서 증득한 분이며, 큰 법을 짊어지고서 몸과 목숨을 아끼지 않고, 비니毘尼를 엄정하게 지켜 눈서리처럼 늠름하며, 복덕과 지혜를 나란히 닦아 나와 남을 아울러 이롭게 하는 분입니다. 이제 이분이 고령산 보광사에서 사방에서 모인 동지들과 염불결사를 감행하고, 1만 일을 기약하며 흔들림 없이 서방왕생에 매진하고 있습니다. 말법시대에 이런 희유하고 수승한 법회를 만나, 선량한 믿음을 가지신 분들에게 "부처님께 공양 올리고 스님들께 밥을 올릴 자금을 도와 달라."라고 널리 알리는 것은 여러 군자들과 상相에 머물지 않는 마음으로 복된 밭에 씨앗을 심어 훗날 극락세계에 함께 오르고 무생법인을 함께 증득할 인연을 다 같이 맺고 싶기 때문입니다.

지극한 마음으로 기도합니다.

募緣疏

霱雲圓明

夫今生受享, 賴過去之善根, 將來福基, 藉見在之下種. 然此則通計三生, 猶屬迂遠, 至於一念之善, 景星慶雲, 一念之惡, 黑風羅利, 是現前因果, 如影隨形, 毫髮無爽, 敢不兢懼乎? 噫! 衆生之所以輪轉六趣, 良由人我障深, 慳貪業重. 我佛垂憫, 特示檀波羅門, 使之永除業根, 卽超淨域, 如執左契, 豈不殊勝哉? 然施有二種, 無住而施, 則施雖少, 獲福大, 有相而施, 則施雖多, 感報劣. 譬如田有良瘠, 下種雖同, 收穫大異矣. 且春種一粒, 秋收萬顆, 栽植絲髮, 其茂十圍, 更何疑於因小果大? 今或有人, 不下種而望秋實, 一何愚哉? 雪岳道人幻空, 已悟世相之如幻, 現證性地之等空, 荷擔大法, 不惜身命, 嚴淨毘尼, 凜如霜雪, 福慧雙修, 自他兼利. 今於古靈山普光寺, 與四方同志結社念佛, 以萬日爲期, 決定西邁. 値此末法希有勝會, 普告善信, 庸助供佛飯僧之資者, 欲與諸君子, 以無住心下種福田, 共結他日同躋樂邦咸證法忍之緣. 至禱.

계참소

본여 성공 本如性空[456]

삼가 생각건대, 계戒는 모든 것의 스승이니, 궁실宮室을 지을 때에 먼저 땅부터 다지는 것과 같습니다. 이로써 한결같은 마음을 굳게 지키고 만 가지 선을 빠짐없이 갖출 수 있으며, 천 명의 성인을 만들어 내니 부처님의 어머니요, 온갖 병을 치료하니 약 중에서도 왕입니다.

이에 스스로 피안으로 건너갈 생각에, 또 미혹한 부류들을 건네주리라 생각하며 비로소 결연한 뜻으로 받들어 지키고, 기한을 정해 수행을 증득하겠노라 맹세하였습니다. 하지만 어쩔 수 없이 세속 인연에 깊이 얽매이고 게다가 또 숙세에 익힌 습관들이 유난히 강성하여 하는 일과 부딪치는 경계에서 매번 율의律儀를 범하게 됩니다. 가끔씩 매섭게 꾸짖어 보기도 하지만 역시나 멀찌감치 맴돌다가 다시 스스로 해이해지니, 마냥 흘려보내는 세월에 죄와 업만 함께 늘어나고, 흐릿해지는 마음속 다짐에 뜻도 모습도 함께 멀어지고 있습니다. 어찌 윤회를 벗어날 길이 없을 뿐이겠습니까? 중생을 이롭게 하리라는 큰 서원을 저버릴까 두려우니, 스스로를 다잡고 반성해 보면 너무나 부끄럽고 걱정스럽습니다. 이것이 결사를 함께한 여러 벗들과 일편단심을 단단히 부여잡고 마음과 생각을 깨끗이 씻고서 잘못을 고백하며 참회하는 까닭입니다.

이에 경오년(1870) 봄 2월부터 시작해 차례차례 조금씩 닦아 가겠다는 생각으로 각자 자신의 근기가 감당할 수 있는 만큼 오계五戒를 부분적으로 수지하거나 십재十齋[457]를 지킬 것이며, 매월 말일마다 실천에 얼마나 부지런하고 태만하였는지를 각자 자유롭게 진술하면서 서로 격려하고 새롭게 고쳐 갈 것이며, 어떤 상황이 닥쳐도 맹세코 약속을 어기지 않을 것입니다.

삼가 원하옵니다. 지금부터 믿음의 뿌리가 영원히 견고하고 업장이 단박에 제거되게 하시며, 크고 작은 비니들을 한 생각에 원만하게 성취하여 어두운 길에 등불이 되고 고통의 바다에서 배가 되게 하시며, 널리 보거나 듣는 모든 사람들이 모조리 계의 성품을 깨달아 부처님의 땅으로 들어가게 하소서.

戒懺疏

本如性空

竊惟戒者, 一切師也, 如造宮室, 先固基址. 能攝一心, 具足萬善, 建千聖而爲佛母, 治衆病而爲藥王. 爰思自度, 復念迷流, 甫決志以奉持, 誓剋期而證修. 無奈塵緣纒深, 又復宿習偏强, 臨事觸境, 每犯律儀. 雖或猛厲警訶, 亦更紆回自弛, 悠悠歲月, 罪與業而俱增, 罔罔襟期, 志與形而並邁. 奚但出離之無路? 恐負利他之弘願, 克己省躬, 慚懼實深. 是與同社諸盆, 虔秉丹衷, 洗心滌慮, 發露懺悔. 乃自庚午之春二月爲始, 第以漸修之意, 各隨根堪, 分受五戒, 或持十齋, 每至月終, 以行勤怠, 各自恣陳, 勉勵懲新, 逆順境上, 誓不負約. 抑願從玆以往, 信根永固, 業障頓除, 大小毘尼, 一念圓就, 爲燈燭於昏衢, 作舟航於苦海, 普令一切見聞者, 盡覺戒性入佛地.

이로써 받들어 축원하오니, 우리 임금님 만수를 누리시고, 팔도강산이 편안하며, 만물이 모두 행복을 누리게 하소서. 한량없는 자비의 힘으로 온 법계를 가득 채우고 인연 있는 중생들 널리 맞이해 다들 보리심을 일으키게 하소서. 업장이 녹아 제거되고, 오묘한 밝음이 열려 깨달으며, 온갖 계를 완전히 갖추고, 온갖 선을 원만히 성취하게 하소서. 복덕과 지혜 두 가지를 장엄하여 적광세계 상품 연화대를 바람대로 곧바로 얻고, 소원대로 반드시 성취하게 하소서. 네 가지 무거운 은혜에 보답하고, 삼악도의 고통 받는 중생을 구제하며, 시방세계 모든 불보살님을 찬탄하고, 일체 공덕을 회향하게 하소서. 그리하여 유정有情과 무정無情이 모두 안양에 왕생하여 부처님의 수기를 받고 곧바로 무생법인을 증득하게 하시며, 다시 사바세계로 돌아와 널리 구유九有⁴⁵⁸를 제도하게 하소서.

以此奉祝, 聖壽萬年, 八域寧謐, 庶物咸亨. 無量慈力, 徧滿法界, 普接有緣, 悉發菩提. 業障消除, 妙明開悟, 衆戒具足, 萬善圓成. 福智二嚴, 寂光上品, 隨求卽得, 如願必就. 報四重恩, 濟三塗苦, 十方讚歎, 一切回向. 情與無情, 同往安養, 蒙佛授記, 卽證無生, 回入娑婆, 廣度九有.

경오년(1870) 8월에 정원사에서 활자로 인쇄하다.

歲庚午仲秋, 淨願社活印.

청주집 발

　옛 선덕께서 말씀하시기를 "맑은 구슬을 탁한 물에 넣으면 물이 맑아지지 않을 수 없고, 부처님에 대한 생각을 산란한 마음에 던지면 마음이 부처님이 되지 않을 수가 없다."[459]라고 하였으니, 이는 염불할 때의 마음이 부처님과 차이가 없음을 비유한 것이다.
　저 서쪽의 천축에 보물이 있으니, 이름이 청주淸珠이다. 이 구슬을 탁한 물에 던졌을 때에 1촌寸을 들어가면 1촌의 탁한 물이 곧바로 맑아지고, 촌에서부터 척尺으로 또 바닥에 이르기까지 구슬이 닿는 곳마다 맑고 깨끗해진다. 대개 맑은 구슬은 부처님을 생각하는 깨끗한 마음을 비유하고, 탁한 물은 산란한 업식業識을 비유한다. 업식이 산란할 때에 "부처님" 하고 한 번 소리 내어 부를 수 있으면 곧 산란함이 멀리 달아나고 마음이 염불을 따라 고요해지는 것이다. 또 생각을 옮겨 두 번째 소리로 들어가는 것은 맑은 구슬이 물에 2촌 깊이까지 들어가는 것과 같다. 이렇게 최초의 한 생각부터 백천만 생각에 이르기까지 생각 생각마다 맑고 깨끗해지며 생각 생각마다 순수하고 진실해지니, 경에서 말씀하신 것처럼 청정한 생각이 서로 이어지게 된다.[460]
　하지만 "부처님" 하고 부르는 이 한 소리에 비단 금생만 부처님을 제대로 생각할 수 없는 것이 아니라, 아득히 거슬러 올라 수많은 겁 동안에도 한결같은 마음으로 바르게 생각해 본 적이 한 번도 없었다는 것을 반드시 알아야 한다. 그래서 어느덧 완전히 익숙하지 못한 지금의 상태에 이르러, 겨우 두세 번 억지로 힘써 부처님을 부르고 나면 의심이 단박에 일어나고 잡생각이 멋대로 일어나는 것이다. 이렇게 염불하면서 부처님과 서로 감통하기를 바란다면 그물에 바람을 불어 빵빵하게 채우려는 것과 무엇이 다르겠는가?

아! 발원이 깊지 못하고 지조가 굳건하지 못해 비록 염불한다고 말은 하지만 그는 사실 생각이 부처님과 상응하지 않고 있는 것이다. 만약 순수하고 지극한 믿음으로 생사윤회를 절박하게 생각할 수 있다면 밖으로 온갖 인연이 쉬고 안으로 온갖 생각이 고요해져 부처님의 명호를 한 번 부르자마자 그 자리에 당장 다시는 다른 견해가 없을 것이다. 그렇게 오래오래 부처님을 생각해 생각 밖에 따로 부처님이 없고 부처님 밖에 따로 생각이 없게 되면 몸과 마음이 하나가 되고 주체와 대상 양쪽을 다 잊을 것이니, 가히 수행을 증득하는 신비한 술법이요 집으로 돌아가는 지름길이라고 할 수 있다.[461]

환공 노인께서 정토교의 중요한 말씀 120칙을 초록해 정원사의 법려들에게 보이고, 이를 결사의 규약으로 삼으셨다. 나는 일찍이 주실籌室(방장실)을 두드려 가르침의 찌꺼기나마 직접 받든 적이 있기에, 천목 중봉天目中峰 화상의 말씀을 절취하여 이로써 스님께서 이 책 이름을 '청주집淸珠集'이라 하신 의도를 자세히 설명할 따름이다.

문인 육연거사 정신淨信[462]이 향수를 뿌리고 목욕재계한 후 삼가 발문을 쓰다.

淸珠集跋

古德云. 淸珠下於濁水, 水不得不淸, 念佛投於亂心, 心不得不佛. 此喩念佛之念, 與佛無間也. 西天有寶, 曰淸珠. 此珠投於濁水, 入一寸, 則一寸之濁水便淸, 自寸而尺, 以至于底, 隨處澄湛. 盖淸珠, 喩念佛之淨念, 濁水, 喩散亂之業識. 當業識散亂之際, 能念一聲佛, 卽散亂遠離, 隨念寂靜. 且移念入第二聲, 如淸珠之入水二寸也. 自寂初一念, 乃至百千萬念, 念念淸淨, 念念純眞, 如經所云, 淨念相繼也. 然要知此一聲佛, 非但今生不能念, 溯向多刼, 未曾一心正念. 故滾到于今不能純熟, 方勉强念得兩三聲, 疑心頓起, 雜慮橫生. 以若所爲, 求佛相感, 何異吹網而欲滿也? 噫! 發願未深, 操志無定, 雖曰念佛, 其實念與佛不相應也. 若能信心純至, 生死念切, 萬緣外息, 百慮內寂, 擧起一聲佛號, 直下更無異見. 久久念到, 念外無別佛, 佛外無別念, 身心一致, 能所兩忘, 可謂證修神術, 到家捷徑也. 幻空老人, 抄錄淨土要語一百二十則, 以示淨社法侶, 庸爲社約. 余曾叩籌室, 親承緖餘, 竊取天目中峰和尙語, 以廣師淸珠名集之意云爾.

門人六然居士淨信薰沐, 謹跋.

◉

　무릇 법계의 보물에 여러 가지 명칭이 있는데, 왜 유독 이 책에 '청주淸珠'라는 이름을 붙였을까? 이 한 권의 책이 비록 종이와 먹물로 만들어지기는 하였지만 문자에 구애되지 않으니, 진실로 사람마다 콧구멍이 하늘을 찌르고 낱낱이 발뒤꿈치가 땅에 닿는 경지를 본받았기 때문이다. 그렇다면 그가 규범으로 삼은 것은 지극히 크고 지극히 넓으며, 그가 모범으로 삼은 것은 지극히 교묘하고 지극히 치밀하다고 하겠다.

　눈을 뜬 사람이면 한 번만 스쳐도 상투에 묶인 구슬[463]을 얻은 것 같고, 귀가 있는 사람이면 듣자마자 옷 속의 구슬[464]을 찾은 것과 같을 것이니, 왜 그런가? 서른일곱 가지 책에서 인증한 문장들은 자리이타自利利他를 원만히 성취한 선대 각자覺者들의 보배 거울이 아닌 것이 없으니, 참으로 이는 후대 각자들을 위한 삼십칠조도품三十七助道品의 영락瓔珞[465]이다. 120칙으로 과단을 나눈 것은 수행자가 삼교三敎를 두루 통달할 바른 길 아닌 것이 없으니, 참으로 이는 법신이신 십이수다라十二修多羅[466]의 진금眞金이다. 전체를 비록 분류하지는 않았지만 완연히 경책警策과 계신啓信 등 10문이 있어 지혜와 실천, 본체와 작용이 교대로 숨었다 드러났다 하고, 고요함과 비춤이 둘이 아니고 이치와 현상이 걸림 없어 모조리 다 보살의 만행이며, 열 가지에 다시 열 가지가 갖추어진 것이 끝이 없어 겹겹이 서로가 서로를 비추는 범천梵天 그물에 달린 마니摩尼이다.

　아! 내가 지은이의 의도를 살피건대, 특별히 이 책에 '청주'라는 제목을 붙인 것이 어찌 이런 이유 때문이 아니겠는가?

　삼가 생각건대, 이 구슬은 모나고 둥글고 길고 짧은 형태나 파랗고 노랗고 빨갛고 하얀 색깔로 견주어 관찰해서는 안 되고, 또한 재빠른 말솜씨의 논변이나 분별하는 식으로 의논해서도 안 되니, 이 구슬에 억지로나마 '맑다淸'는 이름을 붙인 것은 당연하다고 하겠다. 더러운 곳에 있어도 항상 깨끗하고 빠지건 변하건 다름이 없으며, 육범六凡[467]의 자리에 있어도 항상 비추고 사성四聖[468]이 되어도 항상 고요하니, 이것이 어찌 환공 도인의 걸림 없는 구슬, 보광葆光 거사의 청정한 서원의 구슬, 허주虛舟 상인의 드넓은 광명의 구슬, 영식靈識을 가진 삼유三有의 여의주가 아니겠는가?

성담性湛 법려가 소매에서 책을 꺼내 보이면서 한 말씀 청하였는데, 내가 글솜씨가 졸렬하여 사양하였지만 허락하지 않기에 세 가지 근기(三根)[469]를 널리 이롭게 하겠다는 원력에 깊이 감동하면서 발문을 쓰게 되었다.

이해 여름에 불국옹 삼사三沙가 고령산 보광사의 묘의재妙意齋 보리수 아래에서 쓰다.

夫法界珍寶, 多般名稱, 而奚獨以淸珠名此集也? 此一卷書, 雖因紙墨, 而不拘文字, 寔由乎人人鼻孔撩天 箇箇脚跟點地之處. 則其爲範也, 至大至廣, 其爲模也, 至巧至密. 開眼者一觸, 如得髻中之珠, 有耳者纔聞, 似探衣裏之珠, 所以者何? 三十七處引證, 無非先覺二利圓成之寶鑑, 眞是後覺三十七助道品之瓔珞也. 百二十則分科, 無非行者三敎通方之正路, 實是法身一十二修多羅之眞金也. 全部雖無分類, 宛有警策啓信等十門, 智行體用, 互相隱現, 寂照不二, 理事無碍, 盡是萬行, 十十無盡重重交暎之梵網摩尼也. 吁! 以余觀乎述者之意, 特以淸珠題此者, 豈不是耶? 竊惟是珠, 不可以方圓長短之形靑黃赤白之色比觀, 亦不可以利口之辯分別之識擬論, 宜乎此珠强名以淸也. 處染常淨, 淪變靡殊, 在六凡而恒照, 屆四聖而常寂, 玆豈非幻空道人無碍珠, 葆光居士淨願珠, 虛舟上人普光珠, 三有含靈如意珠哉? 性湛法侶, 袖示請一語, 余辭拙不獲, 深感普益三根之願, 而爲之跋.

是歲之夏, 佛國翁三沙, 書于古靈山普光寺之妙意齋菩提樹下.

주

1 삼세의 모든~이것이 아미타부처님(彌陀佛)이다 : 하도전何道全(1319~1399)이 주석한 『般若心經註解』(X26, 962b)에서 인용했을 것으로 추측되나 문구가 정확히 일치하지는 않는다. 하도전은 원나라 말에서 명나라 초에 종남산終南山 규봉圭峰에 은거했던 전진교全眞敎 도사로, 호는 무구자無垢子 또는 송계도인松溪道人이다. 문인 가도현賈道玄이 그의 어록과 시사詩詞를 모은 『隨機應化錄』 2권이 전한다.
2 요즘 사람들은~가련하고 불쌍하구나 : 명나라 고산 영각鼓山永覺의 말이다. 『永覺和尙廣錄』 권29 「寱言 上」(X72, 568a)에서 인용하였다. "가련하고 불쌍하구나.(可憐可憫)"가 『永覺和尙廣錄』에는 "슬프구나.(哀哉)"로 되어 있다.
3 옛사람이 현명한~구하라고 가르치셨지만 : '옛사람'은 영가 현각永嘉玄覺을 지칭한다. 『禪宗永嘉集』 「發願文」에 "현명한 스승을 가까이하고 선지식을 따르면서 정법을 깊이 믿어 육바라밀을 부지런히 실천하라.(親近明師, 隨善知識, 深信正法, 勤行六度.)"라는 문장이 나온다.
4 이제 다만~찾지 말라 : 명나라 운서 주굉雲棲袾宏의 말이다. 『雲棲淨土彙語』 「開示」 '示大同'(X62, 3c), 『重訂西方公據』 하권 「第6 蓮宗開示」 '開示'(X62, 300b), 『雲棲法彙』 권21 「雲棲大師遺稿」 '示大同'(J33, 149a) 등에 수록되어 있다. "이 여덟 글자가 곧 들러붙은 때를 벗겨 내고 결박을 제거하는 비밀스러운 법문이니, 다시는 다른 것에서 찾지 말라.(此八箇字, 卽是解黏去縛, 祕密法門, 莫更他求.)"가 『雲棲法彙』에는 "이 여덟 글자가 곧 들러붙은 때를 벗겨 내고 결박을 제거하는 비밀스러운 법문이니, 곧 이것이 생사를 벗어나는 당당한 큰 길이다. 아침에도 생각하고 저녁에도 생각하고 걸을 때도 생각하고 앉아서도 생각해 생각 생각마다 이어지면 저절로 삼매를 성취할 것이니, 다시는 다른 곳에서 찾지 말라.(此八箇字, 卽是解黏去縛祕密法門, 卽是出生死堂堂大路. 朝念暮念, 行念坐念, 念念相續, 自成三昧, 莫更他求也.)"로 되어 있다.
5 팔만사천법문을 모두~수 있다 : 『歸元直指集』 상권 「第6 禪宗淨土難易說」(X61, 430a)에서 인용하였다.
6 이 길은~증득할 것이다 : 명나라 운서 주굉의 말이다. 『雲棲淨土彙語』 「書」 '與蘇州劉羅陽居士'(X62, 6c), 『雲棲法彙』 권20 「雲棲大師遺稿」 '與蘇州劉羅陽居士'(J33, 133c) 등에 수록되어 있다.
7 팔교八敎 : 천태종에서 세존의 가르침을 교학 형식에 따라 돈교頓敎·점교漸敎·비밀교祕密敎·부정교不定敎의 네 가지로 분류하였는데, 이를 화의사교化儀四敎라 한다. 또한 세존의 가르침을 교리의 내용에 따라 장교藏敎·통교通敎·별교別敎·원교圓敎의 네 가지로 분류하였는데, 이를 화법사교化法四敎라 한다. 화의사교와 화법사교를 합해 팔교라 칭한다. 전하여 세존의 다양한 가르침을 모두 포괄해 지칭하는 말로 쓰인다.
8 오종五宗 : 선가의 오종 즉 위앙종潙仰宗·임제종臨濟宗·조동종曹洞宗·운문종雲門宗·법안종法眼宗을 가리킨다.
9 삼장三藏 십이부경十二部經 : 삼장은 불전 전체를 경經·율律·논論의 셋으로 분류한 것이고, 십이부경은 경을 다시 내용과 형식의 차이에 따라 수다라修多羅(계경契經)·기야祇夜(중송重頌)·가타伽陀(고기송孤起頌)·니타나尼陀那(인연因緣)·이제목다가伊帝目

多伽(본사本事)·도다가闍多迦(본생本生)·아부다달마阿浮多達磨(미증유未曾有)·아파타나阿波陀那(비유譬喩)·우파제사優婆提舍(논의論議)·우타나優陀那(자설自說)·비불략毘佛略(방광方廣)·화가라나和伽羅那(수기授記)의 열두 가지로 분류한 것이다. 전하여 부처님의 교설 전체를 가리키는 말로 쓰인다.

10 삼취정계三聚淨戒 : 대승보살의 계법으로, 섭률의계攝律儀戒·섭선법계攝善法戒·섭중생계攝衆生戒이다.

11 부처님이라는 한~위대한 선정禪定이다 : 명나라 우익蕅益 즉 지욱智旭의 말이다. 『靈峰蕅益大師宗論』 권4 「示念佛法門」(J36, 321c)과 『重訂西方公據』 하권 「第6 蓮宗開示」 '示念佛法門'(X62, 301c) 등에 수록되어 있다.

12 정인正因 : 과위果位를 성취하게 하는 올바른 원인이라는 뜻이다. 정토종淨土宗에서는 정토왕생이라는 결과를 성취하기 위해서는 바른 원인(正因)과 바른 실천(正行)을 갖춰야 한다고 주장한다. 선도善導는 『觀無量壽佛經疏』 권4 「散善義」에서 삼복三福(도덕과 계율과 대승적 행위)이 정인이고, 구품九品이 정행이라 하였다. 혹은 지성심至誠心·심심深心·회향발원심回向發願心의 세 가지 마음을 정인, 독송·관찰·예배·칭명稱名·찬탄공양讚歎供養의 다섯 가지 행위를 정행이라고도 한다.

13 염불하는 사람은~과보를 초래하리라 : 명나라 운서 주굉의 저술인 『西方願文』(X61, 514b)에서 인용하였다.

14 아상我相도 인상人相도~수자상壽者相도 없다 : 『金剛般若波羅蜜經』(T8, 750a)에 나온다. 불변의 실체라고 할 만한 것이 없다는 뜻이다. 인도 사상사에서 불변의 실체는 아我(atman)·인人(pudgala)·중생衆生(sattva)·수자壽者(jiva) 등 다양한 명칭으로 제시되고 또 설명되었는데, 『金剛般若波羅蜜經』에서 이를 부정하였다.

15 앞에 있었던~할 것이다 : 청나라 주극복周克復이 편찬한 『淨土晨鍾』 권9 「第9 了俗」 '了世染之妄'(X62, 79b)에서 인용하였다.

16 정업淨業 : 보시·지계·염불 등 정토왕생의 원인이 되는 행동을 말한다.

17 정업淨業을 닦는~생기는 일이다 : 명나라 대우大佑가 편찬한 『淨土指歸集』 상권 「第5 行法門」 '聽聞正法'(X61, 388b)에서 발췌하여 인용하였다.

18 이것은 금이나~옮길 것이다 : 명나라 묘협妙叶이 편찬한 『寶王三昧念佛直指』 상권 「第9 勸修」(T47, 365c)에서 인용하였다.

19 금생에 수행하지~삐끗하게 된다 : 원나라 보도普度가 편집한 『廬山蓮宗寶鑑』 권7 「念佛正願」 '慈照宗主示念佛人發願偈并序'(T47, 337b)에 "이번 생에 왕생하지 못하면 한 번 삐끗한 것이 백 번 삐끗하게 된다. 그대 수행자들에게 권하노니, 우리 여래의 말씀을 믿어 보라.(今世不得生, 一蹉是百蹉. 勸汝修行人, 信我如來說.)"라는 구절이 나온다. 문구가 정확히 일치하지는 않지만 자조慈照의 말을 인용한 것으로 추측된다. 자조는 송나라 때 정토교를 선양했던 승려로 법명은 자원子元, 자호는 만사휴萬事休이다. 송나라 고종이 특별히 '권수정업 연종도사 자조종주勸修淨業蓮宗導師慈照宗主'라는 이름을 하사하였다.

20 악도를 벗어났더라도~만나기는 어렵다 : 정확한 전거는 확인할 수 없다. 다만 그 의미가 상통하는 구절이 『大般涅槃經』 권2 「壽命品」(T12, 376b)에 나오는데, "비구들이여, 부처가 세상에 출현하기란 어렵고, 사람 몸 받기가 어렵고, 부처님을 만나 믿음을 일으키는 이런 일 역시 어렵고, 참기 어려운 것을 능히 참아 내는 이런 일 역시 또 어

렵고, 금계禁戒를 성취하고 흠결 없이 완전히 갖추어 아라한과를 얻는 이런 일 역시 어려우니, 금모래에서 자라는 우담발화를 찾는 것과 같으니라. 비구들이여, 여덟 가지 재난을 벗어났더라도 사람 몸 받기가 어려운데, 너희들은 나까지 만났으니 이 인연을 헛되이 보내서는 안 된다."라고 하였다.

21 개미는 일곱~벗지 못하였으니 : 『賢愚經』 권10 「須達起精舍品」(T4, 420c)에 고사가 전한다. 수달須達 장자가 부처님을 위하여 사위국舍衛國에 정사精舍를 지을 당시, 공사를 감독했던 사리불舍利弗이 애처로운 눈빛으로 슬퍼하는 기색을 보이자 수달 장자가 그 까닭을 물었다. 이에 사리불이 바닥에 있는 개미들을 가리키면서 "당신은 과거 비바시毘婆尸부처님 시절에도 이곳에 그 세존을 위하여 정사를 세웠는데, 그때도 이 개미가 이곳에 살고 있었습니다. 시기尸棄부처님 시절에도 당신은 그 부처님을 위하여 이곳에 정사를 세웠는데, 그때도 이 개미가 이곳에 살고 있었습니다. 비사부毘舍浮부처님 시절에도 당신은 세존을 위하여 이곳에 정사를 세웠는데, 그때도 이 개미가 이곳에 살고 있었습니다. 구류진拘留秦부처님 시절에도 당신은 세존을 위하여 이곳에 정사를 세웠는데, 그때도 이 개미가 이곳에 살고 있었습니다. 구나함모니拘那含牟尼부처님 시절에도 당신은 세존을 위하여 이곳에 정사를 세웠는데, 그때도 이 개미가 이곳에 살고 있었습니다. 가섭迦葉부처님 시절에도 당신은 부처님을 위하여 이곳에 정사를 세웠는데, 그때도 이 개미가 이곳에 살고 있었습니다. 그리고 오늘에 이르기까지 91겁 동안 개미라는 한 가지 몸만 받고 벗어나지를 못한 채 기나긴 세월 동안 태어나고 죽었습니다. 복이란 이렇게 중요한 것이니, 심지 않아서는 안 됩니다."라고 하였다.

22 옛사람이 말씀하시기를~가슴이 아프구나 : 명나라 운서 주굉의 말이다. 『雲棲法彙』 권14 「竹窗三筆」 '一蹉百蹉'(J33, 64b)에 나온다.

23 세상 사람은~홀로 깨어나리라 : 명나라 운서 주굉의 말이다. 『雲棲法彙』 권12 「竹窗隨筆」 '醉生夢死'(J33, 31a)와 『淨土晨鍾』 권9 「第9 了俗」 '了生死之妄'(X62, 81b)에 수록되어 있다. "오직 정토에 태어나야만 환하게 밝아져 홀로 깨어나리라.(惟生淨土, 朗然獨醒.)"가 『雲棲法彙』와 『淨土晨鍾』에는 "환하게 홀로 깨어나야 하리니, 대장부라면 마땅히 이래야 한다.(朗然獨醒, 大丈夫當如是矣.)"로 되어 있다.

24 이 육신은~하는 것이다 : 송나라 왕일휴王日休가 편찬한 『龍舒增廣淨土文』 권3 「普勸修持 2」(T47, 259b)에서 인용하였다. 왕일휴는 이 말을 요명了明 장로의 보설普說에서 인용하였다고 밝혔다. 요명은 대혜 종고大慧宗杲의 제자이다. 『續傳燈錄』 권32 「徑山杲禪師法嗣」 '臨安徑山了明禪師'(T51, 694b)에 전기가 수록되어 있다.

25 다른 방법으로~수 있다 : 청나라 주극복이 편찬한 『淨土晨鍾』 권2 「第2 啓信」 '淨土了生死橫出三界不可不信'(X62, 47a)에서 발췌하여 인용하였다.

26 비유하자면 사람이~것을 말한다 : 송나라 왕일휴가 편찬한 『龍舒增廣淨土文』 권3 「普勸修持 5」(T47, 260b)에서 인용하였다.

27 이 법문에~방법으로 벗어나겠는가 : 『重訂西方公據』 상권 「第1 起敎大綱」(X62, 261c)에 수록되어 있다.

28 부처님 몸은~무슨 상관이겠는가 : 송나라 영명 연수永明延壽의 말이다. 『淨土晨鍾』 권8 「第8 正辨」 '辨自心佛現'(X62, 74c)에서 인용하였다. 『淨土晨鍾』의 문장은 『宗鏡錄』 권17(T48, 505c)에 수록된 연수와 제자의 문답에서 발췌하여 인용한 것이다.

29 도적수屠赤水 : 명나라 신종 때 관료이자 문학가인 도륭屠隆(1543~1605)을 말한다.

적수赤水는 호이다. 자는 위진緯眞 또는 장경長卿이며, 호를 명료자明寥子라고도 하였다. 벼슬은 영상지현潁上知縣·예부주사禮部主事를 지냈고, 저서에 『鴻包』·『考槃餘事』·『游具雜編』·『娑羅館淸言』 등이 있다.

30 어지러운 세간의~얼버무리며 살아간다 : 도륭이 지은 『續娑羅館淸言』에 나온다.
31 삼도三途와 팔난八難 : 삼도는 고통이 많은 세계인 지옥·아귀·축생을 말한다. 삼악도三惡道라고도 한다. 팔난은 불법을 만나기 어려운 여덟 가지 장애이다. 지옥에 태어나는 것, 축생으로 태어나는 것, 아귀로 태어나는 것, 장수천長壽天에 태어나는 것, 울단월鬱單越에 태어나는 것, 농아나 맹인으로 태어나는 것, 부처님 이전에 태어나는 것, 부처님 이후에 태어나는 것이다.
32 세상 사람들의~한둘도 드물구나 : 청나라 주극복의 말이다. 『淨土晨鍾』 권6 「第6 策進」 '策勇猛精進'(X62, 64b)에서 인용하였다.
33 세상에 낯이~못해서야 되겠는가 : 청나라 주극복이 편찬한 『淨土晨鍾』 권3 「第3 勸修」 '勸神隨業往不可不修'(X62, 49a)에서 발췌하여 인용하였다.
34 세상 사람들을~머무를 땅이겠는가 : 청나라 주극복이 편찬한 『淨土晨鍾』 권9 「第9 了俗」 '了浮生之妄'(X62, 80b)에서 인용하였다.
35 청태국淸泰國 : 서방정토인 극락세계의 별칭이다.
36 시방 허공이~왕생하게 된다 : 원나라 천여 유칙天如惟則의 말이다. 『淨土或問』(T47, 298c), 『淨土晨鍾』 권8 「第8 正辨」 '辨心量廣大淨土非遠'(X62,74b) 등에 수록되어 있다.
37 큰 서원을 세운 성인 : 사십팔대원四十八大願을 세우고 극락정토를 일군 아미타불을 가리킨다.
38 큰 서원을~일이 없다 : 송나라 양걸楊傑이 지은 「直指淨土決疑集序」에서 인용하였다. 「直指淨土決疑集序」는 『樂邦文類』 권2 「序跋」(T47, 171c)과 『廬山蓮宗寶鑑』 권5 「念佛正信」 '無爲楊提刑直指淨土決疑序'(T47, 329c) 등에 수록되어 있다. 양걸은 송나라 때 문인이자 관료로서 독실한 불교도이며 자는 차공次公, 호는 무위자無爲子이다.
39 요즘 사람들은~정도일 뿐이다 : 명나라 운서 주굉의 말이다. 『雲棲淨土彙語』 「開示」 '警衆'(X62, 5b), 『雲棲法彙』 권21 「警策」 '警衆'(J33, 152a), 『重訂西方公據』 하권 「第6 蓮宗開示」 '警衆'(X62, 300c) 등에 수록되어 있다.
40 무상귀왕無常鬼王 : 염라대왕의 사자로 죽음의 신 또는 죽음을 뜻한다.
41 불난 집과~사람들이니라고 하셨다 : 저자인 치조治兆가 어느 책에서 인용하였는지는 정확하지 않으나, 이상의 문장은 『徑中徑又徑』 권1 「起信法」 '醒迷門'(X62, 370b)에 수록된 문장과 일치한다. 『徑中徑又徑』은 청나라 때 병부시랑兵部侍郞을 지낸 장사성張師誠이 정토에 관한 역대의 논설을 편집하여 도광道光 5년(1825)에 간행한 책으로 총 4권으로 구성되어 있다. 장사성은 『徑中徑又徑』에서 이상의 문장을 "사심 화상死心和尙의 『淨土文』에서 인용하였다."고 밝혔다. 사심의 『淨土文』은 『歸元直指集』·『西方直指』·『淨土或問』에도 그 일부가 수록되어 있다. 사심은 송나라 때 임제종 황룡파黃龍派 승려였던 오신悟新의 자호이다. 황룡 조심黃龍祖心(1025~1100)의 제자이다.
42 식신識神 : 인식 즉 분별하는 정신. 흔히 중생이 '나' 또는 '영혼'이라 여기는 것으로서 윤회의 주체가 된다.
43 세상 사람들은~알아야 한다 : 청나라 주극복이 편찬한 『淨土晨鍾』 권9 「第9 了俗」 '了

色身之妄'(X62, 78b)에서 발췌하여 인용하였다.

44 어려서부터 장성하고~함께 돌아갈까 : 청나라 주극복의 말이다. 『淨土晨鍾』 「自序」 (X62, 32a)에서 발췌하여 인용하였다.

45 가을철 풀처럼 겨울철 매미처럼 : 생명력을 잃은 상태, 곧 죽음을 뜻한다. 『梁書』 권50 에 수록된 양나라 유준劉峻의 「自序」 마지막에 "나의 자취 적막하여 세상 사람 나를 모르니, 내 혼백 떠나가면 가을 풀과 같아지리.(余聲塵寂漠, 世不吾知, 魂魄一去, 將同秋草.)"라는 구절이 있다.

46 오늘이 이미~따라 줄었네 : 『法句經』 상권 「無常品」(T4, 559a)에 "오늘도 이미 지나갔으니, 목숨도 따라 줄었네. 작은 웅덩이 속 물고기 신세, 여기에 무슨 즐거움이 있을까?(是日已過, 命則隨減. 如少水魚, 斯有何樂?)"라는 구절이 있다.

47 오늘을 또~어떨지 모르겠네 : 『禪關策進』 「第2 諸祖苦功節略」 '晚必涕泣'(T48, 1105b)에 "이암伊菴 권權 선사는 아주 절박하게 공부하면서도 저녁이면 꼭 눈물을 흘리며 '오늘을 또 이렇게 헛되이 보냈으니, 내일 공부는 어떨지 모르겠구나.'라고 하였다.(伊菴權禪師, 用功甚銳, 至晚必流涕曰, 今日又只恁麼空過, 未知來日工夫如何.)"라는 기록이 나온다.

48 그저 눈앞에서~여길 만하구나 : 청나라 주극복이 편찬한 『淨土晨鍾』 권9 「第9 了俗」 '了浮生之妄'(X62, 80b)에서 인용하였다.

49 논밭과 동산도~수 있으리라 : 청나라 주극복이 편찬한 『淨土晨鍾』 권9 「第9 了俗」 '了色身之妄'(X62, 78b)에서 발췌하여 인용하였다.

50 사람들은 살아~따르리라고 하였다 : 송나라 왕일휴의 말이다. 『龍舒增廣淨土文』 권3 「普勸修持 2」(T47, 259b)와 『歸元直指集』 하권 「第90 勸修西方淨土」(X61, 483b) 와 『淨土晨鍾』 권3 「第3 勸修」 '勸活物活計不可不修'(X62, 49a) 등에 수록되어 있다.

51 가마솥 안에서~물고기의 즐거움(遊釜之娛) : 매우 위험한 처지임을 망각한 채 세간의 즐거움에 탐착하는 것을 곧 삶길 가마솥 안에서 유유자적하는 물고기의 어리석음에 비유한 말이다.

52 예전부터 삼계에~못하니 슬프구나 : 『淨土晨鍾』 권9 「第9 了俗」 '了世染之妄'(X62, 80c)에서 발췌하여 인용하였다. 『淨土晨鍾』에서 이를 전효직錢孝直의 말이라고 밝혔다. 효직은 전경충錢敬忠(1581~1645)의 자이다. 전경충은 명나라 때 인물로 호는 옥진玉塵이며, 절강성 영파부寧波府 은현鄞縣 사람이다. 만력萬曆 47년(1619)에 신종에게 상소를 올려 37년간 억울하게 투옥되었던 아버지 전약갱錢若賡을 사면시킨 것으로 유명하다. 천계天啓 2년(1622)에 진사進士가 되었다. 저서로 『偶存集』이 있다.

53 칠편七篇 : 『孟子』의 별칭이다. 『孟子』가 본래 「梁惠王」, 「公孫丑」, 「滕文公」, 「離婁」, 「萬章」, 「告子」, 「盡心」의 7편으로 이루어져 있었기 때문에 이렇게 부른다. 이후 후한의 학자 조기趙岐(108~201)가 『孟子章句』를 지으면서 각 편을 상하로 나눈 이래 14편이 되었다.

54 내 나이~리 없으니 : 송나라 유학자 소옹邵雍이 66세 때 지었다는 〈老去吟〉이다. 소옹의 자는 요부堯夫, 호는 강절康節이다.

55 지금 당장~날이 없으리라 : 명나라 홍자성洪自誠이 지은 잠언집인 『菜根譚』 「後集」 제15장에 수록되어 있다.

56 아들이 하나면~않는 것일까 : 청나라 주극복이 편찬한 『淨土晨鍾』 권9 「第9 了俗」 '了

浮生之妄'(X62, 80b)에서 발췌하여 인용하였다.
57 참새가 쪼고~자세히 살펴보라 : 송나라 자수 회심慈受懷深이 지은 〈枯骨頌〉의 일부이다. 〈枯骨頌〉은 『慈受懷深禪師廣錄』 권2(T73, 109c)에 수록되어 있다. 그러나 『龍舒增廣淨土文』 제12권 「獅子峯如如顔丙勸修淨業文」(T47, 287a)의 각주에서는 이를 한산寒山의 시詩라 하였다. 혹 자수 회심이 한산을 모방하여 쓴 시(擬寒山)를 한산의 시로 오해한 것이 아닌지 의심된다. 한산은 당나라 때 천태산天台山 국청사國淸寺 인근의 한산寒山에 은거하였던 기인이다. 그의 이름과 생몰년 등 자세한 사항은 알 수 없다. 서영부徐靈府가 그의 시를 수습하여 『寒山詩』 3권을 발간하고 서문을 썼다.
58 세상 사람들이여~수행해야 한다 : 『樂邦遺稿』 하권 「修淨業人不得託事延緩」(T47, 249a)과 청나라 주극복이 편찬한 『淨土晨鍾』 권6 「第6 策進」 '策勇猛精進'(X62, 64b)에 수록되어 있다. 『樂邦遺稿』와 『淨土晨鍾』에서는 『寂室』에서 인용하였다고 밝혔다. 『寂室』은 『寂室淨土文』의 줄임말이다. 종효宗曉가 『樂邦遺稿』 상권 「辨心淨則國土淨」(T47, 240)에서 "세상에 『寂室淨土文』이라는 적은 분량의 책이 있는데, 그 말씀이 매우 자상한 것으로 보아 왕용서王龍舒가 지은 문장임이 분명하다.(世有寂室淨土文小卷, 觀其語言諄諄, 其必王龍舒之爲文也.)"라고 하였다. 용서는 왕일휴의 자호이다. 따라서 왕일휴의 말로 추정된다.
59 대나무처럼 떨리고(龍鍾) : 사람이 늙어 걸을 때 덜덜 떠는 모습을 가지와 잎을 스스로 주체하지 못해 흔들리는 대나무에 빗대어 형용한 말이다. 용종龍鍾은 대나무 이름이라 하는데, 일반적으로 대나무를 뜻하는 말로 쓰인다. 북주 유신庾信의 〈邛竹杖賦〉에 "풍상을 겪어 고색을 띠고, 이슬에 젖어 얼룩무늬가 깊으니, 매양 용종의 족속과 더불어, 자취를 감춘다.(霜風色古, 露染斑深, 每與龍鍾之族, 幽翳沈沈.)"라고 하였다.
60 부처님께서 말씀하시기를~마음먹지를 않는가 : 명나라 운서 주굉의 말이다. 『雲棲法彙』 권22 「雲棲共住規約」 '老堂警策'(J33, 164a), 『淨土晨鍾』 권6 「第6 策進」 '策老者病者一心正念'(X62, 66c), 『徑中徑又徑』 권1 '起信法' '醒迷門'(X62, 371c) 등에 수록되어 있다.
61 덧없는 죽음은~말만 하는구나 : 청나라 주극복이 편찬한 『淨土晨鍾』 권6 「第6 策進」 '策老者病者一心正念'(X62, 67b)에서 인용하였다.
62 이 몸의~염불하지를 않는가 : 명나라 운서 주굉의 말이다. 『雲棲法彙』 권22 「雲棲共住規約」 '病堂警策'(J33, 164a), 『淨土晨鍾』 권6 「第6 策進」 '策老者病者一心正念'(X62, 67a), 『徑中徑又徑』 권1 '起信法' '醒迷門'(X62, 371c) 등에 수록되어 있다.
63 한여름 오뉴월에~어디로 갔을까 : 원나라 천여 유칙天如惟則의 말이다. 『天如惟則禪師語錄』 권9 '宗乘要義'(X70, 836b)에 수록된 문장과 비슷하나 완전히 일치하지는 않는다.
64 피부가 두른~남들에게 주네 : 송나라 자수 회심이 지은 〈枯骨頌〉의 일부이나 문장이 정확히 일치하지는 않는다. '到死始知非是我, 從前金玉付他人.'이 〈枯骨頌〉에는 '到此始知非是我, 從前金玉何付人.'으로 되어 있다. 〈枯骨頌〉은 『慈受懷深禪師廣錄』 권2(X73, 109c)에 수록되어 있다.
65 지금 무역을~없는 것일까 : 명나라 대우大佑가 편찬한 『淨土指歸集』 하권 「第6 證驗門」 '爲小失大'(X61, 399b)에서 인용하였다.
66 털끝만큼만 망념에~사슬이 된다 : 당나라 덕산 선감德山宣鑑의 말에서 인용하였다.

『佛祖歷代通載』권17「唐」'乙酉'(T49, 643a) 기사에 나온다.

67 차라리 넘실대는~안 된다 : 『佛說分別經』(T17, 542a)과 『大般涅槃經』 권11 「聖行品」 (T12, 433a)에 나오는 말과 내용은 유사하나 문장이 일치하지는 않는다. 『佛說分別經』에서 "여러 비구들이여! 그대들은 출가해서 아내와 자식을 버리고 세간의 업무를 버리고 사문이 되었으니, 마땅히 아라한의 법에 따라 계행을 닦아야 한다. 차라리 넘실대는 구리 용액을 입안에 들이부어 아래로 내려가면서 배 속의 창자를 태우고 문드러지게 할지언정, 끝내 갖춘 덕도 없이 사람들이 신심으로 보시하는 음식을 먹어서는 안 된다. 차라리 예리한 칼로 손발을 자르고 온몸을 갈기갈기 찢을지언정, 갖춘 덕도 없이 사람들이 신심으로 보시하는 것을 받아서는 안 된다.(諸比丘! 汝以出家, 捨妻子棄世行, 作沙門, 當修戒行, 如羅漢法. 寧以洋銅灌口中, 下過焦爛腹腸, 終不無德食人信施. 寧以利刀截手支解身體, 不以無德受人信施.)"라고 하였다. 『經律異相』 권8「第17 持戒發願防之」(T53, 44c)에도 비슷한 말이 수록되어 있다.

68 만약 전일한~될 것이다 : 원나라 천여 유칙이 편찬한 『淨土或問』(T47, 302a)에서 인용하였다. 『淨土或問』에서 천여 유칙은 '전일한 수행이 빈틈없이 지속되는 생각(專修無間之念)'을 성취하기 위해 사용할 채찍으로 보은報恩·결지決志·구험求驗의 세 가지를 제시하였다. 치조가 인용한 이상의 문장은 그 두 번째 '결지'에 해당한다.

69 세상일이 천~왕생하게 되리라 : 명나라 묘협이 편찬한 『寶王三昧念佛直指』 상권「第9 勸修」(T47, 365c)에서 발췌하여 인용하였다.

70 세상만사가 다~눈물을 떨구리라 : 원나라 천여 유칙의 말이다. 『淨土或問』(T47, 299c), 『淨土資糧全集』 권5「六時念佛篇」'論臨終念佛'(X61, 602b), 『淨土晨鐘』 권7「第7 飭終」'筋未終思終念佛'(X62, 69c) 등에 수록되어 있다. 치조가 인용한 문장은 『淨土晨鐘』의 것과 가장 유사하다.

71 한 노인이~무슨 소용이랴 : 『雲棲法彙』 권13「竹窓二筆」'無常信'(J33, 51b)에서 인용하였다. 『雲棲法彙』에서는 이를 세간에 떠도는 경세어警世語라고 밝혔다.

72 아방阿旁 : 지옥의 옥졸 이름. 아방阿傍·아방阿防이라고도 한다.

73 희공姬公 : 희단姬旦 즉 주공周公을 가리킨다. 주공은 무왕의 아들이자 자신의 조카인 성왕이 어린 나이에 즉위하자 그를 보필해 섭정하면서 주를 부강한 나라로 성장시켰으며, 성왕이 성장하자 권력을 고스란히 이양하였다.

74 항적項籍 : 진秦나라의 폭정에 분연히 떨치고 일어나 항거하고, 결국 여러 세력을 규합하여 진나라를 멸망시킨 항우項羽를 가리킨다. 적籍은 이름이고, 우羽는 자이다.

75 석숭石崇(249~300) : 서진西晉의 문인이자 관리이다. 표기장군驃騎將軍이던 석포石苞의 아들로, 항해와 무역으로 막대한 부를 축적하고 매우 사치스러운 생활을 즐겼다. 후세에 부자의 대명사처럼 불렸다.

76 이백李白 : 당나라 때 문인으로 문장에 능하였다. 특히 시에 탁월한 재능을 발휘하여 '시선詩仙'으로 불렸다.

77 소진蘇秦 : 전국시대의 대표적 유세가遊說家로, 조趙·한韓·위魏·제齊·초楚·연燕 6국을 동맹하여 강대국 진秦나라에 대항하는 합종책合縱策을 편 인물이다. 그가 6국 연합국의 재상이 되어 진나라의 동방 진출을 막음으로써 15년간 중원에 평화가 유지되었다. 그러나 제나라 민왕湣王 때 그와 총애를 다투던 대부大夫의 참소를 입어 거열車裂이라는 참혹한 형벌을 받고 기시棄市되었다.

78 진평陳平 : 전한前漢의 정치가이다. 한나라 고조 유방劉邦을 위해 여섯 차례나 탁월한 계책을 내놓았는데 이를 '육출기계六出奇計'라고 한다.
79 이루離婁 : 중국 황제黃帝 시대의 전설적 인물이다. 시력이 뛰어나 100보 떨어진 곳에서도 털끝을 볼 수 있었다고 전한다.
80 공수반公輸般 : 춘추시대의 전설적인 장인이다. 공수반公輸班이라고도 하고, 노나라 출신이기에 노반魯班이라고도 한다.
81 관로管輅 : 삼국시대 위나라 평원平原 사람으로, 자는 공명公明이다. 천문과 점상占相에 밝았다.
82 군평君平 : 한漢나라의 은사隱士인 엄준嚴遵의 자이다. 그는 일찌감치 벼슬을 포기하고 성도成都에 은거하면서 복서卜筮를 업으로 삼고 살다가 일생을 마쳤다.
83 구당瞿塘 : 구당협瞿塘峽의 준말로, 사천성 양자강 상류에 있는 삼협三峽의 하나이다. 강 한복판에 우뚝 솟은 염예퇴灩澦堆로 인해 물살이 급하고 배들이 많이 전복되는 곳이다.
84 한 사람은~될 것입니다 :『首楞嚴經』권5(T19, 128a)에서 발췌하여 인용하였다. 대세지법왕자大勢至法王子가 그의 동료인 52명의 보살과 함께 부처님께 드린 말씀이다.
85 모든 부처님과~안 된다 : 명나라 전등傳燈이 편찬한『淨土生無生論』「第8 感應任運門」(T47, 383b)에서 발췌하여 인용하였다.
86 금구金口 : 부처님의 입.
87 생사윤회를 끝내고자~왕생하지 못한다 : 명나라 대우大佑가 편찬한『淨土指歸集』상권「第5 行法門」 '十種信心'(X61, 388c)에서 인용하였다.
88 무릇 정토에~맹세해야 한다 : 원나라 보도의 말이다.『廬山蓮宗寶鑑』권6「念佛正行」 '修進工夫'(T47, 331a),『淨土晨鍾』권6「第6 策進」'策勇猛精進'(X62, 63c),『重訂西方公據』하권「第6 蓮宗開示」'修進工夫'(X62, 299c) 등에 수록되어 있다. 치조가 인용한 문장은『淨土晨鍾』의 것과 가장 유사하다.
89 마음으로 오로지~이와 마찬가지이다 :『廬山蓮宗寶鑑』권5「念佛正信」'勸發信心' (T47, 328b)에서 이를 대행 화상大行和尙의 말이라고 밝혔다.『淨土晨鍾』권2「第2 啓信」'淨土正信爲要不可不信'(X62, 45a)에도 수록되어 있다.
90 안양安養 : [S] Suhāmatī의 의역이다. [S] Suhāmatī는 수하마제須訶摩提·수마제須摩提·수하제須訶提·소하박제蘇訶嚩帝로 음역하고, 극락極樂·안락安樂·안온安穩·묘락妙樂·일체락一切樂·낙무량樂無量·낙유락有로도 의역한다. 안심하고 양신養身할 수 있는 곳이라는 뜻으로, 아미타불이 거주하는 이상세계인 극락세계의 별칭이다. 보통 안양국·안양정토·안양세계 등으로 칭해진다.
91 염불 공부는~없을 것이다 :『重訂西方公據』하권「第6 蓮宗開示」'示念佛法門'(X62, 302a)에 수록되어 있다.
92 무릇 염불하고자~왕생할 것이다 : 원나라 보도가 편찬한『廬山蓮宗寶鑑』권5「念佛正信」'勸發信心'(T47, 328b)에서 인용하였다.『淨土晨鍾』권2「第2 啓信」'淨土正信爲要不可不信'(X62, 45a)에도 수록되어 있다.
93 도에 들어가는~없기 때문이다 : 명나라 운서 주굉의 말이다.『雲棲法彙』권21「警策」 '警衆'(J33, 151c)과『重訂西方公據』하권「第6 蓮宗開示」'警衆'(X62, 300b) 등에 수록되어 있다.

94 아미타부처님께서는 현재~여지가 없다 : 송나라 왕일휴가 편찬한 『龍舒增廣淨土文』 권2 「淨土總要 2」(T47, 257c)에서 발췌하여 인용하였다.
95 비유하자면 쇳덩어리가~이와 마찬가지이다 : 송나라 왕일휴의 말이다. 『龍舒增廣淨土文』 권3 「普勸修持 3」(T47, 260c), 『歸元直指集』 하권 「第92 預辦淨土資粮」(X61, 484a) 등에 수록되어 있다.
96 사람들이 정토가~안 된다 : 송나라 왕일휴가 편찬한 『龍舒增廣淨土文』 권1 「淨土起信 3」(T47, 255a)에서 인용하였다.
97 요즘 사람들~않아서야 되겠는가 : 명나라 묘협이 편찬한 『寶王三昧念佛直指』 하권 「第18 羅顯衆義」(T47, 374c)에서 인용하였다.
98 보살행을 바다처럼~실천했던 보현보살 : 보현보살의 광대한 원력과 끝없는 실천에 대한 이야기는 『華嚴經』 「入不思議解脫境界普賢行願品」(T10, 661a) 등에 수록되어 있다.
99 부처님나라마저 공하다고 했던 유마거사 : 유마거사의 병문안을 온 문수사리가 "거사께서 머무는 이 방은 왜 휑하니 시자侍者도 없습니까?" 하고 묻자, 유마거사가 "모든 부처님나라 역시 모두 텅 비었습니다.(諸佛國土亦復皆空)"라고 대답한 것이 『維摩詰所說經』 중권 「第5 文殊師利問疾品」(T14, 544b)에 나온다.
100 광장설廣長舌 : 부처님의 외형적 특징인 삼십이상三十二相의 하나로, 혓바닥이 넓고 긴 것을 말한다. 설법이 유창한 것을 상징하는 말로도 쓰인다.
101 용맹보살龍猛菩薩은 선문禪門의~문장이 있고 : 용맹龍猛은 [S] Nāgārjuna의 의역이다. 용수龍樹·용승龍勝으로 번역하기도 한다. 용수보살은 대승불교를 크게 흥성시킨 인물로, 선종에서도 제14대 조사로 추앙한다. 부처님께서 "대혜大慧여, 너는 알아야 한다. 선서善逝가 열반에 든 후, 미래 세상에도 나의 법을 수지하는 자들이 있으리라. 남천축에 큰 명성과 덕을 갖춘 비구가 있을 것이니, 그의 이름은 용수이다. 그가 능히 유종有宗과 무종無宗을 타파하고 나의 위없는 대승법을 세상에 드러낼 것이며, 초지인 환희지를 얻고 안락국에 왕생하리라.(大慧汝應知. 善逝涅槃後, 未來世當有, 持於我法者. 南天竺國中, 大名德比丘, 厥號爲龍樹. 能破有無宗, 世間中顯我, 無上大乘法, 得初歡喜地, 往生安樂國.)"라고 예언하신 말씀이 『大乘入楞伽經』 「偈頌品」(T16, 625a)의 중송重頌에 수록되어 있다.
102 천친보살天親菩薩은 교문敎門의~게송이 있으며 : 천친天親은 [S] Vasubandhu의 의역이다. 세친世親으로 번역하기도 한다. 유식종唯識宗의 종주로 추앙받는 인물이다. 『無量論』은 세친이 지은 『無量壽經優波提舍』를 가리킨다. 『無量壽經優波提舍』(T26, 231a)에 세친보살이 정토왕생을 발원한 〈願生偈〉가 수록되어 있다.
103 자은 대사慈恩大師는~수승함을 칭찬하였고 : 자은은 대자은사大慈恩寺에 주석했던 규기窺基를 가리킨다. 중국 법상종法相宗의 종주인 현장玄奘의 제자이다. 정토가 천상세계보다 수승한 점 열 가지가 그가 지은 『阿彌陀經通贊疏』 중권(T37, 343a)에 서술되어 있다.
104 지자 대사智者大師는~명백하게 판별하셨다 : 지자는 중국 천태종의 종주인 지의智顗를 가리킨다. 천태 대사라 칭하기도 한다. 정토에 대한 열 가지 의혹에 대한 답변이 그가 지은 『淨土十疑論』에 수록되어 있다.
105 활활 타오르는~수 있고 : 활활 타오르는 수레(火車)는 지옥에 떨어질 죄를 지은 사

람이 임종할 때 목격하는 현상이다. 『樂邦文類』 권4 「雜文」 '淨土修因或對'(T47, 205c)에서 "임종할 때 활활 타오르는 수레가 자신을 짓밟는 현상이 나타나더라도 부처님을 부른 힘 때문에 맹렬한 불꽃이 시원한 바람으로 변한다.(臨命終時, 火車相現, 稱佛力故, 猛火化爲淸涼風.)"라고 하였다.

106 배에 실은~앓는 법이니 : 『淨土指歸集』 하권 「第7 決疑門」 '舟石不沈'(X61, 400a)에 "『那先比丘經』에서 다음과 같이 말하였다. 옛날에 어떤 국왕이 사문 나선에게 물었다. '중생의 업이 무거운데, 어떻게 염불하면 곧바로 왕생할 수 있습니까?' 그러자 나선비구가 '비유하자면 어떤 사람이 수천백 근이나 되는 큰 돌덩어리를 가지고 큰 바다를 건너려고 할 때 배의 힘을 빌리면 저 언덕에 도달할 수 있는 것과 같습니다. 중생이 지은 죄는 큰 돌과 같고, 아미타불의 원력願力은 큰 배와 같습니다. 돌은 본래 쉽게 가라앉지만 배 덕분에 바다를 건널 수 있는 것입니다.'라고 대답하였다."라고 한 내용이 수록되어 있다.

107 화보華報가 나타났던~세계로 초월하였고 : 원인(因)의 완전한 결과물을 과보果報라 하고, 과보로 진행되는 과정에서 나타나는 현상들을 화보華報라 한다. 예를 들면 씨앗은 원인이고, 꽃은 화보이고, 열매는 과보이다. 악행이 원인이면 임종 때 나타나는 험악한 현상들이 화보이고, 지옥에 떨어지는 것이 과보이다. 선행이 원인이면 임종 때 나타나는 불보살의 영접이 화보이고, 극락왕생이 과보이다. 장규張逵는 송나라 영휘永徽 연간의 인물로 그의 일화는 『淨土或問』(T47, 299b), 『往生西方淨土瑞應傳』 (T51, 107c), 『諸上善人詠』(X78, 178c) 등에 수록되어 있다. 서적에 따라 장규를 장종규張鐘逵로 표기한 곳도 있다. 『淨土或問』에서 "장종규는 닭을 잡는 것을 업으로 삼았다. 임종할 때 어떤 신비한 사람이 닭을 떼로 몰고 나타나 두 눈을 쪼게 하여 침상이 질펀할 정도로 피가 흘렀다. 하지만 부처님의 이름을 부른 공덕으로 다 함께 정토세계에 태어났다."라고 하였다.

108 지옥에 들어갔던~인행因行을 증득하였다 : 웅준雄俊은 당나라 대력大曆 연간의 인물로 그의 일화는 『佛祖統紀』 권27 『淨土立敎志』 '往生高僧傳'(T49, 275b), 『宋高僧傳』 권24 「第8 讀誦篇」 '唐成都府雄俊傳'(T50, 865c), 『淨土往生傳』 중권 「唐成都釋雄俊」(T51, 120b), 『淨土指歸集』 하권 「第6 證驗門」 '雄俊入冥'(X61, 391c) 등에 수록되어 있다. 『淨土指歸集』에 수록된 내용에 따르면, 그는 강설은 잘했지만 성정이 거칠고, 계율을 잘 지키지 않고, 시주받은 물건들을 함부로 사용하고, 환속해 도적과 어울렸다가 피신할 곳을 찾아 다시 승려가 된 인물이었다. 어느 날 "부처님 이름을 한 번만 불러도 80억 겁 동안 생사에 윤회하며 지은 중죄를 소멸한다."라는 경전의 말씀을 듣고 크게 기뻐하였다. 그는 그 후로도 악행을 저질렀지만 염불 역시 그치지 않았다. 그는 정미년 2월에 갑자기 죽었다가 다음 날 다시 살아나 명부冥府에서 경험한 사건을 증언하였다. 명부의 아전이 그를 끌고 도탄지옥塗炭地獄으로 들어가자, 그는 "부처님 이름을 한 번만 불러도 한량없는 죄를 없앤다고 하였습니다. 제가 비록 악행을 저지르기는 하였지만 오역죄까지 저지르지는 않았습니다. 어찌 부처님께서 근거 없는 말씀을 하셨겠습니까!" 하고 항변하였다. 이 일을 보고받은 염라대왕이 결국 그를 인간세계로 돌려보내면서 열심히 수행하도록 권하였다. 다시 살아난 웅준은 서산西山으로 들어가 계율을 지키면서 염불하다가, 4년 후 많은 사람이 운집한 자리에서 "나는 때가 되었습니다. 여러분이 성으로 돌아가 나의 친지들을 보거든 나를 위해 '웅

준이 염불하여 정토에 왕생했다'고 전해 주시오."라고 하고는 웃고 떠드는 사이에 단정히 앉아 천화하였다고 한다.

109 세상에는 정토의~누구의 잘못인가 : 송나라 양걸楊傑이 지은「直指淨土決疑集序」의 일부이다.『樂邦文類』권2「序跋」'直指淨土決疑集序'(T47, 171c),『廬山蓮宗寶鑑』권5「念佛正信」'無爲楊提刑直指淨土決疑序'(T47, 329c),『淨土指歸集』하권「第8 斥謬門」'疑深障重'(X61, 401b),『歸元直指集』상권「第16 諸祖指歸淨土文」(X61, 437a) 등에 수록되어 있다.

110 시방중생이 나의~되지 않겠습니다 : 아미타부처님의 전신이던 법장비구法藏比丘가 세자재왕여래世自在王如來 앞에서 맹세했던 사십팔원 가운데 제29원이다.『無量壽經』상권(T12, 268a)에 "설령 내가 부처님이 될 수 있다 해도, 시방의 중생들이 지극한 마음으로 믿고 즐거워하면서 나의 나라에 태어나고 싶어 최소 열 번 이상 생각했는데도 만약 태어나지 못한다면, 나는 정각을 얻지 않겠습니다. 오역죄를 저지르거나 정법을 비방한 자들만은 제외합니다.(設我得佛, 十方衆生至心信樂欲生我國, 乃至十念, 若不生者, 不取正覺. 唯除五逆誹謗正法.)"라고 하였다.

111 그 부처님을~없애 버리는데 :『觀無量壽佛經』(T12, 346a)에서 "지극한 마음으로 소리가 끊어지지 않게 하면서 '나무아미타불' 하고 그분을 생각하며 부르기를 열 번을 채운다면, 부처님의 이름을 부른 까닭에 생각 생각마다 80억 겁 동안 생사를 윤회하며 지었던 죄를 없애고, 목숨이 끊어질 때에는 태양처럼 빛나는 황금색 연꽃이 그 사람 앞에 머무는 것을 보게 되리라.(至心令聲不絶, 具足十念稱南無阿彌陀佛, 稱佛名故, 於念念中, 除八十億劫生死之罪, 命終之時, 見金蓮花, 猶如日輪, 住其人前.)"라고 하였다.

112 어떤 사람이~없는 정도이다 :『大悲經』에 나오는 말을 요약 정리하여 인용한 것이다.『大悲經』권2「第7 舍利品」(T12, 956c)에서 세존이 아난에게 여래를 비롯한 삼천대천세계의 무수한 성인들을 공경하고 공양하는 공덕을 찬탄하는 말씀을 하시고 나서 "아난아, 만약 또 어떤 사람이 여러 부처님 처소에서 단 한 번이라도 합장하고, 단 한 번이라도 이름을 부른다면, 이와 같은 행위로 얻는 복덕과 비교해 앞서 거론한 행위로 얻는 복덕은 그 백분의 일에도 미치지 못하고, 천분의 일에도 미치지 못하고, 백천억분의 일에도 미치지 못하고, 숫자의 최소 단위 정도에도 미치지 못하고, 시간의 최소 단위 정도에도 미치지 못한다.(阿難, 若復有人於諸佛所但一合掌一稱名, 如是福德比前福德, 百分不及一, 千分不及一, 百千億分不及一, 數分不及一, 迦羅分不及一.)"라고 하였다. 사사四事의 물건은 재가자들이 출가자에게 제공하는 생활필수품인 음식·의복·침구·의약품을 말한다.

113 아미타부처님께서는 과거에~한량이 없다 : 송나라 자운 참주慈雲懺主 준식遵式이 지은「往生西方略傳序」에 나온다.「往生西方略傳序」는『樂邦文類』권2「序跋」(T47, 167c),『淨土指歸集』하권「第10 勸修文」'校量功德'(X61, 405c) 등에 수록되어 있다.

114 부처님은 크고~똑같은 자리 : 송나라 소식蘇軾이 지은〈畫阿彌陀佛像偈〉에서 발췌하였다.〈畫阿彌陀佛像偈〉는『樂邦文類』권5「偈」(T47, 215b),『西方合論』권8「第8 見網門」(T47, 410a),『淨土指歸集』하권「第6 證驗門」'西方公據'(X61, 393a) 등에 수록되어 있다.

115 다급한 일이~알아야 한다 : 명나라 이지李贄가 편찬한『淨土決』「西方五請」(X61,

503a)과 명나라 원굉도袁宏道가 편찬한 『西方合論』 권8 「第8 見網門」(T47, 410a), 청나라 주극복이 편찬한 『淨土晨鍾』 권8 「淨土正辨」 '辨念力重大'(X62, 74a) 등에 수록되어 있다.

116 온 마음을~필요 있을까 : 『廬山蓮宗寶鑑』 권8 「念佛往生正訣」 '化佛來迎'(T47, 340b), 『歸元直指集』 상권 「第4 行脚求師開示序」(X61, 428a), 『重訂西方公據』 하권 「第6 蓮宗開示」 '專意一念'(X62, 300a) 등에 수록된 내용을 요약 발췌하여 인용하였다.

117 생각 생각마다의~누리게 되리라 : 명나라 감산 덕청憨山德淸의 말이다. 『憨山老人夢遊集』 권10 「法語」 '答鄭王問'(X73, 528a), 『重訂西方公據』 하권 「第6 蓮宗開示」 '開示'(X62, 301b) 등에 수록되어 있다.

118 그저 부처님이라는~보게 되리라 : 명나라 감산 덕청의 말이다. 『憨山老人夢遊集』 권10 「法語」 '答德王問'(X73, 528a), 『重訂西方公據』 하권 「第6 蓮宗開示」 '開示'(X62, 301b) 등에 수록되어 있다.

119 진실하고 간절하게~경지인 것이다 : 청나라 주극복이 편찬한 『淨土晨鍾』 권4 「第4 淨土念佛法門」 '總論持名念佛'(X62, 54a)에서 인용하였다.

120 장씨네 셋째 아들 이씨네 넷째 아들(張三李四)은 성명이나 신분이 분명하지 않은 평범한 사람을 일컫는 말이다. 장張씨와 이李씨는 중국에서 가장 흔한 성씨이다.

121 현재 생각의~걷지 못하리라 : 명나라 우익 즉 지욱의 말이다. 『重訂西方公據』 하권 「第6 蓮宗開示」 '示念佛法門'(X62, 301c)과 『靈峰蕅益大師宗論』 권4 「示念佛法門」(J36, 321c) 등에 수록되어 있다.

122 먼저 자기~한결같을 것이다 : 명나라 감산 덕청의 말이다. 『憨山老人夢遊集』 권10 「法語」 '答德王問'(X73, 528a), 『重訂西方公據』 하권 「第6 蓮宗開示」 '開示'(X62, 301b) 등에 수록되어 있다.

123 만약 정말로~될 것이다 : 명나라 감산 덕청의 말이다. 『憨山老人夢遊集』 권9 「法語」 '示淨心居士'(X73, 523b), 『重訂西方公據』 하권 「第6 蓮宗開示」 '開示'(X62, 301b) 등에 수록되어 있다.

124 망념은 병이고~기울게 되리라 : 명나라 운서 주굉의 말이다. 『雲棲淨土彙語』 「書」 '答張百戶廣湉'(X62, 6c), 『重訂西方公據』 하권 「第6 蓮宗開示」 '開示'(X62, 300a) 등에 수록되어 있다.

125 이것 : 『廬山蓮宗寶鑑』 권6 「念佛正行」 '修進工夫'(T47, 331a)에는 이 문장 앞쪽에 "단지 '나무아미타불'이라는 한 구절을 단단히 붙잡고(但只執持一句南無阿彌陀佛)"라는 구절이 나온다. 이에 근거하면 '이것'은 곧 부처님 또는 아미타부처님 또는 "나무아미타불" 하고 칭념하는 구절을 가리킨다.

126 이것을 생각하고~가는 공부이다 : 원나라 보도普度의 말이다. 『廬山蓮宗寶鑑』 권6 「念佛正行」 '修進工夫'(T47, 331a), 『淨土晨鍾』 권6 「第6 策進」 '策勇猛精進'(X62, 63c), 『重訂西方公據』 하권 「第6 蓮宗開示」 '修進工夫'(X62, 299c) 등에 수록되어 있다.

127 금강지金剛持 : 염불하는 세 가지 방식 중 하나이다. 운서 주굉이 이 말에 앞서 "염불에는 묵지默持가 있고, 고성지高聲持가 있고, 금강지가 있다.(念佛有默持, 有高聲持, 有金剛持.)"라고 한 것이 『雲棲淨土彙語』 「開示」 '警衆'(X62, 5a)에 수록되어 있다.

128 그 방법만~안 된다 : 금강지만 고집해서는 안 된다는 뜻이다. 운서 주굉이 이 말에 이어 "혹 너무 힘들다고 느껴지면 묵묵히 생각만 하는 묵지를 해도 무방하고, 혹 흐

리멍덩하다고 느껴지면 큰 소리로 염불하는 고성지를 해도 무방하다.(或覺費力, 則不妨默持, 或覺昏沈, 則不妨高聲.)"라고 한 것이 『雲棲淨土彙語』「開示」'警衆'(X62, 5a) 에 수록되어 있다.

129 큰 소리로~좋은 방법이다 : 명나라 운서 주굉의 말이다. 『雲棲淨土彙語』「開示」'警衆'(X62, 5a), 『重訂西方公據』하권 「第6 蓮宗開示」'警衆'(X62, 300c), 『雲棲法彙』권21 「警策」'警衆'(J33, 152a) 등에 수록되어 있다.

130 여섯 글자 : '나무아미타불南無阿彌陀佛' 여섯 글자를 말한다.

131 네 글자 : '아미타불阿彌陀佛' 네 글자를 말한다.

132 사은四恩과 삼유三有 : 나에게 은혜를 베푼 모든 이들과 삼계의 모든 중생을 뜻한다. 사은은 부모·국왕·중생·삼보三寶의 은혜 또는 부모·스승·국왕·시주施主의 은혜를 가리킨다. 삼유의 유有는 '존재'라는 뜻으로, 곧 존재의 세 가지 형태인 욕유欲有·색유色有·무색유無色有를 가리킨다.

133 큰 소리로~인도할 것이다 : 종본宗本이 출가하기 전 15세 때 만났던 한 스님이 그에게 염불수행을 권하며 한 말이다. 『歸元直指集』상권 「第4 行脚求師開示序」(X61, 427b)와 『淨土決』 '行脚求師'(X61, 493c) 등에 수록되어 있다.

134 천칠백 전어轉語 : 선사들이 제시한 다양한 방법과 말로, 천칠백 공안公案과 같은 뜻이다. '전어'는 선가禪家에서 사용하는 말이다. 선사들이 상대를 깨우치기 위해 상황에 따라 자유자재로 바꿔 가면서 구사하는 말을 말한다.

135 염불을 처음~쓸모가 없으리라 : 명나라 우익 즉 지욱의 말이다. 『重訂西方公據』하권 「第6 蓮宗開示」'示念佛法門'(X62, 301c)과 『靈峰蕅益大師宗論』권4 「示念佛法門」(J36, 321c) 등에 수록되어 있다.

136 새로 배우는~수 있었겠는가 : 명나라 운서 주굉의 말이다. 『雲棲淨土彙語』「開示」'警衆'(X62, 5a), 『重訂西方公據』하권 「第6 蓮宗開示」'警衆'(X62, 300c), 『淨土晨鐘』권6 「第6 策進」'策出家人一心正念'(X62, 66a), 『雲棲法彙』권21 「警策」'警衆'(J33, 152a) 등에 수록되어 있다.

137 여래께서 사람들에게~어찌 기대하겠는가 : 청나라 주극복이 편찬한 『淨土晨鐘』권6 「第6 策進」'策勇猛精進'(X62, 64c)에서 인용하였다.

138 아래의 게송은 『大智度論』이 아니라 『十住毘婆沙論』권5 「易行品」(T26, 42c)에 나오는 게송의 일부이다. 두 책 모두 용수보살龍樹菩薩의 저작이라 인용하는 과정에서 착각했던 것으로 짐작된다.

139 만약 누군가~부처님을 뵈리라 : 용수보살의 이 게송은 『十住毘婆沙論』을 비롯해 『淨土指歸集』상권 「第3 法相門」'道有難易'(X61, 377a), 『樂邦文類』권1 「論」'毘婆沙論 念佛爲易行道'(T47, 163c), 『歸元直指集』상권 「第17 諸經指歸淨土文」(X61, 438c) 등에도 수록되어 있다.

140 공경하는 수행법에~가지가 있다 : 당나라 도경道鏡과 선도善道가 편찬한 『念佛經』「第1 勸進念佛門」(T47, 121c)에서 법장비구法藏比丘가 정토를 건설하기 위해 실천했던 수행을 장시수長時修·경건수敬虔修·무간수無間修·무여수無餘修의 네 가지로 분석해 설명하였다. 경건수는 공경수恭敬修라고도 한다. 당나라 규기가 『西方要決釋難通規』(T47, 109b)에서 이를 언급하고, 공경수를 재차 다섯 가지로 분석하였다.

141 걷거나 서거나~행동하는 것이다 : 저본의 원문은 "行住坐臥及便穢等, 皆護西方."이

다. 『西方要決釋難通規』(T47, 109b)에는 이 부분이 "걷거나 서거나 앉거나 누울 때에 서쪽을 등지지 않고, 눈물을 흘리거나 침을 뱉거나 대소변을 볼 때에는 서쪽을 향하지 않는 것을 말한다.(謂行住坐臥, 不背西方, 涕唾便利, 不向西方也.)"라고 되어 있다.

142 공경하는 수행법에~반드시 왕생한다 : 당나라 규기의 말이다. 『西方要決釋難通規』(T47, 109b), 『禮念彌陀道場懺法』 권8 「第9 求生行門」의 주석(X74, 113c) 등에 수록되어 있다.

143 육처六處 : 감각기관을 눈·귀·코·혀·몸·뜻의 여섯 가지로 분류한 것으로, 육근六根·육입六入과 같은 뜻이다.

144 한결같은 마음으로~부처님을 친견하리라 : 어디에서 인용하였는지 명확하지 않다. 다만 명나라 종성백종惺伯이 『首楞嚴經如說』 권5(X13, 438a)에서 『首楞嚴經』 권5(T19, 128a)의 "都攝六根, 淨念相繼."를 주해하며 "육근을 모두 포섭한다(都攝六根)'는 것은 한결같은 마음으로 바르게 염불하면 육근이 모두 염불하게 되는 것을 말한다. 눈이 빛깔을 취하지 않는 것이 눈이 염불하는 것이고, 나아가 뜻이 법을 취하지 않는 것이 뜻이 염불하는 것이다. 이렇게 육근을 모두 포섭하기 때문에 '청정한 생각이 서로 이어지게(淨念相繼)' 된다.(都攝六根者, 謂一心念佛, 則六根皆念佛. 眼不取色, 是眼念佛, 乃至意不取法, 是意念佛. 唯其六根都攝, 故得淨念相繼.)"라고 하였는데, 혹 이에 의거한 것이 아닐까 의심된다.

145 『대집경大集經』에서는 49일~하라고 밝혔고 : 『大方等大集經』 권44 「三歸濟龍品」(T13, 290c)에서 부처님이 교진여憍陳如에게 "만약 과거세에 악업을 지은 중생이 있다면, 그는 현세나 내세에서 사대가 조화를 잃은 병이 원인이 되거나 나쁜 사람이 건 주문이 원인이 되거나 독약이 원인이 되어 이런 인연들 때문에 갑자기 실명하게 된다. 이와 같은 중생들은 반드시 이 정안다라니淨眼陀羅尼를 지송하면서 스스로 과거세에 지은 악업을 뉘우치고 모든 중생에게 큰 자비심을 일으켜야 한다. 그렇게 지극한 마음으로 부처님을 생각하면서 만사를 제쳐 두고 49일 동안 밤이건 낮이건 종일 손으로 눈을 비빈다면 이런 인연으로 맑고 깨끗한 눈을 얻게 되리라."라고 하였다.

146 『고음왕경鼓音王經』에서는 10일~하라고 밝혔고 : 『阿彌陀鼓音聲王陀羅尼經』(T12, 352b)에서 부처님이 대중에게 "만약 저 아미타부처님의 이름을 수지하고서 단단히 마음먹어 항상 기억해 잊지 않고, 열흘 동안 밤낮으로 산란함을 물리치면서 염불삼매를 정밀하게 부지런히 닦는 사람이 있다면,……그는 열흘 안에 반드시 저 아미타부처님을 친견하고, 아울러 시방세계의 여래와 그분들이 머무시는 곳을 보게 되리라."라고 하였다.

147 『관무량수경觀無量壽經』에서는 7일~하라고 밝혔으니 : 『觀無量壽經』(T12, 344c)에서 부처님이 아난阿難과 위제희韋提希에게 "첫째 자비로운 마음으로 살생하지 않으면서 모든 계행을 구족하고, 둘째 대승의 방대하고 평등한 경전을 독송하고, 셋째 육념六念을 닦으면서 회향하고 저 부처님나라에 태어나기를 발원하라. 이런 공덕을 갖추면 하루 내지 7일 만에 곧 왕생하게 된다."라고 하였다.

148 수행자가 기한~즉시 성취하리라 : 송나라 자운 참주 준식의 말이다. 『往生淨土懺願儀』 「第2 明方便法」과 「第3 明正修意」(T47, 491b), 『淨土指歸集』 상권 「第5 行法門」 '赳期修證'(X61, 385c) 등에 수록되어 있다.

149 걷고 서고~곳에서 단련하라 : 명나라 운서 주굉의 말이다. 『淨土晨鍾』 권6 「第6 策

進'·'策攝心悟心'(X62, 65a),『雲棲法彙』권21「答問」'答錢養淳州守廣霑'(J33, 142a) 등에 수록되어 있다.

150 몸으로는 반드시~체험을 한다 : 송나라 동강 법사桐江法師 택영擇瑛이 당나라 선도善導가 제시한 전수專修와 잡수雜修를 설명하면서 한 말이다.『樂邦文類』권4「雜文」'辨橫竪二出'(T47, 210a),『淨土或問』(T47, 301b),『淨土指歸集』상권「第3 法相門」'橫竪二出'(X61, 378b) 등에 수록되어 있다.

151 부처님을 받들어~태어나기를 기약하라 :『廬山蓮宗寶鑑』권2「念佛正敎」'晨昏念佛功德信願法門'(T47, 312c)에서 인용하였다.

152 다만 호흡의~짧음에 따르고 :『往生淨土決疑行願二門』(T47, 147a)에는 이 구절 다음에 "부처님을 부른 횟수를 제한하지 말라.(不限佛數)"라는 구절이 있다. 호흡이 길건 짧건 그것은 신경 쓰지 말고, 또 한 호흡 동안 부처님을 몇 번 불렀는지도 상관하지 말라는 뜻이다.

153 이를 열~붙인 것은 :『往生淨土決疑行願二門』(T47, 147a)에서 "이와 같이 열 번 호흡하는 동안 연속해서 끊어지지 않게 하는 것은 그 의도가 마음을 산만하지 않게 하고 온 마음을 쏟아 공덕을 쌓게 하려는 데 있기 때문이며, 이를 '열 번의 염불'이라고 이름을 붙인 것은 이것이 열 번의 호흡을 바탕으로 마음을 다잡는 방법임을 나타낸 것이다.(如此十氣連屬不斷, 意在令心不散專精爲功故, 名此爲十念者, 顯是藉氣束心也.)"라고 하였다.

154 세속에서 사는~나타낸 것이다 : 송나라 자운 참주 준식의 말이다.『往生淨土決疑行願二門』(T47, 147a),『樂邦文類』권4「雜文」'晨朝十念法'(T47, 210b),『龍舒增廣淨土文』권12「慈雲懺主晨朝十念法」(T47, 287c),『廬山蓮宗寶鑑』권2「念佛正敎」'簡徑念佛功德十念法門'(T47, 313a),『淨土指歸集』상권「第5 行法門」'晨朝十念'(X61, 384c) 등에 수록되어 있다.

155 마음을 집중하고~이것이 유심정토唯心淨土이다 : 원나라 보도의 말이다.『廬山蓮宗寶鑑』권2「念佛正敎」'攝心念佛三昧調息法門'(T47, 312a)과『淨土資糧全集』권6「淨土策禪章」'論數息念佛'(X61, 611a),『淨土晨鍾』권4「第4 淨土念佛法門」'攝心調息念佛三昧法門'(X62, 53b) 등에 수록되어 있다.

156 한결같은 마음이~후에야 왕생하겠는가 : 명나라 묘협의 말이다.『寶王三昧念佛直指』상권「第1 極樂依正」(T47, 355c)에서 인용하였다.

157 조용한 방에~벗어나지 않으리라 : 원나라 보도의 말이다.『廬山蓮宗寶鑑』권2「念佛正敎」'參禪念佛三昧究竟法門'(T47, 311c),『淨土晨鍾』권4「第4 淨土念佛法門」'參禪念佛三昧法門'(X62, 53c) 등에 수록되어 있다.

158 애욕은 너의~생각에서 생겼다 : 저본의 원문은 "欲生於汝意, 意以思想生."이다.『四十二章經註』(X37, 664b)에는 부처님이 음욕을 없애 볼 생각으로 자신의 성기를 자르려던 사람에게 들려준 게송의 일부로 소개되어 있으나, 정작 가섭마등迦葉摩騰과 축법란竺法蘭이 함께 번역한『四十二章經』(T17, 723c)의 게송과는 일치하지 않는다.『四十二章經』의 번역본과 판본이 여러 가지 있었는지, 주석자의 착오인지 명확하지 않다. 현재 전하는『四十二章經』에 수록된 게송에는 "욕망이여 내 너의 뿌리를 아나니, 이 마음은 그리워하는 생각에서 생겼네.(欲吾知爾本, 意以思想生.)"로 되어 있다.

159 윤회는 애욕이~도달하게 되리라 : 명나라 운서 주굉의 말이다.『淨土晨鍾』권9「第9

· 373

了俗' '了世染之妄'(X62, 79a), 『雲棲法彙』 권12 「竹窓隨筆」 '輪迴根本'(J33, 33c) 등에 수록되어 있다.

160 안신입명安身立命 : 천명에 순응하며 걱정 없이 편안하게 살아가는 것을 말한다. 『孟子』 「盡心 上」에 "요절하건 장수하건 그 마음 변치 않고 자신을 닦으면서 죽음을 기다림은 하늘의 명을 확립하는 것이다.(殀壽不貳, 修身以俟之, 所以立命也.)"라고 하였는데, 이 내용이 변용되어 '안신입명'이라는 성어가 만들어진 듯하다.

161 하루 24시간~바른 길이다 : 원나라 보도의 말이다. 『廬山蓮宗寶鑑』 권10 「念佛正論」'辯明三關'(T47, 347b), 『淨土晨鍾』 권4 「第4 淨土念佛法門」 '參禪念佛三昧法門'(X62, 53c) 등에 수록되어 있다.

162 파초 껍질을~정각正覺을 이루리라 : 명나라 종본宗本이 편찬한 『歸元直指集』 상권 「第5 開示參禪龜鏡文」(X61, 429a)에서 인용하였다. 『歸元直指集』에서는 이를 어느 선덕先德의 말이라 하였다.

163 일상삼매 : 수많은 부처님 가운데 어느 한 부처님을 특정하고, 마음을 집중해 그분과 관련된 것만 생각함으로써 얻게 되는 삼매이다. 『華手經』 권10 「法門品」(T16, 203c)에서 "일상삼매란 보살이 '어떤 세계에 어느 부처님이 현재 설법하고 계신다.'는 이야기를 듣고, 보살이 그 부처님의 모습이 현재 자기 앞에 계신다고 상상하는 것이다. 도량에 앉아 위없는 깨달음을 얻으시고, 법륜을 굴리시고, 많은 대중에게 에워싸여 설법하시는 이와 같은 모습들을 상상해 산란하지 않은 생각으로 육근六根을 잘 보호하고, 산만하지 않은 마음으로 오로지 한 부처님만 생각하는 것이다. 이런 인연을 버리지 않고, 그 부처님이 머무시는 세계의 모습 역시 생각하는 것이다.……견의堅意여, 이것을 '일상에 들어가는 삼매의 문(入一相三昧門)'이라 한다."라고 하였다.

164 마땅히 한결같은~일상삼매를 얻으리라 : 청나라 주극복이 편찬한 『淨土晨鍾』 권4 「第4 淨土念佛法門」'一相念佛三昧法門'(X62, 53a)에서 인용하였다.

165 고요하고 또~있는 것이다 : 명나라 운서 주굉의 말이다. 『雲棲淨土彙語』 '答問' '答錢養淳州守廣霑'(X62, 8b), 『淨土晨鍾』 권6 「第6 策進」 '策攝心悟心'(X62, 65a), 『雲棲法彙』 권21 「答問」 '答錢養淳州守廣霑'(J33, 142a) 등에 수록되어 있다.

166 반드시 조용한~삼매를 얻으리라 : 원나라 보도가 편찬한 『廬山蓮宗寶鑑』 권2 「念佛正教」 '日觀念佛三昧專想法門'(T47, 311c)에서 인용하였으나 어순이 일치하지 않는다. 치조가 『廬山蓮宗寶鑑』을 바탕으로 문장을 재구성한 것으로 짐작된다.

167 청결하게 재계齋戒한~뛰어난 것이다 : 송나라 왕일휴王日休의 말이다. 『龍舒增廣淨土文』 권4 「第9 修持法門」(T47, 264b), 『淨土資糧全集』 권5 「淨土日課章」 '六時觀想篇 觀想白毫法'(X61, 604a), 『淨土晨鍾』 권4 「第4 淨土念佛法門」 '觀想佛毫法門'(X62, 54c) 등에 수록되어 있는데, 치조가 인용한 문장은 『淨土晨鍾』의 것과 일치한다.

168 높은 품계 : 정토에 왕생할 때 선근의 성숙도에 따라 9품의 차별이 있다.

169 부처님께 예배할~품계에 왕생하리라 : 명나라 운서 주굉의 말이다. 『阿彌陀經疏鈔』 권2(X22, 642a), 『淨土資糧全集』 권5 「淨土往生章」 '願偈攝生篇 願後說偈'(X61, 535c), 『淨土晨鍾』 권4 「第4 淨土念佛法門」 '禮念時觀想法門'(X62, 54c) 등에 수록되어 있는데, 치조가 인용한 문장은 『淨土晨鍾』의 것과 일치한다.

170 정토에 왕생하기~매우 영험하다 : 당나라 선도善導의 말이다. 당나라 서숭복사西崇福寺 사문 지승智昇이 편찬하고 선도가 집기集記한 『集諸經禮懺儀』 하권(T47, 473c),

『樂邦文類』 권4 「雜文」 '入觀睡時發願見佛'(T47, 213c), 『淨土指歸集』 상권 「第5 行法門」 '睡時入觀'(X61, 386c), 『淨土資糧全集』 『淨土日課章』 '六時觀想篇 善導大師勸修淨土入觀臨睡發願文'(X61, 607c) 등에 수록되어 있다.

171 세상 사람들은~수 없노라 : 명나라 운서 주굉의 말일 것으로 추측된다. 『雲棲淨土彙語』 「竹窗隨筆」 '念佛'(X62, 14c), 『淨土晨鍾』 권8 「正辨」 '辨念佛不可輕視'(X62, 73a), 『淨土全書』 상권 「淨土起信」(X62, 154a), 『雲棲法彙』 권12 「竹窗隨筆」 '念佛'(J33, 33a) 등에 수록되어 있다. 『淨土全書』에서 이를 『蓮宗寶鑑』, 즉 원나라 보도가 편찬한 『廬山蓮宗寶鑑』에서 인용하였다고 밝혔으나 『蓮宗寶鑑』에는 위 내용이 수록되어 있지 않다.

172 공력을 다하지~필요가 없다 : 원나라 천목 중봉天目中峯의 문집인 『天目中峯和尚廣錄』 권4 「法語」 '示薩의迷의理長老'(B25, 735b)에 "功不盡則事不臻, 誠不極則物不感. 況無上大菩提道? 或不忘形, 畢命與寢食寒暑俱廢. 豈口出耳入之學, 而能脫畧生死情妄於大休歇田地者哉?……但只行也參, 坐也參, 今日也參, 明日也參.……參到無可參處, 政是著力加鞭之時.……誠有此志, 不患生死情妄之不消弭也."라는 문장이 나온다. 이는 참선參禪하는 방법에 관한 말인데, 치조가 '參' 자를 '念' 자로 바꾸어 염불하는 방법에 관한 말로 소개하였다.

173 빛깔과 소리~모든 경계 : 색色·성聲·향香·미味·촉觸·법法의 육경六境을 말한다.

174 절문折門과 섭문攝門 : 사바세계의 욕락을 끊는 것을 절문, 정토세계의 쾌락을 취하는 것을 섭문이라 한다.

175 모름지기 이~삼아야 한다 : 명나라 묘협의 말이다. 『寶王三昧念佛直指』 상권 「第8 示諸佛二土折攝法門」(T47, 365a), 『淨土十要』 권7 『寶王三昧念佛直指』 '第8 佛折攝法門'(X61, 711a) 등에 수록되어 있다.

176 부처님의 가르침을~성인聖人이라 한다 : 명나라 운서 주굉의 말이다. 『雲棲淨土彙語』 「開示」 '普勸念佛'(X62, 3a), 『淨土晨鍾』 권3 「勸修」 '勸眞實念佛'(X62, 51a), 『雲棲法彙』 권21 「開示」 '普勸念佛'(J33, 146c) 등에 수록되어 있다.

177 아침에도 나무아미타불~떠나지 않네 : 『歸元直指集』 상권 「諸祖指歸淨土文」(X61, 438a)에 수록된 백낙천白樂天의 게송에 "걸으면서도 나무아미타불, 앉아서도 나무아미타불, 화살처럼 정신없이 바쁘다 해도 아미타부처님을 떠나지 않네.(行也阿彌陀, 坐也阿彌陀, 縱饒忙似箭, 不離阿彌陀.)"라는 구절이 있다. 이 게송에서 '坐'가 '朝'로, '行'이 '暮'로 변형된 것으로 짐작된다. 백낙천은 당나라 헌종 때 문인이자 관료로 이름은 거이居易, 호는 향산거사香山居士 또는 취음선생醉吟先生이다.

178 세상 인연의~안 된다 : 원나라 천여 유칙의 말이다. 『淨土或問』(T47, 301a), 『淨土資糧全集』 권5 「六時念佛篇」 '念佛持法'(X61, 599b), 『淨土晨鍾』 권6 「第6 策進」 '策勇猛精進'(X62, 64a) 등에 수록되어 있다. 치조가 인용한 문장은 『淨土晨鍾』의 것과 가장 유사하다.

179 만약 염불에~사라질 것이다 : 원나라 보도의 말이다. 『廬山蓮宗寶鑑』 권6 「念佛正行」 '修進工夫'(T47, 331a), 『淨土晨鍾』 권6 「第6 策進」 '策勇猛精進'(X62, 63c), 『重訂西方公據』 하권 「第6 蓮宗開示」 '修進工夫'(X62, 299c) 등에 수록되어 있다.

180 이 염불법문은~알게 되리라 : 명나라 운서 주굉의 말이다. 『雲棲淨土彙語』 「開示」 '普勸念佛往生淨土'(X62, 2c), 『淨土晨鍾』 권3 「勸修」 '勸人人念佛'(X62, 51a), 『淨土

全書』상권「修持要約」(X62, 159b) 등에 수록되어 있다.
181 출가한 사부대중 : 출가자를 성별과 나이에 따라 분류한 것으로, 비구比丘·비구니比丘尼·사미沙彌·사미니沙彌尼를 말한다.
182 사민四民 : 양민良民을 네 가지 신분으로 분류한 것으로, 사士·농農·공工·상商을 말한다.
183 세속의 사무로~않는단 말인가 : 명나라 묘협이 편찬한 『寶王三昧念佛直指』 하권 「第14 別明客途所修三昧」(T47, 371a)에서 인용하였다.
184 생각이 일어났을~수행이 된다 : 원나라 보도의 말이다. 『廬山蓮宗寶鑑』 권6 「念佛正行」 '去惡取善'(T47, 332a), 『淨土晨鍾』 권5 「第5 功行法門」 '淨心行善正因'(X62, 59c), 『淨土全書』 상권 「修持要約」(X62, 157c) 등에 수록되어 있다. 치조가 인용한 문장은 『淨土晨鍾』의 것과 가장 유사하다.
185 관련된 업무들을~될 것이다 : 송나라 자운 참주 준식의 말이다. 『往生淨土決疑行願二門』(T47, 147b), 『淨土指歸集』 상권 「第5 行法門」 '日用繫緣'(X61, 386b), 『淨土晨鍾』 권6 「第6 策進」 '策攝心悟心'(X62, 64c) 등에 수록되어 있다. 치조가 인용한 문장은 『淨土指歸集』에 수록된 것과 일치한다.
186 오탁五濁 : 사바세계에 나타나는 다섯 가지 나쁜 현상으로, 겁탁劫濁·번뇌탁煩惱濁·중생탁衆生濁·견탁見濁·명탁命濁을 말한다.
187 정토에 왕생하기~하는 수행이다 : 송나라 종효宗曉가 편찬한 『樂邦遺稿』 상권 「發菩提心求生淨土」(T47, 233c), 『廬山蓮宗寶鑑』 권1 「念佛正因」 '發菩提心'(T47, 307b), 『淨土晨鍾』 권5 「第5 功行法門」 '發菩提心正因'(X62, 59a) 등에 수록되어 있다. 이 책들에서 모두 이 문장을 『淨行法門』에서 인용하였다고 밝혔다. 『淨行法門』은 문 법사文法師라는 분이 재가 신자들의 정토수행을 돕기 위해 지은 책으로 온전한 이름은 『西方淨行法門』이다. 그의 자서自序만 『樂邦遺稿』 상권 「文法師淨行法門序」(T47, 233c)에 전하고, 나머지 자세한 내용은 확인할 수 없다.
188 몸으로 저~왕생할 것이다 : 당나라 선도 화상善導和尙의 말이다. 『樂邦文類』 권1 「經」 '觀無量壽經 具三種心即得往生'(T47, 154c), 『淨土指歸集』 상권 「第5 行法門」 '上品三心'(X61, 386b) 등에 수록되어 있다.
189 누군가 하루~곳이 되리라 : 『大慧普覺禪師法語』 권20 「示眞如道人」(T47, 894b)에 나온다.
190 정말로 진실하게~수행해야 마땅하다 : 청나라 주극복의 말이다. 『淨土晨鍾』 권1 「淨土晨鐘自序」(X62, 32a)에 수록되어 있다.
191 만약 처소가~기다린다라는 것이다 : 명나라 묘협이 편찬한 『寶王三昧念佛直指』 상권 「第9 勸修」(T47, 365c)에서 인용하였다.
192 세간의 한~않으리라고 하였다 : 명나라 운서 주굉의 말이다. 『雲棲法彙』 권13 「竹窓二筆」 '事怕有心人'(J33, 43b), 『淨土晨鍾』 권6 「策進」(X62, 63a)에 수록되어 있다. 『淨土晨鍾』에서 연 대사蓮大師의 말이라 밝혔는데, 연 대사는 연지 대사蓮池大師 즉 운서 주굉을 뜻한다.
193 마음이 생기기~마음이 생긴다 : 『首楞嚴經』 권1(T19, 107c)에 나온다.
194 대개 생각이~것과 같다 : 명나라 유계 전등幽溪傳燈의 말이다. 『淨土十要』 권9 「幽溪無盡法師淨土法語」(X61, 745b), 『徑中徑又徑』 권4 「勵行法」 '斷愛門'(X62, 398a),

『蓮宗必讀』「幽溪法師淨土法語」(X62, 598b), 『淨土聖賢錄』 권5 「往生比邱」 '傳燈' (X78, 271b) 등에 수록되어 있다. 치조가 인용한 문장은 『徑中徑又徑』의 것과 가장 유사하다.

195 나쁜 소리가~왕생할 것이다 : 『淨土指歸集』 상권 「第5 行法門」 '日用繫緣'(X61, 386b)에서 이를 소개하고, 용서龍舒 즉 송나라 왕일휴의 말이라 밝혔다.

196 내 이제~지혜로운 사람이다 : 명나라 운서 주굉의 말이다. 『雲棲淨土彙語』 「書」 '與江陰馮筠居居士'(X62, 7a), 『淨土晨鍾』 권6 「第6 策進」 '策老者病者一心正念'(X62, 67a) 등에 수록되어 있다.

197 지자 대사智者大師도 『법화경』을 독송하시고 : 이 부분이 『廬山蓮宗寶鑑』 권1 「念佛正因」 '讀誦大乘'(T47, 308c)에는 "지자 대사는 『法華經』을 독송해 영산회상靈山會上에 모인 대중들이 흩어지지 않은 것을 보았고(智者誦法華, 見靈山之未散)."로 되어 있다. 천태 지자 대사가 영산회상을 목격한 기사가 여러 전적에 소개되어 있는데, 『佛祖統紀』 권27 「淨土立敎志」 '往生高僧傳 智顗'(T49, 274a)에는 "혜사慧思로부터 21일 동안 법화삼매法華三昧를 닦는 법을 배워 『法華經』을 독송하다가 「藥王菩薩本事品」의 '이것이 참된 정진이니, 이를 참된 법으로 여래께 공양하는 것이라고 한다.'는 구절에 이르러 앞이 활짝 열리면서 영산의 법회가 엄연하고 대중들이 흩어지지 않은 것을 보았다."라고 하였다.

198 규봉 선사圭峰禪師도 『원각경』을 독송하셨으며 : 이 부분이 『廬山蓮宗寶鑑』 권1 「念佛正因」 '讀誦大乘'(T47, 308c)에는 "규봉 종밀圭峰宗密 선사는 『圓覺經』을 독송하다가 홀연히 마음자리가 활짝 열려 근본을 통달하고 망정을 잊었으며(圭峯讀圓覺, 忽心地以開通, 達本情忘)."로 되어 있다.

199 보암 선사普庵禪師도 『화엄경』에 계합하시고 : 보암은 남송 때 승려로 법명은 인숙印肅이며, 목암 충忠牧庵忠에게 참학하였다. 『佛祖歷代通載』 권20(T49, 691b)에 "선사는 베로 짠 이불에 종이로 만든 옷, 새벽의 죽 한 그릇과 저녁의 밥 한 그릇으로 생활하였으며, 선정을 닦는 것 외에는 오로지 『華嚴經論』만 열람하였다. 그러던 어느 날 크게 깨닫고는 온몸에 땀을 흘리면서 '내가 이제야 화엄의 경계에 직접 계합하였다.'며 기뻐하였다.(師布衾紙衣晨粥暮食, 禪定外唯閱華嚴經論. 一日大悟遍體汗流. 喜曰. 我今親契華嚴境界.)"라는 기사가 나온다.

200 육조 대사六祖大師도~깨달으셨던 것이다. : 『六祖大師法寶壇經』 「第1 行由」(T48, 347c)에 "혜능惠能이 돈을 받고 문밖으로 나오다가 경을 독송하는 한 나그네를 만났다. 혜능은 그 경의 말씀을 듣자마자 마음이 활짝 열렸다. 그래서 나그네에게 독송한 경이 무슨 경인지 묻자, 나그네가 『金剛經』이라고 대답하였다.(惠能得錢, 却出門外, 見一客誦經. 惠能一聞經語, 心即開悟. 遂問客何經, 客曰金剛經.)"라고 하고, 또 "5조가 지팡이로 디딜방아를 세 번 치고는 가 버렸다. 혜능이 5조의 뜻을 즉시 알아차리고는 삼경에 5조의 방으로 들어갔다. 5조는 가사로 가려 사람들이 보지 못하게 하고 혜능에게 『金剛經』을 설명해 주었다. 그러다 '어디에도 머무름 없이 그 마음을 일으켜야 한다.'는 구절에 이르자, 혜능이 그 말에 일체 만법이 자성을 벗어나지 않는다는 것을 크게 깨달았다.(祖以杖擊碓三下而去. 惠能即會祖意, 三鼓入室. 祖以袈裟遮圍, 不令人見, 爲說金剛經. 至應無所住而生其心, 惠能言下大悟, 一切萬法, 不離自性.)"라고 하였다.

201 이미 서방정토를~필요 없겠지만 : 원나라 보도가 편찬한 『廬山蓮宗寶鑑』 권1 「念佛正因」 '讀誦大乘'(T47, 308c)에서 인용하였다. 문장이 정확히 일치하지는 않는다.
202 대세지보살께서는 부처님을~무생법인無生法忍에 들어가셨다 : 세존께서 여러 보살과 아라한들에게 원만하게 통달하는 최고의 방법이 무엇인지, 각자 어떤 방법으로 삼매에 들었는지에 대해 묻자 여러 아라한과 보살들이 각자 자신이 체험한 바를 술회한 것이 『大佛頂萬行首楞嚴經』 권5에 수록되어 있다. 그 말미에서 대세지법왕자大勢至法王子가 그의 동료 52명과 함께 부처님께 "저는 기억합니다. 과거 항하 모래알처럼 수많은 겁 이전에 세상에 출현한 부처님이 계셨으니, 그 이름은 무구광無量光이십니다. 그 후 열두 분의 여래께서 서로 계승하며 1겁씩 머무셨고, 그 마지막 부처님의 이름은 초일월광超日月光이셨습니다. 그 부처님께서 저에게 염불삼매를 가르쳐 주셨습니다.……저는 과거 인행因行을 닦던 시절에 부처님을 생각하는 마음(念佛心)으로 무생법인에 들어갔고, 지금은 이 세계에서 부처님을 생각하는 사람들을 모아 정토로 돌아가고 있습니다. 부처님께서 원만히 통달하는 방법에 대해 물으신다면, 저는 십팔계十八界 중 어느 하나를 선택함 없이 육근을 모두 거두고서 청정한 생각을 계속 이어가 삼마지三摩地를 얻는 방법이 제일이라고 생각합니다."라고 하였다.
203 과거와 미래가~바로 멈춘다 : 『宗鏡錄』에 나온다고 밝혔지만 확인할 수 없다.
204 한 생각도~바로 공부이다 : 청나라 주극복이 편찬한 『淨土晨鍾』 권9 「第9 了俗」 '了心念之妄'(X62, 82c)에서 이를 소개하고, 정연려丁蓮侶의 『淡話』에서 인용하였다고 밝혔다.
205 석가모니께서 유독 찬탄하신 말씀 : 석가모니부처님께서 시방세계의 수많은 정토 가운데 서방극락세계를 유난히 찬탄하셨던 것을 말한다. 『灌頂經』 권11 「隨願往生十方淨土經」(T21, 529c)에서 "보광보살마하살普廣菩薩摩訶薩이 또 부처님께 여쭈었다. '세존이시여, 시방의 부처님세계 깨끗하고 아름다운 나라에도 차별이 있습니까?' 부처님께서 말씀하셨다. '보도여, 차별이 없느니라.' 보도가 또 부처님께 여쭈었다. '그런데 왜 세존께서는 경에서 아미타부처님세계의 칠보로 만들어진 숲과 궁전과 누각을 찬탄하시고, 왕생하기를 바라는 사람은 모두 그들의 마음속 바람대로 생각에 응하여 그 세계로 가게 된다고 찬탄하셨습니까?' 그러자 부처님께서 보광보살마하살에게 말씀하셨다. '너는 나의 뜻을 이해하지 못하는구나. 사바세계 사람들은 대부분 혼탁한 탐욕에 물들어 믿음으로 향하는 자가 적고, 삿된 가르침을 익히는 자는 많다. 바른 법을 믿지 않아 하나에 집중하지를 못하니, 마음이 산란하고 뜻이 없다는 점에서는 실로 차별이 없다. 그래서 모든 중생이 마음을 집중할 곳이 있게 하려고 저 아미타부처님의 국토를 찬탄했던 것이다.'"라고 하였다.
206 일곱 가지 변재(七辯) : 『摩訶般若波羅蜜經』 권8 「幻聽品」(T8, 276c)에서 보살이 반야바라밀을 행하면 첩질변捷疾辯·이변利辯·부진변不盡辯·불가단변不可斷辯·수응변隨應辯·의변義辯·일체세간최상변一切世間最上辯의 일곱 가지 변재를 얻게 된다고 하였다.
207 원력의 왕 : 사십팔원을 일으켜 서방극락세계를 성취한 아미타부처님을 가리킨다.
208 정토에 왕생하기를~찰나에 데려가소서 : 원나라 왕자성王子成이 편찬한 『禮念彌陀道場懺法』 권7 「第8 發願往生」(X74, 107c)에서 인용하였다.
209 큰 서원을~마귀에게 사로잡힌다 : 『大方廣佛華嚴經』 권58 「離世間品」(T10, 309a)에

나온다.

210 모든 부처님~서원에서 시작된다 : 『大方廣佛華嚴經』 권77 「入法界品」(T10, 423a)에 나온다.

211 실천(行)만 있고~수 있다 : 명나라 종본宗本이 편찬한 『歸元直指集』 상권 「第8 勸發眞正大願決定往生說」(X61, 432b)에서 인용하였다. 종본 역시 『萬善同歸集』 중권(T48, 979c)에 수록된 영명 연수永明延壽의 말과 『廬山蓮宗寶鑑』 권7 「念佛正願」 '勸發大願'(T47, 336a)에 수록된 원나라 보도의 말에 근거하여 문장을 만들었다.

212 대자보살께서 부처님을~늘어나게 한다 : 송나라 왕일휴가 편찬한 『龍舒增廣淨土文』 권4 「修持法門 2」(T47, 261c)에서 인용하였다. 『淨土晨鐘』 권4 「第4 淨土念佛法門」 '十聲念佛誦偈法門'(X62, 52b)에도 수록되어 있다.

213 만약 중생이~얻지 않겠습니다 : 아미타부처님의 전신인 법장비구가 세자재왕여래 앞에서 맹세했던 사십팔원 가운데 제29원이다. 『無量壽經』 상권(T12, 268a)에 "설령 제가 부처님이 될 수 있다 해도, 시방의 중생들이 지극한 마음으로 믿고 즐거워하면서 저의 나라에 태어나고 싶어 최소 열 번 이상 생각했는데도 만약 태어나지 못한다면, 저는 정각을 얻지 않겠습니다. 오역죄를 저지르거나 정법을 비방한 자들만은 제외합니다.(設我得佛, 十方衆生至心信樂欲生我國, 乃至十念, 若不生者, 不取正覺. 唯除五逆誹謗正法.)"라고 하였다.

214 한결같은 마음으로~성취하게 하소서 : 송나라 자운 참주 준식의 말이다. 『往生淨土決疑行願二門』(T47, 147a), 『樂邦文類』 권4 「雜文」 '晨朝十念法'(T47, 210b), 『龍舒增廣淨土文』 권12 「慈雲懺主晨朝十念法」(T47, 287c), 『淨土或問』(T47, 301a), 『淨土指歸集』 상권 「第5 行法門」 '晨朝十念'(X61, 384c), 『重訂西方公據』 상권 「第3 淨課儀式」(X62, 262b), 『淨土晨鐘』 권1 「夕課」 '慈雲懺主願文'(X62, 38b) 등에 수록되어 있다.

215 즉시 한결같은~않기 때문이다 : 송나라 영명 연수의 말이다. 『萬善同歸集』 상권(T48, 968c), 『樂邦文類』 권4 「雜文」 '萬善同歸集揀示西方'(T47, 199c), 『淨土或問』(T47, 301b), 『重訂西方公據』 하권 「第6 蓮宗開示」 '往生問答'(X62, 298c) 등에 수록되어 있다.

216 오역죄五逆罪 : 베풀어 준 은혜와 공덕을 거역하고 저지르는 다섯 죄. 소승과 대승의 구분이 있다. 소승에서는 아버지를 죽이고(殺父), 어머니를 죽이고(殺母), 아라한을 죽이고(殺阿羅漢), 부처님이 피를 흘리게 하고(出佛身血), 승가를 파괴하는(破僧) 행위를 말한다. 대승에서는 『大薩遮尼乾子所說經』에 근거해 탑·사찰·경전·불상을 파괴하는 행위, 성문·연각·대승의 법을 헐뜯고 비방하는 행위, 출가자의 수행을 방해하는 행위, 소승 오역죄 가운데 어느 하나라도 범하는 행위, 업보가 없다고 주장하는 행위를 말한다.

217 부처님께서 일체중생이~수행자라 한다 : 명나라 묘협이 편찬한 『寶王三昧念佛直指』 하권 「第12 勉起精進力」(T47, 368b)에서 인용하였다.

218 한평생 순박하고~이와 마찬가지이다 : 송나라 때 천태종 승려였던 사암 법사樝菴法師 유엄有嚴의 말씀이다. 『樂邦文類』 권4 「雜文」 '淨土魔佛或對'(T47, 206b), 『淨土指歸集』 상권 「第3 法相門」 '魔佛眞僞'(X61, 379a), 『淨土晨鐘』 권6 「第6 策進」 '策勇猛精進'(X62, 64b) 등에 수록되어 있다. 사암의 전기는 『佛祖統紀』 권13 「神照法師法

• 379

嗣' '法師有嚴'(T49, 218a)에 수록되어 있다.
219 세상 사람들이~반드시 입으리라 : 청나라 주극복이 편찬한 『淨土晨鍾』 권6 「第6 策
進」 '策願力'(X62, 63b)에서 인용하였다. 주극복이 이를 '故郷消息'에서 발췌하였다
고 밝혔는데, 『故郷消息』은 명나라 정명등丁明登 즉 정연려丁蓮侶의 저술로 알려져
있다. 『淨土晨鍾』 권10 「持驗」 '宰官往生'(X62, 93c)에서 "그의 저술에 『故郷消息』·
『蓮漏清音』·『芥火』·『葯商』·『淡話』 등 10여 종이 있는데 모두 정토의 가르침을 담은
중요한 책들이다."라고 하였다.
220 다음 생의~수 없다면 : '완전한 깨달음을 얻지 못했다면' 또는 '윤회를 벗어나지 못했
다면'이라는 뜻이다. 완전한 깨달음을 얻지 못하면 반드시 후유後有 즉 다음 생이 있
기 때문이다.
221 너는 한~있다고 생각하느냐 : 원나라 천여 유칙의 말이다. 『淨土或問』(T47, 292c)에
서 "너는 한 번 깨닫고 나면 곧바로 모든 부처님과 나란한 경지에 올라 생사윤회에
들어가도 장애와 인연들에 의해 어지럽혀지지 않을 수 있다고 생각하느냐?(爾將謂一
悟之後, 便可上齊諸佛, 入生入死, 不受障緣之所撓耶?)"라고 하였다.
222 보현보살께서는 화엄세계의 맏아들이 되어 : 『大方廣佛華嚴經』 「入不思議解脱境界
普賢行願品」(T10, 846c) 중송重頌에서 "모든 여래의 맏아들이 있으니, 그 이름은 보현
존자(一切如來有長子, 彼名號曰普賢尊.)"라는 구절이 나온다.
223 정토를 진실로~못한 사람이겠는가 : 명나라 운서 주굉의 말이다. 『雲棲淨土彙語』
「答問」 '答聞谷廣印'(X62, 8a), 『重訂西方公據』 하권 「開示」(X62, 300b), 『雲棲法彙』
권21 「答問」 '答聞谷廣印'(J33, 138c) 등에 수록되어 있다.
224 세상에 염불하는~부처가 되리라 : 명나라 운서 주굉의 말이다. 『淨土晨鍾』 권6 「第
6 策進」 '策三種念佛成佛'(X62, 65a), 『淨土資糧全集』 권5 「六時念佛篇」 '念佛持法'
(X61, 600a) 등에 수록되어 있다.
225 정토에 태어나기를~수로 물러나겠는가 : 송나라 양걸楊傑이 지은 「建彌陀寶閣記」
에서 인용하였다. 『樂邦文類』 권3 「記碑」 '建彌陀寶閣記'(T47, 184c), 『淨土指歸集』
하권 제10 「勸修門」 '永無退轉'(X61, 406a)에 수록되어 있다.
226 젊어서부터 아내를~후회해도 소용없다 : 원나라 천여 유칙의 말이다. 『淨土或問』
(T47, 299c), 『歸元直指集』 상권 「第4 行脚求師開示序」(X61, 427c), 『淨土晨鍾』 권7
「第7 飭終」 '飭末終思終念佛'(X62, 69c) 등에 수록되어 있는데, 치조가 인용한 문장은
『淨土晨鍾』의 것과 가장 유사하다.
227 한 부처님께~소식이 있으리라 : 청나라 주극복의 말이다. 『淨土晨鍾』 권1 「淨土晨
鍾自序」(X62, 32a)에 수록되어 있다.
228 육인六因 : 모든 존재와 현상의 원인을 여섯 가지로 분류한 것으로, 능작인能作因·
구유인俱有因·동류인同類因·상응인相應因·변행인遍行因·이숙인異熟因을 말한다.
229 오과五果 : 결과를 다섯 가지로 분류한 것으로, 이숙과異熟果·사용과士用果·등류과
等流果·이계과離繫果·증상과增上果를 말한다.
230 원인과 같은 부류의 결과(等倫之果) : 오과五果의 하나인 등류과等流果를 말한다. 원
인과 동질의 결과를 뜻한다. 즉 선인善因으로부터 생기는 선과善果, 악인惡因으로부
터 생기는 악과惡果를 일컫는다.
231 세력이 강한 인연(增上之緣) : 사연四緣의 하나인 증상연增上緣을 말한다. 결과를 일

으키는 데 가장 큰 영향을 미치는 연을 뜻한다. 예를 들면 안식眼識을 일으키는 데 가장 큰 영향을 미치는 것은 안근眼根이고, 이를 안식의 증상연이라 한다.

232 마음이 더러우면~중생이 깨끗하다 : 『維摩詰所說經』「第3 弟子品」(T14, 541b)에 나온다.

233 너의 세계를~깨끗하게 하라 : 『萬善同歸集』 상권(T48, 968c)에서 『大集經』의 말이라고 밝혔지만 확인할 수 없다.

234 만약 임종할~수 있겠는가 : 송나라 영명 연수의 말이다. 『萬善同歸集』 상권(T48, 968c), 『樂邦文類』 권4 「雜文」 '萬善同歸集揀西方'(T47, 199c), 『重訂西方公據』 하권 「第6 蓮宗開示」 '往生問答'(X62, 298c) 등에 수록되어 있다.

235 길을 떠나야~상품上品을 증득하리라 : 청나라 주극복이 편찬한 『淨土晨鍾』 권9 「第9 了俗」 '了心念之妄'(X62, 82c)에서 이를 소개하고, 정연려의 『淡話』에서 인용하였다고 밝혔다.

236 누구든 목숨을~왕생할 것이다 : 당나라 선도 화상의 말이다. 『念佛經』 하권 「臨終正念往生文」(T47, 133b), 『樂邦文類』 권4 「雜文」 '臨終正念訣'(T47, 213a), 『龍舒增廣淨土文』 권12 '善導和尚臨終往生正念文'(T47, 287b), 『廬山蓮宗寶鑑』 권8 「念佛往生正訣」 '善導和尚臨終往生正念文'(T47, 340a), 『淨土指歸集』 상권 「第5 行法門」 '臨終正念'(X61, 386c), 『歸元直指集』 하권 「臨終正念往生 93」(X61, 484), 『淨土晨鍾』 권7 「第7 飭終」 '飭臨終往生正念'(X62, 68a) 등에 수록되어 있다. 치조가 인용한 문장은 『淨土晨鍾』의 것과 가장 유사하다.

237 권속 및~없기 때문이다 : 청나라 주극복이 편찬한 『淨土晨鍾』 권7 「第7 飭終」 '飭眷屬往生'(X62, 69b)에서 인용하였는데, 『淨土晨鍾』에서 이를 『無盡燈』에서 발췌하였다고 밝혔다. 『無盡燈』은 곧 당나라 원징 법사圓澄法師 의화義和의 저술인 『華嚴念佛三昧無盡燈』을 말한다. 그 책의 전문은 확인할 수 없고, 『樂邦文類』 권2 「序跋」(T47, 169c)에 그 서문인 「華嚴念佛三昧無盡燈序」가 전한다.

238 큰 도는~누가 작은가 : 청나라 주극복이 편찬한 『淨土晨鍾』 권7 「第7 飭終」 '飭眷屬往生'(X62, 69b)에서 인용하였는데, 『淨土晨鍾』에서 이를 『故鄕消息』에서 발췌하였다고 밝혔다. 『故鄕消息』은 명나라 정명동 즉 정연려의 저술로 알려져 있다.

239 큰일을 완수하려면~어디에서 멈추겠는가 : 청나라 주극복의 말이다. 『淨土晨鍾』 권7 「第7 飭終」(X62, 67c)에 수록되어 있다.

240 마음은 본래~두려움이 있겠는가 : 명나라 운서 주굉의 말이다. 『雲棲淨土彙語』 「書」 '答湖州董潯陽宗伯'(X62, 5h), 『雲棲法彙』 권20 「雲棲大師遺稿」 '答湖州董潯陽宗伯'(J33, 131a), 『淨土晨鍾』 권7 「第7 飭終」 '飭臨終往生正念'(X62, 68b) 등에 수록되어 있다.

241 만약 삼매를~수 있겠는가 : 명나라 묘협이 편찬한 『寶王三昧念佛直指』 하권 「第18 羅顯衆義」(T47, 374b)에서 인용하였다.

242 제갈량諸葛亮이 물고기를~두었던 솜씨 : 제갈량은 삼국시대 촉한의 책사로서 자는 공명孔明이며, 안석安石은 진晉나라 정토대도독征討大都督이었던 사안謝安의 자이다. 제갈량은 못에 노니는 물고기들을 보면서 방책을 결정하고, 사안은 전진前秦의 부견苻堅이 백만 대군을 이끌고 침입했다는 보고를 받고도 조금도 두려워하는 기색 없이 태연하게 앉아 바둑을 두었다고 한다.

243 호신부護身符 : 몸을 보호하는 부적인데, 여기서는 면죄부와 같은 뜻으로 쓰였다. 부적의 사용은 후한 때 장각張角 형제가 세운 태평도太平道에서 부적을 태운 물을 마시고 참회하며 절하는 방법으로 사람들의 병을 치료한 데서 시작되었다. 후대 도교의 각 파에서 부적과 주문을 사용해 사업 번창, 치병, 면죄, 장수 등 사람들의 소원을 성취하는 법이 크게 유행하였다.

244 스스로 하품하생下品下生을 자처하니 : 더 많은 정업을 닦아 극락세계에서 더 훌륭한 상태로 태어나려 하지 않는 것을 꾸짖은 말이다. 현세에서 닦은 정업淨業의 경중에 따라 극락세계에 왕생했을 때 연화대에서 보내는 시간, 즉 성불하기까지 소요되는 시간에 차이가 생긴다. 이를 아홉 가지로 나눈 것을 구품九品이라 한다. 그 가운데 가장 낮은 품계가 하품하생下品下生이다. 『觀無量壽佛經』(T12, 346a)에서 "하품하생이란 다음과 같다. 혹 어떤 중생이 불선업과 오역죄와 십악 등을 지어 온갖 불선을 갖추었다면, 이런 어리석은 사람은 악업 때문에 악도에 떨어져 많은 겁 동안 끝없는 고통을 받아야만 할 것이다. 하지만 이런 어리석은 사람도 죽음이 닥쳤을 때······ 지극한 마음으로 부처님을 생각하면서 그 소리가 끊어지지 않도록 '나무아미타불' 하고 열 번을 부른다면, 부처님의 이름을 부른 공덕으로 생각 생각마다 80억 겁 동안 생사에 윤회하며 지었던 죄를 없애고, 목숨이 끊어질 때에는 금빛 연꽃을 보게 될 것이며,······극락세계에 왕생할 것이며, 연꽃 속에서 12대겁을 보낸 후 연꽃이 피어나면······보리의 마음을 일으킬 것이다. 이를 하품하생이라 하고, 못난 무리들이 일으키는 생각(下輩生想)이라 하고, 제16관이라 한다."라고 하였다.

245 백 리~너무도 가엾구나 : 청나라 주극복의 말이다. 『淨土晨鍾』권7 「第7 飭終」(X62, 67c)에 수록되어 있다.

246 죽음이 닥쳤을~못하게 된다 : 송나라 자조 종주慈照宗主의 말이다. 자조의 법명은 자원子元, 자호는 만사휴萬事休이다. 『龍舒增廣淨土文』권12 「慈照宗主臨終三疑」(T47, 287a), 『廬山蓮宗寶鑑』권8 「念佛往生正訣」'臨終三疑'(T47, 339a), 『歸元直指集』하권 「第94 臨終三疑」(X61, 484c), 『淨土晨鍾』권7 「第7 飭終」'飭臨終三疑四關'(X62, 68b) 등에 수록되어 있다.

247 이제 세~필요가 없다 : 자조 종주의 말에 청나라 주극복이 덧붙인 설명이다. 『淨土晨鍾』권7 「第7 飭終」'飭臨終三疑四關'(X62, 68b)에 수록되어 있다.

248 양 제형楊提刑 : 송나라 양걸을 가리킨다. 자는 차공次公, 호는 무위자無爲子이며, 제형提刑은 그의 관직명이다.

249 애착이 무겁지~태어나지 못한다 : 「淨土十疑論序」에 나온다. 『淨土十疑論』(T47, 77a), 『樂邦文類』권2 「序跋」'天台淨土十疑論序'(T47, 170c) 등에 수록되어 있다.

250 범부가 비록~있을 것이다 : 송나라 자조 종주의 말이다. 『廬山蓮宗寶鑑』권8 「念佛往生正訣」'臨終四關'(T47, 339b), 『歸元直指集』하권 「第95 臨終四關」(X61, 484c), 『淨土晨鍾』권7 「第7 飭終」'飭臨終三疑四關'(X62, 68c) 등에 수록되어 있다. 치조가 인용한 문장은 『淨土晨鍾』의 것과 가장 유사하다.

251 죽은 뒤~과보를 얻는다 : 어느 경에서 인용하였는지 명확하지 않다. 다만 비슷한 말로 『法苑珠林』권62 「祭祠篇」'第3 祭祠部'(T53, 754b)와 『諸經要集』권19 「送終部」'第9 祭祠緣'(T54, 83a)에서 『往生經』의 말이라 밝히고 "사망 후 복을 지으면 죽은 자는 그 복의 7분의 1을 획득하고 나머지는 현재 그 복을 짓는 자들에게 돌아간다.(亡

後作福, 死者七分獲一, 餘者屬現造者.)"라는 경구를 소개한 것이 있다.

252 이른바 열~얻는다라고 하였다 : 송나라 왕일휴의 말이다. 『龍舒增廣淨土文』 권3 「普勸修持 6」(T47, 260c), 『淨土晨鍾』 권7 「第7 飭終」 '飭自念佛度冤親'(X62, 96c) 등에 수록되어 있다.

253 너무도 초라해(龍鍾) : 용종龍鍾은 대나무 이름이라 하는데, 일반적으로 대나무를 뜻하는 말로 쓰인다. 늙어 초라해진 모습을 구석구석 얼룩에다 잎까지 떨구고 작은 바람에도 쉽게 흔들리는 대나무에 빗대어 형용한 말이다.

254 한평생 악을~닥쳤을 때이겠는가 : 원나라 천여 유칙의 말이다. 『淨土或問』(T47, 299c), 『淨土晨鍾』 권7 「第7 飭終」 '飭未終思終念佛'(X62, 96c) 등에 수록되어 있다.

255 세상에는 죽음을~주실 것이다 : 당나라 회감懷感의 말이다. 『釋淨土群疑論』 권5(T47, 59a), 『樂邦遺稿』 상권 「世有十種人命終不得念佛」(T47, 239b), 『淨土或問』(T47, 299c), 『廬山蓮宗寶鑑』 권8 「念佛往生正訣」 '臨終十事不剋念佛勉勸預修'(T47, 341b), 『淨土指歸集』 하권 「第7 決疑門」 '十種障難'(X61, 396c), 『淨土晨鍾』 권7 「第7 飭終」 '飭未終思終念佛'(X62, 69c) 등에 수록되어 있다. 치조가 인용한 문장은 『淨土指歸集』의 것과 가장 유사하다.

256 의사를 찾고~생각해 보라 : 당나라 선도 화상의 말이다. 『念佛經』 권2 「臨終正念往生文」(T47, 133b), 『樂邦文類』 권4 「雜文」 '臨終正念訣'(T47, 213a), 『龍舒增廣淨土文』 권12 「善導和尙臨終往生正念文」(T47, 287b), 『廬山蓮宗寶鑑』 권8 「念佛往生正訣」 '善導和尙臨終往生正念文'(T47, 340a), 『淨土指歸集』 상권 「第5 行法門」 '臨終正念'(X61, 386c), 『歸元直指集』 하권 「臨終正念往生 93」(X61, 484b), 『淨土晨鍾』 권7 「第7 飭終」 '飭臨終往生正念'(X62, 68a) 등에 수록되어 있다.

257 만약 누군가~이룬 것이다 : 『妙法蓮華經』 권1 「方便品」(T9, 7c)에 나온다.

258 비유하자면 태어나자마자~경우를 뛰어넘는다 : 『萬善同歸集』 상권(T48, 962a)에서 이를 『智論』 즉 『大智度論』의 말이라 하였으나, 『大智度論』에서 이와 일치하는 문장을 확인할 수 없다.

259 사사四事 : 생활필수품인 음식·의복·침구·의약품을 말한다.

260 한 염부제閻浮提의~없을 것이다 : 『萬善同歸集』 상권(T48, 962a)에서 이를 『增一阿含經』의 말이라 하였으나, 『增一阿含經』에서 이와 일치하는 문장을 확인할 수 없다. 『歸元直指集』 상권 「第4 行脚求師開示序」(X61, 427a)에서는 이를 『佛國往生論』에 나오는 말이라 하였다.

261 부처님을 한~것이다라고 하였다 : 송나라 영명 연수가 편찬한 『萬善同歸集』 상권(T48, 962a)에서 인용하였다.

262 그 나라~극락이라 한다 : 『佛說阿彌陀經』(T12, 346c)에 나온다.

263 고통스러운 네 세계(四趣) : 사취四趣는 악인이 죽어서 가는 네 가지 고통스러운 길로, 지옥地獄·아귀餓鬼·축생畜生의 삼악도三惡道에다 아수라阿修羅까지 포함한 것을 말한다.

264 정보正報가 청정하기에 : 성별로 구분할 때 남자만 있다는 뜻이다. 이 생의 행위(業)로 다음 생에 받는 몸을 정보라 하고, 세계 등 주변 환경을 의보依報라 한다. 고대에는 남자를 여자보다 우월한 존재 즉 청정한 존재로 여기고, 여자를 하열한 존재 즉 청정하지 못한 존재로 여겼다.

• 383

265 경에 말씀하시기를~않겠다는 말인가 : 원나라 천여 유칙의 말이다. 『淨土或問』(T47, 297c), 『歸元直指集』 상권 「第12 長蘆賾禪師勸參禪人兼修淨土」(X61, 427a), 『淨土晨鍾』 권2 「第2 啓信」 '淨土苦樂相比不可不信'(X62, 46b) 등에 수록되어 있다. 치조가 인용한 문장은 『淨土晨鍾』의 것과 유사하다.

266 정토에 태어나기를~이익이 있다 : 『龍舒增廣淨土文』 권1 「淨土起信 1」(T47, 254b)에는 이 부분이 "정토의 가르침으로 얻는 공덕의 대부분은 일상생활에서 나타나고, 그 나머지 공덕이 죽은 뒤에 나타난다. 하지만 이를 알지 못하는 자들은 단지 죽은 뒤를 위한 일로만 여길 뿐이고, 그것이 살아생전에 큰 이익이 있다는 사실은 전혀 모른다.(淨土之說多見於日用之間, 而其餘功乃見於身後. 不知者止以爲身後之事而已, 殊不知其大有益於生前也.)"로 되어 있다.

267 정토에 태어나기를~빠지려 하겠는가 : 송나라 왕일휴의 말이다. 『龍舒增廣淨土文』 권1 「淨土起信 1」(T47, 254b), 『禮念彌陀道場懺法』 권3 「第3 引敎比證」 '現禾俱益勸俗求生'(X74, 90c), 『淨土指歸集』 하권 「第10 勸修門」 '現生獲福'(X61, 406c), 『淨土晨鍾』 권2 「第2 啓信」 '淨土有益生前不可不信'(X62, 42c) 등에 수록되어 있다. 치조가 인용한 문장은 『淨土指歸集』의 것과 유사하다.

268 여산廬山의 혜원~마정수기摩頂授記를 받으셨고 : 혜원 법사가 부처님에게서 직접 마정수기를 받았다는 사실은 확인할 수 없다. 다만 비슷한 내용이 송나라 때 지반志磐이 편찬한 『佛祖統紀』 권26 「蓮社七祖」 '始祖廬山辨覺正覺圓悟法師'(T49, 261a)와 송나라 계주戒珠가 편찬한 『淨土往生傳』 상권 「東晉廬山釋慧遠」(T51, 109c)에 수록되어 있다. 『佛祖統紀』에서는 "법사는 여산에 거주한 30년 동안 세속에 발을 들여놓지 않고 오로지 정토를 마음에 두고 매우 열심히 수행하였다. 여산에 머문 지 11년째 되던 해에 맑은 마음으로 부처님을 생각하다가 성스러운 부처님의 모습을 세 차례나 목격하였다(三覩聖相). 하지만 혜원은 속이 깊고 두터워 끝까지 말씀을 하지 않았다. 그 후 여산에 머문 지 19년째 되던 해 7월 그믐 저녁에 반야대의 동쪽 감실에서 선정에 들었다가 깨어나면서 아미타부처님의 전신이 온 허공에 가득하고, 그 주위의 둥그런 광명 속에 여러 화불化佛들이 계신 것을 보았다.……부처님께서 혜원에게 '내가 본원의 힘으로 너를 위로하러 일부러 찾아왔다. 너는 7일 후에 나의 나라에 태어나리라.'라고 하셨다.……혜원이 문도인 법정法淨과 혜보慧寶에게 '내가 이 산에 머문 지 11년째 되던 해에 부처님의 모습을 세 차례 친견하였고(三見佛相) 지금 또 친견하였으니, 나는 정토에 태어날 것이 분명하다.'라고 말씀하였다."라고 하였다.

269 회감 법사懷感法師께서는~부처님을 친견하였으며 : 회감은 당나라 때 장안長安 천복사千福寺에 거주했던 승려이다. 『佛祖統紀』 권27 「往生高僧傳」 '唐千福懷感法師'(T49, 276c)에 "염불하기 3년째에 부처님의 금빛 찬란한 몸과 미간의 백옥 같은 털을 친견하고 삼매에 들어가게 되었다. 이에 『決疑論』 7권을 지었다. 임종할 때 부처님께서 맞이하러 오신 것을 목격하고 합장한 채 천화하였다."라는 내용이 수록되어 있다.

270 소강 법사少康法師께서는~대중들이 목격하였다 : 소강은 당나라 때 신정新定에 거주했던 승려이다. 『佛祖統紀』 권26 「蓮社七祖」 '五祖新定臺岩法師'(T49, 264a)에 "법사는 법좌에 오를 때마다 큰 소리로 부처님을 불렀는데, 그때마다 부처님 한 분이 그의 입에서 나오는 것을 대중이 목격하였다. 연달아 열 번을 부르면 부처님도 열 분이 나타났다. 그러자 법사가 '여러분 중 부처님을 본 사람은 반드시 정토에 왕생할 것이

271 이미 배워서~또 삼가라 : 원나라 천여 유칙이 편찬한 『淨土或問』(T47, 302a)에서 인용하였다. 『淨土或問』에서 천여 유칙은 '전일한 수행이 빈틈없이 지속되는 생각(專修無間之念)'을 성취하기 위해 사용할 채찍으로 보은報恩·결지決志·구험求驗의 세 가지를 제시하였다. 치조가 인용한 이상의 문장은 그 세 번째 '구험'에 해당한다.

272 마귀의 장난(魔業) : 마魔는 ⑤ māra의 음역인 마라魔羅의 약칭이다. 마업魔業은 마장魔障과 같은 말로 수행을 방해하고 깨달음을 장애하는 갖가지 행위와 현상들을 뜻한다.

273 역리疫痢 : 복통과 설사를 동반하는 이질痢疾의 하나. 전염성이 강하다.

274 상한傷寒 : 몸 밖의 차가운 기운인 한사寒邪의 영향을 받아 생기는 질병. 오한과 발열을 주된 증상으로 한다.

275 옹개癰疥 : 옴과 악창 등의 피부병을 말한다.

276 이 염불법문은~수 없다 : 명나라 묘협이 편찬한 『寶王三昧念佛直指』 하권 「第18 羅顯衆義」(T47, 374b)에서 인용하였다.

277 염불의 공덕에~가서 태어난다 : 송나라 종탄宗坦이 편찬한 『觀無量壽經疏』에 나오는 말이다. 『廬山蓮宗寶鑑』 권2 「念佛正教」'念佛功德有七種勝'(T47, 310b), 『淨土晨鍾』 권4 「淨土念佛法門」(X62, 52a) 등에 수록되어 있다. 종탄이 편찬한 『觀無量壽經疏』는 4권으로 구성되어 있으며, 『觀經甘露疏』 또는 『甘露疏』로 칭하기도 한다. 종탄의 전기는 『廬山蓮宗寶鑑』 권4 「念佛正派」'潞府宗坦疏主'(T47, 325c) 등에 수록되어 있다.

278 큰 소리로~정토에 왕생한다 : 『阿彌陀經通贊疏』 중권(T37, 341c), 『萬善同歸集』 상권(T48, 962a), 『淨土指歸集』 하권 「第10 勸修門」'高聲念佛'(X61, 406a), 『歸元直指集』 하권 「第72 圓修淨土決疑論 出藏經」(X61, 474a) 등에 수록되어 있다. 『萬善同歸集』·『淨土指歸集』·『歸元直指集』에서는 이를 『業報差別經』에 나오는 말이라 하였는데 확인할 수 없다. 당나라 규기窺基가 『阿彌陀經通贊疏』에서 염불을 심념心念·경성념輕聲念·고성념高聲念의 세 가지로 분류하고 다시 고성념의 열 가지 공덕을 설명하였는데, 치조가 인용한 문장이 여기에 해당한다. 규기는 따로 전거를 밝히지 않았다.

279 『권수계권수게勸修偈』: 『龍舒增廣淨土文』 권3 「普勸修持 7」(T47, 261a)에서는 "대자보살이 서방왕생을 닦도록 권유한 게송(大慈菩薩勸修西方偈)"이라 하였는데, 어느 경에 수록된 게송인지 확인할 수 없다.

280 한 사람에게~바로 아미타부처님 : 송나라 왕일휴의 말이다. 『龍舒增廣淨土文』 권3 「普勸修持 7」(T47, 261a), 『淨土晨鍾』 권3 「勸修」'勸佛心爲心轉勸人人'(X62, 50b) 등에 수록되어 있다.

281 금강제金剛際 : 대지의 가장 아래쪽에 자리한 매우 단단한 암반 지대를 뜻한다. 명나라 진감眞鑑이 찬술한 『大佛頂首楞嚴經正脉疏』 권4(X12, 282c)에서 "지대地大 가장 아래쪽에 금강제가 있다.(地大最下有金剛際)"라고 하였다.

282 부처님께 한~빨리 증득한다 : 『萬善同歸集』 상권(T48, 964b), 『淨土指歸集』 하권 「第10 勸修門」'禮佛功德'(X61, 406b), 『歸元直指集』 하권 「第72 圓修淨土決疑論」

『X61, 474a』 등에 수록되어 있다.『萬善同歸集』・『淨土指歸集』・『歸元直指集』에서 모두 이를『業報差別經』에 나오는 말이라 하였는데 확인할 수 없다.

283 부처님께서는 정토수행의~이익을 얻는다 : 명나라 대우大佑가 편찬한『淨土指歸集』하권「第7 決疑門」'不修十失'(X61, 399c)에서 인용하였다.

284 한 부처님의~누릴 것이다 : 송나라 자운 참주 준식이 지은「往生西方略傳序」에 나오는 말이다.『樂邦文類』권2「序跋」(T47, 167c),『淨土或問』(T47, 300c),『淨土指歸集』하권「第10 勸修門」'十種勝利'(X61, 407c),『雲棲法彙語』'附' '佛示念佛十種功德'(X62, 11c),『淨土晨鍾』권1「原始」'佛示人念佛十種功德'(X62, 40a) 등에 수록되어 있다. 치조가 인용한 문장은『雲棲淨土彙語』・『淨土晨鍾』의 것과 유사하다.

285 아비발치阿鞞跋致 : Ⓢ avinivartanīya의 음역이다. 의역하면 불퇴지不退地 또는 불퇴전지不退轉地이다. 악취惡趣와 이승二乘의 지위로 물러나지 않고 증득한 법을 망실하지 않게 된 경지를 뜻한다.

286 첫째, 항상~얻기 때문이다 : 명나라 대우大佑가 편찬한『淨土指歸集』상권「第3 法相門」'淨土十易'(X61, 378b)에서 인용하였다.

287 아래 문장은『禮念彌陀道場懺法』에서 인용한 것이다. 왕자성은『禮念彌陀道場懺法』에서 똑같은 정토라도 도솔천兜率天은 왕생하기가 어렵고 극락세계는 왕생하기가 쉽다고 주장하고, 도솔천보다 극락세계가 왕생하기 쉬운 열 가지 이유를 경전에 근거하여 밝혔다. 따라서 원문 "往生十易"를 이와 같이 번역하였다.

288 첫째, 아미타부처님의~왕생하기 쉽다 :『禮念彌陀道場懺法』권2「第2 決疑生信」(X74, 83c)에 "여러 경에 나온다.(經諸經)"라는 각주가 첨부되어 있다.

289 둘째, 극락세계는~왕생하기 쉽다 :『禮念彌陀道場懺法』권2「第2 決疑生信」(X74, 83c)에 "『無量壽經』에 나온다."라는 각주가 첨부되어 있다.『佛說無量壽經』하권(T12, 274b)에서 "그 나라는 중생의 뜻을 거스르지 않고 저절로 끌려온다.(其國不逆違, 自然之所牽.)"라고 하였다.

290 셋째, 시방의~왕생하기 쉽다 :『禮念彌陀道場懺法』권2「第2 決疑生信」(X74, 83c)에 "『稱讚淨土經』에 나온다."라는 각주가 첨부되어 있다.『稱讚淨土佛攝受經』(T12, 350a)에서 "너희 유정들은 '불가사의한 불국토의 공덕을 칭찬하면 일체 모든 부처님께서 거두어 주신다.'고 하신 이와 같은 법문을 모두들 마땅히 믿고 받아들여야 한다.(汝等有情, 皆應信受, 如是稱讚不可思議佛土功德一切諸佛攝受法門.)"라고 하였다.

291 넷째, 동방세계의~왕생하기 쉽다 :『禮念彌陀道場懺法』권2「第2 決疑生信」(X74, 83c)에 "『藥師本願經』에 나온다."라는 각주가 첨부되어 있다. '한 부처님'은 약사유리광여래藥師琉璃光如來를 가리킨다.『藥師琉璃光七佛本願功德經』하권(T14, 414b)에서 "만수실리여, 만약 필추・필추니・근사남・근사녀의 사부대중 및 청정한 믿음을 가진 남자나 여자가……서방극락세계에 태어나 무량수부처님을 친견하기를 원하는데, 그가 만약 '약사유리광여래'의 이름을 들었다면, 죽음을 맞이할 무렵에 여덟 보살께서 신통력의 힘으로 찾아와 그에게 갈 곳을 보여 줄 것이고, 곧 그 세계의 온갖 보배로 만들어진 온갖 빛깔의 연꽃 속에서 저절로 화현해 태어나게 될 것이다.(曼殊室利, 若有四衆, 苾芻苾芻尼近事男近事女, 及餘淨信男子女人……願生西方極樂世界, 見無量壽佛, 若聞藥師琉璃光如來名號, 臨命終時, 有八菩薩, 乘神通來示其去處, 即於彼界種種雜色衆寶花中自然化生.)"라고 하였다.

292 다섯째, 큰~왕생하기 쉽다 : 『禮念彌陀道場懺法』 권2 「第2 決疑生信」(X74, 83c)에 "『無量壽經』에 나온다."라는 각주가 첨부되어 있다. '큰 성인 두 분'은 관세음보살觀世音菩薩과 대세지보살大勢至菩薩을 가리킨다. 『無量壽經』 하권(T12, 273b)에 "그 국토에……최고로 존귀하신 두 보살이 계시어 위신력과 광명으로 삼천대천세계를 비추신다.……한 분의 이름은 관세음이고, 또 한 분은 대세지이시다.(彼佛國中……有二菩薩最尊第一, 威神光明普照三千大千世界……一名觀世音, 二名大勢至.)"라고 하였다.

293 여섯째, 큰~왕생하기 쉽다 : 『禮念彌陀道場懺法』 권2 「第2 決疑生信」(X74, 83c)에 "역시 『藥師經』에 나온다."라는 각주가 첨부되어 있다. 『藥師琉璃光七佛本願功德經』 하권(T14, 414b)에서 "죽음을 맞이할 무렵에 여덟 보살께서 신통력의 힘으로 찾아와 그에게 갈 곳을 보여 주고, 곧바로 그 세계의 온갖 보배로 만들어진 온갖 빛깔의 연꽃 속에서 저절로 화현해 태어나게 된다.(臨命終時, 有八菩薩, 乘神通來示其去處, 即於彼界種種雜色衆寶花中自然化生.)"라고 하였다.

294 일곱째, 열~왕생하기 쉽다 : 『禮念彌陀道場懺法』 권2 「第2 決疑生信」(X74, 83c)에 "『華嚴經』 「行願品」에 나온다."라는 각주가 첨부되어 있다. 열 가지 큰 서원은 곧 보현보살의 10대원이다. 『大方廣佛華嚴經』 권40 「入不思議解脫境界普賢行願品」(T10, 844b)에서 "이때 보현보살마하살이……여러 보살과 선재善財에게 말씀하셨다. '선남자여, ……이 공덕문을 성취하고 싶다면 열 가지 광대한 행원行願을 닦아야만 한다. 열 가지는 무엇인가? 첫째 모든 부처님께 예배하며 공경하고, 둘째 여래를 칭찬하고, 셋째 널리 공양하고, 넷째 업장을 참회하고, 다섯째 타인의 공덕에 함께 기뻐하고, 여섯째 법륜을 굴리시도록 청하고, 일곱째 부처님께 세상에 머물러 달라고 청하고, 여덟째 항상 부처님을 따라 배우고, 아홉째 항상 중생들에게 순응하고, 열째 쌓았던 모든 공덕을 널리 회향하는 것이다.(爾時, 普賢菩薩摩訶薩……告諸菩薩及善財言. 善男子……若欲成就此功德門, 應修十種廣大行願. 何等爲十? 一者禮敬諸佛, 二者稱讚如來, 三者廣修供養, 四者懺悔業障, 五者隨喜功德, 六者請轉法輪, 七者請佛住世, 八者常隨佛學, 九者恒順衆生, 十者普皆迴向.)"라고 하였다.

295 여덟째, 경전~왕생하기 쉽다 : 『禮念彌陀道場懺法』 권2 「第2 決疑生信」(X74, 83c)에 "『決定光明經』에 나온다."라는 각주가 첨부되어 있다. 『大乘聖無量壽決定光明王如來陀羅尼經』(T19, 85b)에서 "묘길상보살이여, 이 무량수결정광명왕여래의 108명 다라니를 어떤 사람이 직접 서사하거나 남을 시켜 이 다라니를 서사하게 한다면……이런 사람은 나중에 이 세계에서 목숨을 마치고 곧바로 저 무량수결정광명왕여래의 부처님 나라인 무량공덕장세계에 왕생할 것이다.(妙吉祥菩薩, 此無量壽決定光明王如來一百八名陀羅尼, 若有人躬自書寫, 或敎他人書是陀羅尼……如是之人於後此處命終, 便得往生於彼無量壽決定光明王如來佛刹無量功德藏世界之中.)"라고 하였다.

296 아홉째, 쌓았던~왕생하기 쉽다 : 『禮念彌陀道場懺法』 권2 「第2 決疑生信」(X74, 83c)에 "『大寶積經』에 나온다."라는 각주가 첨부되어 있다. 『大寶積經』 권17 「無量壽如來會」(T11, 93c)에서 "법처비구法處比丘가 아뢰기를……만약 제가 성불한다면, 다른 국토에 있는 여러 중생들이 보리심을 일으키고 나아가 저의 처소에 대해 청정한 생각을 일으키고 다시 선근을 회향하며 극락에 태어나기를 소원할 경우 그 사람이 죽음을 맞이할 때에 제가 여러 비구대중과 함께 그 사람 앞에 나타나겠습니다. 만약 그렇지 못하다면 정각을 성취하지 않겠습니다.(法處白言……若我成佛, 於他刹土有諸衆生發

菩提心, 及於我所起淸淨念, 復以善根迴向願生極樂, 彼人臨命終時, 我與諸比丘衆現其人前. 若不爾者, 不取正覺.)"라고 하였다.

297 열째, 잠깐만~왕생하기 쉽다 : 『禮念彌陀道場懺法』권2 「第2 決疑生信」(X74, 83c)에 "『十六觀經』에 나온다."라는 각주가 첨부되어 있다. 『觀無量壽佛經』(T12, 346a)에서 "이런 어리석은 사람도 죽음이 닥쳤을 때……지극한 마음으로 부처님을 생각하면서 그 소리가 끊어지지 않도록 '나무아미타불' 하고 열 번을 부른다면……극락세계에 왕생할 것이다.(如此愚人, 臨命終時……如是至心令聲不絶, 具足十念稱南無阿彌陀佛……卽得往生極樂世界.)"라고 하였다.

298 첫째, 아미타부처님의~왕생하기 쉽다 : 원나라 왕자성이 편찬한 『禮念彌陀道場懺法』권2 「第2 決疑生信」(X74, 83c)에서 인용하였다.

299 제호醍醐 : 우유를 발효시킨 식품 중 가장 마지막 단계에 만들어지는 최고로 맛있는 음식이다. 경전에서 이를 최상의 불법佛法에 비유한다.

300 계戒의 덕을~해야 한다 : 명나라 묘협이 편찬한 『寶王三昧念佛直指』하권 「第11 勸持衆戒」(T47, 368a)에서 인용하였다.

301 삼귀의계三歸依戒 : 부처님께 귀의하고(歸依佛), 법에 귀의하고(歸依法), 승가에 귀의하는(歸依僧) 것이다.

302 오계五戒 : 살생하지 않고(不殺生), 도둑질하지 않고(不偸盜), 거짓말하지 않고(不妄語), 성행위를 하지 않고(不婬), 술을 마시지 않는(不飮酒) 것이다. 재가자는 모든 성행위를 금하는 대신 삿된 성행위만 금한다(不邪婬).

303 열 가지 선법(十善法) : 생각과 말과 행동으로 열 가지 잘못(十惡)을 저지르지 않는 것을 말한다. 열 가지 잘못은 불살생不殺生·불투도不偸盜·불사음不邪婬·불망어不妄語·불양설不兩舌·불악구不惡口·불기어不綺語·불탐욕不貪欲·불진에不瞋恚·불사견不邪見이다.

304 삼취정계三聚淨戒의 율의律儀 : 삼취정계 중 섭률의계攝律儀戒를 가리킨다. 삼취정계는 대승 보살들이 계율의 목적과 근본 취지를 밝혀 수지하는 계로 특별히 항목이 정해져 있는 것은 아니다. 모든 것을 포섭한다는 뜻에서 '섭攝'이라 하고, 그 항목을 구체적으로 나열하자면 수도 없이 많다 하여 '취聚'라 하고, 그 계법이 본래 청정하므로 '정淨'이라 한다. 그 세 가지는 섭률의계·섭선법계攝善法戒·섭중생계攝衆生戒이다.

305 삼선월三善月 : 삼장재월三長齋月·삼장월三長月·삼재월三齋月이라고도 한다. 재가자들이 1년 중 1월·5월·9월 석 달 동안은 승려들처럼 하루에 한 끼만 먹고 오후에 음식을 먹지 않으면서 몸과 마음을 단정히 하고 불도를 닦는 기간으로 삼는 것이다.

306 육재일六齋日 : 재가자들이 팔관재계八關齋戒를 수지하는 매월 8일·14일·15일·23일·29일·30일의 엿새를 말한다. 팔관재계는 오계에다 꽃다발로 자신을 치장하지 말고, 노래 부르고 춤추지 말 것이며 구경도 하지 말라(不以華鬘裝飾自身, 不歌舞觀聽), 높고 넓고 화려한 침상이나 좌석에 앉지도 눕지도 말라(不坐臥高廣華麗床座), 정오 이전 한 끼만 먹고 오후에는 음식을 먹지 말라(不非時食)는 세 조항을 더한 것이다.

307 부처님이 세상에~스승으로 삼아라 : 『廬山蓮宗寶鑑』권1 「念佛正因」 '受持戒法'(T47, 307c)에서는 『涅槃經』의 말이라고 밝혔다.

308 계는 밝은~정각을 이루었네 : 『梵網經』하권 「盧舍那佛說菩薩心地戒品」(T24,

1003c)에 나온다.

309 먼저 삼귀의계三歸依戒를~수호해야 한다 : 원나라 보도가 편찬한 『廬山蓮宗寶鑑』 권1 「念佛正因」 '受持戒法'(T47, 307c)에서 인용하였다.

310 마음을 다잡아~지혜를 일으켜라 : 『首楞嚴經』 권6(T19, 131c)에서 "아난아, 너는 내가 비나야毘柰耶에서 수행의 결정적인 뜻 세 가지를 설하는 것을 항상 들었을 것이다. 이른바 (수행이란) 마음을 다잡아 계를 실천하고, 계를 바탕으로 선정을 일으키고, 선정을 바탕으로 지혜를 일으키는 것이니, 이를 곧 세 가지 무루학이라 한다.(阿難, 汝常聞我毘柰耶中, 宣說修行三決定義. 所謂攝心爲戒, 因戒生定, 因定發慧, 是則名爲三無漏學.)"라고 하였다.

311 비니毘尼 : ⓢ vinaya의 음역이다. 비나야毘奈耶라고도 하며, 율律 또는 율의律儀로 의역한다.

312 마음을 다잡아~해탈하는 문이다 : 명나라 운서 주굉의 말이다. 『雲棲法彙』 권21 「雲棲大師遺稿」 '答孫吾無高居士廣抑'(J33, 143c), 『淨土晨鍾』 권6 「第6 策進」 '策在家人一心正念'(X62, 66b) 등에 수록되어 있다. 치조가 인용한 문장은 『淨土晨鍾』의 것과 일치한다.

313 기쁨(喜)·분노(怒)~깨끗할 것이다 : 송나라 왕일휴의 말이다. 『龍舒增廣淨土文』 권10 「情說」(T47, 281b), 『歸元直指集』 하권 「第64 情說」(X61, 472a) 등에 수록되어 있다.

314 일체중생에게 자비로운~넣는단 말인가 : 원나라 왕자성이 편찬한 『禮念彌陀道場懺法』 권3 「第3 引教比證」(X74, 87a)에서 인용하였다.

315 바르지 못한~힘쓰도록 하라 : 송나라 왕일휴의 말이다. 『龍舒增廣淨土文』 권3 「普勸修持 4」(T47, 260a), 『淨土晨鍾』 권3 「第3 勸修」 '勸急辨大事不可不修'(X62, 48b) 등에 수록되어 있다.

316 대련對聯 : 대문이나 기둥에 써 붙이는 대구對句.

317 정말로 생사윤회를~마음으로 염불하라 : 명나라 운서 주굉의 말이다. 『雲棲法彙』 권21 「雲棲大師遺稿」 '警策 自警'(J33, 151a), 『淨土晨鍾』 권6 「第6 策進」 '策出家人一心正念'(X62, 65b) 등에 수록되어 있다. 치조가 인용한 문장은 『淨土晨鍾』의 것과 유사하다.

318 모든 사람이~들어갈 것이다 : 명나라 운서 주굉의 말이다. 『雲棲法彙』 권21 「雲棲大師遺稿」 '開示 普勸戒殺放生'(J33, 147b)에 수록되어 있다.

319 천지의 생물이~어디에 있을까 : 명나라 운서 주굉의 말이다. 『雲棲法彙』 권12 「竹窓隨筆」 '戒殺'(J33, 29b)에도 수록되어 있다.

320 내 살이~보면 어떨까 : 『鼓山爲霖和尚示修淨土旨訣』 「答龔岸齋居士淨土八問」(X62, 25a)에 근거하면, 이 시는 황산곡黃山谷 즉 황정견黃庭堅이 육식을 즐기던 동파東坡 즉 소식蘇軾을 경계하며 지어 준 시라고 한다.

321 천지의 생물이~태어나기를 구하라 : 청나라 주극복이 명나라 운서 주굉의 말과 『程鶯淡話』의 말을 인용해 함께 편찬한 것이다. 『淨土晨鍾』 권5 「第5 功行法門」 '慈心不殺正因'(X62, 65b)에 수록되어 있다.

322 자각 선사慈覺禪師 : 송나라 때 운문종雲門宗 승려로 장로사長蘆寺에 거주했던 종색 선사宗賾禪師를 가리킨다. 자각은 호이다. 그는 참선 외에도 여산 혜원廬山慧遠의 법

규를 따라 연화승회蓮花勝會를 결성하여 승속에게 염불수행을 널리 권장하였다.『廬山蓮宗寶鑑』권4「念佛正派」·'長蘆慈覺禪師'(T47, 324c) 등에 전기가 수록되어 있으며, 그가 지은「蓮華勝會錄文」·「勸孝文」·〈勸念佛頌〉등이『樂邦文類』등에 수록되어 있다.

323 식욕과 성욕은~보호해야 한다 : 송나라 왕일휴王日休의 말이다.『龍舒增廣淨土文』권9「飲食男女說」(T47, 279c),『樂邦遺稿』상권「婬慾殺害更相助發」(T47, 237b),『淨土指歸集』하권「第7 決疑門」·'婬殺相因'(X61, 396a),『歸元直指集』하권「第61 龍舒居士婬殺說」(X61, 471a),『淨土晨鍾』권5「第5 功行門」·'省口腹淫慾助修'(X62, 61b) 등에 수록되어 있다. 치조가 인용한 문장은『樂邦遺稿』·『淨土指歸集』의 것과 유사하다.

324 사람이 세간의~큰 성인들이시다 : 명나라 운서 주굉의 말이다.『雲棲法彙』권12「竹窓隨筆」·'對境'(J33, 28a),『淨土晨鍾』권9「第9 了俗」·'了世染之妄'(X62, 79a)에 수록되어 있다.

325 세상살이에 필요한~큰 것이다 : 명나라 묘협이 편찬한『寶王三昧念佛直指』하권「第11 勸持衆戒」(T47, 368a)에서 인용하였다. 문장이 정확히 일치하지는 않는다.

326 생사윤회를 끝내려고~가능할 것이다 : 명나라 감산 덕청憨山德清의 말이다.『憨山老人夢遊集』권7「法語」·'示念佛切要'(X73, 505c),『重訂西方公據』하권「第6 蓮宗開示」·'開示'(X62, 301a) 등에 수록되어 있다.

327 애착이 무겁지~태어나지 못한다 : 송나라 양걸이 지은「淨土十疑論序」에 나온다.『淨土十疑論』(T47, 77a) 등에 수록되어 있다.

328 눈에 낀~황금 살촉(金錍) : 금비金錍는 고대 인도에서 안질 환자의 각막에 낀 백태를 걷어 내기 위해 사용한 의료 기구이다.『大般涅槃經』권8「如來性品」(T12, 411c)에 "선남자여, 백 명의 맹인이 눈을 치료하기 위해 훌륭한 의사를 찾아가면, 이때 그 훌륭한 의사는 곧 황금 살촉(金錍)으로 그의 눈에 낀 막을 제거하고 손가락 하나를 들어 보이면서 '보이는가?' 하고 묻는다."라는 내용이 수록되어 있다.

329 고황膏肓에 든 병 : 치료할 수 없는 고질병을 뜻한다. 고황은 심장과 횡격막 사이로, 이곳에 병이 생기면 고칠 수 없다고 한다.

330 염불하여 정토에~귀한 손님이다 : 명나라 유계 전등幽溪傳燈의 말이다.『淨土十要』제9「幽溪無盡法師淨土法語」(X61, 745b),『徑中徑又徑』권4「勸行法」·「斷愛門」(X62, 398a),『蓮宗必讀』「幽溪法師淨土法語」(X61, 598b) 등에 수록되어 있다. 치조가 인용한 문장은『徑中徑又徑』의 것과 가장 유사하다. 유계 전등의 전기는『淨土聖賢錄』권5「往生比邱」·'傳燈'(X78, 271b)에 수록되어 있다.

331 맛있는 음식으로~안 된다 : 청나라 주극복이 편찬한『淨土晨鍾』권3「第3 勸修」·'勸出世間孝勸二親修'(X62, 50c)에서 인용하였다. 주극복 역시『雲棲淨土彙語』「竹牕三筆」·'出世間大孝'(X62, 19b),『雲棲法彙』권14「竹窓三筆」·'出世間大孝'(J33, 68b)에 수록된 운서 주굉의 말을 참조하였다.

332 자식이 부모님을~달려 있다 : 송나라 자각 종색慈覺宗賾이 지은「勸孝文」에 나오는 말이다.「勸孝文」의 일부가『樂邦遺稿』하권「孝養父母唯在命終助往」(T47, 249a),『淨土指歸集』상권「第5 行法門」·'孝養父母'(X61, 387b),『歸元直指集』하권「第74 事親大孝戒殺文」(X61, 478a),『淨土晨鍾』권7「第7 飭終」·'飭父母往生'(X62, 69a) 등

에 수록되어 있다. 이상 치조가 인용한 문장은 『淨土晨鍾』의 것과 일치한다.

333 **불효한 죄는 지옥에 떨어진다** : 『雜寶藏經』 권9 「不孝婦欲害其姑反殺其夫緣」(T4, 493b)에 "불효한 죄는 현세에서 이와 같은 과보를 받고, 죽은 후에는 지옥에 들어가 한량없는 고통을 받는다.(不孝之罪, 現報如是, 後入地獄, 受苦無量.)"라는 내용이 수록되어 있다.

334 **이미 정토수행을~업인 것이다** : 원나라 천여 유칙天如惟則이 편찬한 『淨土或問』 (T47, 302a)에서 인용하였다. 『淨土或問』에서 천여 유칙은 '전일한 수행이 빈틈없이 지속되는 생각(專修無間之念)'을 성취하기 위해 사용할 채찍으로 보은報恩·결지決志·구험求驗의 세 가지를 제시하였다. 치조가 인용한 이상의 문장은 그 첫 번째 '보은'에 해당한다.

335 **스승과 벗들의~자가 없으리라** : 송나라 왕일휴의 말이다. 『龍舒增廣淨土文』 권3 「普勸修持 9」(T47, 261b), 『歸元直指集』 하권 「第91 普勸修持淨土」(X61, 483c) 등에 수록되어 있다.

336 **부처님께 공양을~왕생하게 하소서** : 송나라 왕일휴의 말이다. 『龍舒增廣淨土文』 권4 「修持法門 13」(T47, 265a), 『樂邦遺稿』 하권 「修一切善法迴向西方」(T47, 248c), 『淨土指歸集』 하권 「第10 勸修門」 '衆善相資'(X61, 407a) 등에 수록되어 있다. 치조가 인용한 문장은 『淨土指歸集』의 것과 유사하다.

337 **여덟 가지~가지 법이다** : 『維摩詰所說經』 하권 「香積佛品」(T14, 553a)에서 유마힐維摩詰 거사가 향적세계香積世界의 보살들에게 한 말이다.

338 **수승한 인(勝忍)** : 인忍은 Ⓢ kṣānti의 의역으로 인욕忍辱·인내忍耐·감인堪忍·인허忍許·인가忍可·안인安忍 등의 뜻이 있다. 곧 부처님의 가르침을 깨달아 그 이치에 마음을 안주시키고, 타인의 모욕이나 괴롭힘, 상해 등과 굶주림과 추위 등의 고난에 흔들리지 않는 것이다. 여러 경과 논에서 인忍을 2인, 3인, 5인, 6인, 10인 등으로 다양하게 분류하였다.

339 **일체종지一切種智** : 삼지三智의 하나로 부처님만 가질 수 있는 지혜이다. 모든 법의 평등을 바탕에 두고 다시 차별상差別相을 세밀히 밝히는 지혜이다.

340 **보리분菩提分** : 보리 즉 깨달음에 속하는 법들, 또는 깨달음을 돕는 법들을 말한다. 사념처四念處·사정근四正勤·사여의족四如意足·오근五根·오력五力·칠각지七覺支·팔정도八正道 등 도합 37법이 있다.

341 **만약 중생이~왕생하게 된다** : 『大寶積經』 권92 「發勝志樂會」(T11, 528b)에서 부처님이 미륵보살에게 하신 말씀이다.

342 **중음中陰** : 이생에서의 삶을 마치고 다음 생의 몸을 받기까지 그 중간 상태의 존재를 말한다. 중유中有라고도 한다.

343 **참선만 하고~명도 없으리라** : 송나라 영명 연수永明延壽가 지은 「禪淨四料簡」이다. 『重訂西方公據』 하권 「第6 蓮宗開示」 '禪淨四料簡'(X62, 298c), 『淨土聖賢錄』 권3 「第3 往生比邱」 '延壽'(X78, 244a) 등에 수록되어 있다.

344 **낮이 있으면~지혜에다 정토수행이지** : 송나라 왕일휴가 지은 게송이다. 『龍舒增廣淨土文』 권1 「備說」(T47, 257a), 『歸元直指集』 하권 「第67 勸修備說」(X61, 472b) 등에 수록되어 있다.

345 **다섯 세계로 가는 길(五道)** : 생사윤회의 길을 뜻한다. 윤회하는 세계를 흔히 여섯으

로 분류해 육도윤회六道輪迴라 하는데, 다섯으로 분류해 오도윤회五道輪迴라고도 한
다. 다섯은 곧 지옥·아귀·축생·인간·하늘나라이다. 여기에 아수라를 더하면 육도
이다.
346 안양安養에 왕생하는~배워야 한다 : 송나라 자운 참주 준식이 찬술한 『往生淨土懺
願儀』(T47, 490c)에 나오는 말이다. 『樂邦文類』 권2 「序跋」 '往生淨土懺願儀序'(T47,
168b), 『淨土指歸集』 하권 「第10 勸修門」 '慈雲勸修'(X61, 405c) 등에도 수록되어 있
다. 치조가 인용한 문장은 『淨土指歸集』의 것과 가장 유사하다.
347 수화경水火鏡 : 고대에 사용했던 일종의 집광集光 장치이다. 재질은 청동이며, 원형
에 가운데가 움푹하게 꺼진 형태이다.
348 염불하여 왕생하려면~정토에 왕생한다 : 명나라 대우大佑가 편찬한 『淨土指歸集』
하권 「第7 決疑門」 '般舟三力'(X61, 399c)에서 인용하였다. 대우는 『淨土指歸集』에서
이를 "원통 범圓通梵 법사가 『會宗集』에서 『般舟三昧經』을 인용하여 하신 말씀(圓通
梵法師會宗集, 引般舟三昧經言.)"이라고 밝혔다. 원통 범은 곧 송나라 천태종 승려였
던 사범思梵으로, 원통은 사호賜號이다. 『佛祖統紀』 권15 「諸師列傳」 '普明靖法師法
嗣 圓通思梵法師'(T49, 229c)에 전기가 수록되어 있다.
349 멸제滅除라는 약을 바른 북소리(滅除藥皷) : 『首楞嚴三昧經』 상권(T15, 633a)에서 부
처님이 견의보살堅意菩薩에게 "약 중의 대왕인 멸제를 전투할 때 북에 바르고 치면
화살에 맞거나 칼과 창에 찔렸던 상처들에서 북소리가 들리자마자 화살이 뽑히고 독이
제거되는 것과 같다. 이와 같이 견의여, 보살이 수능엄삼매에 머물 때 그 이름을 듣는
자가 있다면 탐욕과 분노와 어리석음이 저절로 뽑히고, 모든 사견의 독이 모두 제거
되고, 일체 번뇌가 다시는 발동하지 않을 것이다.(如大藥王名曰滅除, 若鬪戰時用以塗
鼓, 諸被箭射刀矛所傷, 得聞鼓聲箭出毒除. 如是堅意, 菩薩住首楞嚴三昧, 有聞名者, 貪
恚癡箭自然拔出, 諸邪見毒皆悉除滅, 一切煩惱不復動發.)"라고 하였다.
350 시작을 알~것과 같다 : 수나라 천태天台 지자 대사智者大師의 말이다. 『淨土十疑論』
「第八疑」(T47, 79c), 『淨土指歸集』 하권 「第7 決疑門」 '十念往生'(X61, 397a), 『淨土紺
珠』 「三較量」(X62, 655c)에 수록되어 있다. 치조가 인용한 문장은 『淨土紺珠』의 것과
일치한다.
351 요즘은 머리를~축하할 노릇이다 : 명나라 운서 주굉의 말이다. 『雲棲法彙』 권13 「竹
窗二筆」 '出家'(J33, 51b), 『淨土晨鍾』 권9 「第9 了俗」 '了世染之妄'(X62, 79c)에 수록
되어 있다. 치조가 인용한 문장은 『淨土晨鍾』의 것과 일치한다.
352 항상 자신의~장식을 버려라 : 『佛垂般涅槃略說敎誡經』(T12, 1111b) 즉 『遺敎經』에
서 "너희 비구들은 자신의 머리를 쓰다듬어 보라. 이미 아름다운 장식을 버리고 볼
품없는 빛깔의 가사를 입었으니, 응량기應量器인 발우를 들고 걸식하면서 스스로 살
아가라. 자신을 이와 같이 보고, 교만한 마음이 일어나면 빨리 그것을 없애도록 하
라.(汝等比丘, 當自摩頭. 已捨飾好, 著壞色衣, 執持應器, 以乞自活. 自見如是, 若起憍
慢, 當疾滅之.)"라고 하였다.
353 인생살이는 추우면~부처님을 생각하라 : 명나라 운서 주굉의 말이다. 『雲棲法彙』 권
13 「竹窗二筆」 '出家休心難'(J33, 46a)에 수록되어 있다.
354 이끌어 주는~것과 같다 : 『大智度論』 「釋發趣品」(T25, 414c)에서 용수보살龍樹菩薩
이 한 말이다.

355 마땅히 자신에~일으켜야 한다 : 『大方廣佛華嚴經』권77 「入法界品」(T10, 421c)에서 묘의화문성妙意華門城의 동자童子와 동녀童女들이 선재善財에게 한 말이다.

356 만약 여래~것보다 낫다 : 『大方廣佛華嚴經』권35 「十地品」 '第三地'(T10, 187b)에서 "만약 들어 보지 못했던 법을 한 구절이라도 듣고 크게 기뻐하는 마음을 일으켰다면 삼천대천세계를 가득 채울 만큼의 보배를 얻은 것보다 낫다. 만약 들어 보지 못했던 법을 한 게송이라도 듣고 크게 기뻐하는 마음을 일으켰다면 전륜성왕의 지위를 얻은 것보다 낫다. 만약 들어 보지 못했던 법을 한 게송이라도 얻고 보살행을 청정하게 했다면 제석이나 범천왕의 지위에 한량없는 백천 겁 동안 머무는 것보다 낫다.(若聞一句未曾聞法, 生大歡喜, 勝得三千大千世界滿中珍寶. 若聞一偈未曾正法, 生大歡喜, 勝得轉輪聖王位. 若得一偈未曾聞法, 能淨菩薩行, 勝得帝釋梵王位住無量百千劫.)"라고 하였다.

357 『대지도론大智度論』에서 말씀하셨다~낫다라고 하셨다 : 『淨土指歸集』상권 「第5 行法門」 '親近善友'(X61, 388b), 『歸元直指集』상권 「第2 尊崇三寶教法篇」(X61, 425b)에 수록되어 있다.

358 천 가지~것이나 마찬가지이다 : 송나라 왕일휴의 말이다. 『龍舒增廣淨土文』권10 「六根說」(T47, 281c), 『淨土晨鍾』권9 「第9 了俗」 '了物緣之妄'(X62, 82a) 등에 수록되어 있다.

359 한 생각~부릴 것이다 : 당나라 임제 의현臨濟義玄의 말이다. 『鎭州臨濟慧照禪師語錄』(T47, 498c), 『古尊宿語錄』권4 「鎭州臨濟慧照禪師語錄」(X68, 25b) 등에 수록되어 있다.

360 보통 사람들은~저절로 고요해진다 : 당나라 황벽 희운黃檗希運의 말이다. 『黃檗山斷際禪師傳心法要』(T48, 381c), 『景德傳燈錄』권9 「黃檗希運禪師傳法要」(T51, 270c) 등에 수록되어 있다.

361 범부는 업력으로~들어가는 것이다 : 명나라 원굉도袁宏道가 편찬한 『西方合論』권8 「第8 見網門」(T47, 409c)에서 인용하였다. 『淨土晨鍾』권8 「正辨」 '辨業性本空'(X62, 74b)에도 수록되어 있다.

362 구더기는 뒷간에~없을 것이다 : 명나라 운서 주굉의 말이다. 『雲棲淨土彙語』「竹窗隨筆」 '以苦爲樂'(X62, 14b), 『雲棲法彙』권12 「竹窗隨筆」 '以苦爲樂'(J33, 28b)에 수록되어 있다.

363 사람의 윤리와~것일 따름이다 : 『雲棲法彙』권19 「雲棲大師遺稿 권1」 '書 答太倉王弱生駕部廣嶢'(J33, 125c)에서 인용하였다.

364 속으로 보살행을~모습을 보인다 : 『妙法蓮華經』권4 「五百弟子受記品」(T9, 28a)에 "속으로 비밀히 보살행을 간직하고, 겉으로 성문의 모습을 보인다.(內祕菩薩行, 外現是聲聞.)"라고 하였다.

365 경에 말씀하시기를~해탈하는 방법이다 : 『雲棲法彙』권20 「雲棲大師遺稿 권2」 '書 與江陰馮泰衢孝廉廣寂'(J33, 134a)에서 인용하였다.

366 그저 스스로~것과 같다 : 『雲棲法彙』권20 「雲棲大師遺稿 권2」 '書 答錢養淳州守廣霑'(J33, 127c)에서 인용하였다.

367 사람의 윤리와~없도록 하라 : 이상은 치조가 명나라 운서 주굉의 여러 편지글에서 발췌하여 편집한 것이다.

368 종이 울리고~떨어질 때 : 늘그막을 비유하는 말이다. 삼국시대 위나라의 전예田豫가 남양 태수南陽太守로 승진했을 때 여러 번 사직을 청하였으나 들어주지 않자, "나이 일흔을 넘기고도 벼슬자리에 있는 것은 비유하자면 통금을 알리는 종이 울리고 물시계의 물도 다 떨어졌는데 멈추지 않고 밤길을 다니는 것과 같으니, 이는 죄인이다.(年過七十而以位居, 譬猶鍾鳴漏盡而夜行不休, 罪人也.)"라고 하고는 이윽고 병을 핑계로 물러났다고 한『三國志』권26「魏書」'田豫傳'에서 유래하였다.

369 가난하고 천한~수 있겠는가 : 청나라 주극복이 편찬한 『淨土晨鍾』권9「第9 了俗」 '了富貴之妄'(X62, 80a)에서 인용하였다.

370 세속의 눈으로~태어나기를 구하라 : 청나라 주극복이 편찬한 『淨土晨鍾』권9「第9 了俗」 '了世染之妄'(X62, 79b)에서 인용하였다. 주극복은 『淨土晨鍾』에서 이를 『程鷺淡話』에서 발췌하였다고 밝혔는데, 『程鷺淡話』가 어떤 책인지는 자세히 알 수 없다.

371 세상 사람들은~안 된다 : 『樂邦遺稿』하권「世人但將養此身不思後報」(T47, 249a), 『淨土指歸集』하권「第10 勸修門」'當思身後'(X61, 407b)에 수록되어 있다. 치조가 인용한 문장은 『淨土指歸集』의 것과 유사하다. 『樂邦遺稿』와 『淨土指歸集』에서 모두 "寂室"에서 인용하였다."라고 밝혔다. '寂室'은『寂室淨土文』의 줄임말로 용서龍舒 즉 왕일휴가 편찬한 책으로 추정된다.

372 난야蘭若 : Ⓢ araṇya의 음역인 아란야阿蘭若의 줄임말이다. 깊은 산림이나 황야 즉 조용한 수행 장소를 뜻한다.

373 일생보처보살一生補處菩薩 : 이번 생애만 마치면 부처가 되기로 예정된 보살. 보살의 가장 높은 지위이다.

374 척벽尺璧 : 지름이 한 자나 되는 크고 아름다운 보배 구슬. 자성自性 또는 자성을 밝히는 지혜를 비유하는 말로 쓰였다.

375 아유월치阿惟越致 : Ⓢ avinivartanīya의 음역. 아비발치阿鞞跋致라고도 한다. 의역하면 불퇴지不退地 또는 불퇴전지不退轉地이다. 악취惡趣와 이승二乘의 지위로 물러나지 않고 증득한 법을 망실하지 않게 된 경지를 뜻한다.

376 동체자비同體慈悲 : 일체중생을 한 몸으로 여겨 일으키는 대자비심大慈悲心.

377 이 세계~번째 미혹이다 : 송나라 종색宗賾의 말이다. 『龍舒增廣淨土文』권11「眞州長蘆賾禪師勸參禪人兼修淨土」(T47, 283c), 『淨土晨鍾』권8「第8 正辨」'辨不修淨土五惑'(X62, 71b) 등에 수록되어 있다. 치조가 인용한 문장은 『淨土晨鍾』의 것과 유사하다.

378 탈음奪陰 : 투생탈음偸生奪陰의 줄임말로, 죽은 사람의 혼백이 이미 탁태한 수정체에서 기존의 식신識神을 몰아내고 그 혈음血陰(수정체)을 빼앗는 것을 말한다. 회암선생晦庵先生 즉 주희朱熹가 "어떤 사람이 이천伊川(정이程頤)에게 선가禪家에서 말하는 성性에 대해 묻자 '이 그릇에 담긴 물을 저 그릇에 붓는 것이다.(傾此與彼)'라고 말씀하셨는데, 이는 바로 투생탈음한다는 말일 뿐이다. 선가에서 말하는 '투탈생음'이란 사람이 임신을 하면 자연히 그 수정체 속에 하나의 정신이 있게 마련인데, 자기가 그 속으로 치고 들어가 그것을 축출해 버리고, 자기가 도리어 그 혈음을 차지하는 것을 말한다. 이천이 이것을 '이 그릇에 담긴 물을 저 그릇에 붓는 것이다.'라고 설명한 것이다.(或問伊川, 禪家言性, 傾此與彼之說, 曰. 此是偸生奪陰之說爾. 禪家言偸生奪陰, 謂人懷胎, 自有箇神識在裏了, 我卻撞入裏面去, 逐了他, 我卻受他血陰. 它說

傾此與彼.)"라고 하였다는 내용이 명나라 요광효姚廣孝 즉 도연道衍이 지은 『道餘錄』 권3(J20, 334b)에 나온다. 도연이 이를 비판하여 "정자程子와 주자朱子가 선가에서 말하는 성性을 '이 그릇에 담긴 물을 저 그릇에 붓는 것' 또는 '생명을 훔치고 음혈을 빼앗는 것'이라고 설명하였지만, 선가의 말씀에 이런 설명이 있는 것을 본 적이 없다. 석씨釋氏는 '생사를 윤회한다.'는 이 말만 할 뿐이다.(程朱說禪家言性, 傾此與彼, 偸生奪陰, 禪家不曾見有此說. 輪轉生死, 釋氏有是言也.)"라고 한 내용 역시 『道餘錄』에 수록되어 있다.

379 『십육관경十六觀經』: 『觀無量壽佛經』을 말한다. 이 경에서 정토를 관상觀想하는 열여섯 가지 방법을 설명하였기 때문에 『十六觀經』 또는 『觀經』이라고도 한다.

380 세상에서 부처님의~수 있겠는가 : 송나라의 대지 율사大智律師 원조元照의 말이다. 『樂邦文類』 권2 「序跋」 '觀經九品圖後序'(T47, 170b), 『緇門警訓』 권5 「大智律師警自甘塗炭者」(T48, 1068a), 『淨土指歸集』 하권 「第8 斥謬門」 '自甘塗炭'(X61, 402c) 등에 수록되어 있다. 치조가 인용한 문장은 『淨土指歸集』·『緇門警訓』의 것과 유사하다.

381 마음에서 부처님을~짓는 짓이다 : 명나라 대우大佑가 편찬한 『淨土指歸集』 상권 「第2 宗旨門」 '十種無礙'(X61, 376a)에서 인용하였다.

382 혜충 국사慧忠國師 : 당나라 때 선종 승려이다. 육조 혜능慧能에게 수학하고 하남성 남양南陽의 백애산白崖山 당자곡黨子谷으로 들어가 40여 년간 은거하였다. 숙종이 상원上元 2년(761)에 손조진孫朝進을 파견해 초청하고 스승으로 모셨다. 이후 대종까지 두 황제의 스승이 되었다. 그는 남방의 선승들이 경전을 중시하지 않는 것을 비판하며, 교학을 중시하고 사설師說에 의거하라고 가르쳤다. 대종이 대중국사大證國師라는 시호를 내렸다.

383 성품을 보고~누구를 탓하겠는가 : 송나라 영명 연수의 말이다. 『龍舒增廣淨土文』 권11 「杭州永明壽禪師戒無證悟人勿輕淨土」(T47, 284c), 『緇門警訓』 권5 「永明壽禪師戒無證悟人勿輕淨土」(T48, 1068a), 『歸元直指集』 상권 「第11 永明壽禪師戒無證悟人勿輕淨土」(X61, 434b), 『淨土晨鍾』 권8 「第8 正辨」 '辨見性悟道勿輕淨土'(X62, 71a) 등에 수록되어 있다. 『龍舒增廣淨土文』에서 이를 왕민중王敏仲이 편찬한 『直指淨土決疑集』에서 인용하였다고 밝혔는데, 이 책은 현재 전해지지 않는다.

384 『약사경藥師經』: 달마급다達摩笈多가 번역한 『藥師如來本願經』, 현장玄奘이 번역한 『藥師琉璃光如來本願功德經』, 의정義淨이 번역한 『藥師瑠璃光七佛本願經』 등 여러 역본譯本이 있다. 내용은 대동소이하다.

385 『양황참梁皇懺』: 양나라 무제武帝의 명으로 편찬된 『慈悲道場懺法』을 말한다.

386 『소재주消災呪』: 『消災吉祥呪』라고도 한다. 『熾盛光大威德消災吉祥陀羅尼經』(T19, 337c)에 나온다.

387 『관음문觀音文』: 대혜 종고大慧宗杲가 지은 『禮觀音文』을 말한다. 『緇門警訓』 권8(T48, 1081b), 『觀世音持驗紀』 하권(X78, 109a) 등에 수록되어 있다.

388 아가타약阿伽陀藥 : 아가타阿伽陀는 [S] agada의 음역이다. 무병장수하게 하는 신비한 묘약을 말한다.

389 요즘 염불하는~무엇을 어찌시겠는가 : 명나라 운서 주굉의 말이다. 『雲棲淨土彙語』 「竹窗隨筆」 '念佛不專一'(X62, 15a), 『雲棲法彙』 권12 「竹窗隨筆」 '念佛不專一'(J33,

38b)에 수록되어 있다.
390 삼산三山의 우객羽客 : 삼산은 동해 바다에 있는 신선이 산다는 섬으로, 곧 봉래산蓬萊山·방장산方丈山·영주산瀛洲山을 말한다. 우객은 신선의 별칭이다.
391 세상 사람들이~도리가 없다 : 청나라 주극복이 편찬한『淨土晨鍾』권9「第9 了俗」'了世染之妄'(X62, 81a)에서 인용하였다.
392 사람의 목숨은~사이에 있다 :『佛說處處經』(T17, 527a)에서 부처님이 비구들에게 "이 몸의 무상함을 생각해야 한다."라고 말씀하시자, 여러 비구가 자신들이 생각하는 무상함에 대해 말하였다. 그리고 마지막으로 한 비구가 "사람의 목숨은 한 호흡 사이라고 해야 할 것입니다.(可呼吸間)"라고 하자, 부처님께서 "그렇다. 내쉰 숨이 돌아오지 않으면 곧 다음 생이니, 사람의 목숨은 호흡 사이에 있을 뿐이다.(出息不還則屬後世, 人命在呼吸之間耳.)"라고 하셨다.
393 부처님께서 사람의~않는 것이다 : 명나라 운서 주굉의 말이다.『雲棲淨土彙語』「開示」'警衆'(X62, 5a),『雲棲法彙』권21『雲棲大師遺稿 권3』'警策 警衆'(J33, 151c),『淨土晨鍾』권6「第6 策進」'策出家人一心正念'(X62, 65c),『重訂西方公據』하권「第6 蓮宗開示」'警衆'(X62, 300b) 등에 수록되어 있다.
394 종이 울리고~떨어질 때 : 삶이 끝날 무렵을 비유하는 말이다.
395 갓난아이가 태어나면~우는 셈이다 : 명나라 진계유陳繼儒(1588~1639)가 편찬한『福壽全書』「靜觀」에 나온다. 조선 후기 문신인 김노겸金魯謙(1781~1853)의 문집『性菴集』권8「囈述」에도 수록되어 있다.
396 세상 사람들은~바란다면, 어렵다 :『樂邦遺稿』상권「議世人善輕惡重」(T47, 234c),『淨土指歸集』하권「第7 決疑門」'少善不生'(X61, 397b)에 수록되어 있다.『樂邦遺稿』와『淨土指歸集淨土晨鍾』에서 모두 "고산 법사孤山法師의『彌陀西資鈔』에서 인용하였다."라고 밝혔다. 고산 법사는 송나라 고산 지원孤山智圓을 말한다.『佛祖統紀』권10「高論世家」'法師智圓'(T49, 204a)에 전기가 수록되어 있다.『彌陀西資鈔』는 지원이 자신이 지은『阿彌陀經疏』2권을 재차 해설한 책이다.『西資鈔』라고도 하며 1권으로 구성되어 있다.
397 사중죄四重罪 : 출가자가 지켜야 하는 중요한 네 가지 계율로, 살생殺生·도둑질(偸盜)·음행淫行·거짓말(妄語)을 범한 죄를 말한다. 이 죄는 참회로 해소될 수 없고 범죄자는 승단에서 축출되었다. 재가자는 일체의 음행을 규제하는 대신 삿된 음행(邪婬)을 규제한다.
398 오히려 두~필요 없다 : 부처님을 한 번만 생각해도 왕생할 수 있다는 뜻이다. 저본의 원문은 "尚不須兩念"이나, 당나라 비석飛錫의『念佛三昧寶王論』중권「第9 此生他生一念十念門」에는 이 부분이 "오히려 두 번 생각할 필요도 없는데, 어찌 열 번까지 생각할 필요가 있겠느냐?(尚不須兩念, 豈要至十念哉?)"로 되어 있다. 치조가 인용한 문장은 "열 번만 부처님을 생각하면 왕생할 수 있다."라는 주장에 의문을 품은 사람에게 답변하기 위해 이와 같이 말한 것이다.
399 치즈를 아끼던~태어났던 것이니 :『大智度論』권17(T25, 182a)에 일화가 소개되어 있다. 치즈를 무척이나 좋아했던 한 사미가 있었다. 그 사미는 단월들이 스님들에게 치즈를 보시할 때마다 남은 몫을 얻어 병에 담아 두고는 그것을 애착하며 무척이나 좋아하였다. 그는 목숨을 마친 후에 남은 치즈를 모아 둔 병 속에 태어났다. 그 사미

의 스승은 아라한 도를 얻은 분이었다. 사미가 죽은 후 대중 스님들이 사미가 모아 둔 치즈를 나누려 하자, 그의 스승이 말하였다. "천천히 하라. 치즈를 아끼던 사미를 다치게 하지 말라." "이것은 벌레입니다. 왜 치즈를 아끼던 사미라고 하십니까?" 그러자 그의 스승이 말하였다. "이 벌레는 본래 나의 사미였는데, 그만 남은 치즈를 탐내고 아끼는 마음에 연루된 까닭에 이 병 속에 태어난 것이다.(此虫本是我沙彌, 但坐貪愛殘酪故, 生此瓶中.)"라고 하였다.

400 부처님을 비방한~이루어지는 것이다 : 당나라 비석의 말이다.『念佛三昧寶王論』 중권「第9 此生他生一念十念門」(T47, 138c),『樂邦文類』권4「雜文」'寶王論揀示往生義'(T47, 212a),『淨土晨鍾』권8「第8 正辨」'辨一念往生'(X62, 74a) 등에 수록되어 있다.

401 무게가 백~것은 왜일까 : 송나라 왕일휴가 편찬한『龍舒增廣淨土文』권3「普勸修持 1」(T47, 259b)에서 인용하였다.

402 정수리면 성인이요~판때기로 나간다네 : 명나라 노암 법사魯庵法師 보태普泰가 지은 게송이다.『八識規矩補註』(T45, 475c)에서 "경(『雜寶藏經』)과 논(『瑜伽師地論』·『攝大乘論』)에 의거하여 이 제8식이 임종할 때 빠져나가는 부위를 간략히 밝히고, 경론의 뜻을 총괄하겠다. 게송으로 말하겠다. '선업을 많이 지었다면 시신이 아래쪽부터 차가워지고, 악업을 많이 지었다면 시신이 위쪽부터 차가워지네. 두 경우 모두 심장에 이르면, 똑같은 장소에서 이 몸을 버린다네.(善業從下冷, 惡業從上冷. 二皆至於心, 一處同時捨.)'(이상은『瑜伽師地論』과『攝大乘論』의 뜻이다.) '정수리면 성인이요, 눈이면 하늘나라에 태어나고, 사람이면 심장, 아귀는 배에서 나간다네. 축생으로 태어날 자는 무릎 속에서, 지옥이면 발아래 판때기로 나간다네.(頂聖眼生天, 人心餓鬼腹. 旁生膝盖裏, 地獄脚板出.)'(이상은『雜寶藏經』의 뜻이다.) 경과 논의 말씀이 다른 까닭은 경은 육취六趣에서 달리 태어날 증거를 제시하고, 논은 선과 악 두 길만 밝혔기 때문이다. 하지만 육취 역시 선악을 벗어나지 않는다."라고 하였다.

403 칠식주(七識) : 칠식七識은 칠식주七識住의 줄임말이다. 식識이 집착해 머무는 세계를 일곱 가지로 분류한 것이다.『大乘義章』권8「七識住義」(T44, 628c)에서 "여러 외도들이 식을 나(我)라고 생각하고, 각기 좋은 곳을 선택해 머문다. 부처님께서 이를 타파하기 위해 '식이 머무는 곳이지, 내가 머무는 곳이 아니다.(識住非我住)'라고 말씀하신 것이다. 식이 머무는 곳(識住)을 분류하면 일곱 가지이다. 일곱 가지의 이름은 무엇인가? 욕계의 인간세계와 하늘나라가 그 첫 번째이고, 초선初禪이 두 번째, 제2선이 세 번째, 제3선이 네 번째, 공무변처空無邊處가 다섯 번째, 식무변처識無邊處가 여섯 번째, 무소유처無所有處가 일곱 번째이다. 이 일곱 처소를 심식心識이 좋아하고 편안해하기 때문에 '식주'라고 한다."라고 하였다.

404 구거九居 : 유정有情 즉 중생이 거처하는 곳을 아홉 가지로 분류한 것이다.『大乘義章』권8「九衆生居義」(T44, 629c)에서 "여러 외도들이 총체적으로 중생을 신아神我라고 생각하고, 각기 좋은 곳을 선택해 머문다. 부처님께서 이를 타파하기 위해 '이 아홉 곳은 중생의 거처이지 나의 거처가 아니다.(是衆生居非我居)'라고 말씀하신 것이다. 무엇이 그것인가? 욕계의 인간세계와 하늘나라가 그 첫 번째이고, 초선이 두 번째, 제2선이 세 번째, 제3선이 네 번째, 무상천無想天이 다섯 번째, 공무변처가 여섯 번째, 식무변처가 일곱 번째, 무소유처가 여덟 번째, 비상비비상처非想非非想處가 아

홉 번째이다. 이 아홉 처소를 중생들이 머물기 좋아하기 때문에 '중생거衆生居'라고 한다."라고 하였다.

405 이십오유二十五有 : 생사윤회하는 미혹의 세계를 25종으로 분류한 것이다. 25종은 지옥·축생畜生·아귀餓鬼·아수라阿修羅·불파제弗婆提·구야니瞿耶尼·울단월鬱單越·염부제閻浮提·사천왕처四天王處·삼십삼천三十三天處·염마천炎摩天·도솔천兜率天·화락천化樂天·타화자재천他化自在天·초선천初禪天·대범천大梵天·이선천二禪天·삼선천三禪天·사선천四禪天·무상천無想天·정거아나함천淨居阿那含天·공처空處·식처識處·불용처不用處·비상비비상처이다.

406 출생의 고통은~수 있겠는가 : 송나라 영명 연수가 편찬한 『萬善同歸集』 상권(T48, 967b)에서 인용하였다.

407 대통불大通佛 : ⓢ Mahābhijñā-jñānābhibhū. 대통지승불大通智勝佛의 줄임말이다. 과거 삼천진점겁三千塵點劫 이전에 출현하여 『法華經』을 설했던 부처님이다. 『法華經』 권3 「化城喩品」에 등장한다.

408 진점겁塵點劫 : 헤아릴 수 없이 아득한 시간을 비유하는 말이다. 삼천진점겁·진묵겁塵墨劫이라고도 하고, 줄여서 진겁塵劫이라고도 한다. 『法華經』 권3 「化城喩品」(T9, 22a)에서 "비유하자면 삼천대천세계의 모든 흙 종류를 어떤 사람이 갈아서 먹물을 만들고는 동쪽으로 천 국토를 지나 미진微塵 크기의 먹물 방울 하나를 떨어뜨리고, 또 천 국토를 지나 다시 한 방울 떨어뜨리고, 이와 같이 흙 종류를 갈아 만든 먹물이 다 떨어질 때까지 계속했다고 하자. 너희들은 어떻게 생각하는가? 그가 지나간 국토를 수학자나 수학자의 제자가 그 숫자를 완전히 계산할 수 있을까?……비구들이여 그 사람이 지나간 국토, 먹물을 떨어뜨렸건 떨어뜨리지 않았건 그 모든 국토를 다시 가루를 내어 티끌로 만들고 그 티끌 하나를 1겁으로 계산하였을 때의 시간, 그 부처님께서 멸도하시고 이 숫자만큼 한량없고 끝이 없는 백천만억 아승기겁이 지났다."라고 하였다.

409 첫째, 항상~못하기 때문이다 : 명나라 대우大佑가 편찬한 『淨土指歸集』 상권 『第3 法相門』 '娑婆十難'(X61, 378a)에서 인용하였다. 『淨土指歸集』에서는 이를 자운慈雲 즉 송나라 준식遵式의 말이라고 밝혔다.

410 십중죄十重罪 : 십중금계十重禁戒를 범한 죄이다. 십중금계는 『梵網經』 하권에 수록되어 있다. 엄금하는 열 가지는 살생(殺戒)·도둑질(盜戒), 방탕한 성생활(淫戒), 거짓말(妄語戒), 술을 파는 행위(酤酒戒), 사부대중의 허물을 말하는 행위(說四衆過戒), 자신을 칭찬하고 남을 헐뜯는 행위(自讚毀他戒), 자신의 법과 재물을 보시하는 데 인색하고 남이 보시하는 것을 헐뜯는 행위(慳惜加毀戒), 상대가 뉘우치고 용서를 구하는데도 화가 나서 받아주지 않는 행위(瞋心不受悔戒), 삼보를 비방하는 행위(謗三寶戒)이다.

411 일체 세간에서~다시 태어나리라 : 『首楞嚴經』 권8(T19, 143b)에서 발췌하여 인용하였다.

412 지금 천하에~초래하는 것이다 : 명나라 대우가 편찬한 『淨土指歸集』 하권 「第8 斥謬門」 '証妄說法'(X61, 401b)에서 인용하였다. 『淨土指歸集』에서는 이를 당나라 분주汾州 대달大達 무업 국사無業國師의 말이라고 밝혔다. 대우가 근거로 삼은 무업의 말은 『佛祖歷代通載』 권15(T49, 626c), 『景德傳燈錄』 권28 「汾州大達無業國師」(T51,

444b) 등에 수록되어 있다.

413 범부가 어리석어~태어나기를 원한다 : 『六祖大師法寶壇經』「第3 疑問」(T48, 352a)에서 "범부가 어리석어 자성을 깨닫지 못하고, 자신에게 있는 참된 부처님을 알아보지 못해 동방에 태어나기를 원하고 서방에 태어나기를 원하지만 깨달은 사람은 어느 곳에 있건 마찬가지이다.(凡愚不了自性, 不識身中淨土, 願東願西, 悟人在處一般.)"라고 하였다.

414 지혜로운 사람은~것을 좋아한다 : 『景德傳燈錄』권29 「誌公和尙十四科頌」 '色空不二'(T51, 451a)에서 "지혜로운 사람은 마음이 부처라는 것을 아는데, 어리석은 사람은 서방정토에 왕생하는 것을 좋아한다.(智者知心是佛, 愚人樂往西方.)"라고 하였다.

415 계피와 부자 : 두 가지 모두 열이 많은 약재이다.

416 육조 대사六祖大師께서는~없을 것이다 : 『樂邦文類』권4 「雜文」 '寂照集揀西方要義'(T47, 201a), 『禮念彌陀道場懺法』권2 「第2 決疑生信」(X74, 86a)에 수록되어 있다. 『樂邦文類』에서 "이 문장은 어느 스님이 지은 문장인지 알 수 없다. 『直指決疑集』에 나온다."라고 밝혔다. 『禮念彌陀道場懺法』에서도 『寂照集』의 말이라고만 밝혔다. 치조가 인용한 문장은 『禮念彌陀道場懺法』의 것과 유사하다.

417 그대가 바로~의심하지 말게나 : 송나라 자수 회심이 지은 게송이다. 『慈受懷深禪師廣錄』권2 「偈讚」 '天人禮枯骨'(X73, 110a), 『禪門諸祖師偈頌』하권 「天人禮枯骨」(X66, 758a)에 수록되어 있다.

418 저 냄새나는~잊기 어려워라 : 역시 송나라 자수 회심이 지은 게송이다. 『慈受懷深禪師廣錄』권2 「偈讚」 '餓鬼打死屍'(X73, 110a), 『禪門諸祖師偈頌』하권 「餓鬼鞭尸」(X66, 758a)에 수록되어 있다.

419 하늘나라 사람이~이익이 있겠는가 : 송나라 왕일휴가 편찬한 『龍舒增廣淨土文』권10 「用形骸說」(T47, 282c)에서 인용하였다.

420 사람이 태어나면~보지 못한다 : 『大方廣佛華嚴經』권60 「入法界品」(T10, 324a)에서 "사람이 태어나면 곧 두 천인, 한 명은 동생同生 또 한 명은 동명同名이 있어 항상 그를 따라다니는데, 천인은 그 사람을 보지만 그 사람은 천인을 보지 못하는 것과 같다.(如人生已, 則有二天, 恒相隨逐, 一曰同生, 二曰同名, 天常見人, 人不見天.)"라고 하였다.

421 경에 말씀하시기를~왕생할 것이다 : 송나라 왕일휴가 편찬한 『龍舒增廣淨土文』권9 「二天人說」(T47, 281a)에서 인용하였다. 『歸元直指集』하권 「第66 二天人說」(X61, 472a)에도 수록되어 있다.

422 상품상생上品上生 : 극락의 연화대는 상중하 3품의 차별이 있고, 각 품에 다시 상중하의 차별이 있어 총 9품이다. 이 가운데 가장 높은 품계에 태어나는 것을 말한다.

423 다리를 수리하는~상품상생上品上生할 것이다 : 송나라 왕일휴가 편찬한 『龍舒增廣淨土文』권9 「小因果說」(T47, 281b)에서 인용하였다. 『歸元直指集』하권 「第65 小因果說」(X61, 472a)에도 수록되어 있다.

424 재가 보살~도와야 한다 : 원나라 보도가 편찬한 『廬山蓮宗寶鑑』권8 「念佛正行」 '資生助道'(T47, 331c)에서 인용하였다.

425 형상이 쇠퇴하고(相衰) : 하늘나라 사람들이 과보가 다해 죽을 때가 되면 다섯 가지가 쇠퇴하는 현상이 일어난다고 한다. 이를 오쇠五衰 또는 오쇠상五衰相·천인오쇠

• 399

天人五衰라 한다. 다섯 가지는 첫째 머리에 쓴 꽃다발이 시들고, 둘째 겨드랑이에서 땀이 흐르고, 셋째 옷이 더러워지고, 넷째 몸에서 빛나던 광채가 사라지고, 다섯째 늘 있던 자리가 싫어지는 것이다.

426 일체중생이 바른~없는 곳이다 : 송나라 양걸이 지은 「直指淨土決疑集序」에서 인용하였다. 『樂邦文類』 권2 「序跋」 '直指淨土決疑集序'(T47, 171c), 『廬山蓮宗寶鑑』 권5 「念佛正信」 '無爲楊提刑直指淨土疑序'(T47, 329c), 『淨土指歸集』 상권 「第3 法相門」 '二土苦樂'(X61, 378a) 등에 수록되어 있다.

427 멸진정滅盡定에서 일어나지~위의를 나타낸다 : 『維摩詰所說經』 「弟子品」(T14, 539c)에서 유마힐 거사가 사리불舍利弗에게 한 말이다.

428 고요히 움직이지~마침내 통한다 : 『周易』 「繫辭傳 上」에 "역은 생각도 없고 하는 것도 없다. 하지만 고요히 움직이지 않다가 감응하면 마침내 천하의 일을 통한다. 천하의 지극히 신령스러운 자가 아니면 그 누가 여기에 참여할 수가 있겠는가?(易, 无思也, 无爲也. 寂然不動, 感而遂通天下之故. 非天下之至神, 其孰能與於此?)"라는 말이 나온다.

429 불국토를 장엄하는~장엄이 아니다 : 『金剛般若波羅密經』(T8, 749c)에 나온다.

430 한량없는 중생을~중생이 없다 : 『金剛般若波羅密經』(T8, 749a)에서 "이와 같이 한량없고 수를 헤아릴 수 없고 끝이 없는 중생들을 적멸의 세계로 건네주었지만 사실은 적멸의 세계로 건너간 중생이 없다.(如是滅度無量無數無邊衆生, 實無衆生得滅度者.)"라고 하였다.

431 왕성하게 작용하고~없다라고 하였다 : 명나라 대우가 편찬한 『淨土指歸集』 상권 「第2 宗旨門」 '十種無礙'(X61, 376a)에서 발췌하여 인용하였다.

432 범부가 곧~곧 보리이다 : 육조 혜능의 말이다. 『六祖大師法寶壇經』 「第2 般若」(T48, 350b)에 나온다.

433 여섯 도적(六賊) : 육진六塵 즉 육경六境을 뜻한다. 빛깔(色)·소리(聲)·냄새(香)·맛(味)·촉감(觸)·개념(法)이 육근六根을 통해 들어와 마음을 유린하기 때문에 여섯 도적이라 표현한다.

434 이 마음이~뵙게 되리라 : 남송 말 원나라 초기에 천목산天目山에 주석하였던 중봉 명본中峰明本이 지은 〈勸念阿彌陀佛〉이다. 『天目中峯廣慧禪師語』(X70, 718a)에 수록되어 있다.

435 보광 보원葆光普元 : 본명은 유성종劉聖鍾(1821~1884)이다. 일명 유운劉雲이라고도 하였다. 보광은 그의 법호이고, 보원은 법명이다. 법명을 보원普圓·혜월慧月이라고도 하였고, 여시관주인如是觀主人·청련자淸蓮子라는 도호道號를 사용하기도 하였다. 월창거사月窓居士 김대현金大鉉(?~1870)의 제자로 조선 말기 감로사甘露社와 정원사淨願社 등 염불결사에서 주도적 역할을 하였다.

436 맑고 깨끗한~생기는 것이고 : 부루나富樓那가 세존께 "만약 세간의 모든 육근六根·육입六入·오음五陰·십이처十二處·십팔계十八界 등이 다 여래장으로서 맑고 깨끗한 본래 그대로라면, 왜 갑자기 산과 강과 대지 등 온갖 유위의 모습들이 생겨나 차례차례 변화해 사라졌다가 다시 시작되는 것입니까?(若復世間一切根塵陰處界等, 皆如來藏, 淸淨本然, 云何忽生山河大地諸有爲相, 次第遷流, 終而復始?)"라고 물었던 것이 『首楞嚴經』 권4(T19, 119c)에 나온다.

437 욕정(情)과 이상(想)의~등급이 나뉘어 : 이상理想과 욕정欲情이 마음을 지배하는 정도에 따라 다음 생의 차별이 생긴다는 설명이『首楞嚴經』권8(T19, 143b)에 나온다. 마음에 이상의 힘이 강할수록 육도六道의 위쪽 즉 천상天上 쪽에 태어나고, 욕정의 힘이 강할수록 아래쪽 즉 지옥 쪽으로 떨어진다고 한다. 인간은 그 중간이다.

438 삼유三有 : 유有는 '존재'라는 뜻이다. 존재의 세 가지 형태로 욕계 중생을 욕유欲有, 색계 중생을 색유色有, 무색계 중생을 무색유無色有라 한다.

439 함께 발탁되기를(彙征) : 극락세계에 왕생하는 것을 조정에 발탁되는 것에 빗대어 표현한 것이다. 휘정彙征은 뜻이 맞는 인사들이 함께 어울려 벼슬길에 진출하는 것을 말한다.『周易』「泰卦 初九」에 "띠풀 뿌리를 뽑으면 줄줄이 엉켜 딸려 온다. 그로 인해 그 동료들까지 함께 발탁하니, 길하다.(拔茅茹, 以其彙征吉.)"라는 말이 나온다.

440 그 마음이~국토가 깨끗해진다 :『維摩詰所說經』「佛國品」(T14, 538b)에서 부처님이 보적寶積에게 하신 말씀이다.

441 동림사東林寺에서 결사結社를 창시하자 : 동진의 여산 혜원廬山慧遠(334~416)이 동림사에서 극락왕생을 발원하는 결사를 조직했던 것을 말한다. 당시 정사精舍 연못에 백련白蓮을 심었다 하여 그 결사를 백련사白蓮社라 칭한다.

442 유유민과 뇌차종(劉雷) : 원문 '劉雷'에서 '劉'는 유유민劉遺民, '雷'는 뇌차종雷次宗을 가리킨다. 백련사에 참여했던 123명 중 대표적 명사名士이다.

443 장로사長蘆寺에서 연화승회蓮花勝會를 만들자 : 송나라 자각 종색慈覺宗賾이 여산 혜원의 백련사를 모범으로 삼아 연화회를 결성하고 염불수행을 권장하였던 것을 말한다.

444 보현보살과 보혜보살(賢慧)이 이름을 올렸으니 : 원문 '賢慧'에서 '賢'은 보현보살普賢菩薩을, '慧'는 보혜보살普慧菩薩을 가리킨다.『廬山蓮宗寶鑑』권4「念佛正派」'長蘆慈覺禪師'(T47, 324c)에 "스님이 어느 날 저녁 꿈을 꾸었는데, 검은 두건에 흰 옷을 입은 맑고 수려한 풍모의 나이 서른쯤 되는 사람이 읍을 하면서 말하였다. '연화회蓮花會에 들어가고 싶으니 이름 하나를 올려 주십시오.' 스님이 회원 명부를 가져와 물었다. '성함이 어떻게 되십니까?' '보혜입니다.' 명부에 이름을 기록하고 나자, 흰 옷을 입은 사람이 다시 말했다. '저의 형님 이름도 하나 올려 주십시오.' '형님 성함은 어떻게 되십니까?' '보현입니다.' 스님이 잠에서 깨어 여러 노장들에게『華嚴經』「入法界品」에 보현과 보혜 두 보살님께서 불법을 펼치는 것을 돕는 이야기가 나옵니다. 제가 모임을 만들어 함께 서방정토에 왕생하기를 기약하자 이에 감응해 두 대사大士께서 그윽이 찬양해 주셨습니다. 이에 이 두 분의 대사를 모임의 수장으로 삼고자 합니다.'라고 말하였다."는 내용이 나온다.

445 문로공文潞公 : 문언박文彦博(1006~1097)을 가리킨다. 송나라의 명재상으로, 자는 관부寬夫이다. 노국공潞國公에 봉해졌기 때문에 문로공이라 칭한다. 시호는 충렬忠烈이다.

446 10만 명에게~올랐던 것이니 : 문로공은 깨달음을 얻어 모든 중생을 제도하겠노라 발원하고, 정엄 법사淨嚴法師와 함께 10만 명을 결집해 정토회淨土會를 만들었다는 이야기가『居士分燈錄』하권「文彦博」(X86, 594a)에 나온다. 여여거사如如居士가 이를 찬양한 게송에서 "공의 담대한 기상 하늘처럼 크다는 걸 알겠네, 10만 명에게 서방정토와 인연을 맺어 주리라 발원하였으니. 일신의 안녕을 위해 살 궁리 하지 않고

훌륭한 분들 일제히 나루터 배에 오르게 하셨네.(知公膽氣大如天, 願結西方十萬緣. 不爲一身求活計, 大家齊上渡頭船.)"라고 하였다.
447 서호西湖 정행사淨行社 : 송나라 성상省常이 순화淳化 연간(990~994)에 항주 서호의 소경사昭慶寺에서 결성한 정토수행 단체이다. 왕안석王安石 등 당대의 명사들이 결사에 대거 참여한 내용이 『廬山蓮宗寶鑑』 권4 「念佛正派」 '省常大師'(T47, 324b)에 나온다.
448 조계曹溪 정혜사定慧社 : 육조 혜능이 조계 보림사寶林寺에서 선정과 지혜를 고루 닦도록 권하며 달마의 선법禪法을 선양한 것을 말한다.
449 부연 성담芙蓮性潭 : 본명은 유희제劉熙濟이다. 부연은 그의 법호, 성담은 법명이다. 조선 말기 정원사·묘련사妙蓮社 등 염불결사에서 주도적 역할을 하였다.
450 겁석劫石 : 장구한 시간을 뜻하는 겁劫을 비유로 설명할 때 등장하는 돌이다. 『菩薩瓔珞本業經』 하권(T24, 1019a)에서 "비유하면 가로 세로 높이가 각 1리里, 또는 2리, 3리, 내지 10리인 돌을 무게 3수銖의 천의天衣로, 인간세계 시간으로 3년에 한 번씩 스쳐 이 돌이 완전히 닳아 없어지는 기간을 1소겁小劫이라 한다.……또 가로 세로 높이가 각 80리인 돌을 무게가 3수인 범천梵天의 옷으로, 범천의 백보광명주百寶光明珠를 기준으로 한 시간으로 3년에 한 번씩 스쳐 이 돌이 완전히 닳아 없어지는 기간을 1중겁中劫이라 한다. 또 가로 세로 높이가 각 100리인 돌을 무게가 3수인 정거천淨居天의 옷으로, 정거천의 천보광명경千寶光明鏡을 기준으로 한 시간으로 3년에 한 번씩 스쳐 이 돌이 완전히 닳아 없어지는 기간을 1대아승기겁大阿僧祇劫이라 한다."라고 하였다.
451 팔난八難 : 불법을 만나기 어려운 여덟 상황이다. 지옥에 태어나는 것, 축생으로 태어나는 것, 아귀로 태어나는 것, 장수천長壽天에 태어나는 것, 울단월鬱單越에 태어나는 것, 농아나 맹인으로 태어나는 것, 부처님 이전에 태어나는 것, 부처님 이후에 태어나는 것이 그 여덟 가지이다.
452 제운 원명霽雲圓明 : 본명은 태경진太敬瑨이다. 제운은 그의 법호이고, 원명은 법명이다.
453 경성景星과 경운慶雲 : 경사를 뜻한다. 경성은 대성大星 혹은 덕성德星이라고도 하고, 경운은 오색의 채운彩雲을 가리킨다. 태평 시대에 나타난다는 상서로운 현상들이다.
454 흑풍黑風과 나찰羅刹 : 흉사를 뜻한다. 흑풍은 온 천지가 캄캄해지면 몰아치는 폭풍우이고, 나찰은 사람을 잡아먹는 귀신이다.
455 좌계左契를 손에 쥔 것 : 명확한 증거를 가지고 있다는 뜻이다. 좌계는 둘로 나눈 부신符信 가운데 왼쪽의 것으로, 명확한 증거를 뜻한다. 『老子』에 "성인은 좌계를 가질 뿐 사람을 책망하지는 않는다.(聖人執左契, 而不責於人.)"라는 말이 나온다.
456 본여 성공本如性空 : 본명은 김성호金性浩이다. 본여는 그의 법호이고, 성공은 법명이다.
457 십재十齋 : 십재일十齋日이라고도 한다. 매월 1일·8일·14일·15일·18일·23일·24일·28일·29일·30일 등 총 열흘 동안 재계齋戒를 지키는 것이다. 『地藏菩薩本願經』 상권 「如來讚歎品」에 나온다.
458 구유九有 : 중생들이 윤회하는 세계를 아홉 가지로 분류한 것이다. 구지九地라고도

한다. 색계色界를 사선천四禪天, 무색계無色界를 사무색천四無色天으로 분류하고, 여기에 욕계欲界를 합해 구유 또는 구지라 한다.

459 맑은 구슬을~수가 없다 : 당나라 비석飛錫의 말이다. 『念佛三昧寶王論』 상권 「念未來佛速成三昧門」(T47, 134a)에서 "또한 맑은 구슬을 탁한 물에 넣으면 탁한 물이 맑아지지 않을 수 없는 것처럼 부처님에 대한 생각을 산란한 마음에 던지면 산란한 마음이 부처님이 되지 않을 수 없다.(亦猶淸珠下於濁水, 濁水不得不淸, 佛想投於亂心, 亂心不得不佛.)"라고 하였다.

460 경에서 말씀하신~이어지게 된다 : 경은 『首楞嚴經』을 가리킨다. 『首楞嚴經』 권5(T19, 128a)에서 대세지법왕자大勢至法王子가 그의 동료 52명과 함께 부처님께 드린 말씀 중에 "부처님께서 원만히 통달하는 방법에 대해 물으신다면, 저는 십팔계十八界 중 어느 하나를 선택함 없이 육근을 모두 거두고서 청정한 생각을 서로 이어가 삼마지를 얻는 방법이 제일이라고 생각합니다.(佛問圓通, 我無選擇, 都攝六根, 淨念相繼得三摩地斯爲第一.)"라고 한 것이 있다.

461 옛 선덕께서~수 있다 : 천목 중봉天目中峰이 편찬한 『三時繫念儀範』 「講演」(X74, 69b)에 수록된 내용을 육연거사六然居士가 요약 정리한 것이다.

462 육연거사 정신淨信 : 본명은 홍선주洪善疇이다. 육연거사는 법호, 정신은 법명이다.

463 상투에 묶인 구슬 : 최상의 보배를 뜻한다. 『妙法蓮華經』 권5 「安樂行品」에 "왕이 큰 전공을 세운 장수에게 자신의 상투를 장식하던 최상의 보배 구슬을 풀어 주듯이, 많은 공덕을 쌓아 근기가 성숙한 보살들에게 최후로 『法華經』을 설한다."라고 한 말이 나온다.

464 옷 속의 구슬 : 『首楞嚴經』 권4(T19, 121b)에 자기 옷에 여의주가 매달려 있는데도 스스로 알아차리지를 못해 궁상을 떨던 사람 이야기가 나오고, 『妙法蓮華經』 권4 「五百弟子受記品」(T9, 29a)에는 술에 취한 친구의 옷 속에 값을 따질 수 없을 만큼 귀한 구슬을 매달아 주었는데, 그 친구가 알아차리지 못해 궁상을 떨면서 타국을 떠돈 이야기가 나온다.

465 영락瓔珞 : 보배 구슬을 꿰어 만든 목걸이.

466 십이수다라十二修多羅 : 십이부경十二部經을 의미한다. 수다라修多羅는 ⑤ sūtra의 음역으로서 부처님의 모든 가르침을 총칭하는 말로 쓰이기도 하고, 부처님의 교설을 아홉 가지 또는 열두 가지로 분류한 항목의 하나로 쓰이기도 한다. 여기에서는 부처님 교설 전체를 분류하는 말로 쓰였다. 이를 재차 수다라(계경契經)·기야祇夜(중송重頌)·가타伽陀(고기송孤起頌)·니타나尼陀那(인연因緣)·이제목다가伊帝目多伽(본사本事)·도다가闍多迦(본생本生)·아부다달마阿浮多達磨(미증유未曾有)·아파타나阿波陀那(비유譬喩)·우파제사優婆提舍(논의論議)·우타나優陀那(자설自說)·비불략毘佛略(방광方廣)·화가라나和伽羅那(수기授記)의 열두 가지로 분류한다.

467 육범六凡 : 육취六聚 즉 지옥·아귀·축생·아수라·인간·천상의 중생들을 말한다.

468 사성四聖 : 성자를 네 종류로 분류한 것으로 성문聲聞·연각緣覺·보살菩薩·불佛을 말한다.

469 세 가지 근기(三根) : 타고난 근성 또는 자질에 따라 상중하 세 가지로 분류한 것이다.

찾아보기

가람伽藍 / 95
가을 풀 / 72
감응 / 215
거짓된 나(妄我) / 336
검수지옥劍樹地獄 / 135, 256
겁석劫石 / 346
겨울 매미 / 72
견혹見惑 / 321
결사문結社文 / 343
경계 / 290
경성景星 / 348
경쇠 / 210
경운慶雲 / 348
경책警策 / 28
계戒 / 91, 244, 245, 350
계신啓信 / 28
계참소戒懺疏 / 350
고苦 / 202
『고음왕경鼓音王經』 / 143
고통 / 227
고향 / 214
『고향소식故鄕消息』 / 31
공空 / 202, 294
공덕功德 / 28
공수반公輸般 / 98
공안公案 / 44
관남 장로關南長老 / 25
관로管輅 / 98

『관무량수경觀無量壽經』 / 143
관문關門 / 219
관상觀想 / 27, 157~159
관세음보살 / 239, 280
『관음문觀音文』 / 310
광장설廣長舌 / 118
광장설상廣長舌相 / 194
구거九居 / 319
구담씨瞿曇氏 / 19
구당瞿塘 / 99
구더기 / 114
구십육종외도九十六種外道 / 321
구품九品 / 175, 280
『군의론羣疑論』 / 30
군평君平 / 98
권교權敎 / 327
『권수게勸修偈』 / 236
권효勸孝 / 28
『귀원직지집歸元直指集』 / 30
규봉 선사圭峰禪師 / 183
그루터기 / 264
극락極樂 / 74, 118, 227, 243, 334
금강金剛 / 194
금강제金剛際 / 237
금강지金剛持 / 134
금구金口 / 104
깨달음 / 337

나무불南無佛 / 226
나찰羅刹 / 239, 348
나침반 / 212
『낙방문류樂邦文類』 / 31
난야蘭若 / 302
날벌레 / 114
내려놓아라 / 130
네 세계(四趣) / 227
노탄지옥爐炭地獄 / 256, 325
뇌차종雷次宗 / 344
『능가경楞伽經』 / 118

ㄷ

다섯 가지 미혹 / 302
단월 / 333
단하 선사丹霞禪師 / 25
단향檀香 / 289
대세지보살 / 280
대자보살 / 189
『대지도론大智度論』 / 140, 288
『대집경大集經』 / 143
대통불大通佛 / 322
덕진德眞 / 23
도깨비 / 232
도둑 / 225
도산지옥刀山地獄 / 135, 256
도적 / 115
도적수屠赤水 / 60
독불讀佛 / 161
독화살 / 284

돈교頓敎 / 44
동림사東林寺 / 344
동명同名 / 331
동방세계 / 243
동생同生 / 331
동체자비同體慈悲 / 303

마라魔羅 / 247
마명보살馬鳴菩薩 / 308
마음 / 292, 293
마정수기摩頂授記 / 231
『만선동귀집萬善同歸集』 / 30
말법末法 / 321
맑은 구슬(淸珠) / 22
망념妄念 / 91, 132
망상 / 138
멸진정滅盡定 / 335
명근命根 / 206
명부冥府 / 165
명부命符 / 68
모연소募緣疏 / 348
『몽유집夢遊集』 / 31
무간지옥無間地獄 / 323
『무량론無量論』 / 118
무량수불 / 102
무량수여래無量壽如來 / 22
무명無明 / 319
무상無常 / 202
무상귀왕無常鬼王 / 68
무생無生 / 57, 214
무생법인無生法忍 / 28, 45, 63, 185, 193,

찾아보기 • 405

227, 280, 343, 349
무실야부務實野夫 / 260
무심無心 / 41
무위無爲 / 187
문로공文潞公 / 344
미륵부처님 / 228
미혹 / 337

『반야경般若經』 / 183
발원發願 / 28
발원문發願文 / 346
방생放生 / 256
『백련집白蓮集』 / 30
백호白毫 / 158
법계法界 / 357
법신法身 / 69, 357
법음法音 / 241
법장비구法藏比丘 / 186
법집法執 / 347
『법화경法華經』 / 183
법화삼매 / 308
보광명지普光明智 / 22
보광 보원葆光普元 / 343
보광사普光寺 / 25, 344, 349
보리심 / 175
보살행 / 118
보암 선사普庵禪師 / 183
『보주집寶珠集』 / 30
보현보살普賢菩薩 / 118, 197, 344
보혜보살普慧菩薩 / 344
본여 성공本如性空 / 350

본체本體 / 262
부도浮圖 / 19
부연 성담芙蓮性湛 / 346
부정관不淨觀 / 152
북소리 / 284
불살생不殺生 / 245
불성佛性 / 282
『불정주佛頂珠』 / 31
불퇴전위不退轉位 / 63
불퇴전지不退轉地 / 110, 280
비니毘尼 / 247

사내대장부 / 63
사대四大 / 60, 69, 153, 202, 222
사료간四料簡 / 278
사바세계 / 321
사사四事 / 226
사은四恩 / 135, 193
사중죄四重罪 / 316
사향麝香 / 289
사혹思惑 / 321
삭발 / 287
살겁殺劫 / 259
살생殺生 / 258
삼계三界 / 78, 286, 321
삼교三敎 / 357
삼귀의계三歸依戒 / 245
삼도三途 / 60
삼독三毒 / 200
삼매三昧 / 148
삼보三寶 / 193

삼사三沙 / 358
삼선월三善月 / 245
『삼시계념의범三時繫念儀範』 / 30
삼십칠조도품三十七助道品 / 357
삼악도三惡道 / 91, 93, 227
삼업三業 / 204
삼유三有 / 135
삼장三藏 / 46
삼취정계三聚淨戒 / 46, 245
삿된 견해 / 307
상법像法 / 321
상적광토常寂光土 / 344
상품上品 / 207
상품상생上品上生 / 332
상한傷寒 / 232
색신色身 / 252
생각 / 265
생사윤회 / 253, 264, 299
『서방공거西方公據』 / 31
서방세계 / 182
서방왕생 / 349
서방정토 / 67, 183, 202, 217, 268
『서방합론西方合論』 / 31
석가모니 세존 / 338
석숭石崇 / 98
선善 / 230, 273
선인善人 / 165
선종禪宗 / 197
선지식善知識 / 163, 288
선행 / 315
성性 / 57
성담性湛 / 358
성문聲聞 / 175
성욕 / 260

성인聖人 / 165
성품(性) / 293, 336
소강 법사少康法師 / 231
소산 화상韶山和尙 / 25
소식素食 / 256
『소재주消災呪』 / 310
소진蘇秦 / 98
수륜水輪 / 323
수재水災 / 239
수행修行 / 28, 224
수화경水火鏡 / 282
숙업宿業 / 219
습기氣習 / 41
시신 / 318
시절인연 / 111
시체 / 329
식신識神 / 69, 88, 301
식심識心 / 59
식욕 / 260
신심信心 / 77
신장神將 / 239
신통神通 / 108
실교實敎 / 327
심인心印 / 327
십악十惡 / 194
『십육관경十六觀經』 / 305
십이부경十二部經 / 46
십이수다라十二修多羅 / 357
십재十齋 / 350
십중금계十重禁戒 / 245
십중죄十重罪 / 324
십지보살十地菩薩 / 325

아가타약阿伽陀藥 / 310
아귀 / 329
아미타부처님 / 41, 102, 114, 120, 149,
　　163, 200, 214, 239, 243, 280, 282, 338
아미타불 / 145, 195, 220
아비발치阿鞞跋致 / 241
아비지옥阿鼻地獄 / 323
아상我相 / 291
아유월치阿惟越致 / 303
안락국安樂國 / 197
『안락집安樂集』 / 30
안신입명安身立命 / 153
안양安養 / 109, 280, 347
애착 / 265
야차 / 239
『약사경藥師經』 / 310
양 제형楊提刑 / 219
『양황참梁皇懺』 / 310
언행 / 275
업業 / 294
업식業識 / 58, 354
업장業障 / 152
여래장如來藏 / 282
역리疫痢 / 232
『연루청음蓮漏淸音』 / 31
『연종보감蓮宗寶鑑』 / 31
연화대 / 170, 186
『연화세계서蓮華世界書』 / 31
연화승회蓮花勝會 / 344
열 가지 마음 / 276
열기 / 318
열 번의 염불(十念) / 147

염라대왕 / 96
염부제閻浮提 / 226
염불念佛 / 67, 77, 81, 110, 120, 127, 132,
　　135, 156, 161, 167~169, 171, 181,
　　182, 195, 198, 214, 217, 219, 221,
　　222, 226, 233, 235, 265, 282
염불결사 / 349
『염불경念佛鏡』 / 31
염불법문 / 52, 169, 232, 338
염불삼매 / 144
『염불삼매보왕론念佛三昧寶王論』 / 30
『염불직지念佛直指集』 / 31
염주 / 137
영가 대사永嘉大師 / 25
영락瓔珞 / 245, 357
『예념미타도량참법禮念彌陀道場懺法』 / 31
예불 / 159
예토穢土 / 79, 109
오계五戒 / 245, 350
오과五果 / 204
오역죄五逆罪 / 194, 316, 324
오음五陰 / 325
오종五宗 / 46
오탁五濁 / 175, 202
오탁악세 / 226
옹개癰疥 / 232
왕생 / 85, 86, 263, 282, 315
『왕생론往生論』 / 30
『왕생정토참원의往生淨土懺願儀』 / 30
요결要訣 / 212
요문要門 / 113
요정 / 232
욕정 / 323
용뇌향龍腦香 / 289

용맹보살龍猛菩薩 / 118
『용서정토문龍舒淨土文』 / 30
용수보살龍樹菩薩 / 308
용화세계龍華世界 / 228
우유 / 226
『운서법휘雲棲法彙』 / 31
울음 / 314
웃음 / 314
『원각경圓覺經』 / 183
원력 / 186
원바라밀願波羅蜜 / 187
유간지옥有間地獄 / 323
유마거사維摩居士 / 118
유심정토唯心淨土 / 148
유위有爲 / 95
유유민劉遺民 / 344
유자후柳子厚 / 19
육근六根 / 142, 289
육도六道 / 93
육도만행六度萬行 / 46
육인六因 / 204
육조 대사六祖大師 / 183, 327
육처六處 / 142
윤회 / 78, 117, 256
은혜 / 269
의사 / 225
의심 / 218
의왕醫王 / 200
이루離婁 / 98
이백李白 / 98
이상理想 / 323
이승二乘 / 325
이십오유二十五有 / 320
인유引喩 / 28

인지因地 / 117
인행因行 / 102
일상삼매一相三昧 / 155
일생보처보살一生補處菩薩 / 302
일승一乘 / 47
일심정념一心正念 / 212
임종臨終 / 193, 204

자각 선사慈覺禪師 / 260
자금대紫金臺 / 280
자리이타自利利他 / 325, 357
자성自性의 아미타부처님 / 45
자은 대사慈恩大師 / 118
『자은통찬慈恩通讚』 / 31
장로사長蘆寺 / 344
재계齋戒 / 219
『적조집寂照集』 / 30
전륜성왕轉輪聖王 / 237
전생前生 / 68
점교漸敎 / 44
정情 / 57
정각正覺 / 154
『정명경淨名經』 / 335, 343
정변正辨 / 28
정보正報 / 228
정신淨信 / 355
『정신당집淨信堂集』 / 31
정업淨業 / 49, 84, 104, 220, 269, 280
정원淨願 / 344
정원사淨願社 / 25, 355
정토淨土 / 56, 57, 64, 65, 69, 79, 82, 85,

86, 106, 116, 118, 186, 197, 208, 230,
235, 241, 265, 295
정토게淨土偈 / 88
정토교淨土教 / 355
『정토법어淨土法語』 / 31
『정토생무생론淨土生無生論』 / 31
정토수행 236, 238
『정토신종淨土晨鍾』 / 31
『정토십의론淨土十疑論』 / 30
정토왕생 / 20
『정토입교지淨土立教志』 / 30
『정토자비집淨土慈悲集』 / 30
『정토자신록淨土自信錄』 / 31
『정토지귀집淨土指歸集』 / 31
『정토혹문淨土或問』 / 30
정행사淨行社 / 344
정혜사定慧社 / 344
제6식 / 206
제7식 / 206
제8식 / 206
제도濟度 / 271
제운 원명霽雲圓明 / 348
제호醍醐 / 244, 325
조성하趙成夏 / 20
『종경록宗鏡錄』 / 185
종자種子 / 206
『주역』 / 335
주인 / 125
죽음 / 222, 319
즐거움 / 227
지계持戒 / 28
지공 화상誌公和尚 / 327
지명持名 / 27
지자 대사智者大師 / 118, 183, 308

『직지정토결의집直指淨土決疑集』 / 30
진점겁塵點劫 / 322
진평陳平 / 98

참된 나(眞我) / 336
참선 / 150
척벽尺璧 / 302
천목 중봉天目中峰 / 355
천안통天眼通 / 108
천이통天耳通 / 108
천인天人 / 295
천친보살天親菩薩 / 118
청주淸珠 / 354
『청주집淸珠集』 / 22, 355
청태국淸泰國 / 63
초심자 / 137
축생 / 256
출가 / 253, 286
출생 / 319
칙종飭終 / 28
칠식주(七識) / 319
침향沈香 / 289

타심통他心通 / 108
타향 / 214
탈음奪陰 / 305
태양 / 157
『통찬소通贊疏』 / 118

파려玻瓈 / 22
파순波旬 / 286
팔공덕수八功德水 / 202
팔교八敎 / 46
팔난八難 / 60, 346
팔만사천법문 / 44
풍대風大 / 222, 319

하품하생下品下生 / 217
한우충동汗牛充棟 / 27
항적項籍 / 98
해조음 / 20
해탈 / 177
「행원품行願品」 / 197
현세 / 239
현인賢人 / 165
혜근慧根 / 206

혜원 법사慧遠法師 / 231
혜충 국사慧忠國師 / 308
호랑이 / 232
호신부護身符 / 217
호흡 / 208
혼침昏沈 / 144
화대火大 / 319
화생化生 / 116
『화엄경華嚴經』 / 183, 187
화엄세계 / 197
화재 / 239
확탕지옥鑊湯地獄 / 256, 325
환공幻空 / 22, 25, 344, 348, 355
환자 / 87
황금 / 317
회감 법사懷感法師 / 231
회향 / 109, 189
효도 / 267
효양孝養 / 268
흑풍黑風 / 348
희공姬公 / 98

한글본 한국불교전서

조 · 선 · 출 · 간 · 본

조선1 작법귀감
백파 긍선 | 김두재 옮김 | 신국판 | 336쪽 | 18,000원

조선2 정토보서
백암 성총 | 김종진 옮김 | 4X6판 | 224쪽 | 12,000원

조선3 백암정토찬
백암 성총 | 김종진 옮김 | 4X6판 | 156쪽 | 9,000원

조선4 일본표해록
풍계 현정 | 김상현 옮김 | 4X6판 | 180쪽 | 10,000원

조선5 기암집
기암 법견 | 이상현 옮김 | 신국판 | 320쪽 | 18,000원

조선6 운봉선사심성론
운봉 대지 | 이종수 옮김 | 4X6판 | 200쪽 | 12,000원

조선7 추파집 · 추파수간
추파 홍유 | 하혜정 옮김 | 신국판 | 340쪽 | 20,000원

조선8 침굉집
침굉 현변 | 이상현 옮김 | 신국판 | 300쪽 | 17,000원

조선9 염불보권문
명연 | 정우영·김종진 옮김 | 신국판 | 224쪽 | 13,000원

조선10 천지명양수륙재의범음산보집
해동사문 지환 | 김두재 옮김 | 신국판 | 636쪽 | 28,000원

조선11 삼봉집
화악 지탁 | 김재희 옮김 | 신국판 | 260쪽 | 15,000원

조선12 선문수경
백파 긍선 | 신규탁 옮김 | 신국판 | 180쪽 | 12,000원

조선13 선문사변만어
초의 의순 | 김영욱 옮김 | 4X6판 | 192쪽 | 11,000원

조선14 부휴당대사집
부휴 선수 | 이상현 옮김 | 신국판 | 376쪽 | 22,000원

조선15 무경집
무경 자수 | 김재희 옮김 | 신국판 | 516쪽 | 26,000원

조선16 무경실중어록
무경 자수 | 성재헌 옮김 | 신국판 | 340쪽 | 20,000원

조선17 불조진심선격초
무경 자수 | 성재헌 옮김 | 신국판 | 168쪽 | 11,000원

조선18 선학입문
김대현 | 성재헌 옮김 | 신국판 | 240쪽 | 14,000원

조선19 사명당대사집
사명 유정 | 이상현 옮김 | 신국판 | 508쪽 | 26,000원

조선20 송운대사분충서난록
신유한 엮음 | 이상현 옮김 | 신국판 | 324쪽 | 20,000원

조선21 의룡집
의룡 체훈 | 김석군 옮김 | 신국판 | 296쪽 | 17,000원

조선22 응운공여대사유망록
응운 공여 | 이대형 옮김 | 신국판 | 350쪽 | 20,000원

조선23 사경지험기
백암 성총 | 성재헌 옮김 | 신국판 | 248쪽 | 15,000원

조선24 무용당유고
무용 수연 | 이상현 옮김 | 신국판 | 292쪽 | 17,000원

조선25 설담집
설담 자우 | 윤인호 옮김 | 신국판 | 200쪽 | 13,000원

조선26 동사열전
범해 각안 | 김두재 옮김 | 신국판 | 652쪽 | 30,000원

조선27 청허당집
청허 휴정 | 이상현 옮김 | 신국판 | 964쪽 | 47,000원

조선28 대각등계집
백곡 처능 | 임환완 옮김 | 신국판 | 408쪽 | 23,000원

조선29 반야바라밀다심경략소연주기회편
석실 명안 엮음 | 강찬국 옮김 | 신국판 | 296쪽 | 17,000원

| 조선 30 | 허정집
허정 법종 | 성재헌 옮김 | 신국판 | 488쪽 | 25,000원

| 조선 31 | 호은집
호은 유기 | 김종진 옮김 | 신국판 | 264쪽 | 16,000원

| 조선 32 | 월성집
월성 비은 | 이대형 옮김 | 4X6판 | 172쪽 | 11,000원

| 조선 33 | 아암유집
아암 혜장 | 김두재 옮김 | 신국판 | 208쪽 | 13,000원

| 조선 34 | 경허집
경허 성우 | 이상하 옮김 | 신국판 | 572쪽 | 28,000원

| 조선 35 | 송계대선사문집·상월대사시집
송계 나식·상월 새봉 | 김종진·박재금 옮김 | 신국판 | 440쪽 | 24,000원

| 조선 36 | 선문오종강요·환성시집
환성 지안 | 성재헌 옮김 | 신국판 | 296쪽 | 17,000원

| 조선 37 | 역산집
영허 선영 | 공근식 옮김 | 신국판 | 368쪽 | 22,000원

| 조선 38 | 함허당득통화상어록
득통 기화 | 박해당 옮김 | 신국판 | 300쪽 | 18,000원

| 조선 39 | 가산고
월하 계오 | 성재헌 옮김 | 신국판 | 446쪽 | 24,000원

| 조선 40 | 선원제전집도서과평
설암 추붕 | 이정희 옮김 | 신국판 | 338쪽 | 20,000원

| 조선 41 | 함홍당집
함홍 치능 | 성재헌 옮김 | 신국판 | 348쪽 | 21,000원

| 조선 42 | 백암집
백암 성총 | 유호선 옮김 | 신국판 | 544쪽 | 27,000원

| 조선 43 | 동계집
동계 경일 | 김승호 옮김 | 신국판 | 380쪽 | 22,000원

| 조선 44 | 용암당유고·괄허집
용암 체조·괄허 취여 | 김종진 옮김 | 신국판 | 404쪽 | 23,000원

| 조선 45 | 운곡집·허백집
운곡 충휘·허백 명조 | 김재희·김두재 옮김 | 신국판 | 514쪽 | 26,000원

| 조선 46 | 용담집·극암집
용담 조관·극암 사성 | 성재헌·이대형 옮김 | 신국판 | 520쪽 | 26,000원

| 조선 47 | 경암집
경암 응윤 | 김재희 옮김 | 신국판 | 300쪽 | 18,000원

| 조선 48 | 석문상의초 외
벽암 각성 외 | 김두재 옮김 | 신국판 | 338쪽 | 20,000원

| 조선 49 | 월파집·해붕집
월파 태율·해붕 전령 | 이상현·김두재 옮김 | 신국판 | 562쪽 | 28,000원

| 조선 50 | 몽암대사문집
몽암 기영 | 이상현 옮김 | 신국판 | 348쪽 | 21,000원

| 조선 51 | 징월대사시집
징월 정훈 | 김재희 옮김 | 신국판 | 272쪽 | 16,000원

| 조선 52 | 통록촬요
엮은이 미상 | 성재헌 옮김 | 신국판 | 508쪽 | 26,000원

| 조선 53 | 충허대사유집
충허 지책 | 성재헌 옮김 | 신국판 | 296쪽 | 18,000원

| 조선 54 | 백열록
금명 보정 | 김종진 옮김 | 신국판 | 364쪽 | 22,000원

| 조선 55 | 조계고승전
금명 보정 | 김용태·김호귀 옮김 | 신국판 | 384쪽 | 22,000원

| 조선 56 | 범해선사시집
범해 각안 | 김재희 옮김 | 신국판 | 402쪽 | 23,000원

| 조선 57 | 범해선사문집
범해 각안 | 김재희 옮김 | 신국판 | 208쪽 | 13,000원

| 조선 58 | 연담대사임하록
연담 유일 | 하혜정 옮김 | 신국판 | 772쪽 | 34,000원

| 조선 59 | 풍계집
풍계 명찰 | 김두재 옮김 | 신국판 | 438쪽 | 24,000원

| 조선 60 | 혼원집·초엄유고
혼원 세환·초엄 복초 | 윤찬호 옮김 | 신국판 | 332쪽 | 20,000원

신·라·출·간·본

신라1 인왕경소
원측 | 백진순 옮김 | 신국판 | 800쪽 | 35,000원

신라2 범망경술기
승장 | 한명숙 옮김 | 신국판 | 620쪽 | 28,000원

신라3 대승기신론내의약탐기
태현 | 박인석 옮김 | 신국판 | 248쪽 | 15,000원

신라4 해심밀경소 제1 서품
원측 | 백진순 옮김 | 신국판 | 448쪽 | 24,000원

신라5 해심밀경소 제2 승의제상품
원측 | 백진순 옮김 | 신국판 | 508쪽 | 26,000원

신라6 해심밀경소 제3 심의식상품 제4 일체법상품
원측 | 백진순 옮김 | 신국판 | 332쪽 | 20,000원

신라12 무량수경연의술문찬
경흥 | 한명숙 옮김 | 신국판 | 800쪽 | 35,000원

신라13 범망경보살계본사기 상권
원효 | 한명숙 옮김 | 신국판 | 272쪽 | 17,000원

신라14 화엄일승성불묘의
견등 | 김천학 옮김 | 신국판 | 264쪽 | 15,000원

신라15 범망경고적기
태현 | 한명숙 옮김 | 신국판 | 612쪽 | 28,000원

신라16 금강삼매경론
원효 | 김호귀 옮김 | 신국판 | 666쪽 | 32,000원

신라17 대승기신론소기회본
원효 | 은정희 옮김 | 신국판 | 536쪽 | 27,000원

신라18 미륵상생경종요 외
원효 | 성재헌 외 옮김 | 신국판 | 420쪽 | 22,000원

신라19 대혜도경종요 외
원효 | 성재헌 외 옮김 | 신국판 | 256쪽 | 15,000원

신라20 열반종요
원효 | 이평래 옮김 | 신국판 | 272쪽 | 16,000원

신라21 이장의
원효 | 안성두 옮김 | 신국판 | 256쪽 | 15,000원

신라22 본업경소 하권 외
원효 | 최원섭·이정희 옮김 | 신국판 | 368쪽 | 22,000원

신라23 중변분별론소 제3권 외
원효 | 박인성 외 옮김 | 신국판 | 288쪽 | 17,000원

신라24 지범요기조람집
원효·진원 | 한명숙 옮김 | 신국판 | 310쪽 | 19,000원

신라25 집일 금광명경소
원효 | 한명숙 옮김 | 신국판 | 636쪽 | 31,000원

신라26 복원본 무량수경술의기
의적 | 한명숙 옮김 | 신국판 | 500쪽 | 25,000원

고·려·출·간·본

고려1 일승법계도원통기
균여 | 최연식 옮김 | 신국판 | 216쪽 | 12,000원

고려2 원감국사집
충지 | 이상현 옮김 | 신국판 | 480쪽 | 25,000원

고려3 자비도량참법집해
조구 | 성재헌 옮김 | 신국판 | 696쪽 | 30,000원

고려4 천태사교의
제관 | 최기표 옮김 | 4X6판 | 168쪽 | 10,000원

고려5 대각국사집
의천 | 이상현 옮김 | 신국판 | 752쪽 | 32,000원

고려6 법계도기총수록
저자 미상 | 해주 옮김 | 신국판 | 628쪽 | 30,000원

고려7 보제존자삼종가
고봉 법장 | 하혜정 옮김 | 4X6판 | 216쪽 | 12,000원

고려8 석가여래행적송·천태말학운묵화상경책
운묵 무기 | 김성옥·박인석 옮김 | 신국판 | 424쪽 | 24,000원

고려9 법화영험전
요원 | 오지연 옮김 | 신국판 | 264쪽 | 17,000원

고려10 남명천화상송증도가사실
□련 | 성재헌 옮김 | 신국판 | 418쪽 | 23,000원

고려11 백운화상어록
백운 경한 | 조영미 옮김 | 신국판 | 348쪽 | 21,000원

※ 한글본 한국불교전서는 계속 출간됩니다.

환공 치조 幻空治兆
(?~?)

고종 7년(1870)에 파주 보광사普光寺에서 염불결사체念佛結社體인 정원사淨願社를 결성해 만일염불萬日念佛을 주도하고, 기존 불전佛典에서 정토왕생에 관한 주요한 가르침들을 요약하여 『청주집淸珠集』을 간행했다는 사실 외에 생몰년을 비롯한 자세한 행적은 알려진 바가 없다.

옮긴이 성재헌

동국대학교 불교학과를 졸업하고 동국역경원에서 근무하였으며, 현재 한국불교전서 번역위원으로 활동하고 있다. 조계종 간행 『부처님의 생애』, 『청소년불교입문』의 집필위원으로 참여하였다. 저서로 『커피와 달마』, 『붓다를 만난 사람들』, 『육바라밀』 등이 있고, 역주서로 『자비도량참법집해』, 『선학입문』, 『무경실중어록』, 『허정집』, 『사경지험기』, 『선문오종강요』, 『가산고』 등이 있다.

증의
서수정(동국대학교 불교학술원 전임연구원)